Insel-Almanach auf das Jahr 1990

JAPAN

Herausgegeben von
Irmela Hijiya-Kirschnereit
und Claudia Schmölders

Insel Verlag

Erste Auflage 1989

Quellenhinweise am Schluß des Bandes
Druck: Nomos Verlagsgesellschaft, Baden-Baden
Printed in Germany

Inhalt

IV. Mensch auf der Brücke

Japanische Gedichte

V. Vom Nutzen der Exotik

Japanologische Exkurse

*

In der Namenschreibung folgt der vorliegende Almanach der japanischen Regel, wonach der Familienname dem Vornamen vorangestellt wird.

VORWORT

Japan – was ist das? Ein Land, das uns fremder wird, je näher es uns rückt, eine Kultur, deren Reiz wir in der Andersartigkeit suchen, obgleich wir nicht auf Vertrautes verzichten mögen. Zwar mag die Naturlyrik aus der höfischen Zeit und dem Mittelalter unserem Bild von einem durchstilisierten, feinsinnigen Japan noch ebenso entgegenkommen wie Meister Seamis Traktat über die »Blüte« des Nō-Theaters oder Tanizakis Abhandlung über japanische Wohnkultur. Aber seit Japan sich im 20. Jahrhundert als militärische, ökonomische und industrielle Großmacht gezeigt hat, darf der lesende Besucher es nicht mehr bei einem Blick auf Tuschbilder und Ikebana, Bonsai und Zen bewenden lassen.

Schon Kuwabaras Essay zum Haiku trifft einen empfindlichen Punkt; gilt doch die Haiku-Dichtung als literarischer Exportartikel Nummer eins, als Japanern wie Nichtjapanern gleichermaßen liebgewordener Inbegriff japanischer Sensibilität. Verblüffend wirkt da der erfrischende Frontalangriff auf diese »Heilige Kuh« aus der Feder eines Mannes, der bis in die achtziger Jahre zu den bedeutendsten Köpfen des intellektuellen Japan zählte und mit seinem Essay eine tiefgreifende Debatte auslöste.

Oftmals wird in Japan die Literatur als feminin betrachtet, und nicht selten schreibt man dies dem großen und prägenden Einfluß weiblichen Schreibens auf die literarische Tradition des Landes zu, der gleichwohl nicht immer angemessene Würdigung fand. Frauen machten sich nicht nur als Dichterinnen einen Namen und figurierten nicht nur als ebenbürtiges Gegenüber im konventionalisierten Austausch raffiniert verschlüsselter lyrischer Liebesbotschaften, wie uns die kurze Kostprobe aus den *Erzählungen aus Ise* aus der ersten Hälfte des 10. Jahrhunderts vor Augen führt. Frauen waren es auch, die für zwei weitere Gattungen Jahrhunderte überdauernde Maßstäbe setzten. Das *Kopfkissenbuch* der Hofdame Sei Shōnagon, verfaßt um die Wende vom 10. zum 11. Jahrhundert, das früheste Beispiel und zugleich ein Meisterwerk der bis in unsere Tage gepflegten essayhaften Miszellenliteratur (*zuihitsu*), besticht durch Witz und scharfsinnige Beobachtung. Von ganz anderem Charakter, aber nicht weniger herausragend ist die etwa zur gleichen Zeit entstandene *Geschichte vom Prinzen Genji* der Murasaki Shikibu, die oft als Vorläuferin des modernen psychologischen Romans bezeichnet wird und vielen Generationen japanischer Autoren bis in die Gegenwart als Quelle der Inspiration diente. Europäische Schriftsteller wie Virginia Woolf und Max Kommerell haben ihrer Bewunderung für dieses monumentale Epos in hymnischen Essays Ausdruck verliehen. Das Werk wird hier anhand einer eher diskursiven Passage aus der berühmten Diskussion über das Wesen der Erzählung vorgestellt.

Über viele Jahrhunderte hinweg, während der vom männlichen Kriegerideal beherrschten Zeit des Mittelalters und der konfuzianisch orientierten Ständegesellschaft der Edo-Zeit, in der das städtische Bürgertum das kulturelle Leben prägte, vermochte sich dessen feminines Element allenfalls indirekt zu behaupten. Doch mit der Öffnung des Landes um die Mitte des 19. Jahrhunderts, mit einer gesellschaftlichen Neuorientierung und all den neuen Themen und Stilen, die für die Literatur erschlossen wurden, traten auch die Frauen wieder machtvoll auf den Plan und eroberten sich einen wichtigen Platz, der seither das Bild der japanischen Literatur der Gegenwart bestimmt. Yosano Akiko, die große Dichterin der frühen Moderne, die dem traditionellen Tanka-Gedicht mit ihrer kompromißlosen Leidenschaftlichkeit zu neuem Leben verhalf, ist hier mit jenem kühnen Antikriegsgedicht vertreten, das zu den gelungensten Beispielen einer zugleich ästhetisch wie politisch aussagekräftigen Lyrik zählt. Daneben stehen zeitgenössische Texte von Enchi Fumiko, Uno Chiyo und Kōno Taeko, oszillierend zwischen melancholischem Grübeln und scharfer Nachzeichnung der Gefühlshaushalte von Schuld, Unfreiheit und lebenslänglicher Zuneigung.

Die mehr oder minder erschrocken registrierte Wirklichkeit von Krieg und Kleinkrieg selbst in den engsten Beziehungen bildet auch den Stoff für die männlichen Autoren dieses Jahrhunderts, angefangen vom virtuosen Stilisten Mori Ōgai, dem Mediziner mit Deutschlanderfahrung, der in seinem Erzähltext mit dem symbolhaften Titel zugleich scharfsinnig die Situation des modernen Japan im Verhältnis zu Europa zeichnet; ein zentrales Thema, dem wir mit recht unterschiedlicher Optik auch bei Tanizaki und Mishima begegnen. Nicht zuletzt bringen uns diese Ausschnitte auch mit den gesellschaftlichen Verhältnissen in Japan in Berührung, selbst noch in einem Science-Fiction-Text wie dem von Abe Kōbō, der fast tragikomisch die Realität des Nachkriegsjapan und seiner sozialen Beziehungen in eine ferne Zukunft projiziert.

Erzählende, essayistische und philosophische Prosa, Gedichte und Prosagedichte, literaturkritische und sozialkritische Abhandlungen sind in diesem Band versammelt, und es gehört zu den Charakteristiken japanischen Denkens, die Grenzen zwischen den Gattungen offenzuhalten. Ein Manko im Bereich der Intellektualität vielleicht, wie der Sozialphilosoph Maruyama angesichts der lose ineinandergleitenden Denkströmungen im eigenen Land konstatiert – ein Plus aber für die Stoffe und Themen.

So sind etwa die *Erzählungen aus Ise* allem Anschein nach aus einer um Prosaeinschübe erweiterten Gedichtsammlung hervorgegangen und bilden das früheste Beispiel der genuin japanischen »Gedichterzählung« (*uta monogatari*). Die Prosagedichte des Inoue Yasushi hingegen bilden zuweilen den Kern für erzählende Werke, man denke nur an das hier abgedruckte Gedicht »Das Jagdgewehr«, das auch den Titel einer seiner bekanntesten Erzählungen abgibt. Gegenseitige Durchdringung der Genres auch in anderen Bereichen – was

Sei Shōnagon in ihr *Kopfkissenbuch* über das Briefeschreiben vermerkt, verrät außerordentlich szenisches Gespür. Und eine Episode wie die hier von Mishima abgedruckte wäre undenkbar ohne diese lang geübte Verwebung von epischen, lyrischen, ja auch gestischen Vor- und Darstellungsformen.

Das intellektuelle Japan ist hierzulande neben dem stillen, schöngeistigen kaum beachtet worden. Dabei stellt es sich auch in den hier versammelten Texten mit einer bemerkenswerten thematischen Vielfalt und in einem literarischen Formenreichtum dar, der es uns nahelegt, bei der Lektüre weder die Zeit, für die geschrieben wurde, noch unsere eigene Gegenwart aus den Augen zu verlieren. Shimazaki Tōsons *Ausgestoßen* etwa, einer der ersten modernen japanischen Romane, wird sowohl als sozialkritisches – und u. a. von Dostojewskijs *Schuld und Sühne* inspiriertes – Werk wie auch als literarische Umsetzung eines individuell wie kollektiv ausdeutbaren Generationenkonflikts gelesen. In welch kunstvoller Brechung sich dagegen eine Autorin wie Kōno Taeko in den siebziger Jahren der Realität des letzten Krieges annähert, mag uns auch als Hinweis darauf dienen, wie groß die Vielfalt der Blickpunkte und Redeweisen im Japan der Gegenwart ist.

Dem Leser dieser Textauswahl, der sein vertrautes Bild von Japan nicht nur bestätigt, sondern ergänzt und erweitert sehen möchte, sei daher die Kunst der Differenzierung ans Herz gelegt.

PS: Mit Ausnahme der Erzählungen von Enchi Fumiko, Uno Chiyo, Mori Ōgai und Kōno Taeko handelt es sich bei den Prosatexten um Auszüge.

I. Betrachtungen aus der Stille

YOSHIDA KENKŌ
BETRACHTUNGEN AUS DER STILLE
TSUREZUREGUSA

Bewundert man die Kirschblüten nur in ihrer vollen Pracht, den Mond nur an einem wolkenlosen Himmel? Sich im Regen nach dem Mond sehnen, hinter dem Bambusvorhang sitzen, ohne zu wissen, wie sehr es schon Frühling geworden ist – auch das ist schön und berührt uns tief. Gerade ein Zweig, dessen Knospen erst aufgehen, und ein Garten, in dem die Blüten schon abgefallen sind, gibt besonders viel zu betrachten.

Wenn es in den Gedichtüberschriften etwa heißt: ›Als ich die Kirschblüten zu schauen ging, waren sie schon alle abgefallen oder verwelkt‹ oder ›Es kam leider etwas dazwischen, und so mußte ich auf die Blütenschau verzichten‹ – ist das vielleicht weniger reizvoll, als wenn geschrieben steht: ›Vor prangenden Blüten‹? Fallen die Blüten ab und schwindet der Mond langsam dahin, so erfüllt die meisten Menschen ein sanftes, trauriges Sehnen. Nur die Banausen schreien dann umher: »Hier und hier, überall sind die Blüten ja schon abgefallen! Was gibt es da noch zu sehen?«

So ist es bei tausend Dingen: Gerade der Anfang und das Ende haben besonderen Zauber. Was ist das schon für eine Liebe zwischen Mann und Frau, wenn die beiden sich ununterbrochen sehen? Falls sie aber nicht zusammenkommen können und sich darüber tief bekümmern, wenn sie ihre heiligen Versprechen nicht zu halten vermögen und darüber zu Tode traurig sind, die langen Nächte allein verbringen und ihre Gedanken in wolkenweite Ferne hin zu dem anderen fliegen und sie sich voll Sehnsucht vergangener Zeiten in einem einfachen Häuschen erinnern – ja, dann darf man wirklich sagen: Sie haben die wahre Liebe kennengelernt.

Natürlich ist es schön, zum Vollmond aufzusehen, der hell

über tausend Meilen hin strahlt, aber es berührt die Seele noch tiefer, auf den Tagesanbruch zu warten, bis der Mond langsam hervortritt und grünlich schimmernd tief in den Bergen über den Kryptomerien leuchtet, dann plötzlich ein leichter Regen niedergeht und der Mond sich für eine Weile hinter den Wolken verbirgt. Wenn sich sein Glanz über die Blätter der Shishiba- und Shirakashi-Bäume breitet, die wie von Feuchtigkeit schimmern, dann wird man bis ins Innerste angerührt und sehnt sich nach gleichgestimmten Freunden, die fern in der Hauptstadt sind.

Kann man denn den Mond und die Blumen nur dann genießen, wenn man sie mit den Augen sieht? Im Frühling das Haus nicht verlassen, in den Mondnächten im Bett liegend an die Blüten und den Mond zu denken, das ist auch schön und hat einen eigenen Reiz.

Ein Mann von Bildung und Geschmack läßt sich nicht anmerken, wenn ihm etwas besonders gut gefällt, und er ist still und zurückhaltend, sobald ihn etwas sehr tief berührt. Derbe Leute vom Lande aber sind in ihrer Begeisterung grob und lärmend. Sie stoßen und drängen sich bis nahe an die Blüten heran, sie stehen dort und starren sie an, ohne den Blick auch nur einen Augenblick zur Seite zu wenden, schlürfen Sake, schmieden Kettengedichte und brechen schließlich erbarmungslos einen großen Blütenzweig ab. Im frischen Quellwasser planschen sie mit Händen und Füßen, und bei der Schneeschau stapfen sie breit im Schnee umher und hinterlassen überall ihre Fußspuren. So ist es mit allem: Nichts können sie aus der Ferne bewundern.

Aus dem 14. Jahrhundert.
Deutsch von Oscar Benl

MURASAKI SHIKIBU
ÜBER DIE KUNST DES ERZÄHLENS

Die Regenzeit war in diesem Jahr stärker als gewöhnlich. Der Himmel und damit auch die Herzen wollten sich gar nicht aufhellen. So vertrieben sich die Damen die Zeit, indem sie sich an bebilderten Erzählungen ergötzten. Die Dame Akashi war im Zeichnen solcher Bilder besonders geschickt und schenkte sie ihrer Tochter. Tamakazura liebte diese Beschäftigung sehr und las und schrieb vom Morgengrauen bis zur Abenddämmerung. Viele begabte junge Damen taten es ihr nach. Bald erkannte sie jedoch, daß unter den vielen Schilderungen seltener menschlicher Schicksale, mochten sie nun wahr sein oder erfunden, keines so trostlos war wie ihr eigenes . . .

Auch Genji bemerkte, daß diese Erzählungen überall verstreut umherlagen und sagte, als sein Blick darauf fiel: »Es ist wirklich schrecklich. Ihr Frauen werdet geboren, um von anderen Leuten hinters Licht geführt zu werden, und es macht Euch überhaupt nichts aus. Obgleich in diesen ganzen Geschichten wohl nur sehr wenig Wahrheit steckt und Ihr das auch ganz genau wißt, laßt Ihr Euch doch davon täuschen. Ihr merkt gar nicht, wie Euer Haar in diesem schwülen Regenwetter ganz zerzaust aussieht, während Ihr so eifrig schreibt.« Er lachte und sprach weiter: »Aber wie könntet Ihr diese trüben, langweiligen Tage ohne diese Erzählungen herumbringen. Außerdem führen uns die Geschichten das den Dingen innewohnende Pathos vor Augen. Die Ereignisse folgen so natürlich aufeinander, daß das Ganze unser Herz rührt, obschon alles, wie wir wissen, erfunden ist. Wenn wir die Not eines hübschen Mädchens miterleben, fühlt sich unser Herz voll Mitgefühl zu ihm hingezogen. Manchmal geraten wir beim Lesen so in den Bann einer Geschichte, daß wir unsere Skepsis vergessen. Hören wir später die Geschichte noch einmal in Ruhe, ärgern wir uns darüber. Dennoch gibt es ganz zauberhafte Erzählungen. Neulich habe ich einmal zugehört, als der jungen Prinzessin ihre Damen vorlasen, und war sehr überrascht, welch gute Schriftsteller es auf der Welt gibt. Ob das wohl daher kommt, daß ihre Münder daran gewöhnt sind, Unwahrheiten zu berichten?«

»Das glauben wahrscheinlich die, die selber an so etwas gewöhnt sind. Ich für meine Person halte die Geschichten für wahr«, entgegnete Tamakazura spitz und rieb weiter an ihrer Tusche.

»Wahrscheinlich habe ich zu verächtlich gesprochen«, fuhr Genji fort. »In diesen Erzählungen werden Dinge niedergeschrieben, die seit den Urzeiten der Götter auf der Welt geschehen. Solche Werke wie das *Nihongi* berichten nur einen Teil der Wirklichkeit. In den Erzählungen findet man die genauen Einzelheiten.« Er lachte.

»Jemand schildert ja gar nicht die Umstände einer bestimmten Person, er möchte die Situation des Menschen an sich, sei sie nun gut oder schlecht, und das, was er sieht und hört und nicht länger für sich behalten kann, der Nachwelt überliefern. So hat wohl alles begonnen. Zuweilen möchte der Autor von guten Menschen erzählen, also wählt er für sie nur gute Eigenschaften aus. Hat er aber die Absicht, die verschiedenen Seiten des Menschen zu zeigen, sammelt er auch Seltsames und Böses. Das Gute und das Böse, sie gehören beide zu unserem Leben. Die Geschichten vom ausländischen Hof (in China; d. Übers.) unterscheiden sich von den unseren in der Form. Die unsrigen haben sich auch in der letzten Zeit sehr gewandelt. Außerdem hat man noch zwischen tiefsinnigen und oberflächlichen Werken zu unterscheiden. Anzunehmen, es handele sich einfach um Lügen, wäre ein völliger Irrtum. Selbst in den Schriften, die uns Buddha in seiner übergroßen Güte hinterlassen hat, gibt es die sogenannten Gleichnisse, und diejenigen, die nicht erleuchtet sind, werden so manches Ungereimte darin finden. Besonders in den Schriften des Großen Fahrzeugs existieren viele solche Gleichnisse, doch der Kern des Ganzen bleibt immer der gleiche. Der Unterschied zwischen Askese und Begierde dort kommt dem zwischen einem guten und einem schlechten Menschen in der Erzählung gleich. Lösen sich auf diese Weise nicht alle Fragen?« So beschrieb Genji den Nutzen und die gute Absicht der Erzählungen.

Aus dem 11. Jahrhundert.
Deutsch von Ursula Gräfe

DIE GEHEIME ÜBERLIEFERUNG DES NŌ AUFGEZEICHNET VON MEISTER SEAMI

Über die Darstellung

Die vielen und mannigfachen Arten der Darstellung vermag ich hier nicht erschöpfend aufzuzeigen. Da die Darstellung aber in der Nō-Kunst von hoher Bedeutung ist, muß man sie alle genau erlernen. Das Wesen der Darstellung besteht in der vollkommenen Nachahmung, doch muß je nach den Umständen ein mehr oder weniger feiner Grad beachtet werden. Da das Gehabe von Landesherren, Ministern bis zu den höchsten Hofadligen wie auch das Benehmen von Rittern für uns gewöhnliche Sterbliche schwer einsehbar ist, vermögen wir keine exakte Darstellung davon zu geben. Wir müssen aber gleichwohl ihre Art zu sprechen und auch ihr äußeres Auftreten so genau wie möglich erkunden und demütig um Belehrung durch vornehme Zuschauer bitten. Ebenso sind die Inhaber von hohen Ämtern und das eindrucksvoll Schöne ihrer Art möglichst sorgfältig nachzuahmen. Das unfeine Benehmen von Landleuten und Bauern braucht aber nicht so genau gezeigt zu werden. Holzfäller, Grasmäher, Köhler und Salzbrenner dürfen zwar naturgetreu nachgeahmt werden, da mit ihrer Tätigkeit feine Stimmungen vereinbar sind, aber dies ist keinesfalls bei noch niedrigeren Leuten gestattet. Dergleichen darf hohen Persönlichkeiten nicht vor Augen kommen. Ihr Anblick wirkt gewöhnlich und bereitet ihnen keine Freude. Diese Vorschrift ist sorgfältig zu beachten. Die Genauigkeit der Darstellung hat sich also nach der Art des darzustellenden Typs zu richten.

Frau. – Im allgemeinen bevorzugt man die Darstellung der Frauengestalt durch junge Schauspieler. Trotzdem liegen hier einige Schwierigkeiten. Vor allem entfällt das eigentlich Sehenswerte, wenn Kleidung und Haltung unschön sind. Was die Darstellung der Nyōgo und Kōi betrifft, so muß man, da man nicht so leicht Einblick in das Leben dieser hohen Damen gewinnt, genaue Erkundigungen einziehen. Auch ihre Art, Gewänder und Hakama zu tragen, ist zuverlässig zu erkunden, da hierbei eine für alle verbindliche Etikette besteht.

Das Aussehen gewöhnlicher Frauen wiederzugeben, bietet wohl keine Schwierigkeiten, da ihr Anblick alltäglich ist. Besteht ihr Gewand jedoch in Kinu-kosode, so achte man darauf, möglichst reizvoll zu erscheinen. Bei der Darstellung der Frau als Tänzerin von Kusemai, als Shirabyōshi oder als Besessene müssen auch Fächer und Schmuck zart und ein wenig unsicher getragen werden. Auch sollen Gewand und Hakama so weit herabhängen, daß sie die Füße verbergen. Hüfte und Knie müssen gestreckt und der ganze Körper soll von ranker Anmut sein. Der Ausdruck des Gesichts erscheint unschön, wenn dieses nach oben gewandt wird; neigt man es abwärts, sieht es von hinten schlecht aus. Ist der Nacken zu steif, entsteht eine unfrauliche Haltung. Ferner soll das Gewand möglichst langärmlig sein, so daß die Spitzen der Finger im verborgenen bleiben. Der Gürtel ist lose zu tragen. Achtet man in dieser Weise auf Gewand und Haltung, so wird die Darstellung der Frauengestalt gut gelingen. Bei keiner Art von Darstellung darf Gewand und Haltung vernachlässigt werden, aber bei der Darstellung von Frauen ist sie das Wesentliche.

Alter Mann. – Die Darstellung des Alten Mannes ist in dieser Kunst sehr wichtig, denn gerade bei der Verkleidung als Alter Mann wird von den Zuschauern sofort erkannt, welche Kunststufe der Schauspieler erreicht hat. Selbst unter den

Schauspielern, die das Nō recht gut beherrschen, gibt es viele, deren Darstellung dieses Typs nicht befriedigt. Man darf einen Schauspieler, der in einem bewegungsreichen Spiel einen Holzhacker oder Salzbrenner spielt, nicht schon deswegen einen großen Könner nennen. Stellt man einen Alten Mann von hohem Hofrang mit Kammuri und Naoshi oder Eboshi und Kariginu dar, so wirkt es unpassend, wenn die Gestalt einen gewöhnlichen und nicht einen besonders vornehmen Eindruck erweckt. Die Gestalt eines vornehmen Alten kann also nicht befriedigend wiedergegeben werden, falls man nicht lange Jahre hindurch voll Hingabe geübt und sein Können vervollkommnet hat.

Sodann wirkt das Spiel nicht reizvoll, wenn die Blüte fehlt. Werden, da man möglichst getreu nachahmen möchte, bei der Darstellung des Alten Mannes Hüften und Knie gekrümmt, der ganze Körper verbogen, so geht dadurch die Blüte verloren, und die Darstellung wirkt altmodisch. Bei solcher Art gibt es nur wenig Reizvolles.

Ganz allgemein muß alles, was niedrig wirkt, unbedingt vermieden und auf eine feine, würdige Haltung geachtet werden. Besonders wichtig ist dies für den Tanzstil des Alten Mannes. Man muß den weisen Satz: ›Die Blüte ist da, und doch sieht der Schauspieler wie ein Alter Mann aus!‹ zutiefst erfaßt haben. Es muß sein, als seien an einem alten Baum Blüten aufgegangen.

Maskenloses Spiel. – Auch dieses ist sehr schwierig. Im allgemeinen sollte dieses Spiel besonders leichtfallen, da es sich bei den maskenlosen Stücken meist um die Darstellung eines einfachen Mannes handelt. Aber seltsamerweise wirkt das Spiel ohne Maske unerfreulich, wenn die Nō-Kunst nicht auf hoher Stufe steht. Bei den Stücken, die ohne Maske zu spielen sind, hat man natürlich die Eigentümlichkeiten der betreffenden Typen darzustellen, aber es geschieht, obgleich keine Notwendigkeit besteht, den Gesichtsausdruck zu verändern, daß der Schauspieler seine natürliche Miene durch eine absichtlich geformte ersetzt. Eine solche Darstellung ist unerträglich. Man muß das Gebaren und die Art der betreffenden Gestalt sorgfältig nachahmen und dabei einen ganz unaffektierten und natürlichen Gesichtsausdruck zeigen.

Wahnsinnige. – Dies ist ein besonders reizvolles Spiel innerhalb unserer Kunst. Da es sehr viele Arten von Wahnsinn gibt, vermögen die Schauspieler, die es in der Darstellung dieses Typs zur Meisterschaft gebracht haben, auch in jedem anderen Bereich zu spielen. Es bedarf bei der Erlernung dieser Kunst beständiger Überlegungen. Im allgemeinen ist bei Stücken mit Besessenheit – durch einen Gott oder Buddha, durch Geister von Lebenden oder Verstorbenen – das Spiel ziemlich leicht, wenn man das für den Geist typische Gehabe darstellt. Wo aber der Wahnsinn durch seelischen Schmerz, Sehnsucht etwa nach den fernen Eltern, den verlorenen Kindern, dem treulosen Mann oder der toten Gattin verursacht wurde, ist die Darstellung außerordentlich schwierig. Selbst bei einem sehr geschickten Schauspieler bleiben, wenn diese Unterscheidung nicht sorgsam bedacht wird, die Herzen der Zuschauer ungerührt, weil er immer nur die gleichen Gebärden des Wahnsinns zeigt. Bei der Darstellung eines durch tiefen Schmerz verursachten Wahnsinns ist der Kummer des Herzens als das Wesentliche, die einzelnen Gesten des Wahnsinns sind als die Blüten zu betrachten. Eine so beseelte Darstellung des Wahnsinns erregt und ergreift die Zuschauer bestimmt. Bringt einer die Zuschauer durch ein solches Spiel zum Weinen, so kann man ihn einen unvergleichlich geschickten Schauspieler nennen.

Im allgemeinen müssen bei diesen Wahnsinns-Stücken die Gewänder selbstverständlich auf ähnliche Art getragen werden, aber man kleide sich trotzdem je nach der Art des Stücks auch blütenhaft bunt und stecke den Blütenzweig der betreffenden Jahreszeit ins Haar.

Das Spiel des Wahnsinns ist zwar auch eine ›Darstellung‹, aber es gibt hierbei etwas zu beachten. Obgleich man hier grundsätzlich das Wesen dessen, der den Wahnsinnigen besessen hält, durch tolle Gebärden zum Ausdruck bringt, darf doch bei Frauen ein Besessensein durch kämpfende Krieger aus der Unterwelt oder durch Dämonen auf keinen Fall gezeigt werden. Die Darstellung einer blindwütigen Frau macht auf die Zuschauer einen peinlichen, unharmonischen Eindruck, betont man aber das Frauliche dabei, wird die Darstellung der Besessenheit unmöglich. Das gleiche Bedenken gilt für die Darstellung eines Mannes, der von einer Frau besessen ist. Es ist ein Geheimnis dieser Kunst, niemals ein Nō dieser Art zu spielen. Ein solches Stück wird nur von Leuten verfaßt, denen es am rechten Unterscheidungsvermögen gebricht. Ein in der Nō-Kunst erfahrener Autor verzichtet auf so unausgewogene Dinge. Diese Überlegung ist ein Geheimnis unserer Kunst. Wahnsinns-Rollen ohne Maske kann nur der befriedigend spielen, der es im Nō zur Meisterschaft gebracht hat. Kommt der Wahnsinn nicht im Gesicht zum Ausdruck, dann wirkt das ganze Wahnsinnsspiel nicht echt, verändert aber einer, der nicht sehr geschickt ist, eben darum seine Miene, dann bietet er einen unerträglichen Anblick. So läßt sich wohl sagen, daß die maskenlose Darstellung von Wahnsinnigen am allerschwersten zu erlernen ist. Anfänger sollen sich bei großen, feierlichen Aufführungen keinesfalls daran wagen. Die Schwierigkeit der maskenlosen Darstellung und der Wahnsinnsrollen gut im Herzen zu bedenken und in einem bewegenden Spiel die Blüte zu entfalten, darauf kommt es an. Und dies erfordert viel Übung.

Mönche. – Die Darstellung von Mönchen gehört zwar zum Nō, sie braucht aber nicht so intensiv geübt zu werden, da sie nur selten vorkommt. Bei der Darstellung eines würdigen Bischofs oder anderer hoher Priester ist vor allem die Würde zu betonen und hoheitsvolles Betragen zu zeigen. Bei den

Gestalten der niedrigen Mönchsgrade, Einsiedler und Asketen muß, da sie vor allem die Bettelpilgerschaft kennzeichnet, ihre tiefe, buddhistische Frömmigkeit zum Ausdruck gebracht werden. Je nach der Art des Stücks mag die Darstellung auch recht schwierig sein.

Unterwelt-Krieger. – Dies ist eine weitere Gattung der Darstellung. Selbst bei geschicktem Spiel bieten sich hier nicht viele Möglichkeiten, die Zuhörer zu fesseln. Es empfiehlt sich daher, solche Stücke nicht allzuoft zu spielen. Dennoch kann ein gut aufgebautes Nō, das, mit lyrischen Naturstimmungen geschmückt, die Taten der berühmten Helden des Genji- und Heike-Stammes schildert, die Zuschauer tief bewegen. Diesen Typ spiele man am besten sehr blütenhaft. Die für ihn eigentümlichen Gesten gehen nur zu leicht in die eines Dämonen über, andererseits aber auch in einen Tanz. Spielt man im Kusemai-Stil, sind tänzerische Bewegungen erlaubt. Da der Krieger in diesem Nō Bogen und Köcher trägt und in der Hand ein Schwert zum Schmuck hält, ist über die Art, wie man sie trage, genau Nachfrage zu halten, um so im heftig schnellen Tanz das Wesen dieses Typs zu entfalten. Man achte sorgsam darauf, daß jener nicht in den heftig schnellen Tanz von Dämonen oder in gewöhnlichen Tanz verfalle.

Götter. – Ganz allgemein gleicht diese Darstellung sehr der von Dämonen. Da beide mehr oder weniger zornerfüllt aussehen, darf, wenn es die Art des Gottes erlaubt, Dämonenart gezeigt werden. Doch in ihrem Wesen sind beide grundverschieden. Bei Göttern ist ein Tanz voll Anmut möglich, bei Dämonen keinesfalls. Bei der Darstellung von Göttern muß die Verkleidung einem Gottwesen angemessen und von erhabener Würde sein. Und da die Götter erst in der zweiten Hälfte des Stückes in Erscheinung treten, sei man darauf bedacht, prachtvoll und sorgsam gewandet zu sein.

Dämonen. – Die Darstellung von Dämonen ist eine dem Yamato-Sarugaku eigentümliche Kunst. Sie ist besonders schwierig. Im allgemeinen sind rächende Dämonen oder Besessenheit durch Dämonen leicht zu spielen, da es Mittel gibt, sie reizvoll zu gestalten. Wenn man beim heftig schnellen Tanz, den Gegenspieler ins Auge fassend, Hände und Beine genau und fein bewegt und auf den ersten Trommelschlag achtet, entsteht sofort ein ansprechendes Spiel. Aber ein Höllendämon wirkt, spielt man ihn so, wie man ihn sich gemeinhin vorstellt, durchaus nicht reizvoll, sondern nur furchterweckend. Diese Rolle ist sehr schwierig, und nur wenige vermögen sie wirklich fesselnd zu spielen. Das Wesen des Dämons erfordert einen heftigen und furchterweckenden Ausdruck. Allein, diese Eigenschaften des Heftigen und Furchterweckenden schließen ihrer Natur nach reizvolle Wirkungen aus. Bei der getreuen Darstellung von Dämonen ergeben sich höchst schwierige Fragen. Je besser man die Rolle spielt, desto weniger reizvoll ist sie, da ihr Wesen ja im Furchterweckenden liegt. Zwischen den Empfindungen des Furchterweckenden und Reizvollen ist ein Unterschied wie weiß und schwarz. Aus diesem Grunde ist der Schauspieler, dem es trotzdem gelingt, durch eine fesselnde Dämonendarstellung die Zuschauer zu bewegen, ein Meister hohen Ranges.

Doch wer sich nur auf das Dämonen-Nō versteht, hat damit noch nicht das Wissen der Blüte. Die Darstellung eines Dämonen durch einen jungen Schauspieler ist, mag jener noch so geschickt sein, ohne Reiz. Und ist bei einem Schauspieler, der nur das Dämonen-Nō beherrscht, nicht zu befürchten, daß selbst sein Dämonenspiel kalt läßt? Hierüber denke man sorgfältig nach. Will man die Darstellung eines Dämonen reizvoll gestalten, so überlege man, daß dies nicht anders ist, als lasse man auf einem Felsen Blumen erblühen.

Chinesisches. – Da die Darstellung chinesischer Stoffe einen ganz eigenen Typ bildet, gibt es hierfür auch keine feste Norm, nach der zu lernen wäre. Das Wichtigste ist – obgleich ja auch die Chinesen Menschen sind wie wir –, eine wunderliche Maske aufzusetzen und mit ihr einen Stil zu schaffen, der vom Herkömmlichen abweicht. Es ist dies eine Kunst, die sich für Schauspieler eignet, welche die Übung langer Jahre besitzen. Es bleibt nichts anderes übrig, als sich nach chinesischer Weise zu kleiden; da aber bei Gesang und heftig schnellem Tanz selbst die getreulich nachgeahmte chinesische Art für uns ganz reizlos ist, genügt es, diese leicht anzudeuten. Die seltsame Gewandung ist nichts eigentlich Bewundernswertes; da man sich der chinesischen Art ohnehin nicht vollkommen angleichen kann, empfiehlt es sich ganz allgemein, einen vom Herkömmlichen abweichenden Stil zu spielen, der dann den Zuschauern allein schon deswegen chinesisch vorkommt.

Damit sind die allgemeinen Bemerkungen über die Darstellung zu Ende. Es ist unmöglich, alle Einzelheiten hier niederzuschreiben. Wer sich aber mit Hilfe der obigen Anweisungen herangebildet hat, erfaßt die Details von selbst.

Aus dem 15. Jahrhundert.
Deutsch von Oscar Benl

NISHIDA KITARŌ
ÜBER DAS GUTE

Wissen und Liebe

Wissen und Liebe werden gemeinhin für zwei grundlegend verschiedene geistige Funktionen gehalten. Ich aber glaube, daß sie sich in ihrer Art nicht unterscheiden, ja ursprünglich ein und dieselbe Geistesfunktion sind. Fragen wir nach ihrer Beschaffenheit, so muß die Antwort lauten: sie liegt in der Indifferenz von Subjekt und Objekt, der Funktion, die das Ich mit dem Ding vereinigt. Warum ist das Wissen die Einheit von Subjekt und Objekt? Das wahre Gesicht der Dinge zu erkennen bedeutet, alle Einbildungen und Vermutungen fahren zu lassen, alles sogenannte Subjektive auszulöschen und mit der Wahrheit der Dinge *eins geworden,* d. h. in *reiner Objektivität aufgegangen zu sein.* Zu glauben, daß die schwarzen Flecken auf dem Mond eigentlich ein Hase sind, der Reiskuchen bereitet, oder daß ein Erdbeben von den Bewegungen eines Riesenwelses unter der Erde herrührt, ist subjektive Einbildung. Nur wenn wir unter Verzicht auf alle subjektiven Phantasien astronomische und geologische Forschungen betreiben und dabei den rein objektiven Naturgesetzen folgen, können wir diese Naturphänomene wahrhaft erfassen. Je objektiver wir werden, desto näher sind wir der Wahrheit der Dinge. Die jahrtausendealte Geschichte des wissenschaftlichen Fortschritts markiert den Weg, den die Menschheit weg von der Subjektivität und hin zur Objektivität verfolgt hat. – Warum ist auch die Liebe die Einheit von Subjekt und Objekt? – Zu lieben bedeutet, sein Selbst von sich geworfen zu haben und mit einem anderen eins geworden zu sein. Erst in der Einheit des Selbst mit dem anderen, in der es auch nicht den geringsten Riß gibt, tritt die wahre Liebe in Erscheinung. Wenn wir eine Blume lieben, werden wir eins mit ihr. Wenn wir den Mond lieben, werden wir eins mit dem Mond. Liebe ist die Einheit des Kindes mit seinen Eltern und der Eltern mit dem Kind. In dieser Einheit werden der Schaden und der Nutzen des anderen zum eigenen Schaden oder Nutzen, die Freude und das Leid des anderen zur eigenen Freude und zum eigenen Leid. Die Liebe wächst in dem Maße, in dem wir das eigene Ich aufgeben und objektiv, d. h. *ichlos* werden. Von der Eltern- und Kinderliebe schreiten wir fort zur Gattenliebe, von der Gattenliebe zur Freundesliebe und von der Freundesliebe zur allgemeinen Menschenliebe. Die Liebe Buddhas galt selbst noch den Tieren und den Pflanzen.

Dergestalt sind Wissen und Liebe ein und dasselbe. Um ein Ding zu erkennen, müssen wir es lieben. Um ein Ding zu lieben, müssen wir es erkennen. Wenn ein Mathematiker sein Ich vergißt und die mathematischen Prinzipien *liebt* und *eins* mit ihnen wird, erscheinen sie ihm klar und deutlich. Der Künstler liebt die Natur und wird eins mit ihr; indem sein Selbst in der Natur untergeht, erfaßt er sie erst ganz. – Andererseits *liebe* ich meinen Freund, weil ich ihn *erkenne*. Je mehr die Umstände, das Denken und der Geschmack sich angleichen, je tiefer wir einander *verstehen,* desto größer wird auch die Sympathie. Aber solange wir Liebe und Wissen voneinander trennen, die Liebe zu einer Folge des Wissens und das Wissen zu einem Resultat der Liebe machen, haben wir sie in Wahrheit noch nicht begriffen. Wissen ist Liebe und Liebe ist Wissen. Wenn wir etwa in eine Liebhaberei versunken sind, sind wir fast ohne Bewußtsein; das Selbst ist vergessen, aufgegangen in einer höheren, erhabenen und geheimnisvollen Kraft. In diesem Augenblick gibt es weder Subjekt noch Objekt, sondern nur die wahre Einheit beider. In diesem Augenblick gibt es nur *Liebe-qua-Wissen* und *Wissen-qua-Liebe.* Wenn unser Geist von der Subtilität eines mathematischen Prinzips ganz gebannt ist, wenn wir – Hunger und Müdigkeit vergessend – ihm völlig hingegeben sind, lieben und erkennen wir es in einem. – Wenn wir die Freuden und die Leiden eines anderen ganz so empfinden, als wären es unsere; wenn wir das, was ein anderer fühlt, unmittelbar selbst fühlen, wenn wir zusammen lachen und zusammen weinen, dann lieben *und* erkennen wir den anderen. Lieben bedeutet, die Empfindungen des anderen unmittelbar wahrzunehmen. Wenn wir ein Kind, das in den Teich zu fallen droht, zu retten versuchen, bleibt für den Gedanken, daß es niedlich ist, kein Raum.

Man sagt gewöhnlich, daß die Liebe ein Gefühl sei und von dem reinen Wissen unterschieden werden müsse, aber in Wirklichkeit gibt es unter den Geistesphänomenen weder ein reines Wissen noch ein reines Gefühl. Diese abstrakte Unterscheidung dient nur der wissenschaftlichen Konvenienz der Psychologen. So wie theoretische Forschung immer von einer Art Gefühl gestützt werden muß, so muß die Liebe zu einem anderen auf einer Art Intuition gründen. Was gemeinhin Wissen genannt wird, bedeutet meines Erachtens Erkenntnis eines unpersönlichen Gegenstandes; eine Erkenntnis, die selbst einen Gegenstand, der eine Persönlichkeit besitzt, als etwas Unpersönliches ansieht. Liebe hingegen ist die Erkenntnis eines mit einer Persönlichkeit beseelten Gegenstandes; die Erkenntnis, die selbst in einem Gegenstand, der keine Persönlichkeit besitzt, eine Person sieht. Die Differenz zwischen beiden liegt nicht in der Geistesfunktion selbst, sondern eher in der Art ihrer Gegenstände. Wenn, wie viele Philosophen der Vergangenheit behauptet haben, daß Noumenon der Realität des Universums mit einer Persönlichkeit ausgestattet ist, dann ist die Liebe die Kraft, die dieses Noumenon erfaßt; die tiefste Erkenntnis der Dinge. Das analytische Wissen bleibt auf der Oberfläche der Dinge und kann die Realität selbst nicht erfassen, dies können wir nur mittels der Liebe. Die Liebe ist der Gipfelpunkt des Wissens.

Wie zeigt sich das Verhältnis von Liebe und Wissen vom Standpunkt der Religion her betrachtet? Subjektivität bedeutet Vertrauen auf die eigene Kraft. Objektivität bedeutet Vertrauen auf fremde Kraft. Die Dinge zu erkennen und zu lieben bedeutet, das Vertrauen auf die eigene Kraft aufzugeben und sich dem Glauben an die Fremdkraft zu überlassen. Wenn die Arbeit eines Menschenlebens im Wissen und im Lieben besteht, wirken wir Tag für Tag im Bereich des Glaubens an die Fremdkraft. Die Wissenschaft und die Moral sind das Licht Buddhas. Die Religion ist die höchste Erfüllung dieser Funktionen. Die einzelnen Phänomene der Wissenschaft und der Moral sind alle in das Licht der Fremdkraft eingetaucht, aber die Religion rührt an den absoluten und unendlichen Buddha im Ganzen des Universums selbst. In Sätzen wie »Vater, laß diesen Kelch an mir vorübergehen. Aber nicht mein Wille, sondern dein Wille geschehe!« und »Ich weiß nicht, ob uns das Aussprechen des Buddha-Namens ins Paradies oder in die Hölle führt« verbirgt sich der tiefste Sinn der Religion. Den unendlichen und absoluten Buddha oder Gott zu erkennen ist nur durch Liebe möglich. Ihn zu lieben bedeutet, ihn zu erkennen. In den Jahren der Veden, im Neoplatonismus und im Buddhismus heißt es, daß wir Gott *erkennen,* im Christentum und im Jōdo-Glauben (dem Glauben an das ›Reine Land‹ des Amida-Buddha) aber, daß wir Gott *lieben* und von ihm abhängen. Trotz ihrer verschiedenartigen Ausformungen sind sie aber in ihrem Wesen identisch. Gott ist nicht analytisch zu erschließen. Das Wesen der Realität ist mit Persönlichkeit ausgestattet, daher ist Gott ganz und gar Person. Wir können ihn nur durch Intuition, Liebe und Glauben erkennen. Daher kennen wir, die wir behaupten, daß wir Gott nicht erkennen, sondern ihn nur lieben und an ihn glauben, ihn auch am besten.

1911

Deutsch von Peter Pörtner

TANIZAKI JUN'ICHIRŌ
LOB DES SCHATTENS

Wollte man den japanischen Wohnraum mit einem Tuschebild vergleichen, dann entsprächen die *shōji* den Stellen, wo die Tusche sehr verdünnt aufgetragen ist, und die Wandnische den Stellen, wo die Tusche am kräftigsten ist. Jedenfalls, wenn ich die Wandnische eines geschmackvoll durchgestalteten japanischen Raumes sehe, bewundere ich, in welchem Ausmaß die Japaner das Geheimnis des Schattens verstanden haben und wie raffiniert sie mit Licht und Schatten umzugehen wissen; und zwar ohne allzu spezielle Vorkehrungen. Kurz gesagt haben sie mit Hilfe von bloßem Holz und nackter Wandfläche einen nach hinten eingelassenen Raum ausgespart, in dessen Vertiefungen das einfallende Licht hier und dort dämmrige Winkel erzeugt. Bei allem Wissen, daß es sich nur um simple Schatten handelt, drängt sich uns dennoch im Anschauen der dunklen Stellen hinter dem oberen Querbalken, im Umkreis der Blumenvase oder unter den Wandregalen der Eindruck auf, die Luft sei dort lautlos in sich versunken und das Dunkel von einer ewig unveränderlichen Stille beherrscht. Vermutlich ist mit dem »Mysterium des Ostens‹, von dem die Abendländer reden, die unheimliche Stille gemeint, die solches Dunkel in sich birgt. Auch uns selbst überkam in der Jugendzeit jeweils eine unaussprechliche Furcht, ein Frösteln, wenn wir in die Wandnische eines Teeraums oder Studierzimmers hineinstarrten, wo kein Sonnenstrahl hingelangte. Wo liegt also der Schlüssel zu dem Mysterium? Ich will das Geheimnis lüften: Es läßt sich letzten Endes auf die Magie des Schattens zurückführen. Falls man die in allen Winkeln kauernden Schatten fortscheuchte, wäre die Wandnische augenblicklich nichts weiter als ein leerer Raum. Das Genie unserer Vorfahren hat also der Schattenwelt, die durch bewußtes Abschirmen eines leeren Raums von selber entsteht, einen geheimnisvollen ästhetischen Ausdruck verliehen, gegen welchen keine Wandbemalung oder Dekoration auch nur annähernd aufkommt. Das sieht nach einem simplen Kunstgriff aus; aber in Wirklichkeit liegen die Dinge nicht so einfach. Man kann unschwer abschätzen, wieviel den Blicken verborgene Mühe für jedes Detail, zum Beispiel für den Fensterausschnitt zur Seite der Wandnische, für die Tiefe des oberen Querbalkens, für die Höhe der Nischenschwelle, aufgewendet worden ist. Ich jedenfalls bleibe im weißlich-matten Lichtschimmer, den die *shōji* des Studierzimmers hereinlassen, oft unversehens davor stehen und vergesse, wie die Zeit verstreicht. Ursprünglich diente das Studierzimmer, wie der Name sagt, zum Bücherlesen, und das besagte Fenster wurde zu diesem Zweck angebracht. Im Verlauf der Zeit reduzierte es sich dann wohl zum reinen Lichteinlaß für die Wandnische. In vielen Fällen kann man es aber nicht einmal mehr als Lichteinlaß bezeichnen, sondern es hat eher die Funktion, das von der Seite her einfallende Außenlicht durch das *shōji*-Papier einmal zu filtrieren und in angemessener Weise zu dämpfen. Was für einen einsamen, frostigen Ton hat doch das indirekte Gegenlicht, das da hinter jenen *shōji* aufscheint! Das Sonnenlicht des Gartens, welches sich zuerst unter das Vordach eingeschlichen hat und dem Korridor entlang endlich bis hierhin vorgedrungen ist, hat keine Kraft mehr, die Dinge wirklich zu beleuchten. Als ob ihm alle Lebenskraft abhanden gekommen wäre, vermag es nur noch gerade das Weiß des *shōji*-Papiers hervorzuheben. Ich bleibe öfters vor diesen *shōji* stehen und betrachte die Papierfläche, die zwar hell ist, aber nicht im geringsten blendet. In den Räumen von mächtigen Tempelbauten wird das Licht wegen des großen Abstands zum Garten noch weiter verdünnt, und – sei es Frühling, Sommer, Herbst oder Winter, sei es ein heiterer oder ein bewölkter Tag, sei es Morgen, Mittag oder Abend – das matte Weiß zeigt kaum eine Veränderung. In jedem Rechteck der mit dichtstehenden, senkrechten Leisten versehenen *shōji* bilden sich Schattenwinkel, gerade als ob sich Staub abgelagert hätte; man fragt sich verwundert, ob sie denn ewig unbewegt auf dem Papier haften bleiben. In solchen Augenblicken zweifle ich an der Wirklichkeit dieser traumhaften Helle und zwinkere mit den Augen. Das Gefühl drängt sich auf, vor den Augen sei ein nebelhaftes Flimmern, das die Sehkraft abstumpft. Es liegt daran, daß der Widerschein des mattweißen Papiers die dichte Dunkelheit der Wandnische nicht zu verscheuchen vermag, sondern im Gegenteil, vom Dunkel zurückgeworfen, eine sinnverwirrende Atmosphäre erzeugt, in der sich Helle und Dunkelheit nicht auseinanderhalten lassen. Haben Sie, meine Leser, beim Betreten eines solchen Raumes nicht auch schon das Gefühl gehabt, das darin schwebende Licht sei kein gewöhnliches Licht, sondern habe etwas besonders Ehrfurchtgebietendes, Gewichtiges an sich? Oder hat Sie nie eine Art Schauder vor dem »Ewigen« erfaßt im Gedanken, daß Sie während des Aufenthalts in diesem Raum das Zeitgefühl verlieren könnten, daß unbemerkt Jahre verstreichen und Sie als weißhaariger Greis daraus hervortreten könnten?

1933
Deutsch von Eduard Klopfenstein

II. Glück, scherbenweise

Über die Liebe und ihre Folgen

DAS KOPFKISSENBUCH
DER DAME
SEI SHŌNAGON

Schreiben

Was für eine alltägliche Übung ist das Schreiben – und doch, welche wunderbare Erfindung!

Jemand, der dir teuer ist, befindet sich irgendwo, in einem weit entfernten Weltwinkel, und du bist sehr in Sorge um ihn. Plötzlich kommt ein Brief. Ist es da nicht, als ob der, um den alle deine Gedanken kreisen, plötzlich leibhaftig vor dir stünde?

Oder du schreibst einen Brief und vertraust ihm deine geheimsten Gedanken und Nöte an, obwohl du nicht einmal weißt, ob dieser Brief jemals in die Hand des Empfängers gelangen wird. Ist nicht trotz dieser Ungewißheit eine schwere Last von deinem Herzen genommen?

Wie dunkel wäre oft unser Dasein ohne die Möglichkeit, einander zu schreiben. Wenn es schon eine Erleichterung bedeutet, alles niederzuschreiben, was uns quält und bedrückt, mit der leisen Hoffnung, daß der, um den man sich sorgt, es doch eines Tages lesen wird – wieviel mehr bedeutet das Eintreffen einer Antwort! Ist sie nicht oft ein wahres Lebenselixier?

Ärgerliche Dinge

Du hast ein Gedicht geschrieben oder beantwortet, und gerade nachdem dein Bote das Haus verlassen hat, fallen dir die einzig passenden Worte ein, die dieses Gedicht erst vollkommen gemacht hätten! Zum Verrücktwerden!

Du nähst eilig an einer langen Bahn und hast versäumt, einen Knoten zu machen, und der Faden gleitet unbemerkt immer mit! Und dann entdeckst du noch, daß du die unrechte Seite nach außen genommen hast!

Besonders ärgerlich ist's, wenn ein Brief, den du nur für einen Menschen in der Welt bestimmt hattest, gerade dem anderen übergeben wird, der ihn unter keinen Umständen sehen sollte. Die Geschichte wird nicht besser, wenn der Bote endlose Entschuldigungen erfindet oder aber dickköpfig wie ein Maulesel ist. Prügeln möchte man ihn, wenn keine Zuschauer vorhanden wären!

Oder du hast Blumen gepflanzt und beginnst, dich an ihrem Blühen zu erfreuen, da entdeckst du eines Tages einen Mann mit Spaten und Korb, der deine Blumen ausgegraben hat und gerade davonträgt. Würde er so etwas einem Mann gegenüber auch wagen, zumal einem Mann von Rang und Würde gegenüber? – O ich machte meinem Herzen Luft, aber er murmelte nur: »So ein paar Blumen« und kümmerte sich nicht im geringsten um seine Missetat. Wie wütend war ich!

Eine junge Frau ist ein wenig ärgerlich, ohne recht zu wissen, warum, und verläßt das Bett, das sie mit dem Geliebten teilt, um sich einen anderen Winkel des Gemachs zum Schlafen zu suchen. Liebevoll bemüht er sich, sie zurückzuhalten, aber sie sträubt sich, und er denkt: »Wie unvernünftig und launisch sie heute abend ist!« Rasch verschwindet er wieder im warmen Bett und zieht die Decken recht behaglich bis zur Nasenspitze. Die Nacht ist kalt, und sie hat nur ein einziges Gewand am Leibe! wie sie friert und sich bemitleidet und denkt, sie sei der einzige Mensch, der noch wach ist und mutterseelenallein auf der ganzen Welt! Wieviel klüger wäre es gewesen, den kleinen Streit früher zu beginnen und dann rechtzeitig Frieden zu schließen! Horch, welche seltsamen Geräusche draußen und nun auch in den Zimmern! Rasch schlüpft sie ans Bett zurück und hebt leise die Decken, um hineinzukriechen. Oh, und er heuchelt tiefen Schlaf und murmelt: »Warum nicht noch ein wenig länger schmollen?«

Über die Liebe

Nein, was sind die Männer doch für seltsame Wesen! Wie wäre es sonst zu begreifen, daß sie die Schönste sitzenlassen und mit irgendeiner mittelmäßigen Schönheit vorliebnehmen!

Wer zur Hofgesellschaft zählt oder ihr doch nahesteht, sollte sich unter soviel Gutem nur das Allerbeste wählen. Nie sollte ein Kavalier denken, daß eine Dame zu hoch an Rang über ihm stehe. Liebt er sie, sieht er sein Glück in ihr, dann soll er werben um sie, und wenn es auf Leben und Tod ginge!

Schickt nun solch ein Mädchen, in dem wahre Schönheit und ein inniges Gemüt sich vereinigen, einem »klugen Weltmann« ein entzückendes Gedicht, so bringt es dieser fertig, ihr eine nichtssagende Antwort zu geben, ohne auch nur eine leise Annäherung zu wagen. Selbst Menschen, die dem Mädchen nicht sehr nahestehen, sind empört über soviel Gleichgültigkeit, von den Anverwandten, die die Tränen der Gekränkten fließen sehen, zu schweigen!

Aber ein Mann hat für soviel Jammer nicht das geringste Verständnis!

Am Morgen

Ich möchte gern wissen, wo er diese Nacht verbracht hat! Ein sehr gut aussehender Kavalier kommt in der Dämmerung nach Hause. Er sieht so schläfrig aus, derweil er die Tusche reibt und beginnt, einen Brief zu schreiben. Im Sitzen breitet er seine Gewänder aus, Gewänder in Weiß und Karmesinrot und Gold – nur reichlich zerknittert.

Nun ist der Brief geschrieben. Er wirft ihn nicht irgendeinem Diener zu, nein, er ruft einen Jungen mit klugen Augen herbei und flüstert ihm leise seinen Auftrag zu.

So, das wäre getan. Eine Weile sieht er dem Knaben nach, und seine Lippen murmeln etwas aus den Heiligen Schriften.

Im inneren Zimmer steht das Waschbecken bereit, und das Frühstück wartet schon. Aber er geht zum Betpult hinüber und beginnt ein bestimmtes Kapitel der Schrift aus dem Gedächtnis herzusagen.

Da, plötzlich kommt der Bote zurück und macht ihm Zeichen! Das Gebet verstummt, und der Antwortbrief wird ebenso innig und aufmerksam studiert.

Ist das nun Sünde? Jedenfalls war es sehr erheiternd!

Die Botschaft

Jeden Morgen pflegte er einen Brief zu senden – aber nun war er böse mit ihr, und kein Brief würde kommen. In der vergangenen Nacht erst hatte er gesagt: »Spare deine Worte! Ich werde niemals zu dir zurückkehren!«

Am nächsten Tag kam nichts von ihm, kein Zeichen, und sie war müde und verzweifelt und dachte: »O wie grausam ist er doch!«

Am folgenden Tag fiel ein trauriger Regen, die Stunden krochen langsam wie Schnecken dahin, es wurde Mittag, und noch immer nichts. Sie dachte: »Nun ist alles vorbei – – –«

Am Abend, als sie auf der Veranda saß, brachte ein Knabe unterm Regenschirm einen Brief von ihm. Sie öffnete ihn, heißhungrig. Nur eine Zeile:

»Die Wasser steigen beständig im Regen – –«

Aber diese Zeile bedeutete ihr mehr als ein langer Brief voller Liebesbeteuerungen, denn das Gedicht sagt:

So wie in den Marschen von Yodo
 die Wasser steigen beständig im Regen,
 so wächst die Liebe in meinem Herzen.

Liebesbriefe

Der Himmel war von durchsichtigem, mattem Blau. Plötzlich zogen schwarze Wolken herauf, und es begann in dicken Flocken zu schneien.

Ein hübscher, schlanker Soldat mit einem Regenschirm trat auf und schob einen Brief unter eine bestimmte Tür. Einen weißen Brief mit tiefschwarzer Aufschrift, die der Schnee hier und da etwas angefeuchtet hatte. Der Brief war eng beschrieben, in dichten, schönen Zeilen. Die Dame drüben las ihn, las ihn wieder und wieder – ich hätte wohl wissen mögen, was darin stand. Selbst die Aufmerksamkeit eines so unbeteiligten Zuschauers konnte ganz davon in Anspruch genommen werden. Und nun lächelte sie gar an einer Stelle! Wie gern hätte ich mitgelesen!

Jüngst sah ich, wie eine schöne Frau mit wunderbarem langem Haar einen Brief in der Dämmerung empfing. Selbst die Zeit schien ihr zu lange, die man braucht, um ein Licht anzuzünden. So nahm sie ein Stück glühender Holzkohle aus dem Kohlenbecken und las den Brief bei dieser ungewissen Beleuchtung. Ein Anblick, der mich ergriffen hat.

Worüber man die Geduld verliert

Man empfängt einen Brief des fernen Geliebten. Die Reisstärke, mit der er verschlossen ist, klebt so fest, daß man beim Versuch, den Brief zu öffnen, wahnsinnig werden könnte!

Man hat einen eiligen Besuch zu machen. Irgend jemand hat sich für die bewußten »wenigen Minuten« den Wagen ausgeliehen mit dem Versprechen, ihn gleich zurückzuschikken. Rollt dann ein Wagen auf der Hauptstraße, denkt man aufgeregt: das muß er sein – und er fährt just in der anderen Richtung. Zum Verrücktwerden!

Umgekehrt: wenn man für die ganze Gesellschaft einen Wagen genommen hat, um zu einem Schauspiel oder einer religiösen Feierlichkeit zu fahren, und die Elenden werden nicht fertig, so daß man endlos lange warten muß.

Wenn man in aller Eile ein Gedicht beantworten soll. Kein gescheiter Einfall stellt sich ein! Sicherlich soll man Antworten an Liebhaber nicht überstürzen, aber der Fall kann eintreten. Wenn zwei Menschen sich verlieben, dann ist die Zeit oft so kostbar, daß manches Mal alles in einem Augenblick entschieden ist.

Das Ende

Es ist so dunkel geworden, daß ich nicht weiterschreiben kann. Auch die Schreibpinsel sind aufgebraucht, und ich glaube, es ist Zeit, diese Aufzeichnungen abzuschließen.

In diesen Heften habe ich während der Mußestunden, die mir der Dienst als Hofdame vergönnte, niedergeschrieben, was meine Augen gesehen und mein Herz gedacht hat. Da manche Stellen darin enthalten sind, an denen ich mich über Menschen lieblos und abfällig geäußert habe, gedachte ich, diese Aufzeichnungen zu verbergen. Trotzdem sind sie nun, sehr zu meiner Betrübnis, auch anderen bekanntgeworden.

Als die Herrin einst von Naidaijin dieses hübsche Papier erhielt, fragte sie mich, was man darauf schreiben solle. Der Kaiser schlug vor, es zu einer Abschrift der »Historischen Denkwürdigkeiten« zu benutzen. Als ich aber äußerte, es wäre schön, ein Skizzenbuch unterm Kopfkissen zu besitzen, schenkte mir die Herrin den ganzen Stoß.

Ich begann nun, in diese Kopfkissenhefte alles einzutragen, was mir in den Sinn kam und mein Herz bewegte. Hätte ich es darauf angelegt, sie mit Neuigkeiten aus aller Welt, mit Aufzeichnungen über seltsame Erlebnisse, seltsame Menschen und Dinge zu füllen oder gar mit ausgesucht schönen Gedichten und Betrachtungen über Kräuter und Bäume, Vögel und Insekten, so hätte ich sicher nur Tadel geerntet. Meine Gegnerinnen hätten mit Spott nicht gespart und gesagt: »Es ist noch schlechter, als wir es erwartet hatten! Wie deutlich zeigt sich nun ihr geringes Talent!«

Da ich aber nur zu meiner Belustigung aufschrieb, was mir einfiel, kunterbunt durcheinander, dachte ich, man würde erst recht ungünstig urteilen, nun, da fremde Augen meine Aufzeichnungen gelesen haben. Aber ich habe so viel Lob geerntet, daß ich beschämt bin!

Wie sollte ich dieses Lob auch verdient haben! Was die Welt verabscheut, nenne ich gut, und was sie preist, nenne ich schlecht. O wie lassen diese Blätter jeden in mein Herz schauen! Wie bedauere ich, daß sie so allgemein bekanntgeworden sind!

Aus dem 11. Jahrhundert.
Deutsch von Helmut Bode

MISHIMA YUKIO
NACH DEM BANKETT

Die Reisegesellschaft traf sich am Zwölften auf dem Tokio-Bahnhof zu dem Neun-Uhr-D-Zug »Schwalbe«. Kazu bemerkte mit Erstaunen, wie jung Noguchi in dieser Gruppe wirkte. Das war nur zu verständlich, denn drei der fünf Herren hatten die siebzig bereits überschritten.

Kazu hatte sich mit ihrer Reiseausstattung große Mühe gegeben; denn durch diese Reise gab sie ihre Beziehungen zu Noguchi zum erstenmal öffentlich zu. Sie wollte daher ein Muster in ihren Kimono färben lassen, das seinen Namen, Noguchi Yuken, versinnbildlichte. Aber das einzige Zeichen dieses steifen Namens, das zu einem malerischen Bild verwandelt werden konnte, war das *No,* was so viel bedeutete wie *Feld.*

Schon lange vor der Abreise begann sie mit den Vorbereitungen. Nach langem Hin und Her begnügte sie sich schließlich mit einem Muster, das sich zwar auf seinen Namen bezog, dessen Bedeutung aber nur ihr zugänglich war. Sie ließ sich aus grobkörnigem schwarzem Crêpe de Chine, in den weiße Ackerschachtelhalme und zartgoldener Löwenzahn eingefärbt waren, einen Kimono anfertigen. Das Muster sollte ein blühendes Feld im Frühling andeuten. Dazu trug sie einen für die Reise zweckmäßigen, grüngestreiften Obi und eine Obi-Brosche mit Wolkenring-Muster. Der graue Überwurf mit eingewebten schmalen Streifen war mit weinroter Seide gefüttert. Auf dieses Futter hatte sie ihre ganze Aufmerksamkeit gerichtet . . .

Der weißhaarige achtzigjährige alte Herr, der als Bahnbrecher des japanischen Journalismus galt, wurde von den anderen mit äußerster Höflichkeit behandelt. Er war Doktor der Rechte und hatte viele englische Bücher übersetzt. Er war ein alter Hagestolz von englischer Lebensart, aber auch ein Zyniker. So gab er zu erkennen, daß er mit jeder sozialen Reform einverstanden war – mit Ausnahme des Gesetzes gegen die Prostitution. Er redete sogar Noguchi mit ›Du‹ an. Der Industrielle hatte sich bereits aus dem geschäftlichen Leben zurückgezogen; er war ein Liebhaber von *Haiku*-Gedichten. Der Wirtschaftsexperte unterhielt die Gesellschaft mit allerlei boshaften Klatschgeschichten.

Es waren recht angenehme ältere Herren, die Kazu weder ignorierten noch ihr in auffälliger Weise den Hof machten. Die Fahrt nach Nara verlief fröhlich und heiter. Der Wirtschaftsexperte nannte die gerade maßgeblichen Leute in Wirtschaft und Politik ›Dummköpfe, Taugenichtse, Schufte, Opportunisten, geistig Minderbemittelte, Verrückte, Heuchler, Kurzsichtige, größte Kamele der Weltgeschichte, verkalkte Hornochsen und Epileptiker‹. Schließlich kam das Gespräch auf *Haikus*.

»Ich verstehe von *Haikus* auch nicht mehr als ein Europäer«, bemerkte der Achtzigjährige. Und nach kurzer Pause fuhr er, wie aus einem Lexikon dozierend, fort: »Terada Torahiko berichtet in seinen *Plaudereien über Haikus* die folgende Geschichte von einem jungen deutschen Physiker, der seinen Urlaub in Japan verbrachte und ein begeisterter Japankenner wurde: Der junge Mann erzählte seinem japanischen Freund voller Stolz, er habe ein *Haiku* gedichtet. Es lautete:

In Kamakura
Wohin ich auch ging und sah
Kraniche ringsum.

Tatsächlich bestand sein Vers formgerecht aus fünf, sieben und fünf Silben, aber deshalb ist es doch kein *Haiku*. Meine *Haikus* unterscheiden sich nicht im geringsten von den seinen. Hier ist eins, das ich eben, während ich unserem Freund zuhörte, gedichtet habe:

Unsere Bonzen
In Politik und Banken
Narren sind's alle.«

Alle lachten. Derselbe Scherz aus dem Munde eines jungen Mannes hätte ihnen nicht einmal ein Lächeln entlockt. Während des Gesprächs über *Haiku*-Dichtung dachte Kazu voller Unbehagen an das Muster ihres Futters. Obgleich der Zug geheizt war, wagte sie nicht, den Überwurf abzulegen, weil sie Angst hatte, jemand könnte das Futter sehen. Aber bald nahm das Gespräch eine andere Wendung.

Die Herren legten übertriebenen Wert auf die Genauigkeit ihres Gedächtnisses. Das Gespräch erinnerte Kazu, die schweigend zuhörte, irgendwie an Unterhaltungen junger Männer, die untereinander mit ihrem Wissen über Frauen prahlen und einander auszustechen versuchen. Um das Gesagte glaubhaft erscheinen zu lassen, holten die alten Herren oft weit aus und erwähnten bedeutungslose Einzelheiten. Wenn sie zum Beispiel etwas aus dem Jahre 1936 erzählten, so hätte sich ein junger Mann damit begnügt zu sagen: »Ich glaube, es war 1936 oder 37« – diese alten Herren begannen aber so: »Ja, so war es. Es geschah im Jahre 1937, am siebenten Juni. Ich bin sicher, daß es der siebente war. Ein Sonnabend, glaube ich. Ich kann mich erinnern, daß wir früher von der Arbeit kamen.«

Je lebhafter das Gespräch wurde, desto mehr bemühten sie sich, den hoffnungslosen Kampf gegen den natürlichen Verfall aufzunehmen; und bei einem unvoreingenommenen Beobachter erweckten sie damit sogar den Anschein, vital zu sein. Aber auch in dieser Hinsicht war Noguchi eine Ausnahme. Kazu konnte nicht verstehen, was ihn an diesen Männern interessierte und weshalb er gern mit ihnen verkehrte. Nur er bewahrte seine Würde und wirkte dadurch jung. Er griff, wie immer, selten ins Gespräch ein. Wenn es ihm zu langweilig wurde, zählte er die Rippen seiner geschälten

Pampelmuse und reichte Kazu schweigend die Hälfte hinüber. Doch die einzelnen Rippen der Pampelmuse waren verschieden groß, und Kazus Hälfte war, obwohl er ihr die gleiche Anzahl gegeben hatte, kleiner als die seine. Kazu mußte ein Lachen unterdrücken. Sie starrte auf die faltige, dünne Haut um das Fruchtfleisch, die die Farbe des Abendmondes hatte.

Als die Gruppe um halb sieben Uhr in Osaka ankam, wartete bereits ein Wagen auf sie. Sie fuhren direkt zum Nara-Hotel und begaben sich, ohne sich auszuruhen, in den Speisesaal. In Nara war es ungewöhnlich warm für diese Jahreszeit. Man hatte Kazu berichtet, daß zur Zeit des Quellenfestes meist strenge Kälte herrsche. Um so mehr freuten sie und die alten Herren sich über den unvermutet warmen Abend.

Die Feierlichkeiten zum Frühlingsquellenfest im Februar-Tempel beginnen alljährlich bereits am ersten März. Aber der Höhepunkt des Festes ist das Abbrennen der riesigen Fackeln in der Nacht vom zwölften zum dreizehnten, dem sich gegen Morgen das Schöpfen des heiligen Wassers und das geheimnisvolle Tataren-Ritual anschließt. Diese nächtliche Zeremonie lockt das meiste Publikum an.

Nach dem Abendessen eilten die Herren und Kazu zum Februar-Tempel und fanden zu ihrer Überraschung eine große Menschenmenge vor. Die Menschen schienen mehr der Sensation, des ungewöhnlichen Ereignisses wegen gekommen zu sein, und weniger, weil sie einer religiösen Handlung beiwohnen wollten.

Als der Augenblick kam, in dem die riesigen Kiefernfackeln angezündet werden sollten, bahnte ein Priester der Gruppe im Dunkeln den Weg durch die Menge zur Galerie des Tempels. Noguchi hatte Kazu bei der Hand genommen und schritt sicher voran, ohne sich um den unebenen Boden zu kümmern. Es war ein ganz anderer Noguchi als der, der in Ueno gezögert hatte, über die Straße zu gehen. Vor den Autos hatte er sich gefürchtet, aber vor Menschen schien er nicht zurückzuschrecken. In seiner Haltung lag eine tief eingewurzelte Würde, als er die bäuerlich aussehenden Leute beiseite schob.

Die vornehmen Gäste wurden in die Nähe eines Bambuszaunes geführt, den man errichtet hatte, weil die Leute nicht in den Tempel drängen sollten. Gleich hinter dem Bambuszaun lagen die Stufen zur Galerie des Tempels, auf denen die Fackeln abgebrannt werden sollten. Der achtzigjährige Journalist schien von dem beschwerlichen Weg erschöpft zu sein, denn er klammerte sich am Zaun fest und rang nach Luft. Der Direktor der Zeitung war seinetwegen in ständiger Angst und besorgte ihm einen kleinen Klappstuhl.

Auch Kazus Sandalen war der Weg schlecht bekommen. Der Boden des Abhangs, auf dem sie standen, war nur spärlich mit Gras bewachsen und aufgeweicht. Um ihre Sandalen etwas zu schonen, klammerte sich auch Kazu am Bambuszaun fest. Sie wandte den Kopf nach hinten, um Noguchi zuzulächeln; aber sein lächelndes Gesicht wurde von der Dunkelheit verschluckt. Hoch über ihren Köpfen erhob sich majestätisch der Tempel mit dem geschwungenen, überhängenden Dach. Aus seinem Innern drang eine mysteriöse Helle, und vereinzelt glitzerten Sterne, wie Wassertropfen, zwischen den hohen schmalen Zedern um den Tempel.

Der ›Siebenmalige Botengang‹ hatte bereits angefangen. Eine hohe Gestalt in gegürtetem Gewand – der oberste Geweihte – schritt mit hoch erhobener Fackel die Steintreppe hinauf und wieder hinunter. Jede Phase dieser ›Botengänge‹ wurde mit lauter, weithin hallender Stimme angekündigt: das Weihrauchopfer, die folgenden kultischen Handlungen und die Anbetung. Die umhersprühenden Funken der Fackeln machten das Ritual zu einem Bild imposanter Feierlichkeit. Für die Zuschauer, die nichts von den altertümlichen Traditionen des esoterischen Buddhismus und des Dual-Shintoismus wußten, mußten die merkwürdige Aufmachung des obersten Geweihten, seine Erregung und seine Ekstase wie ein Zeichen drohenden Unheils erscheinen. Selbst als der Geweihte verschwand und keine Fackel mehr die Steinstufen erhellte, hatte man noch den Eindruck, daß sich etwas Schreckliches in dieser Leere ereignen würde. Kazu war nie besonders gläubig gewesen; und es kam selten vor, daß sie von etwas ergriffen war, was sie nicht mit eigenen Augen sehen konnte. Als sie aber jetzt zu den Granitstufen aufblickte, die kalt und weißlich schimmernd zur Galerie des Tempels hinaufführten, fühlte sie ihr Herz die Stufen emporschweben, um des bedeutsamen Geschehens in einer unsichtbaren Welt teilhaftig zu werden.

Hin und wieder fragte sich Kazu – so heiter und optimistisch sie auch war –, was wohl nach dem Tod geschehen würde. Diese Überlegungen riefen sofort den Gedanken an die Sünde in ihr wach, an ihre Sünden. Während sie die Wärme von Noguchis Mantel in ihrem Rücken spürte, wurden Erinnerungen an vergangene Affären lebendig, an die sie in Noguchis Gegenwart noch nie gedacht hatte. Männer waren ihretwegen in den Tod gegangen, andere hatten Stellung und Vermögen verloren, und wieder andere waren zum Bodensatz der Gesellschaft herabgesunken – alles ihretwegen. Seltsamerweise hatte sie nie erlebt, daß ein Mann durch ihre Liebe groß und mächtig geworden war. Es war nicht Kazus Verschulden – sie hatte nie Böses gewollt –, aber meist ging es mit den Männern bergab, nachdem sie Kazu kennengelernt hatten.

Während sich ihre Gedanken mit dem Tod beschäftigten, blickte sie zu den Steinstufen auf. Die Vergangenheit bröckelte Stück für Stück unter ihren Füßen weg, und sie wußte nicht, wo sie Zuflucht finden konnte. Wenn sie wie bisher weiterlebte, würde niemand dasein, der ihr das letzte Geleit gab. Der Gedanke an den Tod erweckte den Wunsch in ihr, einen vertrauenswürdigen Menschen zu finden, eine Familie zu besitzen und ein geordnetes Leben zu führen. Aber um das zu erreichen, würde sie sich doch noch einmal der Liebe unterwerfen müssen. Und wiederum überfiel sie die Angst bei dem Gedanken an weitere Sünden. Bei den morgendlichen Spaziergängen im Setsugoan hatte sie geglaubt, die Welt und die Seele der Menschen so genau zu kennen wie ihren Park. War sie nicht überzeugt gewesen, daß nichts mehr sie aus ihrer Ruhe herausreißen könne? Jetzt erschien ihr diese Abgeklärtheit wie der Weg zur Hölle ... Der Priester, der sie vorhin hergeleitete, hatte ihnen erklärt, daß das Quellenfest Reue und Bitte um Vergebung darstelle. Und Kazu verstand, wenn sie an ihr eigenes Leben dachte, nur zu gut, was damit gemeint war.

Das Raunen um sie herum zeigte an, daß endlich die Fackeln herangetragen wurden. Sie hatten bereits fertig neben dem Badehaus des Tempels gestanden: zwölf armdicke, über sieben Meter lange Bambusrohre mit gewaltigen Wurzeln, an deren Spitze ein kugelförmiger Korb von über einem Meter Durchmesser befestigt war.

Hinter dem Bambuszaun standen einige Priester in glitzernden Brokatgewändern mit hohen dreieckigen Kragen, die Kazu die Aussicht versperrten. Sie versuchte, zwischen den Schultern der Priester hindurch einen Blick auf die Fackeln zu werfen; da sie aber nicht groß genug war, bat sie Noguchi mit leiser Stimme: »Bitte, heb mich ein wenig hoch.« Aber Noguchi, der einen Schal um seinen Hals geschlungen hatte, lächelte nur und schüttelte den Kopf. In diesem Augenblick begann es zu krachen und zu prasseln, und sein Gesicht war plötzlich von hellem Licht übergossen.

Kazu wandte rasch wieder den Kopf, um zu sehen, was geschehen war. Das Prasseln kam von der angezündeten Fackel, die einen gelben Schein auf die weiße Kalkwand warf und jeden Riß, jede Kritzelei deutlich hervortreten ließ. Plötzlich loderte ganz nahe vor ihnen eine mächtige Flamme hoch, und die Gestalten der Priester mit den hohen Kragen und den Fächern, die sie schützend vor ihre Gesichter hielten, verwandelten sich in dunkle Silhouetten. Aus den grünen Zypressenzweigen oben an den Bambusrohren stoben Funken, und die starken Arme des Jünglings, der die riesige Bambusfackel trug, erglühten im Widerschein des Feuers. Mit angehaltenem Atem beobachtete Kazu, wie der Fackelträger mit dem leuchtenden Feuerball die Stufen emporstieg.

Der Jüngling, der die Last der anderthalb Zentner schweren Bambusfackel nur auf einer Schulter trug, schritt die Stufen in einem Feuerregen hinauf. Hier und da blieben Funken, wie karmesinrote Lotusblüten, auf der Treppe zurück. Manchmal fingen die Pfosten des überdachten Durchgangs Feuer und begannen zu glimmen. Ein weißgekleideter Begleiter, der dem Fackelträger folgte, löschte die Flammen sogleich mit einem wasserdurchtränkten Besen. Die Menschen standen dichtgedrängt unterhalb des Tempels und folgten dem Schauspiel gebannt. Kazu traten beim Anblick der wilden, einsamen Schönheit des Feuers Tränen in die Augen, und ihrer Brust entrang sich ein Laut. Sie ergriff Noguchis Hand und preßte sie mit vor Erregung feuchten Fingern: »Wie schön! Es hat sich wirklich gelohnt, hierher zu fahren!«

Während sie sprach, hatte der Fackelträger bereits die oberste Stufe erklommen und hielt einen Augenblick inne, um sich gegen die Balustrade der linken Galerie zu lehnen. Wieder ertönte neben Kazu ein ohrenbetäubendes Prasseln, und der zweite Fackelträger erschien am Fuße der Steintreppe. Im selben Augenblick begann der Jüngling oben auf dem Podium des Tempels wie ein tollgewordener Löwe zu rasen und die Fackel herumzuwirbeln, so daß ein heftiger Funkenregen auf die Köpfe der Zuschauer fiel. Dann rannte er mit der Fakkel auf die rechte Seite der Galerie zu, und das schwere, überhängende Tempeldach erglühte rot im Feuerschein. Als die Fackel, deren Leuchtkraft bereits ein wenig nachließ, nochmals an der rechten Balustrade herumgewirbelt wurde, leuchteten die Zypressen im Lichte der sprühenden Feuerfunken in tiefem dunklem Grün.

Nun kam auch die Menge, die in Andacht versunken gewesen war, wieder in Bewegung. Bewundernde Schreie mischten sich in den Chor der laut hallenden Stimmen, die die Gebete sprachen. Noch immer rieselten Funken, wie Goldstaub, auf die Köpfe der Zuschauer herunter, und über ihnen ragte, dunkel und erhaben, der Februar-Tempel auf.

»Unbeschreiblich! Wirklich unbeschreiblich!« sagte Kazu immer wieder. Noguchi bemerkte, daß sie weinte.

Es war kurz vor Tagesanbruch, als sie alle zum Hotel zurückkehrten. Sie waren zu müde gewesen, um nach der *Omizutori*-Zeremonie noch auf das Tataren-Ritual zu warten, das am frühen Morgen stattfinden sollte. Als sie sich eben in ihre Zimmer zurückgezogen hatten, hörten sie in der Ferne die Hähne krähen. Aber noch war kein Morgengrauen am Himmel zu sehen.

Noguchi schlug vor, ein Bad zu nehmen, bevor sie zu Bett gingen. Kazus Augen glitzerten noch vor Aufregung. Sie sagte, sie sei zwar sehr müde, könne aber sicher nicht schlafen. Sie legte ihren Überwurf ab und faltete ihn langsam und umständlich zusammen, um Noguchis Aufmerksamkeit auf das Futter zu lenken. Er näherte sich dem Bett, auf dem der Überwurf unter der hellen Deckenlampe ausgebreitet lag. Auf das weinrote Futter waren mit geschickter Hand die ersten Zeilen eines Gedichtes gemalt.

»Was ist denn das?« fragte Noguchi, während er seine Krawatte lockerte.

»Ein Gedicht von Sogi. Ich habe eigens für diese Reise einen Kalligraphen gebeten, es zu schreiben. Es ist doch schon Frühling.« Sie verriet nicht, daß der Stoffhändler die Idee mit dem Gedicht von Sogi gehabt hatte.

»Ich warte auf dich«, las Noguchi:

»Ich warte auf dich,
Wüßtest du's nur, laß dir Zeit,
Blume des Frühlings.«

Noguchi vergaß, seine Krawatte abzunehmen, und starrte lange auf das Gedicht. Kazu betrachtete die alte, vertrocknete Hand des Mannes, auf der sich die Venen abzeichneten. Sie fand sie schön.

»So ist es also«, sagte Noguchi schließlich. Das waren seine einzigen Worte. An dem Morgen, vor Anbruch des Tages, schliefen der Mann über sechzig und die fünfzigjährige Frau in einem Bett.

1960
Deutsch von Sachiko Yatsushiro

ENCHI FUMIKO
DAS EHEPAAR

Die Uhr auf dem Bahnsteig zeigte beinahe Viertel vor elf, als Tomimori Kaichi und seine Frau Ikuyo auf dem Hauptbahnhof von Tōkyō ankamen.

»Glaubst du, es geht, wenn wir die Amtsbahn nehmen?« (Kaichi konnte sich einfach nicht abgewöhnen, Amtsbahn statt, wie es jetzt hieß, Staatsbahn zu sagen.)

Er wechselte die ihm schwere, alte Reisetasche in die andere Hand, während er sich der betagten Ikuyo zuwandte. Sie waren zum Begräbnis seines Bruders nach Nagoya gefahren, und jetzt kehrten sie heim. Die sommerliche Hitze dauerte noch immer an, obwohl es längst Anfang September war. So hatten die drei, vier Tage bei den Verwandten mit dem ständigen Rücksichtnehmen und dem Aufenthalt in der schlecht durchlüfteten Wohnung hinter dem Laden wohl Ikuyos physische Kräfte überfordert. Im Zug, kurz nach Atami, begann sie über Unwohlsein zu klagen; matt ließ sie den Kopf auf die Lehne sinken.

Kaichi freilich, der bis zu diesem Tag streng der Haltung eines Ehemannes der Meiji-Zeit treugeblieben war, zeigte sich, zumal vor anderen, niemals über den Gesundheitszustand seiner Frau besorgt. Auch vorhin im Zug war er mit Rotstift die Korrekturfahnen der »Hôgen-Chronik« durchgegangen, doch immer wieder hatte er die Lesebrille, die seine Altersweitsichtigkeit erforderte, ein wenig nach unten gezogen, um über sie hinweg einen forschenden Blick auf Ikuyos geschwollenes und bleiches Gesicht zu richten. Sie hielt die Augen geschlossen und die untere Gesichtshälfte mit einem Taschentuch bedeckt. Er kümmerte sich also sehr wohl um das Befinden seiner Frau. Genauso hatte er mit seiner Frage eben, ob es ihr denn recht wäre, wenn sie mit der Amtsbahn führen, eigentlich andeuten wollen, daß sie bis zu ihrer Wohnung in Yayoichô ein Taxi nehmen könnten, falls ihr die Umsteigerei zu schwerfallen sollte.

»O ja, bitte«, Ikuyo klammerte sich förmlich an diese Worte. »Die ganze Zeit über habe ich schon Bauchschmerzen. Du weißt, wie schwach mein Herz ist ... als ich im Zug auf die Toilette ging, brach mir der kalte Schweiß aus ... alles drehte sich mir ...«

»Wir haben doch nichts Verdorbenes gegessen. Mir geht es gut.« Kaichi sagte das fast vorwurfsvoll, als er auf den Ausgang in Richtung Maru-no-uchi zusteuerte.

Ikuyo folgte ihm, den Rücken gebeugt, die Hände auf den Unterleib gepreßt. Wie bei einsetzenden Wehen überfiel sie in Intervallen der Schmerz. Die Begierde nach einem freundlichen Wort ihres Gatten, wonach sie sich in all den langen Ehejahren gesehnt hatte, wenn sie unter Menstruationsbeschwerden litt, hatte sich ihr einer chronischen Krankheit gleich in Herz und Körper eingenistet, so daß sie ohne dieses Verlangen gar nicht mehr wissen würde, wozu sie eigentlich lebte. Auch jetzt stieg sie unter äußerster Anstrengung jede einzelne Stufe hinab. Dabei dachte sie, ihr Leben würde unversehens einmal enden, wenn das so weiterginge; er aber würde, wenn ihr Herz plötzlich aussetzte und sie hier tot umfiele, zwischen den Passanten dahinschreiten, als ginge ihn das gar nichts an ... sie atmete schwer, während sie solchen Grübeleien nachhing. Und als sie unten auf der letzten Stufe angekommen war, sah sie dort Kaichi stirnrunzelnd, wie immer, ungeduldig warten.

»Kannst du gehen? Willst du, wenn wir die Sperre passiert haben, noch einmal zur Toilette?« Kaichi nahm ihre Hand und hakte seine Frau ausnahmsweise unter.

»Es geht schon ... wenn wir ein Taxi nehmen ... laß uns nur schnell nach Hause fahren.« Sie sagte es fest und bestimmt, und sie hätte am liebsten auch seinen Arm abgeschüttelt, wagte es aber nicht. Gleich nachdem sie durch die Sperre waren, fragte Kaichi ein zweites Mal:

»Du willst also nicht auf die Toilette?« Ikuyo schüttelte verneinend den Kopf, ihre Angst war zu groß, sie wollte jetzt nicht allein sein, nicht einmal auf der Toilette.

Als sie sah, daß am Taxistand kein freies Taxi wartete, kauerte sie sich an einer Mauer nieder.

»Ist Ihnen nicht gut?« fragte sie der Mann vom Taxistand.

»Nichts, ein kleines Unwohlsein, nichts weiter«, sagte Kaichi, als ob es tatsächlich nichts weiter wäre.

»Mir scheint aber, sie hat große Schmerzen, sollte man nicht einen Unfallwagen rufen?«

»Nein, nein! Lassen Sie nur. Das ist keineswegs nötig, wenn das Taxi kommt ...«

»Wenigstens einen bequemeren und größeren Wagen; ich könnte Ihnen einen über Funk heranrufen.«

»Machen Sie sich keine Sorgen um uns«, sagte Kaichi, deutlich betonend, wie lästig ihm dieses Gerede war. Ein Taxi würde schon teuer genug werden, eine extra herbeitelefonierte Limousine aber, das wäre nun wirklich eine unverzeihliche Verschwendung.

Sie warteten zwei, drei Minuten, bis schließlich ein Taxi kam. Der Mann vom Taxistand half Ikuyo, sie um ihren gekrümmten Rücken fassend und fast hochhebend, in den Wagen.

»Fahren Sie vorsichtig, die Frau ist krank«, rief er dem Fahrer zu. Der lachte und fuhr an.

»Nun Tantchen, was fehlt Ihnen? ... doch nicht etwa Cholera?«

Es war ein junger Bursche, der grob daherredete, aber in seinem ärmellosen Hemd einen durchaus gutmütigen Eindruck machte.

Kaichi jedoch verletzte das Geschwätz von Cholera und Tantchen, ihm schien darin die ganze Verachtung zu liegen, die die heutige Jugend alten Menschen entgegenbrachte.

»Höchstwahrscheinlich Hitzschlag«, sagte Kaichi kurz. »Yayoichô in Bunkyô-ku ... Sie fahren am besten die Straße immer geradeaus bis Tenjin-shita und biegen dann bei Ikeno-hata links ein.«

Das Taxi fuhr am Shinmaru-Building vorbei, in Richtung Kanda. Zur Stoßzeit wogte in dieser zu beiden Seiten von hohen Bürohäusern gesäumten Straße eine einzige Menschenmenge, ein Meer von Angestellten und Büromädchen; bei Nacht jedoch war sie wie leergefegt, nicht ein Passant war zu sehen, nur die Scheinwerfer der hin und her flitzenden Autos schossen ihre gelben Lichtkegel durch die Straße.

»Das Tantchen sollte sich hinlegen, vielleicht wird ihr dann besser«, schlug der Fahrer vor und ließ den Wagen langsamer laufen. Ikuyo, sitzend, preßte ihr Taschentuch an den Mund und zog von Zeit zu Zeit die Schultern hoch, wobei sie jedesmal vor Schmerz aufstöhnte. Offensichtlich beunruhigte den Fahrer ihr Zustand.

»Willst du dich ausstrecken? . . . du kannst deinen Kopf auf meine Knie legen.«

Selbst in dieser Situation sagte Kaichi das mit der ganzen ehemännlichen Würde. Nie, unter keinen Umständen würde er je diese altmodische Korrektheit ablegen. Sie war ihm im Laufe seiner Karriere, erst als Lehrer einer Mittelschule, dann als deren Rektor, zur zweiten Natur geworden.

»Entschuldige . . .«, sagte Ikuyo mit der Höflichkeit, die sie dem Gatten in all den Jahren stets entgegengebracht hatte und bettete sich, krumm wie eine Krabbe, auf den schmalen Sitz. So kam ihr Kopf auf Kaichis Knie zu liegen, die spitzig durch die Sommerhosen stakten.

Eine Weile empfand Ikuyo so etwas wie Erleichterung, sie schloß die Augen und überließ ihren Körper dem leichten Schaukeln des Wagens. Plötzlich aber wand sich eine animalische Kraft aus der malträtierten Magengegend wie wild empor, stieß und drückte die unglückliche auf der Seite liegende Ikuyo bis hinauf zum Genick, so daß ihr auf den Knien des Gatten ruhender Hals jeden Augenblick abgeschnürt zu werden drohte. Ikuyo zog ihr Taschentuch aus dem Kimonoärmel und preßte es sich auf den Mund.

»Du...«, brachte sie gerade noch hervor, danach gestikulierte sie nur noch mit den Händen, womit sie ihm zu verstehen geben wollte, er möge die Stellung seiner Knie ändern.

»Was ist? Mußt du dich erbrechen?...«

Sogar Kaichi war in Verwirrung geraten. Er begriff nur schwer, was seine Frau wollte, die mit den Augen rollte wie ein sterbender Fisch.

»Falls du dich erbrichst, nimm das hier...«, er kramte aus seiner Anzugtasche ein großes Männertaschentuch hervor und reichte es ihr. Da endlich fand Ikuyo die Kraft, ihren Kopf ein wenig aufzurichten. »Meine Kehle... Ich möchte, ich kann nicht erbrechen...«

»Hören Sie, sie kann sich nicht übergeben, so wie sie liegt, das Tantchen«, sagte der Fahrer, der rascher von Begriff war, nach hinten gewandt und hielt den Wagen an.

»Ziehen Sie das Knie weg... damit sie sich nach unten beugen kann.«

Jaja, schien Ikuyo sagen zu wollen. Sie blickte in die Augen ihres Gatten und wies auf ihren Hals. Endlich begriff auch er.

»Ist es so recht?« fragte er und schob die Knie zur Seite, hielt sein Taschentuch zusätzlich unter ihren Mund und half ihr, sich nach vorn zu beugen.

Im selben Moment schon erbrach sich Ikuyo. Es sprang förmlich wie etwas Lebendiges aus ihrer Kehle; die Taschentücher füllten sich mit einer warmen Masse.

»So... Fühlst du dich jetzt besser?«

»Ja... endlich... es tut mir leid.«

Um ihren Mund klebte Erbrochenes, Ikuyo war aber zu erschöpft, um es fortzuwischen.

»Können wir jetzt weiterfahren?«

»Ja...«

»Soll ich noch warten? Brechen Sie nur alles heraus! Was sein muß, muß sein.«

»Mir ist schon gut, sehr viel besser ... Bitte fahren Sie weiter«, hauchte Ikuyo.

Dann, als der Wagen wieder fuhr, hielt Ikuyo Kaichi die Taschentücher mit dem Erbrochenen hin.

»Wirf das bitte fort ... entschuldige, so unappetitlich«, Kaichi verspürte einen Stich im Herzen, es schien ihm schade um die Taschentücher, doch sein zweiter Gedanke war, daß, wenn er die schmutzigen Tücher im Wagen ließe und damit womöglich den Wagen verunreinigte, er dem Fahrer eine Entschädigung würde zahlen müssen, die sicher den Wert der Taschentücher überstiege. Andererseits aber konnte der Lehrer in ihm sich nicht recht dazu überwinden, etwas auf die Straße zu werfen. Kaichi stieß jetzt aber derlei Gefühle doch beiseite und ließ das ihm kraftlos ausgehändigte, säuerlich roh riechende Taschentuch möglichst unauffällig aus dem Fenster auf die Fahrbahn fallen.

Flüchtig sah er zu Ikuyo hinüber. Ihr Ausdruck hatte sich entspannt, matt wandte sie das kreideweiße Gesicht zur Seite.

»Eine schöne Bescherung! ... Hoffentlich war das nun alles ... in jedem Fall muß sie übermorgen auf dieser Feier mit mir erscheinen, wie sähe das sonst aus ...«, brummelte Kaichi vor sich hin.

Wieder zu Hause in ihrer alten Wohnung auf dem Hügel von Yayoi-chô erbrach sich Ikuyo noch einmal, Durchfall kam hinzu: aber da die Frau, die während der Abwesenheit das Haus gehütet hatte – es war die Frau eines Schulangestellten aus Kaichis Rektorenzeit –, sogleich tüchtig half und sich um Ikuyo kümmerte, konnte Kaichi sich zurückziehen.

Kaichi war jede Art von übertriebener Aufregung verhaßt; Frau Taka aber, die Haushüterin, befürchtete, es könnte sich um Ruhr handeln, denn das sei in dieser Jahreszeit keineswegs ausgeschlossen. Sie holte darum auch gleich den Doktor aus der Nachbarschaft und ließ ihn Ikuyo eine Spritze verabreichen.

Die Spritze schien ihre Wirkung zu tun, die beklemmenden Herzgeräusche hörten auf, auch der Brechreiz und die Diarrhöe klangen langsam ab; als Frau Taka in ihr Zimmer zurückkehrte, ging es Ikuyo schon sehr viel besser.

Kaichi seufzte hörbar auf, beruhigt, daß für diese Nacht nichts mehr zu befürchten war. Als er gerade im Begriff war, sich in das neben der Kranken zurechtgemachte Bett zu begeben, hörte er Ikuyo mit schwacher Stimme rufen: »Vater, bist du's?« Ihre Söhne und Töchter waren schon erwachsen und längst aus dem Haus, aber die alten Eheleute riefen einander noch immer so, als sähen sie sich mit den Augen der Kinder.

»Nicht wahr, du hast vorhin die Taschentücher mitsamt dem Inhalt aus dem Fenster geworfen?«

»Ja natürlich, hattest du mich denn nicht darum gebeten?«

»Doch, doch das habe ich ... aber mir ist etwas Schreckliches passiert.«

»Was meinst du? ... Was heißt: etwas Schreckliches?«

Kaichi sagte das, als überstiege es seinen Verstand. Ikuyo kamen in ihrer Erbärmlichkeit fast die Tränen.

»Mein Gebiß war darin.«

»Wie? Deine Zähne?«

Kaichi hatte gute Zähne; noch mit seinen siebzig Jahren biß er knackend in die eingelegten Rettiche und kaute munter auf dem getrockneten Tintenfisch herum, und so pflegte er sich, seit Ikuyo ihr Gebiß trug, über ihren Mund als den »Teekessel der ehrenwerten Alten« zu mokieren. Er konnte daher kaum nachempfinden, was es für Ikuyo bedeutete, auch das Gebiß mit herausgebrochen zu haben.

»Wie kannst du nur so stockdumm sein! ... Hast du denn nicht gemerkt, daß dir die Zähne herausgefallen sind?« schrie er sie aufgebracht an. Ganz augenscheinlich hatte er bereits vergessen, daß seine Frau nur einen Augenblick zuvor noch sterbenskrank gewesen war. Und in der Tat! Ihre Unterlippe war geschrumpft, und sie nuschelte auch bloß.

»Aber du weißt doch, wie sehr es mir die Kehle abgeschnürt hat. Ich bin fast gestorben. Als ich endlich so lag, daß ich mich übergeben konnte, habe ich an nichts anderes mehr denken können. Danach fühlte ich mich entsetzlich matt ... erst vorhin habe ich es bemerkt, als der Arzt da war und ich ihm die Zunge zeigte.«

»Trotzdem ... eine ganz unbegreifliche Unaufmerksamkeit! Nun ja, mir ist es egal ... du kannst dir ja neue Zähne machen lassen, sobald du wieder auf der Höhe bist«, wetterte Kaichi weiter. Das gähnende Schwarz ihrer Mundhöhle ließ offen, ob Ikuyo weinte oder lachte.

»Gewiß, es ist alles meine Schuld, jaja, meine Schuld, aber was ist übermorgen mit der Feier, wie kann ich ohne Zähne dorthin gehen, selbst wenn ich wieder auf den Beinen sein sollte ...«

Sie hatte noch nicht zu Ende gesprochen, da sprang Kaichi schon hoch, wie von einer Tarantel gestochen.

Diese Angst war es ja gewesen, die ihn zuvor angesichts ihres jämmerlichen Zustands am Hauptbahnhof überfallen hatte. Aber als er dann erfuhr, daß es sich um keine Vergiftung handelte, sondern lediglich um ein vorübergehendes Unwohlsein, hervorgerufen durch Hitze und Überanstrengung, hatte er nur noch erleichtert aufgeatmet. Kaichi hätte es als Gesichtsverlust empfunden, sich in Begleitung seiner zahnlosen Frau zur Feier seines siebzigsten Geburtstages zu begeben, einem gesellschaftlichen Ereignis größter Bedeutung für ihn. Für den seit einigen Jahren pensionierten Kaichi sollte es ein besonderer Ehrentag werden, den ihm »seine Ehemaligen« von der Mittelschule, an der er viele Jahre als Lehrer und Rektor gewirkt hatte, zu seinem Siebzigsten veranstalteten, nicht zuletzt, um ihm sein Pensionärsdasein ein wenig aufzuhellen.

Außergewöhnlicher Stolz und außerordentliche Freude würden ihn erfüllen, wenn an diesem Tag seine Frau neben ihm, dem Ehrengast, säße. Seine Freude bestand zum großen

Teil aus dem Stolz, ihr beispielsweise die Festschrift zu zeigen, die ihm seine Schüler widmen würden. Dazu gesellte sich noch der Wunsch, Ikuyo, die nun, da sie alt geworden war, dazu neigte, dem Gatten ob seiner kleinen Pension weniger zu respektieren als früher, ohne Worte eine ernste Ermahnung zu erteilen.

»Zu dumm, das Ganze ... kannst du es dir leisten, an dieser Feier nicht teilzunehmen ... ein solcher Affront! Wie konnte das nur passieren! ... Du warst es doch, die gesagt hat: ›Wirf das Taschentuch fort, wirf es fort.‹ Wenn du nicht so geschrien hättest ... ich hätte das Ding bis nach Hause bringen wollen.«

Kaichi geriet in Zorn, als spürte er wieder jenes ekelhaft Körperwarme, wie vorhin, als er die Taschentücher mit all der wabbelnden Masse in der Hand hielt.

»Aber als ich dich darum bat, hatte ich das mit den Zähnen ja noch gar nicht bemerkt ... ich dachte mir nur, man muß es schnell loswerden, um uns die Unannehmlichkeiten zu ersparen, wenn der Wagen dadurch beschmutzt würde.«

Was diesen Punkt anlangte, war Kaichi, wie er wußte, ganz ihrer Meinung gewesen, doch konnte er nicht umhin, sie ausdauernd wegen ihrer Unachtsamkeit zu tadeln, nicht gespürt zu haben, wie ihr Gebiß herausfiel, das doch längst ein Teil ihrer selbst geworden sein mußte.

»Schon gut, ich werde jetzt gleich gehen, es wieder auflesen und zurückbringen, beruhige dich also ...«, sagte Ikuyo, nachdem er eine Weile seinem Ärger freien Lauf gelassen hatte, und richtete sich langsam vom Bett hoch. So kraftlos, wie sie war, traf sie dennoch Anstalten, sich tatsächlich zu erheben, um sich zum Ausgehen fertig zu machen; und damit gewann sie die Oberhand über Kaichi.

»Was soll der Unsinn? Jetzt mitten in der Nacht ... du bist krank und das Ende vom Lied, das wäre dann ...?«

»Da wird sich kein anderer Ausweg finden, als daß ich es holen gehe. Ausgeschlossen, daß der Zahnarzt es bis übermorgen mittag schafft, auch wenn ich ihn morgen aufsuche und er gleich einen Abdruck nimmt.«

»Aber selbst wenn du gehst, ist aller Wahrscheinlichkeit nach das Gebiß längst von einem Auto oder Lastwagen zu Brei gefahren worden. Und überhaupt, wo haben wir denn das Taschentuch weggeworfen? ... ich bin ziemlich sicher, daß es zwischen dem Sankei-Building und der Tatsuzumi-Straße war.«

»Deswegen werde ich es dort auch suchen gehen. Das ist meine Angelegenheit, und die werde ich auch selbst erledigen. Warte ich bis morgen, wird schon zuviel Verkehr sein.«

»Aber so warte doch!« Kaichi kreuzte die Arme, dann bestimmte er mit Autorität:

»Ich selbst werde morgen ganz früh gehen ... in der ersten Dämmerung kann noch nicht so viel los sein ...«

Am folgenden Morgen, kurz vor halb vier, verließ Kaichi das Haus. Es wurde schon hell, aber es war ein Morgen, dem noch jede Spur herbstlicher Frische fehlte. Kaichi beabsichtigte, zu Fuß zu gehen und schlug daher den Weg ein, der auf die Hongô-Straße führte. Zu seiner Überraschung traf er hier auf mehrere Nachttaxis. Er nahm eins, dem vor dem Haupttor der Universität gerade ein Fahrgast entstiegen war.

»Wohin?« fragte der Fahrer.

»Zum Hauptbahnhof«, gab Kaichi vorsichtshalber an, falls der Fahrer ihn, der im Nachtkimono losgelaufen war, mit einem Dieb oder dergleichen verwechseln würde. Das milchige Licht des frühen Morgens breitete sich über die noch wenig befahrenen Straßen aus. Wie ausgeschnitten wirkten all die hohen, abweisend stummen Gebäude; unmöglich konnte dies das sonst so vertraute Tōkyō sein.

Kurz nach der Kreuzung von Awaji-chô verließ Kaichi das Taxi, denn in seiner Erinnerung hatten sie am Vortag bei der Brücke in der Nähe des Sankei-Building gehalten, und er hatte sehr bald danach das Bündel hinausgeworfen. Dann waren sie in Richtung Awaji-chô gefahren.

Kaichi lief los, seine Augen wanderten auf der menschenleeren Straße hin und her, während er betete: laß es mich unversehrt wiederfinden. Ein Bettler, in Lumpen, ging an ihm vorüber und warf ihm einen mißtrauischen Blick zu.

Kaichi durchfuhr es: Sollte der etwa das Tuch vor mir aufsammeln? »Das darf nicht sein!« Jeder Bettler, jeder Lumpensammler war hier jetzt sein größter Feind.

Plötzlich entdeckte Kaichi ein wenig weiter vorn, linker Hand, etwas, das wie weißes Papier aussah. Sein Herz schlug wild. Das, das konnte es sein! Aber zugleich dachte er, die Enttäuschung würde weniger groß sein, wenn er sich einbildete, daß es nicht das Tuch sei. Mit jedem Schritt jedoch, der ihn näher brachte, nahm die Gewißheit zu, daß es kein Papier war, sondern etwas Stoffartiges. Und saß da nicht sogar ein Spatz auf dem in der Tat nicht mehr ganz weißen Tuch und pickte emsig darauf herum?

»Ja! Ja doch! Das ist es, kein Zweifel«, rief Kaichi in geradezu jugendlicher Frische. Mit großen Schritten eilte er auf das plattgedrückte Taschentuch zu.

Noch ehe Kaichi angelangt war und seine Hand sich nach dem Taschentuch ausstrecken konnte, flog der Vogel plötzlich auf.

Kaichi fühlte Wehmut, ein bißchen Mitleid sogar, was den Spatzen betraf. Er hob das Taschentuch auf, ein Auto hatte seine Reifenspur auf ihm hinterlassen. Vorsichtig und mit schlechtem Gewissen blickte er sich nach allen Seiten um, wie ein Dieb. Während er mit klebrigen Fingern aus dem Erbrochenen das in zwei glatte Hälften zerbrochene Gebiß seiner Frau herausfischte, fühlte er, daß sein Mitgefühl doch weniger dem Spatz als sich selber gegolten hatte. Kaichi atmete erleichtert auf: Das Gebiß seiner Frau, wenngleich mitten entzwei, war immerhin nicht völlig zertrümmert. Wenn Ikuyo es noch im Laufe des Morgens zum Zahnarzt bringen würde und diesem ihre Notlage erklärte, würde er es ihr bis zu der Feier übermorgen mittag bestimmt . . .

Kaichi malte sich aus, wie er das völlig verschmierte Gebiß seiner Frau vorlegen würde – wieder aufs neue erzitterte er, er wünschte sich auf der Stelle ein Taxi herbei und schaute suchend die Straße hinauf und hinab, die nun in den Strahlen der frühen Morgensonne vor ihm lag.

1962
Deutsch von Barbara Yoshida-Krafft

Am Sonntag, als Bird erwachte, war zu seiner Überraschung alles ringsum von Licht und frischer Luft erfüllt. Durch das weit aufgerissene Schlafzimmerfenster strömte der Wind herein, und mit der leuchtenden Helle zog er weiter ins Wohnzimmer hinüber. Dort summte der elektrische Staubsauger. Bird, an die Düsternis in diesem Haus gewöhnt, schämte sich angesichts dieser Lichtfülle seines Körpers unter der Wolldecke. Bevor Himiko hereingestürmt kommen konnte, um ihn in seiner Nacktheit zu verspotten, fuhr er hastig in die Hosen, zog sich das Hemd über und ging ins Wohnzimmer hinüber.

»Guten Morgen, Bird«, sagte Himiko heiter, während sie sich mit gerötetem, nun wieder so jugendlichem Gesicht nach ihm umwandte; sie hatte einen Turban um den Kopf gewickelt und handhabte den Staubsauger so, als wollte sie mit einem Stock eine umherhuschende Maus erschlagen.

»Mein Schwiegervater ist nämlich gekommen, Bird. Bis ich mit dem Saugen fertig bin, macht er einen Spaziergang.«

»Na, dann gehe ich.«

»Warum denn, willst du davonlaufen, Bird?« reagierte Himiko bissig.

»Weil mir ist, als lebte ich in einem Versteck. Und in einem Versteck jemand neuem vorgestellt zu werden, das scheint mir doch recht komisch.«

»Mein Schwiegervater weiß, daß manchmal Freunde über Nacht bei mir bleiben. Und nie hat ihn das besonders beunruhigt. Es würde ihn wohl viel eher irritieren, wenn einer dieser Freunde gleich am Morgen überstürzt davonläuft«, sagte Himiko mißvergnügt mit immer noch harter Miene.

»Okay, rasier' ich mich wenigstens«, erwiderte Bird und ging ins Schlafzimmer zurück.

Himikos Reaktion eben hatte ihm einen Schock versetzt. Er ahnte, daß er, seit er in Himikos Haus gekommen war, sein Verhalten immer nur auf sich abgestellt hatte, von der Beschäftigung mit sich selbst nicht losgekommen war und Himiko nicht anders als eine einzelne Zelle in der Welt seines Bewußtseins empfunden hatte. Wie konnte ich ohne jeden Grund von solchen absoluten Vorrechten überzeugt sein? Verpuppt in mein persönliches Unglück, hatte ich nur noch die Innenseite des Kokons im Auge, zweifelte ich noch nicht einmal an den Privilegien der Puppe . . .

Als er mit dem Rasieren fertig war, betrachtete er flüchtig das bleiche, ernste Gesicht dieser Puppe des persönlichen Unglücks in dem angelaufenen, schmalen Spiegel. Er bemerkte, daß sein Gesicht zusammengeschrumpft und klein geworden war. Und ihm schien, die Ursache hierfür wäre nicht einfach in einer Abmagerung zu suchen.

Wieder im Wohnzimmer, sagte er zu Himiko: »Ich habe mich in dein Haus gedrängt, habe mich wie ein Egozentriker verhalten und dabei noch nicht einmal empfunden, wie unnatürlich das ist.«

»Willst du etwa Abbitte leisten?« neckte ihn Himiko, und ihr Gesicht nahm wieder einen sehr sanften Ausdruck an.

»Wenn ich mir das überlege: obwohl ich überhaupt keinen Anspruch darauf habe, schlafe ich in deinem Bett, esse, was du kochst, spanne dich überhaupt ganz für mich ein, wirklich, ich habe mich hier so zwanglos benommen, als wäre ich zu Hause.«

»Willst du denn fortgehen, Bird?« fragte Himiko beunruhigt.

Bird starrte Himiko an, das Gefühl eines irgendwie Vorherbestimmten überkam ihn: Nie wieder werde ich an einem anderen Ort einem anderen Menschen begegnen, der so zu mir paßt. Und er spürte eine sehnsuchtsvolle Bitternis.

»Wenn du am Ende auch fortgehen wirst, bleib jetzt noch, Bird.«

Bird kehrte ins Schlafzimmer zurück und legte sich auf das Bett, den Kopf auf den verschränkten Händen, die Augen geschlossen. Er hätte Himiko gern sagen mögen, wie dankbar er ihr war.

Später saß er mit Himiko und ihrem Schwiegervater im aufgeräumten Wohnzimmer am Tisch, und sie sprachen über die Führer der jungen Staaten Afrikas und über die Grammatik des Kisuaheli. Um sie dem Schwiegervater zu zeigen, löste Himiko die Afrikakarte von der Schlafzimmerwand und breitete sie auf dem Tisch aus. »Könnten Sie nicht mit unserer Himi nach Afrika fahren? Wenn sie das Haus und das Grundstück verkauft, kämen die Reisekosten schon heraus«, schlug Himikos Schwiegervater vor.

»Ja, das wäre nicht übel«, meinte Himiko und sah Bird prüfend an. »Du könntest auf einer Afrikareise das Unglück mit dem Baby vergessen. Und ich könnte die Geschichte mit meinem Mann und seinem Selbstmord vergessen.«

»Jaja, und das ist so wichtig«, sagte der Schwiegervater nachdrücklich. »Ich meine, ihr solltet sofort aufbrechen.«

Bird, den dieser Vorschlag allzu heftig und tief erschüttert hatte, sah sich in die Enge getrieben und seufzte hilflos: »Nein, das ist unmöglich, das kann ich nicht, wirklich nicht!«

»Und warum nicht?« fragte Himiko wie herausfordernd.

»Den Schwächetod des Babys in Afrika einfach vergessen, nein, das wäre allzu geschickt. Das kann ich nicht«, stammelte Bird mit rotem Gesicht.

»Bird ist nämlich in moralischen Dingen ein sehr strenger junger Mann«, sagte Himiko spöttisch.

Bird, noch mehr errötend, sah Himiko scheinbar vorwurfsvoll an. In Wahrheit dachte er bei sich: Würde mir Himikos Schwiegervater vorschlagen, die Afrikareise in der moralischen Absicht zu unternehmen, daß Himiko endlich das Selbstmörderphantom ihres Ehemannes los wird, ich würde mich auflösen wie ein Suppenwürfel im heißen Wasser, würde mich leichten Herzens freimachen für diese Reise der süßen, angenehmen Täuschungen. Er fürchtete, daß der Schwiegervater diese Worte aussprechen könnte, gleichzeitig aber sehnte er sie herbei: er hätte sich mit seiner schrecklichen Begierde in einer dunklen Höhle verstecken mögen. Einen Augenblick später bemerkte er, daß in Himikos Augen das weiße Licht der Ernüchterung flackerte.

»In einer Woche wird Bird zu seiner Frau zurückkehren«, sagte Himiko.

»Ja dann, entschuldigen Sie bitte«, meinte ihr Schwiegervater. »Ich habe das nur gedacht, weil unsere Himiko zum erstenmal, seit mein Sohn tot ist, wieder so blühend aussieht. Seien Sie mir nicht böse.«

Bird sah Himikos Schwiegervater mißtrauisch an. Er hatte einen kurzen und völlig kahlen Kopf, und da sich vom Hinterkopf aus die Haut gleichmäßig sonnenverbrannt fortsetzte bis zum Nacken und zu den Schultern, war nicht auszumachen, wo eigentlich der Kopf selber endete. An diesem an einen Seelöwen gemahnenden Kopf waren die leicht getrübten Augen reglos weit geöffnet. Was für ein Typ von Mensch mochte das sein? Bird fand nicht den geringsten Anhaltspunkt für eine Erklärung. Er schwieg, wachsam und unbestimmt lächelnd, und bemühte sich, das allmählich aus seiner Brust in die Kehle würgend aufsteigende Gefühl einer beschämenden Enttäuschung nicht merken zu lassen.

1964

Deutsch von Siegfried Schaarschmidt

UNO CHIYO
GLÜCK

I

Nach dem Baden stellt sich Kazue jedesmal vor den Spiegel, drückt ihre Hüfte leicht heraus, hält sich ein Badetuch vor die Scham und betrachtet für kurze Zeit ihren nackten Körper. Ihre Haut schimmert rötlich. »Ich bin ihr ähnlich«, meint sie; Botticellis Venus nämlich, der ähnlich zu sehen sie sich einbildet. Zwar fehlt die Muschel zu ihren Füßen, aber sonst, die Pose, ganz wie die Venus. Desgleichen, so scheint ihr, die Wölbung ihres Bauches und die Form der Beine. Das soll nicht heißen, sie sei in ihren Körper verliebt. Sie stellt nur die Ähnlichkeit fest und zieht sich dann schnell an.

Mit ihren weit über 70 Jahren der Venus zu ähneln, glaubt Kazue natürlich nicht im Ernst. Weist ihre Haut nicht schon hier und da Flecken und schlaffe Stellen auf? Aber Kazue hat schwache Augen und außerdem kann sie im Dampf nur verschwommen sehen.

Derlei zählt sie zu ihrem »Glück«, das sie Stück für Stück, gleichsam scherbenweise sammelt und womit sie sich umgibt. So lebt sie. Was andere Menschen als komisch abtun mögen, versucht sie für Glück zu halten. Vor fünf Jahren hat sich Kazue von ihrem Mann getrennt. Sie wollte damals keinen Trennungsschmerz aufkommen lassen und redete sich daher ein, diese Entscheidung sei auch für sie gut. Als ihr Mann seine Sachen zusammenpackte, half sie ihm dabei und fand das ganz natürlich.

Ihr Mann lebt seitdem woanders mit einer jungen Frau zusammen, die Kazue noch nie gesehen hat und dennoch irgendwie zu kennen glaubt, weil die beiden ja schon länger ein Verhältnis hatten. Sie findet es auch ganz selbstverständlich, daß ihr Mann sie wegen dieser Frau verlassen hat. Ihre Ehe hat lange gedauert. An die dreißig Jahre sind seit ihrer Heirat vergangen. Wenn man so lange zusammenlebt, kümmert man sich nicht mehr so umeinander. Mitunter scheint es einem, als existierte der andere gar nicht. Nicht nur ihrem Mann, auch ihr selbst war es hin und wieder so vorgekommen, als ob jeder für sich allein lebte. Es konnte geschehen, daß sie ohne Rücksicht auf die Gefühle ihres Mannes einfach tat, was ihr gerade einfiel.

Solange Kazue mit ihrem Mann zusammenlebte, hatte sie sich eingebildet, ihn unablässig zu verwöhnen und ihm immer nur Freude zu bereiten, was sie sehr befriedigte. Jetzt hingegen scheint es ihr, als habe sie, wenn auch unbewußt, eigentlich immer nur getan, was für *sie* angenehm, interessant oder amüsant war, ohne sich je wirklich in *seine* Lage zu versetzen. Sie tat ihm zuliebe, was auch ihr selbst Spaß machte. Es freute sie, sich etwas für ihn auszudenken. Eine, wie sie es heute sieht, ziemlich egoistische Freude.

Während des Krieges wurden sie nach Atami evakuiert und bewohnten ein Haus nahe der Ortschaft. Schließlich aber behaupteten die Leute, daß es auch dort jederzeit losgehen könnte. Kazue konnte kaum glauben, daß ein so kleiner Badeort wie Atami angegriffen werden sollte, aber so hieß es damals jedenfalls. Sie wollte deshalb an einen noch abgelegeneren Ort ziehen. Zufällig hörte sie von einem Landhaus auf einer Anhöhe unweit von Atami, das sich ein Sonderling hatte erbauen lassen. Nur sei keine Wasserleitung gelegt worden, so daß man Regenwasser sammeln oder unten vom Fluß Wasser holen müsse. Wenn sich jemand fände, der damit einverstanden sei, stünde einer Vermietung nichts im Wege.

Als Kazue noch jung war, hatte sie einmal in einer Berghütte gelebt. Auch damals war sie ins Tal hinuntergegangen, um vom Fluß Wasser zu holen. Das hatte sie nicht als lästig empfunden, im Gegenteil. Soweit sie sich erinnerte, hatte ihr das Spaß gemacht. Kazue erzählte ihrem Mann davon und ging mit ihm zusammen das Haus ansehen. Der Berg war niedriger, als sie erwartet hatten. Das Haus, dessen Dach und vorgeschobene Fensterläden durch das Laub der Bäume zu sehen waren, schien ganz nahe, aber ziemlich hoch zu liegen.

»Meinst du im Ernst, wir könnten da leben und jeden Tropfen Wasser von unten holen?« fragte ihr Mann. »Ach, das überlaß nur mir«, erwiderte Kazue. Sicherheit erschien ihr am wichtigsten, auch um den Preis einiger Unbequemlichkeiten. Doch ihr Mann war überhaupt nicht begeistert.

Daran erinnerte sich Kazue noch. War es nicht so, daß sie meinte, ihrem Mann einen Gefallen zu tun, dabei jedoch, ohne es zu merken, Dinge tat, die ihm eher auf die Nerven gingen? Sie kann nicht vergessen, daß sie auch davon nur mit Mühe lassen konnte, wovon ihr Mann ihr unmißverständlich klargemacht hatte, daß es ihn störte.

Es ist immer das gleiche: Jeder neue Einfall erscheint ihr sofort in den leuchtendsten Farben. Kurze Zeit wäre es vielleicht so etwas wie eine Abwechslung gewesen, auf dem Berg zu wohnen und das Wasser vom Fluß unten zu holen – aber auf die Dauer? Welche Plackerei! Er hatte wohl recht gehabt. Trotzdem wäre sie damals in das Haus eingezogen, wenn ihr Mann es nicht rundweg abgelehnt hätte. Heute muß sie selbst über ihren Eigensinn lachen.

Aber in Situationen, in denen sie allein und ohne ihren Mann entscheiden konnte, hat sie immer alles augenblicklich in die Tat umgesetzt, was ihr durch den Kopf schoß.

Statt in das Haus auf dem Berg übersiedelten sie schließlich von Atami aufs Land, in sein Heimatdorf in der Präfektur Tochigi. Das Gepäck schickten sie mit der Bahn, und ihr Mann fuhr allein voraus. Kazue blieb zurück, um noch ein wenig aufzuräumen. Da war noch das Sesamöl, das sie auf dem Schwarzmarkt gekauft hatte. Wenn sie es normal schickt, muß sie es deklarieren und es wird möglicherweise beschlagnahmt, überlegt sie. Also wickelte sie den Ölkanister in ein großes Einschlagtuch, nahm ihn auf den Rücken und stieg damit in Atami in den Zug.

Der Krieg ging damals schon dem Ende zu. In dem offenen Güterzug drängten sich die Menschen dicht an dicht. Es war in der Nähe der Station Shinagawa. Der Zug hielt plötzlich, und es hieß: »Fliegeralarm«. Sollte man bei einem Luftangriff nicht lieber schnell weiterfahren? dachte Kazue. Der Zug hielt aber trotzdem. Krachend fielen die Brandbomben, aber der Zug wurde nicht getroffen. Der offene Güterzug wäre, hätte man es auf ihn abgesehen gehabt, ein leichtes Ziel gewesen, und Kazue wäre mit dem Öl auf dem Rücken in Flammen aufgegangen. Und nicht nur sie: Auch die anderen, dicht hineingepfercht wie sie waren, hätten Feuer gefangen. Aber so weit voraus denkt sie nie. Ihren aufs Land evakuierten Leuten mit Öl zubereitete Speisen vorsetzen, deren frohe Gesichter beim Essen sehen – nur daran dachte sie, an sonst nichts.

Auch auf dem Land, in Tochigi, ging Kazue von einem Bauernhof zum andern, um Lebensmittel zu hamstern. Seltsamerweise zeigte sie Geschick dabei und fand auch Spaß daran. Kimonos und Kleider, die sie noch besaß, tauschte sie gegen Lebensmittel ein. Das machte damals jeder. Sie ging mit einer großen Traglast auf dem Rücken über die Landstraßen und geriet öfters in einen leichten Luftangriff. In der Nähe lag eine Kaserne, und einmal passierte es, daß zwölf feindliche Flugzeuge ganz dicht über sie hinwegflogen. Ganz deutlich konnte sie die Gesichter der amerikanischen Flieger sehen. Ihr war, als wollten sie ihren Spaß mit ihr treiben: »Guck mal, da geht eine! Verpassen wir ihr doch eins!« Soweit sie sich erinnert, verspürte sie dabei merkwürdigerweise keine Angst. Sie weiß nicht warum. Vielleicht hatte sie sich eingebildet, die Flieger könnten in ihrem Fall gar nicht schießen.

Solange sie auf dem Land lebte, arbeitete Kazue schwer. Eigentlich schlief sie morgens gern lange. Dennoch gelang es ihr damals, immer vor ihren Schwiegereltern aufzustehen. Das war ein Wunder. Vielleicht war es aber auch so, daß die

Schwiegereltern im Bett warteten, bis Kazue aufstand. Sie machte Feuer im Herd und kochte Misosuppe. Es begann zu dämmern, und über dem Garten lag leichter Dunst. Kazue bereitete zu, was sie herbeigeschafft hatte. Sie verstand zu kochen. Auch ihren Schwiegereltern und ihrem Mann schmeckte es. Darüber freute sie sich mehr als über alles andere. Deshalb hat Kazue, so sonderbar es auch klingt, die Kriegszeit keineswegs in bitterer, sondern sogar in angenehmer Erinnerung.

Freude empfinden ist das Leitmotiv in Kazues Leben.

2

Kazue meidet es, sich für eine unglückliche Frau zu halten. Auch was man im allgemeinen für Unglück hält, betrachtet sie nicht als solches. Wie sie das anstellt, weiß sie selbst nicht. Ob sie nicht bloß ungewöhnlich feig ist? Ob sie sich nicht bloß vor dem Schmerz fürchtet, den ihr der Gedanke, unglücklich zu sein, zufügen würde? So findet sie zu jeder Zeit Mittel und Wege, sich zu den Glücklichen zu zählen. Es ist ihr in Fleisch und Blut übergegangen, stets alles so zu interpretieren, daß sie sich geradezu für glücklich halten mußte.

Es war zu Kriegsbeginn. Eines Morgens erhielt ihr Mann den Einberufungsbefehl. Er wurde einer Einheit in Tōkyō-Azabu zugeteilt. Was konnte sie tun? Sie hatte keine Ahnung, wohin ihr Mann abkommandiert werden würde. Vielleicht würde er nie wieder zurückkommen? Besuch war zwar nicht erlaubt, aber Kazue trug jeden Tag ein Lackkästchen mit verschiedenen Speisen oder ein Körbchen mit Obst zur Kaserne. Vielleicht würde es in seine Hände gelangen. Jedenfalls brachte sie ihm immer irgend etwas. Sie war vollauf damit zufrieden, darüber nachzudenken, was sie ihrem Mann bringen und wie sie es ihm zukommen lassen könnte. Daß ihr Mann von all dem nicht ein Stück erhalten hatte, erfuhr sie erst viel später. In der Kaserne habe man sich immer nur die komische Geschichte von einer Frau erzählt, die jeden Tag Essen brachte.

Wenn Kazue jetzt daran zurückdenkt, stört es sie gar nicht, daß diese Mühe ganz umsonst war. Das Essen hingetragen zu haben, war für sie Belohnung genug.

Am Morgen jenes Tages, an dem ihr Mann nach Java an die Front abkommandiert wurde, fiel Schnee. Kazue und ihr Schwiegervater – sie hatten gerüchteweise vernommen, daß es angeblich losgehen sollte, kannten aber den genauen Zeitpunkt nicht – standen schon frühmorgens vor der Kaserne. Kurz nach Tagesanbruch strömten viele Soldaten in unmilitärischem Braungrün aus dem Tor. Ob ihr Mann unter ihnen war? Es hieß, sie würden in Shinagawa in den Zug einsteigen. Vor der Abfahrt wäre noch ein wenig Zeit, in der Abschied genommen werde dürfe. Kazue und ihr Schwiegervater liefen auf der verschneiten Straße neben den Soldaten her. Sie hatte keine Ahnung, wie weit es von Azabu bis Shinagawa war. Die erste Morgensonne fiel auf den Schnee. Ihr Schwiegervater war über siebzig (etwa so alt wie Kazue jetzt), klagte aber nicht über Müdigkeit. Es roch nach Uniformen und Schweiß. Ihr Mann mußte unter ihnen sein, doch war sie außerstande, ihn in diesem Gewühl zu suchen. Endlich kamen sie in Shinagawa an.

Im Park eines imposanten Anwesens stand eine unübersehbare Menge von Soldaten. Ob ihr Mann darunter war? Auf dem Bahnsteig herrschte eine drückende Atmosphäre. Papierfetzen lagen umher. Ein Windstoß trug sie davon. Kazue wollte auf den Bahnsteig hinunter. Plötzlich entdeckte sie im Gedränge einen Bekannten. »Haben Sie ihn getroffen?« fragte er. Vor nur fünf Minuten sei die Einheit ihres Mannes abgefahren. Ihr Mann habe schwarze Handschuhe getragen und ihm zugewinkt. Kazue hatte ihm die Handschuhe vor seiner Abfahrt gekauft. Gewiß hatte er bedauert, daß sie ihn verpaßt hatten. Sie aber berührte es nicht weiter, daß sie ihn, wäre sie nur fünf Minuten früher gekommen, getroffen hätte. Sie war restlos damit zufrieden, hierher gekommen zu sein, auch wenn sie ihn verfehlt hatte.

»Gehen wir nach Hause, Vater!«

»Hm.«

Die beiden fuhren mit dem Taxi zurück.

Danach lebte sie ein Jahr lang ohne ihren Mann. Auf einen Menschen zu warten, von dem man nicht weiß, wann er zurückkommt, ist hart. War diese Art zu leben nicht genau das, womit Kazue am allerwenigsten zu Rande kam? Sie war einfach nicht imstande, sich auf abstrakte Dinge zu konzentrieren und diesen Zustand aufrechtzuerhalten. Anfangs strich sie täglich einen Tag nach dem anderen auf dem Wandkalender aus. Wie viele Tage würde sie noch ausstreichen müssen? Bis zu welchem Kalenderblatt? Dieses hätte sie gern entsprechend gekennzeichnet, aber das war nicht möglich. Andererseits konnte sie ohne irgendeine zeitliche Abgrenzung nicht weitermachen. Sie weiß noch heute, daß sie den Kalender bald von der Wand nahm.

Heißt das also, daß Kazue mit nichts umgehen, nach nichts anderem handeln kann als dem unmittelbar Augenfälligen und ausschließlich darin und dadurch wiederum Erfüllung findet?

Damals besuchte Kazue oft einen Puppenmacher in Awa. »Ich bin wieder in Awa gewesen«, schrieb sie ihrem Mann und legte ihm das Foto einer Puppe von dort bei. Wo er stationiert war, hatten, wie sie später erfuhr, keine Kampfhandlungen stattgefunden. Nichtsdestoweniger konnte ein derartiger Brief einem fern der Heimat lebenden Menschen, der nicht wußte, wann er heimkehren würde, nur töricht vorkommen. Das begriff sie aber erst, als ihr Mann nach seiner Heimkehr sagte: »Puppen, Puppen, was sollte denn das?«

Verliert Kazue in solchen Zeiten das Gespür dafür, wie anders der weit entfernt von ihr lebende Mann eben gerade deswegen empfindet, *weil* er weit entfernt von ihr lebt? Sind wirklich auch jene Neigungen, denen sie folgt, wenn sie eigentlich *ihm* Freude machen will, letztlich bloß ihre eigenen? Je länger ihr Mann weg war, desto schwerer fiel es ihr, eine innere Beziehung zu ihm aufrechtzuerhalten. Seine Gestalt verblaßte mehr und mehr, ja schließlich entschwand er ihrem Leben fast völlig.

Kazue weiß jetzt nicht mehr, was sie während dieser Zeit selbständig unternommen hat. Es fiel ihr schwer, sich ihren Mann konkret vorzustellen, als inneres Bild zu visualisieren, wenn sie ihn nicht täglich vor Augen hatte. Natürlich empfand zunächst auch sie jenes Gefühl, das Frauen überall auf der Welt für ihre eingerückten Männer hegen, doch schien es sich allmählich zu verlieren, ohne daß sie dessen gewahr wurde. Mit der Zeit vergaß sie beim Briefschreiben, daß ihr Mann weit weg und ohne Aussicht auf Heimkehr lebte und schrieb nur noch über sich selbst. Beruhte ihre Annahme, ihr Mann würde sich darüber freuen, auf einem Irrtum? Sie machte Innenaufnahmen des Hauses und schickte sie ihrem Mann. Es hatte sich, seit er nicht mehr da war, bis zur Unkenntlichkeit verändert, weil sie die Möbel und andere Einrichtungsgegenstände umgestellt hatte. Wollte sie ihn damit überraschen? Sie konnte nicht einfach untätig warten, sondern mußte immer irgend etwas tun. Auch wenn es ihm vielleicht nicht paßte. »In diesem Frühling habe ich im Garten hinter dem Haus Erbsen angebaut«, schrieb sie ihm einmal und legte dem Brief ein Bild bei, auf dem sie Erbsen pflückte. Was hat sie nach dem Erbsenanbauen getan? Das alles ist so schwer zu schildern. Sie kann nicht vergessen, daß sie bei der Heimkehr ihres Mannes zugleich mit der Wiedersehensfreude plötzlich, wie etwas Fremdes, Verlegenheit in sich hatte aufsteigen fühlen. Ihr Mann starrte nämlich verblüfft auf das total veränderte Haus.

3

Wenn Kazue lange Zeit mit einem Mann unter einem Dach zusammenlebte, brach sie immer wieder aus. Etwas beengte sie. Dann kam ihr irgendeine Idee, der sie folgte. Damit fing es immer an. Hätte es jemand in ihrer Nähe vorher bemerkt, hätte man ihr vielleicht von dem Vorhaben abraten können, in das zu stürzen sie sich anschickte. Sie davon abzuhalten war dann jedoch kaum mehr möglich.

Die meisten Männer sahen also nur zu, was Kazue unternahm. Hätte man sie bloß dazu bewegen können, vorher ein Wort zu sagen. Aber ehe der andere auch nur die leiseste Ahnung davon hatte, daß sie schon wieder hinter etwas Neuem herjagte, war sie wie der Wind schon mittendrin. Es mag absurd erscheinen, aber sie hat bisher immerhin elf Häuser gebaut! Eines Tages zählte sie einmal unter Zuhilfenahme ihrer Finger nach und kam auf zehn. Das elfte ist jetzt gerade im Bau. Sicher gibt es Leute, die in ihrem Leben nur ein einziges Haus bauen wollen und andere, die nicht einmal dieses eine bauen. Sie aber baut eins nach dem andern – ganze elf Häuser! Was mochte sie wohl dazu bewegen? Habsucht? Wenn sie heute zurückblickt, befand sich unter diesen Häusern auch eines, das so schäbig war, daß man es kaum als Wohnhaus bezeichnen konnte, aber auch ein ganz luxuriöses, in das sie viel Geld gesteckt hatte. Ein anderes, gerade neu erbaut, bewohnte sie aus irgendeinem Grund nicht einmal einen Monat lang. Als sie später nach dem Haus sehen kam, wuchs Bambus aus den Fugen zwischen den Tatami. Habsüchtig kann man sie vielleicht nicht nennen, aber besitzt sie womöglich einen viel schwerer wiegenden Fehler?

Kazue erschrak über den Bambus zwischen den Tatami so wenig, wie es sie traurig machte, daß das Haus gepfändet wurde, in das sie so viel Geld gesteckt hatte. Nachdem die Spediteure weggefahren waren, verließ sie als letzte das Haus, jedoch ohne Regung und ohne sich auch nur ein einziges Mal umzublicken. Nichts verband sie mehr mit jenem Haus, das schon längst kein Zuhause mehr war. Eigenartigerweise waren ihre Gedanken bereits bei dem dunklen Häuschen, in das sie demnächst einziehen wollte. Dort würde sie mit Papier bespannte Laternen aufstellen. Mit diesem Tatendrang überspielt sie, was anderen unter ähnlichen Umständen üblicherweise seelisch schwer zu schaffen machte. Stets muß sie irgend etwas tun. Ihr Tun folgt jedoch keiner äußeren Zweckhaftigkeit, sondern geschieht um seiner selbst willen. Das macht sie quasi »immun« gegen Leid. Immer und überall: Die unverletzbare Kazue! Ist so etwas überhaupt möglich? Es ist eigentlich noch nie vorgekommen, daß sie nach einem erlittenen Schmerz, etwa einer Trennung, ruhig und untätig geblieben wäre.

Vielleicht wirkt sie auf andere wie eine mit abgetrenntem Schwanz umherlaufende Eidechse, die das bloß selbst nicht merkt. Das Haus in Aoyama bezog sie, weil das alte gepfändet worden war, doch vergleicht sie die beiden nie miteinander: Das eine ist jetzt ihr Heim, das andere nur eine abgestreifte Hülle. Vom Tag des Einzugs an hat sie sich in diesem dunklen Haus eingelebt. Nicht, daß es ihr besonders leicht fiele, etwas aufzugeben; sie eilt bloß immer vorwärts, weil ihr ganzes Streben ausschließlich auf das vor ihr Liegende gerichtet ist.

Was aber gibt es dort? Das weiß sie nicht. Ob sie meint, dort so etwas wie »Glück« zu finden? Was ist »Glück« denn überhaupt? Etwas, das man sich jeweils ungeduldig hier und jetzt erringt oder eher etwas in der Zukunft Verborgenes, wofür man die Gegenwart hinter sich lassen soll, ja muß? Oder setzt Kazue nur gleichsam einen Fuß vor den andern? Immer weiter eilend, ohne zu wissen, was da auf sie wartet, nichts anderem folgend, als diesem tierischen Drang? Auch das weiß sie nicht.

»Hahahaha...! Ihr braucht gar keine Gartentür!« lachte Kazues Schwester, »man kann durch dieses Loch ein- und ausgehen.« Die Betonmauer war während des Krieges beschädigt worden und hatte seither ein großes Loch, was Kazue aber damals nicht aufgefallen war.

4

Beim Einzug in Aoyama überlegte Kazue jedenfalls als erstes, wie ihr Mann ungestört arbeiten könnte. Abseits vom eigentlichen Wohnhaus befand sich ein kleines Nebengebäude, das nur ein einziges, aber recht gemütliches Zimmer hatte. Dort richtete sich ihr Mann ein. Er und Kazue pendelten nun immer zwischen den beiden Gebäuden hin und her. Hatte er viel zu tun, dann blieb er einfach ganz in dem seinen. Dann vergaß sie manchmal, ihm von ihren Plänen zu erzählen oder davon, was aus ihnen geworden war. So kam es, daß sie schließlich, wenn auch unbeabsichtigt, zwei verschiedene Leben führten.

Es war Kazues Beruf, Kimonos herzustellen. War ihr einer besonders gelungen, ging sie hinüber, um ihn ihrem Mann zu zeigen.

»Schön«, sagte er, »die Farbzusammenstellung ist ganz apart.« Sein Gesicht blieb dabei jedoch unbeteiligt wie das eines Nachbarn. Er lobte zwar, was sie gemacht hatte, aber es klang kaum wie die Anteilnahme eines Ehepartners, eher wie eine gutnachbarliche Anerkennung. Mehr erwartete sie allerdings auch nicht. Das wurde ihnen zur Gewohnheit. Von Freude und Kummer, Lust und Schmerz gleichermaßen unbeeinträchtigt lebten sie indifferent und ohne körperliche Beziehungen nebeneinander her beziehungsweise gaben vor, nicht zu sehen, was der andere tat, wiewohl es ihnen natürlich nicht entging. So vermieden sie am ehesten, einander zu verletzen. Verletzen? Ja; denn wie könnte man neben ihr leben, ohne durch ihre vielen Verrücktheiten in Mitleidenschaft gezogen zu werden? Jetzt erst dämmert ihr, daß dem tatsächlich so war, daß sie die Schäden verursacht hatte, die ihre Ehen zum Scheitern brachten. Mit einem Mal erscheint ihr das alles wie in weite Ferne gerückt, wie im Dunst, hinter Wolken.

Und nun schickt sie sich nach allerlei Ereignissen an, zum elften Mal ein Haus zu bauen. Es ist das dritte, das sie hier auf ihrem Grundstück in den Bergen errichtet. Drei Häuser! Auf ein und demselben Grundstück! Sie lebt jetzt ohne einen Menschen, und was immer ihr einfällt, sie kann es schon am nächsten Tag in die Tat umsetzen. Bedenken, wie: »soll ich es ihm erzählen? aber dann versucht er womöglich, mich davon abzuhalten« – die erübrigen sich nun. Den Wunsch, ihrem jeweiligen Partner zu gefallen, kann man ihr nicht absprechen; den hatte sie zweifellos, zumindest am Anfang. Irgendwas lief dann aber immer schief: Sie tat nur noch, was ihr paßte, ignorierte den Partner fast völlig und verrannte sich total in ihre Wünsche.

Nie kann sie jene Einsamkeit und Verlorenheit vergessen, die sie dann stets heimsuchte. Ihr Partner hatte sich von ihr distanziert und sah ihrem Treiben unbeteiligt zu. Wohin sie auch ging, er ging nicht mehr mit, sah ihr gleichsam nur noch nach. War nicht jede ihrer Ehen nach genau demselben Muster verlaufen und auch gescheitert?

Kazue sitzt im Obergeschoß ihres elften Hauses und blickt durch das große Fenster auf das kahle Wäldchen gegenüber und die fernen Berge dahinter. Es schneit. Nicht wie in der Stadt, sondern pulvrig, unaufhörlich und dicht wie im Gebirge. Höher und höher türmt sich der Schnee auf den kahlen Ästen und Zweigen. Ein wenig Sonnenlicht sickert dennoch durch. Etwas unterbricht die Schneedecke zwischen ihrem Haus und dem nächsten: Ein zugefrorener Sumpf. Nur noch ein wenig, und das Haus wird fertig, mitten in diesem Schnee. Doch nein – sie wird wohl in dem unfertigen Haus überwintern müssen. Angeblich reden die Leute schon: »Weit über siebzig ist sie schon, aber ein Haus muß sie sich bauen.« Soll das heißen, daß es sich nicht gehört, daß es unbescheiden ist, in diesem Alter ein Haus zu bauen? Aber Kazue hat es ja bereits gebaut. Der weiße Schnee auf dem Gebirgskamm wirkt fern, wie im Dunst. Einen Augenblick lang umfängt Kazue gleichsam eine Traumwelt, in die keine Gedanken reichen und in die der unendliche weiße Schnee sie entrückt.

Hier in den Bergen sinken die Temperaturen im Winter so tief, daß in den Zimmern dieses außen nicht verputzten Hauses die Heizung einfriert. »Hier heroben in Nasu ist es halt sehr kalt«, meinte der rotwangige Bauernjunge, der sie reparieren kam. Das hörte sich an, als hielte er es für unmöglich, den Winter hier zuzubringen. Auch die Wasserleitung friert häufig ein. Kazue fühlt sich dadurch aber keineswegs veranlaßt, ihre Überwinterung hier abzubrechen. Ob das Vermessenheit ist? Oder bildet sie sich bloß ein, mit diesen Unbequemlichkeiten schon irgendwie fertig zu werden, so wie damals, während des Krieges, als sie plötzlich den verrückten Einfall hatte, in dem Haus auf dem Berg bei Atami zu wohnen, ohne einen einzigen Gedanken an die damit verbundenen Strapazen zu verschwenden.

Jetzt aber ist Kazue allein hier in diesem Haus in den Bergen. Nichts und niemand versucht auch nur den Anschein zu erwecken, sie an irgend etwas zu hindern. Zögern erübrigt sich, denn Einwände sind nicht zu befürchten. Das einzige Hindernis wäre eventuell Geldmangel, aber der kümmert sie vermutlich am wenigsten. Sie ist zwar allein, einsam jedoch kaum. Der Grund dafür ist Kazues schon erwähnte Eigenschaft, dies und jenes aufzulesen, als wären es Scherben vom Glück, die sie sammelt und mit denen sie sich Stück für Stück umgibt. Wie etwa die Freude beim Blick aus dem Verandafenster auf den zugefrorenen Sumpf, dessen Oberfläche erstarrt ist wie zu einem Spiegel. Ist das ihr Selbstschutz? Aber dennoch: Irgendwann kam immer der Tag, an dem sie zur Kenntnis nehmen mußte, daß sie ihrem jeweiligen Gatten gleichgültig geworden war und er sie ziehen ließ, wohin sie auch gehen mochte, während er förmlich aufatmend zurückblieb. Sie hat nicht vergessen, in welche Aufregung sie das stets versetzt hatte.

Alle ihre »Verflossenen« heirateten nach der Trennung von ihr wieder, wobei es stets den Anschein hatte, als seien sie endlich dort angelangt, wohin sie von Anfang an wollten. Den Eindruck hatten auch andere, nicht nur Kazue. Man könnte sogar sagen, daß es allen erst nach der Trennung von ihr aufging, was leben eigentlich heißt. Nicht, daß Kazue sie darum etwa beneidete. Sie fand es vielmehr ganz natürlich, daß sie alle nun ein so beschauliches Leben führten.

Es hört nicht auf zu schneien. Der Schnee liegt schon fast sechzig Zentimeter hoch. Ihr Blick fällt auf einen sanft abfallenden Weg gleich neben dem Haus. Skilaufen müßte man können, hier wäre der richtige Ort dafür, so denkt sie, und allein dieser Gedanke macht sie schon glücklich. Es schneit schon seit gestern, und auf dem Weg dort ist nicht einmal eine Wagenspur. Wie Spitzen sehen die schneebedeckten Ästchen des Mischwaldes aus, der ihr Haus von allen Seiten umgibt. Im Licht der letzten Sonnenstrahlen wirbelt tanzend der feine Schnee empor. Wind ist aufgekommen.

1970

Deutsch von Naitô Michio, Friedl Itô-Pokorny und Josef Bohaczek

INOUE YASUSHI
DIE EISWAND

Als Minako nach dem Frühstück aufgeräumt hatte, goß sie für ihren in einem Rohrstuhl auf der Engawa die Zeitung lesenden Mann den Kaffee aus der Kaffeemaschine in eine kleine Tasse aus hartem Porzellan.

Kyonosuke trank gern Kaffee. Er fühlte sich nicht wohl, wenn er sich nicht an jedem Morgen nach dem Frühstück zwei Tassen starken Kaffee einverleibte. Gleich nach der ersten Tasse klatschte er in die Hände und forderte die zweite. Hätte er Kaffee nur zu Hause getrunken, wäre das noch nicht beunruhigend gewesen, aber auch in der Firma schüttete er, wenn Konferenzen stattfanden oder er Gäste empfing, weitere Mengen dieser braunen, nervenanregenden Flüssigkeit in seinen Magen.

Schon lange wollte Minako die Menge Kaffee, die sie ihm vorsetzte, verkleinern. Mit dem vielen starken Tee, den er trank, glaubte sie sich abfinden zu müssen, aber was den Kaffee betraf, wollte sie doch etwas unternehmen. In den letzten zwei, drei Jahren hatte sich der körperliche Zustand ihres Mannes sehr verschlechtert. Er hatte nicht etwa ein bestimmtes Leiden, aber er aß außerordentlich wenig. Zum Frühstück nahm er ein weichgekochtes Ei, ein halbes Stück Brot, ein halbes Gläschen Tomatensaft und eine winzige Portion rohen Salats zu sich. Minako bereitete es jeden Morgen erneut Pein, daß sie ihm nur gleichsam ein Puppenfrühstück machen durfte.

Nur Kaffee trank er. War, überlegte Minako, vielleicht vor allem deswegen sein Appetit so stark zurückgegangen? Ihr Wunsch war, es für ihn bei einer einzigen Tasse Kaffee bewenden zu lassen, aber das brachte sie nicht fertig.

Sie hatte sich nun zum Jahresende einige besonders kleine Kaffeetassen gekauft. Sie besaßen ein Format wie die Mokkatassen, aus denen man nach europäischem Essen zu trinken pflegt. Zwei solche Tassen entsprachen genau einer bisherigen. Sie hatte sich vorgenommen, sie ihrem Mann gleich nach Beginn des neuen Jahres vorzusetzen, aber es gab in den ersten Januartagen so viel Durcheinander, daß sie die kleine Tasse erst heute, am 5. Januar, aufdeckte.

Sie setzte zwei dieser Tassen auf ein Tablett, die eine für ihren Mann, die andere für sich selber, und brachte sie auf die Engawa. Kyonosuke ließ sich gerade von der durch das Fenster dringenden schwachen Morgensonne bescheinen und lehnte sich gedankenverloren in seinen Rohrstuhl zurück.

Minako stellte das Tablett auf den Tisch und nahm ihrem Mann gegenüber Platz.

Kyonosuke nahm die Tasse auf und betrachtete sie eine Weile, als wolle er ihre Form und Farbe genau besehen.

»Sie ist doch schön, wie?« fragte ihn Minako. Das weinrote Porzellan sah, wenn man es ins Sonnenlicht hielt, wirklich hübsch aus.

»Sie ist ja schrecklich klein geworden!«

»Aber dafür bekommst du zwei!«

Minako glaubte, ihr Mann werde die Tasse, die er in der Hand hielt, nun gleich an die Lippen führen, aber das geschah keineswegs. Er setzte die Tasse vielmehr wieder hin und nahm den silbernen Löffel auf, den Minako ebenfalls an diesem Tag zum ersten Mal gebracht hatte. Ihr Mann betrachtete ihn sorgfältig, wendete ihn hin und her, inspizierte ihn genauestens, aber plötzlich sagte er:

»Minako! Was für Beziehungen bestehen eigentlich zwischen Herrn Kosaka und dir?«

Sie hob ihr Gesicht und blickte ihn erstaunt an. Sie konnte sich überhaupt nicht vorstellen, warum ihr Mann nun mit einem Mal von Kosaka sprach.

Kyonosuke spielte, ohne aufzusehen, noch immer weiter mit dem kleinen Silberlöffel, aber schließlich legte er ihn auf die Untertasse und sagte:

»Er ist hübsch, der Löffel! Wirklich hübsch ...«

Und damit sah er zum ersten Mal zu seiner Frau hin.

»Was meinst du mit ›Beziehungen‹?« fragte sie, von ihrem schlechten Gewissen leicht beunruhigt.

»Einfach Freundschaft oder in gewissem Umfang ...«

»Natürlich Freundschaft!«

»Nein, du verstehst mich nicht recht. Natürlich Freundschaft – aber ob du ihn nun ein bißchen gern hast oder so ...«, erwiderte er unklar und fügte hinzu:

»Sag mir, was du ihm gegenüber fühlst!«

Sie überlegte angstvoll, ob sie vielleicht gar schon bleich geworden war.

Minako war außerstande zu ermessen, was in ihrem Mann vorging. In welcher Absicht hatte er die Frage gestellt? Als erstes fiel ihr ein, daß Kosaka ihr vielleicht einen Brief geschickt und ihr Mann ihn gelesen hatte. Das lag immerhin im Bereich des Möglichen.

Minako rührte mit ihrem Löffel in der kleinen Tasse herum. Der Löffel schien ein wenig zu groß zu sein. Bewegte sie ihn nicht sehr ruhig, bestand Gefahr, daß der Kaffee über den Rand schwappte.

Sie hielt ihre Antwort noch immer zurück, nahm, um sich ein wenig zu beruhigen, die Tasse auf und schlürfte den Kaffee. Als sie die Tasse auf den Unterteller zurückstellte, überlegte sie, ob es nicht vielleicht am klügsten sei, ihrem Mann ihr Verhältnis zu Kosaka offen zu bekennen.

Sie hob ihr Gesicht und sah ihren Mann an. Nun war es Kyonosuke, der mit dem Löffel in der Tasse hin und her rührte.

»Offen gestanden bin ich Herrn Kosakas wegen in Bedrängnis. Er ist ein guter Mensch, aber manchmal ist er ein wenig unvernünftig. Sicher hat er, könnte man sagen, etwas sehr Reines in seinem Wesen ... Ich habe ihm deutlich genug zu verstehen gegeben, daß ich nichts mehr mit ihm zu tun haben will!«

»Hm – du sagst ›unvernünftig‹? Heißt das, daß er dich gern hat?«

»Ja . . . na ja . . .«

»Und du?«

»Ach, frag mich doch nicht so!«

»Doch, ich möchte dich fragen! Ich kann mir schon denken, daß der junge Mann ungefähr so ist, wie du ihn mir da geschildert hast . . .«

»Du willst also wissen, wie ich zu ihm stehe? Ich kann für ihn überhaupt nichts empfinden! Da hast du mich in einem falschen Verdacht!«

»Ich habe dich in keinem Verdacht!«

»Hm – warum fragst du mich dann so? Hör, ich will es dir offen sagen. Er ist mir unangenehm! Ich mag ihn einfach nicht! Und deswegen will ich auch nichts mehr mit ihm zu schaffen haben!«

»Ich habe verstanden. Das genügt mir.«

»Was soll nun das heißen? Was ist los?«

»Gar nichts. Schon gut . . .«

Nachdem er seine leicht erregte Frau mit diesen Worten ein wenig beruhigt hatte, sagte er:

»Bring mir doch, bitte, noch eine zweite Tasse Kaffee. Und dann die Morgenausgabe, sie liegt im Wohnzimmer. Falls du für Kosaka nichts weiter fühlst, ist es gut – dann lies die Zeitung . . .«

Minako vernahm diese Aufforderung fast erschrocken. Sie ahnte, daß da irgendeine Nachricht stand, die Kosaka betraf, aber sie konnte sich nicht die geringste Vorstellung machen, worum es sich dabei handelte.

»Ist etwas geschehen?«

»Nun – lies selbst!«

Minako stand mit der leeren Tasse ihres Mannes auf, um sie ihm noch einmal mit Kaffee vollzugießen, dann begab sie sich in das Wohnzimmer, schob das Einschenken zunächst auf und griff nach der Zeitung.

Sie öffnete die allgemeine Lokalseite, überflog die wichtigsten Meldungen, entdeckte plötzlich die Schriftzeichen »Das erste Unglück dieses Jahres im Hodaka-Gebirge« und erschrak zutiefst. Im selben Augenblick fiel ihr ein, daß Kosaka und Uozu ihr erzählt hatten, sie wollten in den ersten Januartagen den Vorderen Hodaka erklettern.

Die Zeitungsnachricht lautete:

»Die bei einem Teil der Bevölkerung als junge und tüchtige Bergsteiger bekannten Uozu Kyota und Kosaka Otohiko sind zu einer Besteigung der Ostwand des Vorderen Hodaka am 29. des vergangenen Monats von Kamikochi aus zum Okumatashiro aufgebrochen, aber am 2. Januar riß ihr Seil, und Kosaka ist abgestürzt. Dieser Vorfall ist von Uozu, der sofort wieder abstieg, in der Tokusawa-Hütte berichtet worden, und es sind von dort aus unverzüglich Mitglieder der Bergsteigergruppe der Universität M zur Hilfeleistung losgegangen. Die ganze Gegend ist tief verschneit, und die Suche wird dadurch außerordentlich erschwert. Die Hoffnung, Kosaka noch zu retten, gilt als nicht sehr groß.«

Als Minako damit fertig war, hätte sie vor Entsetzen fast laut aufgeschrien, aber es gelang ihr gerade noch, sich zu beherrschen. Vor ihren Augen erschien Kosakas zwischen die Felsen eingeklemmter, abgestürzter Körper. Er hob sein sehr energisches Gesicht und versuchte, sich aus der Felsspalte zu befreien. Da Minako überhaupt nicht wußte, wie es im Winter in den Bergen aussah und auch keine Ahnung vom Klettern hatte, stellte sie sich dieses Unglück unwillkürlich so vor.

Dann ging sie in die Küche und goß für ihren Mann noch einmal Kaffee aus der Maschine in die Tasse. Da ihre Hände aber zitterten, war sie recht ungeschickt dabei.

Als sie zur Engawa zurückkam, sagte ihr Mann:

»Die Berge im Winter sind offenbar gefährlich ...«

Minako aber fragte ihn, als wünsche sie, das Thema zu wechseln:

»Es ist doch für dich das gleiche mit der kleinen Tasse da?«

Sie sprach also von der Kaffeetasse, doch sie wünschte sich in diesem Augenblick nichts sehnlicher, als sich möglichst schnell aus der Nähe ihres Mannes zu entfernen und allein zu sein. Daß sie vor wenigen Minuten noch behauptet hatte, Kosaka sei ihr unangenehm, und sie könne ihn nicht leiden, war bestimmt nicht gelogen. Aber nachdem sie aus der Zeitung erfahren hatte, daß er verunglückt sei, konnte sie nicht gleichgültig bleiben. Sie warf sich vor, so kalt und ablehnend zu ihm gewesen zu sein, ja, er tat ihr von Herzen leid.

»Du siehst ja entsetzlich bleich aus, Minako!« bemerkte ihr Mann, aber sie wußte das, noch bevor er sie darauf angesprochen hatte. Es überfiel sie ein Schwindel, als würde sie in Ohnmacht fallen; dies ist immer ein Vorbote der Gehirnanämie.

Ihr war, als bliebe ihr Mann absichtlich länger als sonst am Frühstückstisch. Sonst stand er, kaum daß er seinen Kaffee getrunken hatte, so eilig von seinem Stuhl auf, daß man hätte glauben können, es sei ihm jede Sekunde kostbar. Heute ließ er sich aber auf eine merkwürdige Weise Zeit.

»Hast du keinen Kuchen zu Hause, etwa Windbeutel?«

»Leider nein! Ich hatte Yokan, aber den habe ich gestern abend selber gegessen . . .«

»Und Obst?«

»Wie wäre es mit Äpfeln?«

»Gut, einverstanden . . .«

Sonst behauptete er immer, dachte sie, daß ihm die Kälte der Äpfel unangenehm bis in die Zähne dränge, und aus diesem Grund hatte er bisher kaum Äpfel gegessen.

Immerhin erhielt Minako dank dieses Apfels, den ihr Mann jetzt wünschte, die Möglichkeit, sich von ihm zu entfernen. Sie trug dem Mädchen auf, ihrem Mann einen geriebenen Apfel zu bringen. Sie selber nahm sich zwei andere Zeitungen vor, die sie vorhin nicht gesehen hatte und las sie, in der Küche stehend.

Die Unglücksnachricht fand sich auf ziemlich gleicher Stelle der Lokalspalten, auch die Größe der Schlagzeilen war die gleiche, und ebenso deckten sich die Darstellungen inhaltlich mehr oder weniger. Ein Unterschied bestand nur insofern, als in den beiden Zeitungen der Tod Kosakas als ziemlich gewiß bezeichnet wurde; die Suche sei, hieß es, offenbar nach einigen Tagen als ergebnislos abgebrochen worden und man müsse nun bis Mai warten.

»Ihr Herr Gemahl fährt jetzt weg!« meldete Harue, und als Minako diese Worte vernahm, hob sie die Augen von der Zeitung.

»Hat sich mein Mann denn schon umgezogen?«

»Ja.«

»Und das Auto?«

»Es ist eben gekommen.«

»Oh, das ahnte ich ja nicht ...«

Als sie in den Flur trat, zog Kyonosuke gerade seine Schuhe an. Er wirkte, wie er da mit gekrümmtem Rücken nach vorn gebückt stand, wie ein alter Mann. Minako fiel es dann und wann auf, daß er wirklich alt geworden war.

Nachdem sie sich von ihm verabschiedet hatte, stand sie noch eine Weile an der Schwelle, aber plötzlich fiel ihr ein, was ihr Mann vorher zu ihr gesagt hatte, und sie geriet in Zorn. Vielleicht, überlegte sie, hatte er die Absicht gehabt, sie, falls sie sich Kosaka besonders verbunden fühlte, die Unglücksnachricht gar nicht erfahren zu lassen? Vielleicht wäre es ihm unangenehm gewesen, sie in Verlegenheit zu sehen? Oder hätte er sie vor einem Schock bewahren wollen?

Nun, jedenfalls waren das, dachte sie, zweifellos alles Empfindungen eines Ehemannes gegenüber seiner sehr jungen Gattin. Daß er nicht mit ansehen wollte, wie sie, seine Frau, in Verwirrung geriet, war im Grunde nichts als Herzenskälte und ein Egoismus, der sich in allem nur selbst zum Maßstab nahm. Handelte es sich jedoch um eine Art Rücksicht, die der jungen Ehefrau eine solche Peinlichkeit ersparen wollte, war das ihr gegenüber nichts weiter als der Geist hochmütiger Sklaverei. So einen Mann empfand sie plötzlich als widerwärtig. Wie in Reaktion darauf erinnerte sie sich plötzlich an Kosakas jungen Körper, der sie in jener Nacht so leidenschaftlich umarmt hatte, daß sie kaum mehr atmen konnte. Und als sie überlegte, daß eben dieser Körper nun, unter Schnee begraben, irgendwo lag, begann sie am ganzen Leib zu zittern.

1957
Deutsch von Oscar Benl

III. Im Umbau

Prosa des 20. Jahrhunderts

MORI ŌGAI
IM UMBAU

Ministerialrat Watanabe stieg vor dem Kabukiza-Theater aus der Straßenbahn.

Es hatte geregnet. Watanabe ging, gelegentlich einer Pfütze ausweichend, durch den Kobiki-Distrikt am Kanalufer entlang in Richtung Postministerium. Hier irgendwo, an der Einfahrt zu einer Seitengasse, hatte er, wenn er sich recht erinnerte, das Schild gesehen.

Es waren kaum Leute unterwegs. Einige lebhaft redende Männer in westlicher Kleidung, offenbar auf dem Heimweg vom Amt, kamen ihm entgegen. Eine Frau eilte mit kleinen Schritten vorbei: nach ihrem Kimono zu urteilen eine Kellnerin aus einem Teehaus, die vielleicht in der Nachbarschaft etwas zu besorgen hatte. Eine einzelne Rikscha, das Regendach noch hochgestellt, überholte ihn von hinten.

Schließlich entdeckte er das Gesuchte: ein verhältnismäßig kleines Schild mit der waagerechten Aufschrift »Hotel Seiyōken«.

Zum Kanalufer hin war das Gebäude mit einem Bretterzaun verstellt. An der zur menschenleeren Seitengasse gewandten Hausfront befand sich ein von zwei Seiten aus hochführender Treppenaufgang. Die Treppe bildete ein Dreieck mit abgeschnittener Spitze. Diese abgeschnittene Spitze wurde von zwei Türen eingenommen. Watanabe stieg die Treppe hinauf und überlegte dabei, durch welche der beiden Türen er wohl hineingehen sollte; aber, oben angekommen, fand er, daß auf der linken Tür »Eingang« stand.

Seine Schuhe waren auf dem aufgeweichten Weg ziemlich schmutzig geworden. Er reinigte sie sorgfältig und öffnete dann die Glastür. Sie führte in einen geräumigen flurartigen Raum mit Dielenboden. Hier lag die gleiche Kokosmatte als Fußabtreter wie draußen vor der Tür. Daneben war ein

Wischlappen ausgebreitet. Watanabe säuberte noch einmal seine Schuhe und dachte dabei: Ich bin also nicht der einzige mit so schmutzigen Schuhen.

Es schien niemand dazusein. Nur in einiger Entfernung hörte man geschäftigen Lärm. Offenbar waren Zimmerleute an der Arbeit. Der Bauzaun vor dem Haus, und dazu dieser Lärm: man ist mitten im Umbau, dachte Watanabe.

Da niemand kam, ihn zu empfangen, ging er den gegenüberliegenden Korridor entlang bis dort, wo ein Quergang nach links und rechts führte. Während er noch überlegte, wohin er sich wenden solle, entdeckte er endlich doch einen müßig herumstehenden Mann: wohl ein Kellner.

»Ich habe gestern telephonisch bestellt.«

»Sehr wohl, für zwei Herrschaften, nicht wahr? Im zweiten Stock, bitteschön!«

Der Kellner wies auf eine rechter Hand nach oben führende Treppe. Wegen des Umbaues hatte das Restaurant den Betrieb praktisch eingestellt. Deshalb wohl wußte der Kellner sofort, daß er der Gast mit der Reservierung für zwei Personen war. Auf dieser Seite des Hauses hörte man das Hämmern und Schlagen noch viel stärker.

Der Kellner folgte ihm die Treppe hinauf. Watanabe überlegte, in welches Zimmer er wohl geführt werde, und wandte sich um: »Ziemlich laut hier, nicht wahr?«

»Nein nein, Sie können unbesorgt sein; die Arbeiter gehen um fünf Uhr nach Hause. Während des Essens werden Sie von keinerlei Lärm gestört werden. Wenn Sie bitte einen Moment in diesem Zimmer hier warten wollen.«

Der Kellner eilte an ihm vorbei und öffnete die Tür zu einem Raum auf der Ostseite. Watanabe fand den *Salon* etwas zu groß für zwei Gäste. Um drei kleine Tische waren jeweils vier oder fünf Stühle gestellt. Unter dem rechten Fenster an der Ostwand stand auch ein *Sofa*. Daneben ein Weinstock, etwa einen Meter groß, welchen man im Gewächshaus künstlich zum Früchtetragen gebracht hatte.

Als Watanabe unschlüssig umherblickte, sagte der im Türeingang stehengebliebene Kellner: »Das Essen möchten Sie bitte hier einnehmen« und öffnete dabei eine Tür linker Hand. Sie führte zu einem Zimmer gerade in der richtigen Größe. Die Tafel war bereits gedeckt. Ein Korb mit reizvoll arrangierten *Azaleen-* und *Rhododendron*zweigen stand in der Mitte und zwei *Couverts* waren einander gegenüber hergerichtet. Vielleicht könnten noch zwei Gäste zusätzlich sitzen; sechs hätten es wohl etwas eng; gerade das richtige Zimmer.

Watanabe war recht zufrieden und ging in den *Salon* zurück. Der Kellner war aus dem Speisezimmer direkt in die Küche gegangen. So fand sich Watanabe jetzt zum ersten Mal allein.

Das Geräusch der Hämmer und Beile hörte plötzlich auf. Watanabe sah auf seine Taschenuhr: es war tatsächlich genau fünf Uhr; noch eine halbe Stunde bis zur verabredeten Zeit. Er nahm eine Zigarre aus der auf einem kleinen Tisch für die Gäste bereitgestellten Kiste, schnitt das Mundstück zurecht und zündete sie sich an.

Merkwürdigerweise hatte er überhaupt nicht das Gefühl, auf jemanden zu warten. Es war ihm nahezu egal, auf wen er hier eigentlich wartete, wessen Gesicht dort auf der anderen Seite des Blumenkorbes erscheinen würde. Watanabe wunderte sich über seine eigene Gleichgültigkeit.

Den Rauch langsam ausblasend, öffnete Watanabe das Fenster beim *Sofa* und blickte nach draußen. Direkt unter dem Fenster war eine Menge Bauholz aufgestapelt. Dort war wohl der Haupteingang. Das hoch stehende Wasser des *Kanals* schien völlig bewegungslos. Auf dem anderen Ufer sah man ein Wohnhaus; vielleicht eine billige Absteige oder etwas Ähnliches. Es war fast niemand unterwegs. Im Hauseingang gegenüber stand eine Frau mit einem Kind auf dem Rücken müßig herum. Ganz rechts versperrte das Marinemuseum mit seiner imposanten Gestalt aus rotem Backstein den Blick.

Watanabe setzte sich auf das *Sofa* und betrachtete das Innere des *Salons*. An den Wänden hingen da und dort Rollbilder, die irgendein Zufall hier zusammengeführt haben mochte: Pflaumenblüten und Nachtigall, Urashima Tarō mit der Schildkröte, ein Falke und andere Banalitäten. Alle waren zu kurz und zu schmal und wirkten an den hohen Wänden so, als ob sie unten abgeschnitten worden seien. Rechts und links von der Tür, die zum Speisezimmer führte, hingen Kalligraphien. Er sah näher hin und fand, daß es »Schriftzeichen aus dem Götterzeitalter« waren, geschrieben von dem Großlehrbeauftragten Sowieso. Japan ist kein Land der Kunst.

Watanabe genoß eine Weile die Zigarre, ohne etwas Bestimmtes zu denken oder wahrzunehmen.

Auf dem Flur hörte man Schritte und Stimmen. Die Tür ging auf. Die Frau, auf die Watanabe gewartet hatte, war da. Sie trug einen großen, mit einer Holzperlenschnur verzierten *Annemarie*-Hut aus Stroh. Unter dem grauen, kimonoartigen Überwurf sah an der Brust weißer, bestickter *Batist* hervor. Auch der Rock war grau. In der Hand trug sie einen Schirm mit einem *Volant,* klein wie ein Kinderspielzeug. Watanabe lächelte unwillkürlich, während er sich erhob und die Zigarre auf dem Aschenbecher ablegte. Die Frau wandte sich kurz zum Kellner, welcher hinter ihr in der Tür stehengeblieben war, und blickte dann Watanabe an. Es waren die großen braunen Augen einer *brünetten* Frau. In diese Augen hatte er früher oft geblickt; aber diese fingerbreiten bläulichen Schatten hatten sie damals nicht gehabt.

»Entschuldige, ich hab dich warten lassen.«

Sie sprach deutsch. Etwas unpassend zu der formlosen Begrüßung nahm sie den Schirm aus der rechten in die linke Hand und streckte ihm mit vornehmer Pose die Finger der behandschuhten Rechten entgegen. Watanabe dachte: sie spielt vor dem Kellner Theater, aber erwiderte gleichwohl in korrekter Weise einen leichten Händedruck mit den Fingerspitzen. Dann sagte er zu dem Kellner:

»Wenn das Essen fertig ist, geben Sie bitte Bescheid!«

Der Kellner zog sich zurück.

Die Frau warf den Schirm nachlässig auf das *Sofa*. Dann ließ sie sich, als sei sie sehr erschöpft, auf die Polster fallen, stützte beide Ellenbogen auf den Tisch und sah Watanabe schweigend an. Dieser rückte einen Stuhl an den Tisch und setzte sich. Nach einer Weile sagte sie: »Ziemlich wenig Betrieb hier, nicht?«

»Ist im Umbau. Eben war hier noch ein Höllenlärm.«

»Ach so? Fühl mich irgendwie so unruhig hier. Aber mein Leben besteht sowieso aus lauter Unruhe.«

»Seit wann bist du eigentlich in Japan, und wie bist du hergekommen?«

»Vorgestern bin ich angekommen. Und gestern hab ich dich dann auf der Straße getroffen.«

»Und wie bist du hergekommen?«

»Seit Ende letzten Jahres war ich in Wladiwostok.«

»Dann bist du auf der Bühne von dem Hotel da aufgetreten?«

»Genau!«

»Doch wohl nicht allein? In einer Truppe?«

»Nicht in einer Truppe und auch nicht allein; zusammen mit jemandem, den du kennst.« Sie zögerte etwas: »Bin zusammen mit Kosinski.«

»Mit dem *Polacken?* Dann heißt du also jetzt Kosinska.«

»Du bist gemein. Ich singe, und Kosinski macht die Begleitung; das ist alles.«

»Wird sich wohl nicht darauf beschränken.«

»Natürlich, wir reisen zu zweit. Ich müßte lügen, wenn ich behauptete, es gebe gar nichts anderes.«

»Klar. Und so hast du ihn auch nach Tōkyō mitgenommen?«

»Ja, wir wohnen zusammen in Atagoyama.«

»Daß er dich allein ausgehen läßt.«

»Begleiten lass ich mich nur beim Singen.« Sie gebrauchte

das deutsche Wort *begleiten,* welches »auf dem Piano begleiten« und auch »zusammen gehen« heißen kann. »Als ich ihm erzählte, daß ich dir auf der Ginza begegnet bin, hat er gesagt, er möchte dich unbedingt treffen.«

»Das hat mir gerade noch gefehlt!«

»Wieso denn? Wir haben noch genug Geld.«

»Was heißt genug? Das wird schon mit der Zeit aufgebraucht. Und was wollt ihr weiter machen?«

»Wir fahren nach Amerika. In Japan ist nichts zu verdienen. Das haben wir schon in Wladiwostok gehört und rechnen deshalb mit gar nichts.«

»Da tut ihr gut dran. Nach Rußland ist Amerika sicher das richtige. Japan ist noch nicht soweit. Japan ist noch im Umbau.«

»Im Umbau? Das werd ich in Amerika weitererzählen: Ein japanischer Gentleman hat gesagt, Japan ist noch im Umbau. Oder soll ich sagen: ein japanischer Beamter? Du bist doch Beamter, nicht?«

»Hm, bin Beamter.«

»Und so korrekt, nicht wahr?«

»Schrecklich korrekt. Spiele den perfekten *Philister.* Dies Abendessen ist die Ausnahme von der Regel.«

»Das ist nett von dir.« Sie zog den bereits aufgeknöpften Handschuh aus und streckte ihre offene rechte Hand über den Tisch zu ihm hin. Watanabe drückte die Hand, im Ernst auf ihre Geste eingehend. Ihre Hand war kalt. Sie zog die kalte Hand nicht zurück und blickte mit ihren durch die Schattenringe noch größer wirkenden Augen eindringlich Watanabe ins Gesicht.

»Darf ich dir einen Kuß geben?«

Watanabe machte eine gequälte Grimasse: »Wir sind in Japan.«

Ohne zu klopfen, trat der Kellner ein.

»Das Essen ist fertig.«

»Wir sind in Japan«, wiederholte Watanabe und erhob sich.

Er führte die Frau in das Zimmer mit der gedeckten Tafel. Gerade ging mit einem Aufblitzen das elektrische Licht an.

Die Frau blickte im Zimmer umher und sagte, während sie sich auf der gegenüberliegenden Seite an den Tisch setzte, wie im Scherz: »*Chambre séparée.*« Offenbar wollte sie sehen, wie Watanabe darauf reagierte, denn sie reckte sich etwas und blickte herüber. Der Korb mit den Blumen störte.

»Sieht zufällig so aus«, antwortete Watanabe gleichgültig.

Es wurde Sherry eingeschenkt. Melonen wurden gereicht. Drei Kellner waren ständig beschäftigt, die zwei Gäste zu bedienen. Watanabe bemerkte: »Sieh mal, die eifrigen Kellner.«

»Dabei nicht allzu aufmerksam. In Atagoyama sind sie genauso«, sagte sie, während sie mit gespreizten Ellenbogen das Fruchtfleisch der Melone abtrennte und aß.

»In Atagoyama stören sie wohl?«

»Du denkst wieder was ganz Falsches. Aber lassen wir das. Die Melone schmeckt gut, nicht wahr?«

»Bald wirst du in Amerika jeden Morgen Melonen zu essen bekommen.«

Die beiden aßen und redeten dabei über völlig gleichgültige Dinge. Schließlich wurde der Hauptgang mit dem *Salat* gebracht und *Champagner* eingeschenkt.

Die Frau sagte plötzlich: »Du bist auch gar nicht eifersüchtig!« Selbst bei dieser gleichgültigen Konversation mußte sie an jene Zeit denken, da sie nach dem Besuch des *Zentraltheaters* an einem Tisch in dem Restaurant auf der Brühlschen Terrasse genauso wie jetzt einander gegenübergesessen hatten, mal sich streitend, mal sich wieder vertragend. Die Frau hatte das eben in scherzhaftem Tone sagen wollen, aber unwillkürlich kam es ihr ernst heraus. Sie bereute ihre Worte.

Watanabe hob, ohne aufzustehen, das *Champagner*-Glas über das Blumenarrangement und sagte mit fester Stimme:

»Kosinski soll leben!«

Die Frau erhob schweigend, mit einem starren Lächeln auf den Lippen, das Glas; ihre Hand zitterte kaum merklich.

Es war erst halb neun. Quer über die wie ein Lichtermeer erscheinende Ginza fuhr eine einsame Rikscha mit einer Frau, welche den Schleier tief über das Gesicht gezogen hatte, eilig in Richtung Shiba.

1910

Deutsch von Wolfgang Schamoni

SHIMAZAKI TŌSON
AUSGESTOSSEN

Ushimatsu wollte an diesem Tag wenigstens seinen Unterricht noch in gewohnter Weise zu Ende bringen und unterdrückte deshalb nach Kräften seine wachsende innere Unruhe. Schönschreiben stand für die dritte Stunde auf dem Plan. Als er nun hinter einen der fleißig übenden Schüler trat, um dessen Hand zu führen, da zitterte die Spitze des Pinsels. Die Nachbarn des Jungen, die sich aus der Bank gelehnt hatten und zuschauten, öffneten ihre mit Tusche beschmierten Münder und lachten.

Das Klingeln verkündete das Ende der dritten Stunde. Zu der Zeit waren der Inspektor und die Stadtverordneten schon gegangen. Die Studenten vom Lehrerseminar blieben, weil sie auch noch dem Unterricht am Nachmittag beiwohnen wollten. Ushimatsu überließ nach dem Essen einem Kollegen die Pausenaufsicht und begab sich in das Lehrerzimmer, um seine Sachen zu ordnen. Niemand sollte ihm hinterher Vorwürfe machen können. Deshalb sah er alles noch einmal durch, um das zurückzugeben, was zurückzugeben war. Äußerlich tat er sehr gelassen, doch sein Herz klopfte ihm zum Zerspringen. In einer Ecke des Zimmers standen einige Lehrer, die gerade nichts zu tun hatten, und redeten über den Vorfall am Tor des Hōfuku-Tempels. Die verschiedensten Vermutungen wurden darüber angestellt, was Inoko wohl veranlaßt haben könnte, sein Leben aufs Spiel zu setzen. Einer meinte, es sei aus übermäßiger Ehrsucht geschehen, ein anderer, die verzweifelten Umstände seines Daseins hätten ihn dazu getrieben, und ein dritter verstieg sich gar dazu, von geistiger Umnachtung zu sprechen. So hatte denn ein jeder seine eigene Auffassung, und wenn sich schon mal einer lobend über die Haltung Inokos äußerte, wurde diese Haltung gleich wieder seiner Lungenkrankheit zugeschrieben. Während sich Ushimatsu dieses Gerede mehr ungewollt als gewollt mit anhörte, wurde ihm bewußt, daß es ohne Mißverständnisse in dieser Welt nicht abging. Tief betrübt dachte er an die Worte Inokos: »Schweig still und stirb mannhaft wie ein Wolf.«

Für den Nachmittag standen Erdkunde und Muttersprache auf dem Plan. Als er zur letzten Stunde nicht nur mit dem Sprachlehrbuch, sondern auch mit den Aufsatzheften, den Schönschriftübungen und Zeichnungen, die ihm die Schüler abgeliefert hatten, in die Klasse kam, sahen ihn alle mit runden Augen neugierig an.

»Wir kriegen unsere Aufsätze zurück«, sagte einer der Schüler, ein anderer ergänzte: »Und auch unsere Bilder.« Ushimatsu legte alles vor sich auf das Pult und nahm wie gewöhnlich das Lehrbuch zur Hand, aber kaum hatte er die Hälfte des sonst üblichen Pensums geschafft, als er das Buch wieder zuklappte. Dabei wolle er es heute bewenden lassen, weil er ihnen noch etwas zu erzählen habe, sagte er, allen ins Gesicht blickend. »Herr Lehrer, eine Geschichte?« fragte sogleich einer von den ganz Flinken. »Eine Geschichte! Erzählen Sie uns bitte eine Geschichte!« hallte es daraufhin durch die Klasse.

Ushimatsus Augen glänzten feucht. Er händigte den Schülern nun erst einmal die Schönschriftübungen, Zeichnungen und Aufsätze aus. Manches davon hatte er mit Rot korrigiert, unter manches ein »Ausgezeichnet« oder ein »Sehr gut« geschrieben, manches aber auch gar nicht durchgesehen. Dafür entschuldigte er sich. Er sei nicht mehr dazu gekommen, denn heute sei sein letzter Tag in der Schule, und er stehe jetzt hier, um sich von ihnen zu verabschieden, sagte Ushimatsu und fuhr dann langsam und deutlich fort:

»Ihr wißt bestimmt, daß man die Menschen hier bei uns in den Bergen allgemein in fünf Klassen einteilt: die früheren Samurai, die Kaufleute, die Bauern, die Priester und schließlich die Eta, die Unreinen. Ihr wißt auch, daß diese Eta selbst heutzutage noch ganz für sich am Rande der Ortschaften wohnen und davon leben, daß sie Strohsandalen, wie ihr sie alle an den Füßen habt, flechten, Schuhe, Trommeln und Shamisen anfertigen oder ein Stückchen Land bestellen. Und ihr wißt, daß diese Eta mit einem Büschel Reisähren in der Hand einmal im Jahr euren Vätern und Großvätern einen Besuch abstatten, aber daß sie, wenn sie zu euch kommen, niemals das Innere des Hauses betreten dürfen, sondern im Vorraum niederknien müssen, und bewirtet man sie, wird besonderes Geschirr benutzt. Hat nun jemand aus eurer Familie in einer Siedlung der Eta zu tun, dann ist es seit alters Sitte, daß er sich dort seine Pfeife mit einem Streichholz anbrennt und nicht mit einem Stückchen Glut aus dem Feuerbecken und daß man ihm auch keinen Schluck Tee anbietet, selbst wenn man gerade welchen trinkt. Ja, so verachtet sind die Eta. Was würdet ihr, was würden eure Eltern wohl denken, wenn einer von diesen Eta hier in diesem Klassenzimmer stünde, um euch in Muttersprache und Erdkunde zu unterrichten? – Hört gut her: Ich bin einer dieser nichtswürdigen Eta!«

Ushimatsu zitterte heftig an allen Gliedmaßen, und er stützte sich auf das Pult, als könnte er sich nicht mehr länger auf den Beinen halten. Die Schüler waren völlig sprachlos. Sie hoben die Köpfe, sperrten die Münder auf und starrten ihn entgeistert an.

»Ihr seid alle vierzehn oder fünfzehn, also in einem Alter, da man sich im Leben schon einigermaßen auskennt. Merkt euch bitte gut, was ich euch jetzt sage.« Es war Ushimatsu anzumerken, wie bitter es ihn ankam, sich von seinen Schülern trennen zu müssen. »Wenn ihr später einmal, nach fünf oder zehn Jahren, an eure Schulzeit zurückdenkt, kann ich nur hoffen, daß ihr euch dann vielleicht erinnert: Damals in der Vierten hatten wir einen Lehrer, der hieß Segawa. Das war ein Eta. Nachdem er uns seine Herkunft gestanden hat, ist er gegangen, hat uns zum Abschied viel Glück und Erfolg im Leben gewünscht und gesagt, daß er jedes neue Jahr genauso wie wir mit einem Schluck von dem Festtagswein willkommen heißt und zum Kaisergeburtstag genauso wie wir die Nationalhymne singt. Nun wißt ihr, wer ich bin, und werdet euch bestimmt vor Ekel schütteln. Ja, aber trotz meiner nichtswürdigen Geburt habe ich mich Tag für Tag ehrlichen Herzens bemüht, euch etwas beizubringen und euch zu edlem Denken zu erziehen. Haltet mir wenigstens das zugute und verzeiht mir!« Ushimatsu senkte den Kopf und fügte dann hinzu: »Wenn ihr heute nach Hause kommt, sagt euren Eltern, daß ich mich schuldig fühle, weil ich bis zum heutigen Tag meine Herkunft verheimlicht habe, und sagt ihnen auch, daß ich euch alles gestanden und euch um Verzeihung gebeten habe, sagt ihnen, daß ich ein Eta, ein Unreiner, ein Ausgestoßener bin.« Er glaubte wohl, seine Worte allein genügten noch nicht, denn er trat ein paar Schritte zurück, fiel auf die Knie und sagte: »Bitte verzeiht mir!«

Die Schüler in der hintersten Reihe sprangen auf. Andere taten es ihnen nach, und schon stand die ganze Klasse. Einige stiegen auf die Stühle, andere traten hinter ihrer Bank hervor, und einige rannten schreiend hinaus auf den Korridor. In dem Augenblick klingelte es. Die Türen der Klassenzimmer flogen auf. Schüler und Lehrer anderer Klassen kamen wie eine Woge in Ushimatsus Raum gestürzt.

Ginnosuke gehörte seit dem ersten Dezember zwar nicht mehr zur Schule, war jedoch an diesem Tag gegen halb zwei noch einmal gekommen, um ein paar persönliche Dinge zu erledigen. Er unterhielt sich gerade im Lehrerzimmer, als er plötzlich von der Sache mit Ushimatsu erfuhr. Sofort stürzte er aus dem Zimmer, durchquerte die Vorhalle und rannte den langen Korridor hinunter, vorbei an Gruppen von Mädchen, die sich schon ihre Schultertücher umgelegt und ihre violetten Mützen aufgesetzt hatten, jetzt aber aufgeregt über Ushimatsu redeten und vergessen zu haben schienen, daß sie eigentlich nach Hause gehen wollten. Die Jungen waren im

Turnsaal zusammengeströmt und redeten ebenfalls über Ushimatsu. Ginnosuke bahnte sich einen Weg durch die Schüler, die links und rechts an ihm vorbeirannten. Dicht vor dem Klassenraum der Vierten sah er Ushimatsu, umringt vom Direktor, von fünf, sechs Lehrern, darunter Bumpei, und von seinen Schülern. Auch die Studenten, die zum Hospitieren gekommen waren, standen mit völlig verblüfften Gesichtern da.

Ushimatsu lag, als wäre er von Sinnen, vor den Kollegen auf den Knien, die Stirn im Schmutz des Fußbodens. Beim Anblick dieses traurigen Bildes packte Ginnosuke ein so unerträgliches Mitleid, daß er hinzusprang, Ushimatsu aufhob und ihm den Staub von den Kleidern klopfte.

»Tsuchiya, verzeih mir! Verzeih mir!« stammelte Ushimatsu halb wie im Fieberwahn wieder und wieder vor sich hin, während ihm die Tränen übers Gesicht rannen.

»Schon gut, schon gut. Ich kann mir denken, wie dir zumute ist«, sagte Ginnosuke. »Dein Entlassungsgesuch hast du doch sicher schon bei dir. Ich erledige das alles, und du gehst sofort nach Hause! Hörst du!«

Die Schüler der Vierten zogen sich in ihren Klassenraum zurück, um darüber zu beraten, was sich für ihren geliebten Lehrer tun ließe. Sie waren zwar noch viel zu unerfahren, um zu wissen, wie kompliziert es in der Welt zuging, ahnten aber sehr wohl, was Ushimatsu bewegte, und wollten ihn unbedingt als Lehrer behalten. Sie könnten nicht einfach schweigend zusehen, sondern müßten alle zusammen dem Direktor ihre Bitte vortragen, meinte der Klassensprecher, ein Junge von fünfzehn Jahren, und fand damit Zustimmung.

»Los, gehen wir!« rief einer der Schüler, seinem Aussehen nach ein Bauernsohn.

Die Entscheidung war gefallen, und mit Ausnahme derjenigen, die für Ordnung zu sorgen hatten, verließen alle – auch Shōgo – den Klassenraum.

Der Direktor unterhielt sich gerade mit Bumpei, als die

Schüler der Vierten in seinem Zimmer erschienen. Er wußte sofort, was sie wollten, tat aber überrascht und fragte mit gespielter Ahnungslosigkeit:

»Was möchtet ihr denn?«

Der Klassensprecher trat an den Tisch. Der Direktor und Bumpei sahen ihn scharf an. Verglichen mit Shōgo und den anderen, wirkte der Junge viel reifer, und was er zu sagen hatte, sagte er im Namen der ganzen Klasse auch klar und bestimmt:

»Herr Direktor, wir haben eine Bitte. Könnten Sie nicht dafür sorgen, daß unser Lehrer bleibt?« Ob er nun ein Eta, ein Unreiner, sei oder nicht, fuhr der Junge fort, sei ihnen gleichgültig. Es gebe doch auch Kinder von ›Neubürgern‹ unter den Schülern. Warum sollte dann ein ›Neubürger‹ nicht ihr Lehrer sein. Jedenfalls wünsche sich die ganze Klasse, weiter von ihm unterrichtet zu werden. »Wir bitten Sie sehr, Herr Direktor«, sagte er zum Schluß und verbeugte sich. Die anderen taten es ihm nach.

Der Direktor erhob sich von seinem Stuhl.

»Das ist ja alles gut und schön«, erwiderte er und blickte dabei die Jungen an. »Und wenn euch so sehr daran gelegen ist, euren Lehrer zu behalten, will ich sehn, was ich tun kann. Aber alles muß seine Ordnung haben. Wenn ihr eine Bitte habt, dann gehört es sich, daß ihr einen Vertreter bestimmt und mir ein Schreiben vorlegt. Was ist denn das für ein Benehmen, hier alle Mann hoch hereingestürmt zu kommen und von mir zu verlangen, ich solle dafür sorgen, daß euer Lehrer hier an der Schule bleibt!«

Der Klassensprecher setzte zu einer Entschuldigung an, aber seine Worte erstickten in Tränen.

»Nun hört mal gut zu«, sagte der Direktor nach einer Weile und entfaltete ein Schreiben, das auf seinem Tisch lag. »Das hier ist das Entlassungsgesuch eures Lehrers. Ich muß es erst einmal an den Kreisschulinspektor weiterleiten und auch an die Schulkommission der Stadt. Persönlich kann ich eurem

Lehrer noch so sehr helfen wollen, das nützt gar nichts, wenn man dort anderer Meinung ist.« In einem etwas sanfteren Ton ergänzte er: »Ihr müßt verstehen, daß es nicht in meiner Macht liegt, eine solche Sache allein zu entscheiden. Mir würde es ebenso leid tun wie euch, einen so guten Lehrer zu verlieren. Doch nun geht nach Hause und macht eure Aufgaben. Auch ohne daß ihr euch da einmischt, wird die Schule selbstverständlich ihr Bestes tun. – Für euch ist das wichtigste, fleißig zu lernen.«

Bumpei hatte mit über der Brust verschränkten Armen zugehört. Der Direktor blickte den mit enttäuschten Gesichtern abziehenden Schülern nach, lächelte kalt und schloß hinter ihnen die Tür.

1906

Deutsch von Jürgen Berndt

ABE KŌBŌ
DIE VIERTE ZWISCHENEISZEIT

Die Maschine fuhr in ihrer Schilderung fort:

Es war ein junger Mann. Lehrling auf einem unterseeischen Ölfeld. Seit er einmal als Helfer bei der Reparatur des auf einem Plastikboot auf der Meeresoberfläche treibenden Funkturms der Ölgesellschaft aus irgendeinem Antrieb hinaus an die Luft gesprungen war, ohne seinen Luftanzug anzulegen (einen solchen Anzug, der mit einer Vorrichtung zur ständigen Frischwasserversorgung der Kiemen ausgerüstet ist, pflegen die Unterwasser-Menschen bei Arbeiten in der Atmosphäre zu tragen) – seit jener Zeit vermochte er die wunderliche Empfindung, die er dabei gehabt, nicht zu vergessen. Indessen war dies etwas, das die Gesundheitsbehörden strikt untersagt hatten. Wer dabei ertappt wurde, hatte eine Bestrafung zu gewärtigen. Der junge Mann mußte also, ohne mit jemandem darüber reden zu können, sein Geheimnis für sich behalten.

Jedoch wie verführt von der Unauslöschlichkeit des beunruhigenden Gefühls, der Wind habe irgend etwas von seiner Haut fortgestohlen, verließ er immer häufiger die Stadt und schwamm weit hinaus. Und jedesmal war sein Ziel eine Hochebene, von der man sagte, sie wäre einst festes Land gewesen. Beim Gezeitenwechsel entstanden dort besonders rasch fließende Wasserzonen und Wirbel, stieg vom Meeresboden der Schlamm herauf, bildete Bänder, formte sich zu beweglichen Felsen, ging über in Nebelmauern. Während der junge Mann dem zusah, stellte er sich Wolken über dem Land vor. Freilich, auch jetzt waren Wolken am Himmel; im Naturkundeunterricht hatte man sie ihnen original im Film gezeigt. Doch diese Wolken jetzt waren monoton. Früher einmal, zu einer Zeit, als noch riesige Kontinente die Erdkugel bedeckten, sollte die vielfältig gestaltete Landkruste auch den Wolken eine unendliche Mannigfaltigkeit der Formen verliehen haben. Wenn da der ganze Himmel von so traumhaften Gebilden überflogen wurde – mit welchen Gefühlen mochten die Land-Menschen ihnen einst nachgeschaut haben?

Natürlich waren dem jungen Mann Land-Menschen an sich nicht unbekannt. Wenn man ins Museum in das Aerium ging, konnte man sie jederzeit ungehindert betrachten: auf den ersten Blick wie leblos erscheinende Tiere, die zwischen allerlei Hausrat, der angeblich noch echt der alte war, in halb gebückter Haltung über den Fußboden schurrten, belastet von der Kette der sogenannten Schwerkraft. Die unproportionierten Oberkörper entsetzlich aufgebläht, damit die als Lungen bezeichneten Luftflaschen Platz darin hätten. Völlig unfreie Lebewesen, die nur um ihre normale Haltung zu bewahren, seltsame Geräte benutzen mußten wie Stühle und dergleichen ... So fremd das alles, daß man es sich nicht im Traume vorstellen konnte. Auch im Kunstunterricht hatte man sie gelehrt, daß die einstige Land-Kunst im Vergleich zu der ihren außerordentlich gehemmt und grob gewesen wäre.

Musik zum Beispiel – korrekt als Schwingungskunst bezeichnet – war doch nun etwas, bei dem die gesamte Haut des Körpers umfangen wurde von Wasserschwingungen verschiedener Wellenlänge. Bei den Land-Menschen hingegen sollte sie sich allein aus Schwingungen der Atmosphäre zusammengesetzt haben. Und diese Luftschwingungen waren nur vernehmbar mit einem winzigen Spezialorgan, dem sogenannten Trommelfell. Mithin mußte jene Musik sehr variationsarm und monoton gewesen sein ... Wenn man sich die Land-Menschen im Museum besah, konnte man durchaus dies Gefühl haben. Aber allein damit war doch noch nicht vorstellbar, wie jene Musik wirklich gewesen. Hatte es sich vielleicht um eine Sonderwelt gehandelt, die aus Analogien überhaupt nicht zu erschließen war? Leichte, immer verwandelbare Luft ... Eine Welt, völlig irreal, voller phantastischer Träume ...

In den Geschichtsbüchern stand geschrieben, die Vorfahren der Unterwasser-Menschen hätten auf verwüsteter, von Bitternissen erfüllter Erde, verwundet schon, noch heldenhaft, bis zum letzten gekämpft. Auch nun im nachhinein betrachtet: sie hatten Pioniergeist besessen. Ungeachtet ihrer konservativen Grundhaltung hatten sie sogar über genügend Kühnheit verfügt, um das Skalpell an ihr eigenes Fleisch und Blut anzusetzen, sich selbst in Unterwasser-Menschen umzuformen. Für ihren Mut, mit dem sie, gleichviel aus welchen Motiven, diese vortreffliche Idee durchgeführt, mußte man ihnen Dank und Verehrung bezeigen.

Doch konnte man solchen Mut, solche Furchtlosigkeit an jenen Land-Menschen im Museum empfinden? Die Lehrer pflegten ihre Inferiorität als eine Degeneration auf Grund des Verlustes subjektiver Bindungen an die Gesellschaft zu erklären. Trotzdem, selbst wenn man das für wahrscheinlich halten mochte – man durfte doch wohl nicht einfach behaupten, auch in ihnen hätte nicht irgend etwas einem selber Unbegreifliches existiert. Geschweige denn, sie hätten nichts als Pioniergeist besessen . . .

Ganz so folgerichtig durchdachte der junge Mann das natürlich nicht; doch seit er umspült worden von jenem Wind, war er angezogen, bezaubert von der Welt der Vergangenheit, die sich jenseits der Mauer der Atmosphäre ereignet hatte. Die Wissenschaften über das Land-Zeitalter waren auf morphologischem Gebiet ein ziemliches Stück vorangekommen. Sogar in den Lehrbüchern der Grundschulen befaßten sich lange Seiten mit dem Land-Zeitalter. Aber was das Innere jenes Lebens betraf, so blieb eine von der Wahrnehmung allein nicht schließbare Lücke, und Analogien halfen da nichts. Man fürchtete zum Beispiel besonders die gefährlichen Auswirkungen der Land-Krankheit, bei der es sich zwar kurz gesagt um nichts anderes handelte als um eine Art erblichen Nervenleidens, das jedoch, vermutlich weil angesichts der kurzen Geschichte des Unterwasser-Zeitalters im gesellschaftlichen Verhalten manches noch im experimentellen Stadium steckengeblieben war, eine erhebliche ideologische Ansteckungskraft besaß; und so wurde die Forschung auf diesem Gebiet nicht eben gefördert. Tatsächlich dürfte die Versuchung, dieses Tabu zu verletzen, die Gefühle des jungen Mannes nur zusätzlich gesteigert haben.

Irgendwann war es ihm zur täglichen Beschäftigung geworden, gleich nach Arbeitsschluß heimlich bis weit hinaus zu fahren. Hinüber über unterseeische Weidefarmen, die sich auf dem Meeresboden ausbreiteten in einem vor den trüb schimmernden Wellen grünen Licht, als blickte man durch Scherben von Glas, vorbei an der von zahllosen Bojen gehaltenen Atmosphärologischen Station, durch den Schaum der wie Vulkane unablässig Luftblasen ausspeienden Fabriken steuerte er auf der Suche nach Spuren des Lebens jener Land-Menschen seinen Unterwasser-Scooter, solange es die Torschlußzeit seines Wohnheims nur erlauben wollte.

Doch in der so begrenzten Zeit schaffte er es längst nicht bis hin zu jenen Höhen, die mit ihren Gipfeln noch hinausragten über die Meeresoberfläche. In diesem ganzen Umkreis gab es bereits kein festes Land mehr.

Eines Tages vertrat er seinem Musiklehrer den Weg und fragte ihn entschlossen, ob denn jene Land-Musik wirklich eine Tonkunst gewesen war, die man nur mit dem Ohr habe hören können, oder ob sie nicht vielleicht doch so etwas wie ein Wind und also mit der Haut zu spüren gewesen wäre.

– Der Wind, weißt du, ist lediglich die Bewegung der Luft, aber keine Schwingung.

– Gibt es denn nicht den Ausdruck: Musik liegt in der Luft . . .?

– Das Wasser transportiert die Musik, aber das Wasser ist nicht die Musik . . . Der Luft über ihre Verwendbarkeit als industriellen Rohstoff hinaus Bedeutung beizumessen, zeigt den üblen Einfluß eines Mystizismus . . .

Aber der junge Mann hatte aus dem Wind tatsächlich mehr

vernommen als seine industrielle Verwendbarkeit. Auch ein Lehrer konnte sich irren. Und der junge Mann beschloß, sich noch einmal selbst davon zu überzeugen, ob der Wind Musik wäre oder nicht.

Kurz darauf gab es drei Feiertage hintereinander. Er nutzte diese Ferien, um mit Freunden ein Vergnügungsboot zu besteigen, das zu einer Ruinenrundfahrt auslief. Dieses Superschnellboot brachte sie in kaum einem halben Tag in ein riesiges Ruinenfeld der Land-Menschen, das früher einmal »Tōkyō« geheißen hatte. Es gab dort gut eingerichtete Camping-Plätze, Verkaufsbuden mit wunderlichen Andenkenartikeln, ferner den weltberühmten Zoo für Land-Tiere – wirklich ein interessantes Ausflugsziel. Besonders die labyrinthischen Passagen und Winkel der nicht geheuren Ruinen aus mehreren übereinandergestapelten kleinen Kästen zu erkunden, indem man die jungen Fische vor sich herjagte, machte ein Vergnügen, das erfüllt war von Spannung, ja sogar von einer leichten Erregtheit. Und wenn man von oben auf die Stadt hinunterblickte, waren da die sogenannten Straßen, seltsame Dinge, die sich ausbreiteten wie die Maschen eines Netzes. Man konnte sie wohl auch als nicht überdachte Tunnel zum Spazierengehen bezeichnen. Da der Land-Mensch, unfähig, sich von der Erdoberfläche zu lösen, nur die Horizontale hatte benutzen können, waren solche Einrichtungen zweifellos nötig gewesen. Was für eine sinnlose Raumverschwendung! ... Auf den ersten Blick mochte es ganz spaßig aussehen, aber beim genaueren Überlegen war das doch eine außerordentlich beklemmende Szenerie. Spuren des Kampfes, den die Vorfahren gegen diese Mauer Erdoberfläche geführt hatten ... Bestrebungen und Maßnahmen, um den Körper wenigstens etwas von der Schwerkraft zu erleichtern ... Damals wäre ja selbst ein mit Luft gefülltes Plastikkästchen von oben nach unten gefallen ... Balgerei um die Bodenparzellen ... und dazwischen Menschen, die, indem sie sich mit den beiden dünnen Beinen vom Boden abstießen, ihren Körper voranbewegten ... Trockenheit ... Wind ... Wasser als sogenannter Regen in Tropfen abwärts fallend ... der leere Raum ...

Aber der junge Mann hatte nicht genug Zeit, sich für solche Seltsamkeiten zu begeistern. Bewunderung und Neugier seinen naiven Freunden überlassend, schwamm er, wie es sein Plan gewesen, heimlich und allein weiter landeinwärts. Wenn er einen ganzen Tag in nordwestlicher Richtung schwämme, müßte er dort jene Reste festen Landes erreichen, von denen er in der Geographiestunde gehört hatte. Allmählich begann sich die Sonne zu neigen: Zeit, in der an jedem Tag die Wellen am schönsten gleißten; aber der Ausblick ringsum tauchte, je weiter es voranging, immer tiefer in ein monotones Dunkel. In dieser Gegend, die erst neuerdings zum Meer hinzugekommen war, schien in allem noch der Schatten des Todes zu lauern.

Als er sich einmal umwandte, erschienen ihm die illuminierten Teleskopbojen über der Ruine »Tōkyō« wie ein schwimmender Leuchtfisch. Plötzlich erschrocken, überlegte er, ob er nicht umkehren sollte, doch bezwang er das Gefühl, und seine Beine trieben ihn weiter in die entgegengesetzte Richtung.

Der junge Mann schwamm und schwamm. Immer heftiger das Auf und Ab, die unsichtbaren Klippen, die tiefen Schluchten ... wie Dornen aufragende Skelette von Landtieren ... und dann weiße Flecken, zusammengeklumpt auf der Spitze einer Anhöhe ... Knochen vermutlich von Tieren, die sich auf der Flucht vor dem herandringenden Meer hier zusammengekrochen hatten und verendet waren ...

Der junge Mann schwamm die ganze Nacht hindurch. Dreimal unterwegs rastete er und stärkte sich mit süßem Gelee, den er mitgenommen, und mit Fischen, die er sich fing. Da er jedoch sonst ohne seinen Scooter nie mehr als fünfzehn Minuten geschwommen war, spürte er jetzt seine Arme und Beine kaum noch – so erschöpft war er. Trotzdem schwamm er weiter, und um die Zeit, als endlich der Morgen zu dämmern begann, stieg das Land herauf und durchschnitt den Meeresspiegel, hatte er den festen Boden, der sein Ziel gewesen, erreicht. Freilich, eine kleine Insel von kaum einem halben Kilometer Umfang, die mit Mühe ihre Spitze über das Meer erhob...

Der junge Mann nahm seine letzten Kräfte zusammen und kroch hinauf. Er hatte sich vorgestellt, er würde aufrecht auf der Erdoberfläche stehen, um sich der Musik des Windes zu vergewissern; tatsächlich aber, nachdem er hinaufgekrochen, fühlte er sich wie ein Bleilot: als hätte sein Körper eine Schwere wie die ganze Last der Welt mit einem Zuge in sich hineingesogen, klebte so fest auf der Erde und vermochte sich nicht zu rühren. Das einzige, was er zuwege brachte, war, daß er einen Finger hob. Und dann das Atmen: es fiel ihm schwer wie in jenen Augenblicken, wenn beim Ringkampf ein regelwidriger Schlag seine Kiemen getroffen hatte. Irgendwie schien auch in der Luft Sauerstoff zu sein; eine Tatsache, der er jedoch keinen großen Wert beimaß...

Immerhin, es wehte der heißersehnte Wind. Vor allem wusch der Wind ihm die Augen, und wie in Antwort darauf begannen sie von irgend etwas feucht zu werden, das von innen heraufdrang. Er war zufrieden. Vielleicht, dachte er, sind das die Tränen, ist das die Land-Krankheit... Und ihm war nicht mehr nach bewegen zumute.

Bald darauf stand sein Atem still.

Danach, einige Dutzend Tage und Nächte waren gekommen und gegangen, fraß das Meer auch diese kleine Insel. Der tote junge Mann wurde aufgehoben von den Wellen und irgendwohin davongespült...

1959

Deutsch von Siegfried Schaarschmidt

KŌNO TAEKO
DER EISENFISCH

Wir beide waren offenbar die letzten, die das obere Stockwerk verließen. Als wir die große Treppe hinabgingen – wir verweilten dabei kurz bei den Ausstellungsstücken an der Wand und auf dem Treppenabsatz –, kam die Museumswärterin von oben gleich hinter uns her.

Auch unten waren kaum noch Besucher. Eine Angestellte hob das Schild beim Eingang hoch und trug es herein.

»Machen Sie schon zu?« fragte jemand, der gerade hereingekommen war.

»Wir schließen um vier«, erwiderte die Museumsangestellte. Noch war es nicht soweit, wovon man sich mit einem Blick auf die runde Uhr an der hohen Wand überzeugen konnte. Außerdem traten vereinzelt neue Besucher, die die Öffnungszeiten offenbar nicht kannten, herein, so daß die Eingangshalle sich nie ganz leerte.

Bald darauf kamen die beiden Museumsangestellten, die sich schon zum Weggehen umgezogen hatten, um die große Eingangstür zu schließen. Sie schlossen jedoch nur einen Türflügel und gingen gleich anschließend fort.

»Was? Die machen schon zu?« hörte man wieder eine Stimme von draußen. Doch nun zogen sich langsam auch aus der vom Türflügel abgedunkelten Eingangshalle die Besucher zurück. Auch wir wandten uns dem Ausgang zu. In diesem Augenblick sagte sie:

»Entschuldigen Sie mich bitte kurz.«

»Ich halte das solange für Sie.«

Wie es unter Frauen in solchen Situationen üblich ist, wollte ich ihr überflüssiges Gepäck abnehmen. Aber sie zögerte ein wenig, dann schaute sie auf den Schirm in ihrer Hand.

»Ach ja, es regnet ja gar nicht mehr«, murmelte sie und

übergab mir den Schirm. »Gehen Sie doch bitte voraus. Ich komme gleich nach«, forderte sie mich auf und ging zurück in die Richtung, aus der wir gekommen waren.

Ich ging hinaus, ohne mich nach ihr umzusehen. Mir war, als hätte ich den wahren Grund verstanden, weshalb sie umkehren wollte. Es war unnötig gewesen, ihr anzubieten, ihren Schirm abzunehmen. Schon daß wir uns bis unmittelbar vor Ende der Öffnungszeit hier aufgehalten hatten, lag ja daran, daß sie keinerlei Anstalten machte zu gehen, und ich spürte, daß es damit eine besondere Bewandtnis hatte. Besonders die Eingangshalle im Erdgeschoß mußte es ihr angetan haben. Allem Anschein nach wollte sie noch einmal ohne mich in dieser Halle ihren Gefühlen ungehemmt freien Lauf lassen.

Als wir dort angekommen waren, hatte der Regen fast aufgehört; nun war der Himmel klar, und eine herbstlich milde Abendsonne fiel durch die Bäume.

Ich stieg die Stufen zur Wagenauffahrt hinab, und, immer noch bemüht, mich nicht nach ihr umzuwenden, setzte ich auf dem kiesbedeckten Boden langsam Fuß vor Fuß. Die schmale Grünanlage hatte ich dennoch schnell durchschritten. Sie mündete in einen Spazierweg, den ich einschlug; dort blieb ich stehen. Ein pfeilförmiges Schild wies auf das Gebäude, das ich soeben verlassen hatte. Während ich auf sie wartete, hängte ich einen Schirm über den Wegweiser und faltete beide nacheinander fein säuberlich zusammen.

Der Boden zu meinen Füßen war mit Herbstlaub dicht bedeckt. Mit den Schirmen stocherte ich in den Blättern herum. Dabei fiel mir ein, daß es in jenem Gebäude unter den rauhen, grausamen Ausstellungsstücken, welche die Männer hinterlassen hatten, auch einige gepreßte Blüten und Blätter gab, die auf den ersten Blick ganz deplaziert gewirkt hatten. Sie waren mit dem Zeichenpapier, auf das sie geklebt waren, verblaßt. In demselben Schaukasten hingen auch mehrere Fotografien von jungen Frauen, die wie Mädchen aussahen.

Sie alle waren einen seltsamen Tod gestorben; eine von ihnen hatte die Blüten und Blätter gepreßt. Der Eindruck der Unbeholfenheit, den der wahllos an Stengeln und Blattspitzen angeheftete Pflanzenschmuck hinterließ, legte beredtes Zeugnis ab von der mühevollen Fingerarbeit des Mädchens, das sich jeden Klebestreifen selbst zurechtschneiden mußte zu einer Zeit, als es noch kein Zellophanklebeband gab. Unter das Laub hatten sich einige leuchtendrote Blätter gemischt, die der Wind aus einiger Entfernung herangetragen haben mußte. Als ich ein junges Mädchen war, legte ich solche schönen Blätter zwischen Buchseiten. Auch ich schnitt mir den Streifen zum Befestigen von gepreßten Blüten und Blättern mit der Schere zurecht. Mein Blütenschmuck ging in dem großen Brand unter, den ein seltsamer ferngesteuerter Mechanismus entzündet hatte. Doch da ich zu einer etwas anderen Zeit und in anderer Umgebung als die Mädchen geboren worden war, entging ich dem seltsamen Tod. Seltsam war ihr Tod, weil er durch Fernsteuerung bewirkt worden war, und eben diese Ferne war wohl das eigentlich Seltsame.

Ich hörte Schritte und wandte mich um. Doch es war nur eine alte Frau in Arbeitskleidung, die vorbeiging. Nun erst ging ich wieder ein Stück zurück und betrachtete die Vorderfront des Gebäudes. Der andere Flügel der Eingangstür war ebenfalls geschlossen, und die beiden dicken runden Metallgriffe hingen nebeneinander. Dennoch war ich nicht wirklich besorgt. Ich stellte mir vor, sie würde jederzeit hinter irgendeinem Baum oder dem Sockel einer Statue hervortreten, dabei mit einem verlegenen Lächeln ihr Taschentuch verstauend, mit dem sie sich gerade ihre Tränen abgewischt hatte. Ich schaute also im Gehen um mich. Dann ging ich seitlich am Gebäude entlang, wo ich eine schmalere Eisentür entdeckte, doch sie war verschlossen. Der Widerstand, den der unbewegliche Türknauf meiner Hand entgegensetzte, jagte mir eine beunruhigende Vorahnung ein: So mußte auch die große Flügeltür an der Vorderfront verschlossen sein!

Die beiden großen runden Türgriffe an den Flügeln des Haupteingangs waren, wie sich herausstellte, nur Dekoration. Es gab daneben noch einen anderen Türgriff mit zwei untereinander angeordneten Schlüssellöchern. Ich versuchte, ihn zu drehen, und ging dann zur anderen Seite des Gebäudes, als wollte ich mich vergewissern, daß sie auch dort nicht sei, um wieder zurückzukommen und den Griff mit mehr Gewalt zu bewegen.

»Die schließen wirklich früh. Wir haben auch gedacht, es wäre noch offen ...«

Ich drehte mich um und ließ die Hand sinken. Auf den Stufen stand ein ältliches Paar. Meinem Verhalten nach schien ich ihre Enttäuschung zu teilen; ich versuchte, unbefangen dazustehen.

»Ja, ich finde auch, so früh ...«

Während ich wartete, daß sich die beiden entfernten, tat ich, als sähe ich das Gebäude an. Dann trat ich wieder vor die Tür, immer auf der Hut, daß niemand mehr käme. Doch der Griff ließ sich nicht drehen, und ich ballte die Hand zur Faust und schlug damit gegen die schwere Eisentür. Dann wieder zog ich an dem Griff, während ich mich gegen den anderen Flügel der Tür stemmte, um vielleicht einen kleinen Spalt zu schaffen, durch den ich würde rufen können. Dabei bemerkte ich schließlich, daß das untere Schlüsselloch eine altmodisch großdimensionierte, pilzförmige Öffnung war.

Hastig schrieb ich ihren und meinen Namen auf eine Seite meines Taschenkalenders, riß sie ab, rollte sie auf und steckte sie in das Schlüsselloch. Dann stieß ich sie mit einem Streichholz hinein, so daß sie drinnen hinuntergefallen sein mußte, doch dabei ging mir auf, daß ich keine Möglichkeit hatte festzustellen, ob sie das Papier aufnahm oder nicht. Ich beschrieb noch ein Blatt und steckte es diesmal so hinein, daß es noch ein wenig aus dem Schlüsselloch herausstand.

Ich war sicher, daß das weiße Papier im Loch verschwinden würde, aber als ich es dann mit eigenen Augen sah, war mir, als sei dies das denkbar Ungewöhnlichste, das nur geschehen konnte. Ich bückte mich und legte das Auge an das Schlüsselloch. Drinnen war es dunkel. Plötzlich drang eine Stimme heraus, als spräche sie zu meinem Auge.

»Es ist alles in Ordnung. Machen Sie sich keine Sorgen ... Bitte gehen Sie.«

»Ich soll gehen?«

»Ja bitte, gehen Sie nach Hause.«

»Und was dann?«

Es kam keine Antwort mehr; ich trommelte gegen den Spalt zwischen den Türflügeln.

»Bitte lassen Sie mich. Tun Sie, als wüßten Sie nichts. Sonst werde ich Ihnen nie verzeihen ...«

Anfangs war ich verwirrt gewesen, weil ich dachte, ihr sei etwas zugestoßen. Doch nun kam ich nicht mehr umhin, etwas Kriminelles in ihrem Verhalten zu vermuten, und dies erschreckte mich noch mehr.

»Warum tun Sie so etwas?«

Ich sprach lauter, wußte aber selbst nicht, ob ich mich nun um sie sorgte oder nur neugierig war auf den Zweck ihrer verbotenen Handlung.

»Sie werden es schon noch verstehen.«

»Was soll das heißen?«

»Bei Gelegenheit werde ich es erklären. Aber zwingen Sie mich nicht, Ihnen zu zürnen ... Bitte verzeihen Sie mir.«

Mir schauderte. Zu sagen, sie werde es mir bei Gelegenheit erklären, klang, als werde es eine Gelegenheit dazu nie mehr geben. Ihre Worte hallten in meinen Ohren wider wie der letzte Gongschlag eines heiligen Mönchs, der auf seinen Wunsch lebendig begraben wird. Und als ich dann wußte, daß sie mir nicht mehr antworten würde, fühlte ich einen Schwindel; vor meinen Augen wirbelten nackte Schwerter aus den Vitrinen in jenem Gebäude, bräunlich verfärbte runde Blutflecke auf den Stoffen und die Schriftzeichen aus den zahllosen Abschiedsbriefen wild durcheinander.

Es dämmerte zusehends – eine Beobachtung, ich muß es gestehen, die wohl vor allem im eigenen Interesse erfolgte. Ich starrte auf die verschlossene Tür und dachte an das öffentliche Telefon, das ich drinnen gesehen hatte, überzeugt davon, daß es außerdem noch eine weitere Amtsleitung in dem Gebäude geben müsse.

Auf dem Wege hierher hatte sie heute jemanden angerufen und dazu ihr Adressenheft herausgeholt; das müßte sie auch jetzt bei sich haben, und da sie sich gestern vom Bahnhof aus bei mir gemeldet hatte, stand sicher auch meine Nummer darin. Sollte sie sich in Bedrängnis – oder auch nur in einem Anflug von Schwäche – ans Telefon klammern, so mußte ich unbedingt zu Hause für sie erreichbar sein. – Entschlossen wandte ich der Tür den Rücken zu.

Die ganze Nacht hindurch verfolgten mich drei Bilder: Ich sah sie als heiligen Mönch, der sich zum Sterben zurückzieht, als Verbrecher und auch, was nicht auszuschließen war, als Opfer eines Mißgeschicks. Ich stellte mir die Nacht vor den großen, furchterregenden Türflügeln vor und wußte doch, ich war nicht dort. Die Spannung der Mönche vom Dōjō-Tempel aus jener berühmten Legende, die die Glocke mit ihren Gebeten wieder in die Höhe zu heben versuchten, die ein weiblicher Dämon herabgezogen hatte, sie übertrug sich auf meinen Magen, daß er zu schmerzen begann. Nein, versuchte ich mir klarzumachen, sie war ja nicht dort eingedrungen, sondern nur in dem Gebäude zurückgeblieben, und wenn sie nichts weiter tat, so war dies doch wohl keine kriminelle Handlung. Sollte sie aber eines der Ausstellungsstücke stehlen, da sie meinte, es zu brauchen, so würde es mir nichts ausmachen, der Komplizenschaft beschuldigt zu werden; ich wollte sie umgehend wissen lassen, daß ich sie nicht verraten würde. Doch indem mir dies alles durch den Kopf ging, sah ich ein, daß ich Schlaf brauchte, um mich zu stärken, denn morgen, nein, von morgen an würde ich gewiß für eine ganze Weile sehr beansprucht werden. Unruhig warf ich mich in meinem Bett von einer Seite auf die andere.

Das alles geschah vor vier Jahren. Wie erging es ihr in dieser Nacht? Nach dem, was sie mir seinerzeit eröffnete, stelle ich es mir wie folgt vor:

Irgendwann, irgendwo hatte sich ihr erster Mann von einigen Kameraden zum letztenmal verabschiedet, war in den Leib des Eisenfisches gestiegen und unter den Blicken der Zurückbleibenden im Meer verschwunden. Sie hatte nichts davon geahnt. Der Eisenfisch hatte sich gegen den unter Wasser befindlichen Rumpf eines Riesenfisches geschleudert, dessen oberer Teil am fernen Horizont wie eine eiserne Insel emporragte. Sein Körper wurde zusammen mit dem Eisenfisch zerfetzt. Sein Fleisch, das, in viele Stücke zerrissen, auf den Meeresboden sank, mochte wohl echte Fische angelockt haben.

Er war also auch einen ziemlich seltsamen Tod gestorben und wurde daher, obgleich es noch gewisse Gradunterschiede der Seltsamkeit gab, mit zahllosen Männern und einigen Frauen, wie sie gehört hatte, als Gottheit verehrt.

Sie hatte den Ort, wo man ihren Mann angeblich als Gottheit verehrte, noch nie besucht. Sie war noch nicht einmal ein Jahr verheiratet gewesen, als sie sich von ihm verabschieden mußte. Danach kehrte er nur zweimal heim. Beide Male sagte er nicht, woher er kam, blieb nur eine Nacht und ging wieder, ohne zu sagen, wohin. Hundertzweiundsechzig Tage nach seinem zweiten Besuch erfuhr sie, daß ihr Mann nicht mehr lebte. Als sie nachzählte, stellte sie fest, daß sie hunderteinundzwanzig oder hundertzweiundzwanzig Tage verbracht hatte, ohne es zu ahnen. Ihre Ehe dauerte also selbst auf dem Papier nicht einmal zwei Jahre.

Auch nachdem ihr bestätigt worden war, daß ihr Mann unter denjenigen war, die man als Gottheit verehrte, unternahm sie es nicht etwa sogleich, den Ort aufzusuchen. Was sie davon abhielt, war weniger der Zweifel am Sinn einer solchen Verehrung als vielmehr die Abneigung gegenüber einem solchen Ort, den sie sich nur düster vorzustellen vermochte. Auf Bemerkungen wie: weshalb sie nicht ginge, ob sie denn nicht gehen wolle, oder, noch direkter, sie solle doch gehen, antwortete sie nur, das habe sie durchaus einmal vor, doch insgeheim empfand sie etwas ganz anderes. Es war nichts als ein Gefühl, das sich schwerlich in Worte fassen ließ, doch müßte sie es benennen, so käme sie nicht umhin, sich eines Ausdrucks zu bedienen, den sie noch nie im Leben gebraucht hatte: »Das kümmert mich einen Dreck!«

Wenn sie sich dies Gefühl nun eingestand, erkannte sie, daß die Düsterkeit wohl nur zum Teil für ihren Widerwillen gegen diesen Ort verantwortlich war. Der Hauptgrund war, daß die Zeit dafür noch nicht reif sei. Sie wollte ihren toten Mann ganz für sich haben, ihn persönlich empfinden. Doch gelang ihr dies noch nicht. Schuld daran war sicher auch die öffentliche Reaktion, aber selbst Jahre nachdem diese nahezu verebbt war, vermochte sie immer noch nicht, ihn ganz persönlich zu empfinden.

Mit der Zeit war es ihr schließlich doch gelungen, sich ihren toten Mann wieder ganz zu eigen zu machen, doch nun kam ihr jener Ort nur um so düsterer vor. Hatte sie zuvor keine Lust verspürt, ihn aufzusuchen, so dachte sie jetzt, es lohne sich nicht. Sie wußte, sie würde in Zukunft mit diesem Ort nur gesteigerte Düsterkeit verbinden, und irgendwann einmal würde sie sich vergewissern wollen, daß ihre Ahnung zutraf.

Was bei all diesen Gedanken jedoch mitschwang, war die Vorstellung, daß sie diesen Ort, wenn sie ihn aufsuchte, nie wirklich für sich allein haben würde. Und hätte sie ihn je für sich allein haben und frei über ihn verfügen können, so wäre dennoch etwas zurückgeblieben, das sich dadurch nicht hätte lösen lassen.

Unterdessen heiratete sie ein zweites Mal. Sieben Jahre waren seit dem Tode ihres ersten Mannes vergangen, doch ihr kam es gar nicht so lang vor. Sie war erst siebenundzwanzig, das stand fest. Nicht nur ihre erste Ehe und der Tod ihres Mannes, sondern auch die Zeit danach und ihre zweite Ehe schienen schnell aufeinander gefolgt zu sein. Nach ihrer Wiederheirat begann sie, ihren verstorbenen Ehemann auch vor sich selbst ihren »ersten Mann« zu nennen.

Daß sie in den langen Jahren, die seither vergangen waren, nie den Ort besucht hatte, an dem ihr erster Mann verehrt wurde, geschah nicht nur aus Rücksicht gegenüber ihrem zweiten Mann. Die Vorstellung, sie werde sich ohnehin einmal der Düsterkeit, die sie mit diesem Ort assoziierte, vergewissern, hatte ihr eine Art Gewißheit verliehen, die ebenso dazu beigetragen hatte – die Gewißheit, weder aus Rücksicht auf den zweiten Mann den ersten zu vernachlässigen noch aus Rücksicht auf den ersten Mann den zweiten zu vernachlässigen. Und diese Gewißheit erschien um so natürlicher, als sie nach ihrer Wiederheirat in eine Gegend gezogen war, die weit entfernt lag von jenem Ort. Ihr plötzlicher, während einer Reise gefaßter Entschluß, den Ort aufzusuchen, an dem ihr erster Mann verehrt wurde, und mich als Begleitung mitzunehmen, entstand ein Vierteljahrhundert nach seinem letzten Abschied.

Es war ein Herbsttag, an dem es leider regnete. Dennoch war sie überrascht, wie licht und klar sich der Ort darbot, den sie sich immer so düster vorgestellt hatte.

Es gab dort breite Kieswege, eine von riesigen Bäumen gesäumte Allee, parkähnliche Flächen und einen kiesgedeckten Platz, den hier und da junge Bäume zierten. Das weitläufige Gelände war bis in den letzten Winkel in allen Dimensionen von einer lichten Klarheit durchflutet, die selbst der Regen und die plötzlich fallenden Blätter nur noch betonten.

»Wie gut!« sagte sie zu sich selbst. Wenn es so düster gewesen wäre, wie sie es sich immer vorgestellt hatte, so hätte sie nun womöglich ein schlechtes Gewissen gegenüber ihrem ersten Mann, weil sie nicht schon längst hiergewesen, und gegenüber ihrem zweiten Mann, weil sie nun doch hierher gekommen war. Und vielleicht hätte sie ihr Kommen sogar bereut. Aber es war alles anders. Sie war frei in ihren Gedanken.

Die Stelle, wo ihr erster Mann zusammen mit zahllosen Männern und einigen Frauen als Gottheit verehrt wurde, war ein Gebäude aus Naturstein, gigantischen Holzstämmen und Metall. Gewiß gab es noch viele andere Orte, wo sich ihr erster Mann gern aufhalten würde. Ob er diesen Ort zu Lebzeiten überhaupt gesehen hatte? Aber als er in den Rumpf des Eisenfisches einstieg, mußte er gewußt haben, daß man ihn nach seinem Tod hier verehren würde. Einen Ort, so licht und klar wie diesen, würde er nicht gänzlich verschmähen; dann und wann würde sein Geist gewiß hier auftauchen. Wenn vielleicht auch nicht gerade heute . . .

Die Ornamente an dem Gebäude waren dem Ort durchweg angemessen. An den Zweigen der Bäume hingen Holztäfelchen mit Formeln zur Heimrufung der Totengeister. Gewiß würde er manchmal auch kommen, ohne gerufen worden zu sein. Auf einem Täfelchen an einem anderen Baum stand »Ruhe in Frieden«. So viele Menschen, die er kannte, mich eingeschlossen, leben noch, dachte sie und bezweifelte, ob er so bald friedlich würde ruhen wollen.

Auf dem weitläufigen Gelände befand sich eine Anzahl Nebengebäude, und in eines davon hatte sie sich eingeschlossen.

Nachdem sie das Gespräch durch die Eisentür, hinter der sie sich selbst eingeschlossen hatte, abgebrochen und die Versuche, sie von außen anzurufen, zum Verstummen gebracht hatte, ging sie als erstes zum Eisenfisch und legte beide Hände auf seine Haut. Sie war, in welche Richtung man auch strich, rostig und rauh, so als streichelte man von hinten über die Schuppen. Dann kletterte sie unter der hölzernen Absperrung hindurch, um ihm noch näher zu kommen, legte ihren Körper an den Eisenfisch und umarmte ihn. Doch sie konnte ihn nicht ganz umspannen, so daß es eher wie ein Sich-Anklammern wirkte. Dies war ihr Recht und ihre Pflicht, empfand sie mit dem ganzen Körper.

Es hatte mehr als hundert Eisenfische gegeben, die einer nach dem anderen im Wasser verschwunden und allesamt zerfetzt auf dem Meeresboden hinabgesunken waren. Nur einen von ihnen, welcher es war, wußte man nicht, fand man später auf dem Meeresboden mit teilweise erhaltenem Rumpf; er wurde hochgezogen, hierher gebracht und aufgestellt.

Als sie diesen langen Rumpf, den man in der Mitte der Eingangshalle in Richtung der Eisentür aufgebaut hatte, zum erstenmal sah, wußte sie nicht, was es war. Sie las die Erläuterung auf dem Schild und sagte dann: »Ach, damit ging er.« Als sie bemerkte, daß sich auf Höhe der Mitte eine runde Öffnung befand, deren Deckel fehlte, ging sie näher, streckte die Hand aus und sagte: »Hier ist er sicher eingestiegen.« Dann trat sie wieder zurück, um die Angaben auf dem Schild zu lesen, und murmelte überrascht: »Immerhin, vierzehn Meter lang.« Doch daß der Durchmesser nur einen Meter betrug – und der Rumpf vor ihren Augen war tatsächlich nicht breiter –, und wie erstickend eng es darin für ihren ersten Mann gewesen sein mußte, der sich darin eingeschlossen hatte, um nie wieder daraus hervorzukommen, dazu sagte sie nichts. Der Rumpf war durchschnitten worden, und das Licht aus der Richtung der offenstehenden Eingangstür fiel in den vorderen Teil der engen Höhlung; dahinter war es dunkel, und sie ahnte die entsetzliche Bedrängnis des darin Eingeschlossen-Seins.

Dann vergaß sie dies alles für eine Weile, doch nicht etwa deshalb, weil sie im Weitergehen unter den Ausstellungsstücken im Obergeschoß etwas gesehen hätte, das sie ähnlich berührte. Bei ihrer Wiederheirat hatte sie alles, was ihr erster

Mann hinterlassen hatte, einigen Leuten, denen es zustehen mochte, übergeben. Sie selbst hatte, außer einigen Fotos, lediglich ein Rangabzeichen behalten, wovon sie nur noch wußte, daß sie es ganz unten in ihrer samtenen Schmuckschatulle aufbewahrte. Ihr erschienen die hier gezeigten Stücke kaum bedeutungsvoll genug, um sie eigens auszustellen.

Als ihre Begleiterin in einem der Schaukästen einen Abschiedsbrief las, der mit den Worten endete: »Ich bin frei von Schulden, frei von Frauen, frei von Schuld«, trat sie unwillkürlich zurück und wandte sich, wohl als Geste des Taktes gedacht, ab, um sich heimlich die Tränen abzuwischen. Als sie dies sah, ging ihr durch den Kopf, daß Menschen, die diese Zeit miterlebt, aber nicht wirklich erlebt hatten, wohl eher überempfindlich reagierten. Der Eifer der Begleiterin zwang sie, sich die Ausstellung gründlich anzusehen.

Dann aber, als sie wieder ins Erdgeschoß zurückgekehrt war und vor dem runden Rumpf des Eisenfisches stand, dachte sie wieder an die erstickende Enge in seinem Innern. Diese Empfindung steigerte sich noch, als ein Flügel der Eingangstür geschlossen und die Halle dadurch dunkler wurde. Aber als sie ihre Begleiterin vorausschickte, hatte sie wirklich vor, gleich nachzukommen, wie sie es gesagt hatte. Sie wollte nur kurz im Halbdunkel in den Rumpf hineinschlüpfen. Dazu mußte sie den Moment abpassen, wo sich niemand gleichzeitig in der Eingangshalle aufhielt, während der andere Türflügel aber noch nicht geschlossen war. Sie wollte für sich erleben, wie es sich anfühlte, im Innern dieses Rumpfes zu sein. Doch bevor sich diese Gelegenheit ergab, war es zwei Minuten vor vier. In Kürze würde die Tür geschlossen werden. Ihr war dabei, als würde ihr erster Mann in dem engen Rumpf eingeschlossen. Wenn sie wollte, könnte sie dasselbe tun und sich auch einschließen. War es nicht schon fast geschafft? dachte sie mit pochendem Herzen.

Sie stand immer noch im Halbdunkel der Eingangshalle, als der letzte Besucher hinausging. Die Treppe, die nach oben führte, war vorhin von den zwei Wärterinnen, die schon gegangen waren, mit einer Metallsperre abgeriegelt worden. Während sie darauf gewartet hatte, daß die Halle sich leerte, hatte sie sich wie einer der zu spät gekommenen Museumsbesucher verhalten, die wenigstens noch einen Blick auf ein paar Ausstellungsstücke an der Wand zu werfen versuchten. Langsam bewegte sie sich daran entlang und überprüfte dabei mit einem Griff an die Türknöpfe, daß auch die beiden anderen Räume schon verschlossen waren. Die Rückseite der Eingangshalle bestand ganz aus Glastüren, dahinter lag ein Vortragsraum mit Holztischen und Klappstühlen. Das Licht, das aus einem daran angrenzenden kleinen Zimmer fiel, ging um Punkt vier Uhr aus. Als sie eine alte Frau in Arbeitskleidung sah, die das Zimmer abschloß, verbarg sie sich.

Die alte Frau schloß die große Flügeltür; sie hörte, wie sich der Schlüssel im Schloß drehte. Nun war sie wirklich eingesperrt. Drinnen war es noch nicht ganz dunkel. Die Decke über dem Versammlungsraum war aus Glas, und von dem spärlichen Licht, das noch hineinfiel, drang ein schwacher Schein durch die Scheiben der Türen. Offenbar gab es auch beim Treppenabsatz noch ein Fenster, denn aus der Richtung der Metallsperre kam ebenfalls noch ein wenig Helligkeit.

Der Eisenfisch schien nun tief im Wasser zu sein. Das schwarze Licht, so merkte sie, kam ja vom Meeresboden her.

Ein Teil des Rumpfes ruhte auf kleingestampften weißen Steinchen innerhalb einer rechteckigen Holzabsperrung mitten in der Eingangshalle. Das Licht vom Meeresboden war der Widerschein der weißen Steinchen, die im Dunkel schimmerten. Die Dunkelheit verdichtete sich, doch es blieb gerade so viel Licht im Raum, daß man noch die Richtung ahnen konnte, aus der es kam. Sie strich mit der Hand über die harte, feinkörnige Weiße des Meeresbodens, griff hinein und nahm ihn mit beiden Händen auf. Tagsüber hatte ein Kind hier genau dasselbe getan. Nun war sie überzeugt, daß das auf den Meeresboden herabgesunkene Fleisch ihres ersten Mannes nicht von den Fischen aufgenommen und Teil dieser Fische geworden war; er war mit diesen kleinen Steinchen zersplittert und zerstampft worden.

Er war jung, aber dennoch schwierig gewesen. Vielleicht lag es auch daran, daß sie selbst ebenfalls sehr jung gewesen war. Schwierig war er, weil er unreif und ungeschickt war, doch sie war noch unreifer und ungeschickter gewesen, und es war ihr nicht einmal in den Sinn gekommen, die gespannte Atmosphäre aufzulockern.

»Wir müssen uns beeilen« – das war die einzige Redensart von ihm, an die sie sich noch erinnern konnte. Gewiß hatte sie auch mit der Zeitstimmung in jenen Tagen zu tun, aber vielleicht schwang darin auch sein Wunsch mit, sie möchten bald noch offener und freier miteinander umgehen können. Manchmal hatte er damit wohl auch sagen wollen, sie seien zwar noch sehr jung, doch nicht mehr allein und müßten sich bemühen, sich so zu verhalten, daß man sie als Erwachsene behandelte. Er hatte diese Redensart sogar im Bett gebraucht. Doch das Komische daran ging ihr erst viel später auf. Damals hatte sie bestimmt mit einem Gesicht am Bettrand gesessen, als würden ihr Verhaltensmaßregeln gepredigt. – Ach ja, es gab noch eine zweite Redensart, an die sie sich nun erinnerte: »Ich wünsche, daß du ...«, zum Beispiel: »Ich wünsche, daß du das vorher mit mir besprichst« oder »Ich wünsche, daß du das nicht tust« oder »Ich wünsche, daß du mir sagst, wenn du einen Film sehen willst.« – Anscheinend dachte er unaufhörlich, sie müßten sich beeilen.

»Du, was hätte ich für dich tun sollen?« sagte sie und schlug sich, gleichzeitig von Lachen und Schluchzen gepackt, die Hand vor den Mund. – »Im Ernst, was soll ich für dich tun?« sagte sie und vermochte die in ihr hochsteigende Zärtlichkeit kaum zu bändigen. »Ich wünsche, daß du nichts Unnötiges redest«, würde er wohl geantwortet haben.

Mit ausgestreckten Armen fuhr sie die untere Höhlung im

Innern des Rumpfes nach und kletterte in gebückter Haltung hinein. Sie tastete die seitliche Rundung ab und versuchte ihren Körper langsam aufzurichten, stieß jedoch sofort oben an. Ihr Mann, der größer gewesen war als sie, hatte sich noch weiter bücken müssen, dachte sie und krümmte sich tiefer. Sie kroch noch ein wenig weiter hinein, wobei ihr wieder einfiel, daß im Innern in regelmäßigen Abständen Metallringe von drei, vier Zentimetern Durchmesser angebracht waren, an denen ein gebogenes Brett befestigt sein mußte. Sie mußte sich also noch weiter hinunterzwängen. Einige Zeit verharrte sie in dieser Stellung.

Dann kauerte sie sich hin und streichelte den Boden des Rumpfes zu ihren Füßen. »Was wünschtest du denn damals, was sollte ich für dich tun?« Ihre Hände berührten Teile feinen, harten, spitzigen Fleisches. Wieder erinnerte sie sich, daß ein Kind dies vor ihr auch getan hatte.

Hatte er sich nicht gewünscht, noch einmal das Sonnenlicht zu sehen, den Duft des Windes einzuatmen und die Arme gegen den Himmel auszustrecken? Aber er würde ihr nicht antworten. Nichts hatte sich geändert zwischen ihnen, dem Mann, der nicht antworten konnte, und ihr, die sie nicht wußte, wie sie ihn zum Antworten bringen könnte. Ein schwieriger Mann war er gewesen, ihr erster Ehemann.

Da ihre erste Ehe so kurz gewesen war, dauerte es nicht lange, bis sie mehr Zeit mit ihrem zweiten Mann verbracht hatte. Wenn sie daher in den langen Jahren ihrer zweiten Ehe einmal an ihren ersten Mann zurückdachte, fand sie, daß er einen ungerecht kleinen Anteil an ihrem Leben gehabt hatte. Es schien ihr, als sei sie selbst für diese Ungerechtigkeit verantwortlich. Und mit der Zeit kam ihr dies gar nicht mehr merkwürdig vor.

War es, daß der Himmel bedeckt war und bräunlich leuchtete oder daß Mond oder Sterne schienen, jedenfalls war das Glasdach über dem Versammlungsraum nicht völlig dunkel.

Man konnte jedoch nur die Höhe der Decke ahnen, darunter lag dichte Finsternis. Sie stellte einen Klappstuhl, den sie tastend aus dem Versammlungsraum gezogen hatte, neben dem Eisenfisch auf und stützte sich mit dem Ellbogen auf das hölzerne Absperrungsgeländer.

Im siebten Jahr war sie ihre zweite Ehe eingegangen, und dennoch kam es ihr vor, als habe sie sofort wieder geheiratet, was auch daran gelegen haben mußte, daß ihr zweiter Mann nur unwesentlich, nämlich zwei Jahre, älter als ihr erster war, so daß sie das Gefühl hatte, es ginge alles nahtlos ineinander über. Vielleicht half ihr dies, sich ihrem zweiten Mann gegenüber freier zu fühlen. Sicher wollte sie es so empfinden.

Ihr zweiter Mann wollte nicht über seine erste Frau reden, und so sprach sie auch nicht über ihren ersten Mann. Als sie doch einmal zufällig auf ihn zu sprechen kamen, sagte er: »Ja, er war einer, der für die Front bestimmt war.« Sie sah die Worte »an die Front ausrücken«, die sie damals so oft gehört hatte, vor sich, und das Bild ihres ersten Mannes überlagerte sich mit dem »Mann, der für die Front bestimmt war«, zu einer Intensität, wie sie sie nur in diesem Augenblick erlebte. Etwas Derartiges geschah nur ein einziges Mal, obgleich ihr zweiter Mann gegenüber solchen Situationen nicht sonderlich empfindlich zu sein schien. »Du mußt in deinem vorigen Leben etwas sehr Gutes getan haben, sonst hättest du kaum so viel Glück gehabt, von einem so gutmütigen Kerl wie mir geangelt und durchgebracht zu werden. Ob ich allerdings den richtigen Fang getan habe ...« Mit diesem Scherz wollte er andeuten, daß sie wegen ihrer Vergangenheit nicht befangen zu sein bräuchte. Dies war das Schönste, was er je zu ihr gesagt hatte. Wegen dieses Satzes, den ihr zweiter Mann zu Anfang ihrer Ehe einmal geäußert hatte, war sie vielleicht bis heute bei ihm geblieben. Manchmal hatte sie zwar das Gefühl, von diesen Worten betrogen worden zu sein. Aber jedesmal dachte sie dann, sie werde es noch einmal überprüfen.

Manchmal überlegte sie sich, welche Enttäuschung und

welches Verlangen ihr erster Mann ihr gegenüber wohl empfunden haben mochte, als er sich selbst im Körper des Eisenfisches einschloß. Waren es nicht die Gefühle eines schwierigen Mannes gewesen? Und dann bedauerte sie, daß sie ihm nicht einen größeren Anteil ihres Lebens hatte zuteil werden lassen können.

Während sie in der tiefen Dunkelheit gegen das Geländer gelehnt diesen Gedanken nachhing, ging ihr auf, daß ihre Empfindungen gegenüber ihrem ersten Mann von ihrer Ehe mit dem zweiten hervorgerufen wurden und daß ihre erste Ehe wiederum der Grund dafür war, daß sie die damals geäußerten Worte ihres zweiten Mannes als so wohltuend empfunden hatte. War da jemand, der ihr dies eingab? Sie würde es herausfinden, wenn sie noch einmal das Sonnenlicht sehen könnte.

1976

Deutsch von Irmela Hijiya-Kirschnereit

IV. Mensch auf der Brücke

Japanische Gedichte

DAS ISE-MONOGATARI

I

Einmal war da ein junger Kavalier, der hatte kaum Hut und Rang erhalten, als er sich zur Falkenbeize auf seine Ländereien im Dorfe Kasuga bei der alten Hauptstadt Nara begab. Nun lebten dort zwei ausnehmend schöne Schwestern, und sowie er sie durch die Hecke hindurch erspähte, geriet sein Herz in Verwirrung darüber, daß nahe der jetzt verlassenen Stadt dergleichen Wunderbares zu finden war. Sogleich riß er von dem Jagdgewand, das er trug, am Saum einen Streifen ab, schrieb das folgende Gedicht darauf und ließ es den Schwestern überbringen. Es war aber das Gewand des Kavaliers mit Shinobu-Farnen bedruckt.

Ihr Purpurgräser
vom Kasuga-Feld verwirrt
mir das Herz –
wie's die Shinobu-Farne tun,
mit denen dies Gewand gefärbt.

Zweifellos war er überzeugt, er habe für den Anlaß gut gewählt, stützte er sich doch auf das berühmte Gedicht:

Wenn wirre Sehnsucht
wie Michinoku-Shinobu
mein Herz gefärbt –
es kann nicht anders sein,
als daß es durch Euch geschah!

So anmutig wußte man sich früher auszudrücken.

2

Einmal in jenen Tagen, da man die alte Hauptstadt Nara verlassen, in der neuen aber noch nicht für jeden ein Haus errichtet hatte, besuchte ein Kavalier eine Dame, die draußen im Westen wohnte. Sie ließ sich mit keiner sonst vergleichen; und wie schön auch von Angesicht, am unübertrefflichsten war ihr Herz. Doch sie schien nicht allein. Als daher der Kavalier, ein aufrechter Mann, nach mit ihr verbrachter Nacht zurückkehrte, dachte er befangen: »Wie mag es zwischen ihr und jenem anderen stehen?« Es war das zu Anfang des Dritten Monats, und bei strömendem Regen schrieb er der Dame:

Weder schlief ich
noch wachte ich diese Nacht;
doch nun am Morgen
denk' ich betrübt: es gehört
zum Frühling der lange Regen.

3

Einmal war da ein Kavalier, der schickte einer Dame, nach der er sich sehnte, einen Stengel Seetang und dazu das Gedicht:

Wahrer Liebe genügt
eine alte Labkrauthütte:
dort laßt uns schlafen,
auf unser beider Ärmel gebettet
wie auf Blätter vom Tang.

Dies geschah, als jene Nijō noch nicht die Gemahlin des Kaisers, sondern eine Dame war wie andere auch.

Aus dem 10. Jahrhundert.
Deutsch von Siegfried Schaarschmidt

ALS WÄR'S DES MONDES LETZTES LICHT AM FRÜHEN MORGEN

Semimaru

Hier am Treffberg
trifft sich, wer immer da geht
wer immer da kommt
Bekannt oder nicht, man trifft sich
doch nur, um sich zu trennen

Kawara-no Sadaijin

Wirr wie das Muster
des mit Farnkraut gefärbten Gewandes
aus nördlicher Ferne
so wirr ist mir im Herzen
und schuld daran seid Ihr

Kaiser-Kôkô

Zog hinaus aufs Frühlingsfeld
der Kräuter erstes junges Grün
für dich zu pflücken
da rieselte auf meine Ärmel
feingeflockter Schnee herab

Koshikibu-no Naishi

Weit ist der Weg
durch die Felder von Ikuno
und über die Berge in Ôe
Sah nicht die Himmelsbrücke
weiß auch von keinem Brief

Sagami

Naß von den Tränen
vergossen vor Kummer und Zorn
sind meine Ärmel
Und nun werd mit der Liebe ich
auch meinen Ruf noch verlieren

Nijôin-no Sanuki

Wer ahnt denn schon
daß die Ärmel meines Kleides
wie im Meer die Felsen
die selbst bei Ebbe überflutet
nie und nimmer trocknen werden

Nyûdô Saki-no Dajôdaijin

Was dort wie Schnee
nach einem Sturm den Garten deckt
sind nicht die Blüten
es ist mein eigenes Ich
das langsam sich zur Erde senkte

Ise

Selbst für eine Spanne
kurz wie der Abstand der Knoten
am Schilfrohr in Naniwa
darf ich dich nicht sehen, sag mir
Liebster, soll mein Leben so enden

Fujiwara-no Sanekata

O fänd ich Worte!
Denn so brennt in mir die Sehnsucht
wie Moxa aus dem Kraut
vom Berg, dem's Reden auch versagt
Doch davon weißt du nichts

Sakanoue-no Korenori

Als wär's des Mondes
letztes Licht am frühen Morgen
so hell erglänzen nun
die Hänge hier in Yoshino
im frisch gefallenen Schnee

Aus einer Anthologie des 13. Jahrhunderts.
Deutsch von Jürgen Berndt

KUWABARA TAKEO
EINE KUNST ZWEITEN RANGES
ÜBER DIE HAIKU-DICHTUNG IN UNSERER ZEIT

Wenn Shûô-shi in seiner Abhandlung über das moderne Haiku sagt, »der Raum, aus dem das Haiku seine Motive nimmt, ist das Leben mit der Natur und den Jahreszeiten, die sie entfaltet«, so sagt er etwas wahrhaft Zutreffendes aus. In dieser Äußerung ist die Aufrichtigkeit zu erkennen, auf die ich schon hingewiesen habe: Er sieht auch in Bashô keine absolute Größe und vertritt die Auffassung, das moderne Haiku müsse sich von der »schlichten Eleganz« (sabi) und der »Einsamkeit« (wabishisa) trennen und eine hellere Lebensatmosphäre um sich verbreiten. Ich glaube, daß er mit dieser Gesinnung auf einem neuen Wege ist. Meine Frage geht aber darauf hinaus, ob die moderne Haiku-Dichtung als Kunst überhaupt noch am Leben bleiben kann. Wichtig ist allein das Gedicht selbst.

Wie ensteht es?

Hier möchte ich die Aufmerksamkeit des Lesers auf die Bemerkung Shûô-shis lenken, der Haiku-Dichter müsse von der Malerei lernen. »Wer Haiku dichten will, sollte sich in die Lage eines Malers versetzen, der ein kleines Kunstwerk schaffen will. Beim Malen mit Ölfarbe sollte man ein bescheidenes Format wählen, bei japanischer Malerei eine quadratische Fläche, die etwas größer ist als das normale Shikishi-Format.«

Man braucht nicht erst Alain als Zeugen aufzurufen, wenn man daran erinnert, daß eine Kunstgattung, die sich von einer anderen faszinieren läßt und deren Methoden übernimmt, ihren eigenen Verfall zu erkennen gibt.

Wenn ich die Empfehlung, sich an der Malerei zu orientieren, aus dem Munde eines Meisters höre, spüre ich, wie schwach der Puls der heutigen Haiku-Dichtung schlägt.

Was soll denn eigentlich gemalt werden?

»Das Leben mit den Phänomenen der Natur und ihren Jahreszeiten« heißt mit einfachen und klaren Worten: vegetabilisches Leben.

Dabei wird der Leser sich der von mir zitierten Aussage des Haiku-Dichters Seisensui erinnern, der das für den Menschen unserer Zeit so wichtige Freiheitsproblem mit pflanzlichen Symbolen – mit Pfirsich und Weizen – zu erklären versucht. Wenn die gegenwärtige Haiku-Dichtung zum Pinsel greift, um auf einem Kleinformat getreulich festzuhalten, was wir vom Pfirsich über Pfirsich, vom Weizen über den Weizen lernen können, wird sie letzten Endes bei der Schilderung vegetabilischen Lebens enden müssen.

Diese Art, Gedichte zu machen, mag für alte und kranke Menschen geeignet sein, die sich einer Liebhaberei oder einem Zeitvertreib hingeben, weil sie sonst nichts anderes zu tun haben. Wird man wirklich annehmen dürfen, daß diese Art von Beschäftigungstherapie vom modernen Menschen als Kunst akzeptiert wird – als Kunst, die ihn innerlich bewegen und erschüttern soll? Wird man es nicht eher als gewissenlosen Sprachgebrauch ansehen müssen, wenn dieses Genre – ebenso wie der Roman oder das moderne Schauspiel – als »Kunst« bezeichnet wird? (Bemerkenswert ist, daß Shûô-shi in dem von mir zitierten Aufsatz nicht von »Kunst« [geijutsu], sondern von »Virtuosität« [gei] spricht.)

Wahr ist, daß der Mensch zu allen Zeiten Trost gebraucht hat. Niemand wird einen Alten tadeln wollen, der sich in seiner Muße mit Chrysanthemen-Zucht oder Zierpflanzen beschäftigt und gelegentlich Ausstellungen verantstaltet, bei denen die schönsten Exemplare preisgekrönt werden, oder ein-zwei Zeitschriften (nicht mehr: 30 wären sicherlich zu viel!) herausgibt. Wer nicht gerade nach dem Sinn unseres heutigen Lebens fragt, wird auch bei der Chrysanthemen-Zucht sein gerüttelt Maß an Kummer und Freude erleben können. Das alles wird niemand leugnen.

Als Beispiel dieser Art vermeintlicher Dichtkunst nenne ich ein Haiku Urokos:

»Verse machen – wie man eine Perlenkette über dem Kotatsu anwärmt«

Wer Chrysanthemen-Zucht als »Kunst« bezeichnet, geht leichtfertig mit unserer Sprache um. Man sollte sich wirklich mit der Bezeichnung »Kunstfertigkeit« (gei) zufrieden geben. Will man der Haiku-Dichtung unbedingt den Titel »Kunst« verleihen, so bezeichne man sie – im Interesse einer eindeutigen Begriffsbestimmung dieses Genres – als »Kunst zweiten Ranges«.

Akzeptiert man diese Bezeichnung, so erübrigt sich der Versuch, dieses Genre spitzfindig als etwas Außergewöhnliches darzustellen. Dann könnte man auch auf die Empfehlung verzichten, »zu Bashô zurückzukehren«, dessen Dichtungen wahrhaftig Kunstwerke ersten Ranges sind, und man könnte getrost zum eigentlichen Charakter der Haiku-Dichtung zurückfinden, indem man sich ehrlich zu ihrer Trost- und Unterhaltungsfunktion bekennt. Das wäre ein rechtschaffener, vom Leben in unserer Zeit ausgehender Weg. »Dichtung ist ein Spiel mit Träumen und Visionen: Wir sollten uns daher nicht um Stil und Ausdrucksformen vergangener Epochen kümmern, sondern gute Arbeit loben, Schlechtes beiseite legen und nicht alles und jedes als vorbildlich betrachten. Wichtig ist, daß wir uns an dem erfreuen, was wir schätzen gelernt haben.«

1946

Deutsch von Karl Friedrich Zahl

YOSANO AKIKO
DU DARFST MIR NICHT STERBEN!

Klage um den während des Russisch-Japanischen Krieges 1904 zur Belagerung von Lüshun eingesetzten jüngeren Bruder

Ah, mein Bruder, ich weine um dich,
du darfst mir nicht sterben!
Wie groß war zu dir, dem Letztgeborenen,
die Liebe unserer Eltern!
Oder hätten sie dich das Schwert zu ergreifen,
hätten sie dich andere zu töten gelehrt?
Hätten sie gesagt: »Töte und stirb auch du«?
Wärest du so herangewachsen zu deinem
vierundzwanzigsten Jahr?
Ah, der du dich rühmen kannst,
Herr zu sein unseres ehrwürdigen Hauses
unter den Kaufleuten in Sakai, der Stadt,
Erbe des guten Vaternamens –
du darfst mir nicht sterben!
Ob sie fallen, die Wälle von Lüshun,
oder nicht – was kümmert's?
In den Regeln des Kaufmanns,
vergiß das nie, steht davon nichts geschrieben!

Du darfst mir nicht sterben!
Der Kaiser, ER zieht nicht hinaus,
ER geht nicht in die Schlacht
und heißt euch dennoch, überströmt
vom Blut der anderen, sterben wie das Vieh;
der Tod sei die Ehre des Mannes.
Wenn denn SEIN Wohlwollen wirklich so groß ist –
wie kann ER das denken?

Ah, mein Bruder dort in der Schlacht –
du darfst mir nicht sterben!
Nach dem vorigen Herbst um unseren Vater
noch in Trauer – wie leidet, des Sohnes beraubt,
als Hauses Hüterin unsere Mutter!
Friedlich, sagen sie, sei unsere Zeit,
aber Mutters Haar wird weißer von Tag zu Tag.

Und die im Schatten des Vorhangs kniet und weint,
deine schwache junge Frau –
hast du ihrer vergessen? Denkst du an sie?
Erinnere dich ihres mädchenhaften Herzens:
Zehn Monate nur, und sie mußte sich von dir trennen,
der du ihr einziges bist auf dieser Welt;
ach, niemanden hat sie sonst, auf den sie sich verlassen könnte.
Bruder, du darfst uns nicht sterben!

1904
Deutsch von Siegfried Schaarschmidt

INOUE YASUSHI
PROSAGEDICHTE

Das Jagdgewehr

Womit er sich, ein Mann in mittleren Jahren, das Stirnrunzeln der Leute im Dorf eingehandelt hatte, ich weiß es nicht; dabei war selbst mir, dem Knaben, das üble Gerede zu Ohren gekommen, mit dem man ihn verfolgte.

Einmal an einem Wintermorgen sah ich ihn mit umgeschnalltem Patronengurt, vom Jagdgewehr eine tiefe Falte in der Kordsamtjacke, aufwärts steigen zum Amagi-Berg: wie er mit seinen Stiefeln durch das Gewirr der Eisnadeln stapfte, wie er das Gestrüpp über dem Pfad mit ruhiger Hand zerteilte.

Das war vor über zwanzig Jahren, und lange schon ist er tot; aber der Anblick seines Rückens damals steht mir, wenn ich die Lider schließe, noch immer vor Augen. Was wohl trieb ihn dazu, sich mit dem blanken, dem tödlichen Stahlrohr zu wappnen? Ja, wie oft seither geschieht es, daß ich im Gewühl der Großstadt plötzlich dahinschreiten möchte wie jener Jäger: gemächlich, wortlos, ungerührt . . . Daß mir ist, als wäre dies das funkelnd polierte Jagdgewehr: Gefühl der Schwere, das einen Mann in mittleren Jahren, hat er erst den Blick ins weiße Flußbett des Lebens getan, bis tief in Leib und Seele hinein durchdringt. (1948)

Am Strand

Eine Horde Mittelschüler aus der Umgebung und eine andere aus der Stadt, offenbar auf Sommerfahrt hier draußen, zogen aneinander vorbei. Die abendlichen Gäste hatten den Strand längst verlassen. Zeit, in der von der schwarzen See her das Rollen der Wogen plötzlich lauter erklang. Weil sie aneinander vorbeigezogen, und aus keinem anderen Grunde, gerieten die Jungen ins Handgemenge; die Schlacht begann. Ah, welch prachtvolle Rücksichtslosigkeit! Im fahlen Licht der Strandlaternen wurden die Gürtel geschwungen, flogen die Mützen, hagelte es Kieselsteine. Drei der Schatten stolperten, doch sprangen sie wieder auf. Da blitzte etwas unendlich Kostbares wie Sternenstaub über die Szene hin, und das eine Rudel der rauflustigen Wölfe trabte in verwirrter Formation in den Kiefernwald davon. Das Ganze war eine Sache von nicht einmal drei Minuten gewesen. Aus jugendlichem Übermut entfachte Lohe, Streit um nichts, für nichts. Und der Strand fiel zurück in die vorige Stille. Eine immer tiefer werdende Wehmut kam über mich. Nie zuvor hatte ich so wild die Eifersucht auf die ferne Jugend empfunden wie in jener Nacht. (1948)

Der Tümpel

Ah, ich wollte, es wäre wie lang zurück an jenem Tag der wilde Sommer wieder. Was war das für ein Sommertag! Ich lief den vergrasten Pfad an der Klippe hinab. Rot wie Blut blühten talwärts die Nirvana-Blumen, vom Berg her fiel wie ein Regenschauer das Geschrill der Zikaden. Da sprang ich mitten hindurch. Lebendig in der steil aus Mittag sengenden Sonne nur ich und mir voraus der Schwarm der Libellen. Im Dorf die Leute lagen, wie sie umgesunken waren, reglos in ihren Häusern. Und ich hastete, mich drunten in den Bach zu stürzen, wo er, eingerahmt von Farn und Felsen, einen winzigen Tümpel staute wie ein Tintenfaß. (1971)

Die azurene Bläue

Durch Birkenwald und Lärchendickicht ziehen sich eine Menge Wege. Manche beschreiben eine Parabel, andere laufen in Wellenlinien dahin. Einige auch knicken rechtwinklig ab, oder sie machen kehrt und verschwinden im Irgendwo. Da gibt es die Hunderoute, da gibt es den Kinderpfad. Einer ist der Spazierweg des alten Philosophen und einer mein Spazierweg. An den vielen Punkten, an denen sich Krümmung mit Krümmung schneidet, stoß ich auf Hunde, treffe auf Kinder, oder ich begegne dem alten Philosophen. Von einem Weg indessen, durch den der Herbstwind bläst, weiß ich nicht, wer ihn benutzt. Und einmal jeden Tag bleibe ich stehen, wo dieser Weg den meinen kreuzt. Um nur dann zu hören, wie Blatt um Blatt vom Himmel gerissen wird. Wie allmählich die azurene Bläue entsteht. (1971)

Deutsch von Siegfried Schaarschmidt

AYUKAWA NOBUO
MENSCH AUF DER BRÜCKE

I

Den Blick auf das andere Ufer gerichtet
stehst du am klaren Himmel, Mensch auf der Brücke.
Über Gräben voll Schweiß und Öl
ragt die schmutzige Geisterstadt empor.
Von schwerer Angst, Erschöpfung und
Stein verhärtete Dächerzüge und
tief darunter ein träge kriechender Kanal.
Schau! wohin der Bootsbug durch die stagnierte »Zeit«,
Ruder im Leeren schlagend,
abwärts, abwärts fährt – die Richtung.

Mensch auf der Brücke, du hast
dein geheimniserfülltes Zimmer,
die Blicke vertrauter Menschen und
Bücher und Fenster und Schreibzeug verlassen;
über viele Wege,
an vielen Städten vorbei,
bist du irgendwann, weit weg, auf die Brücke gelangt.
Nun bezwingst du den Ekel
und träumst, im Himmel der Welt zerbersten
Kristalle, Blumen, Muscheln als Feuerwerk am hellichten
Tag.

II

O Zeit, warum strömst du?
Warum stehst du nicht still?
sang ein betrunkener Matrose

in einem schäbigen Café,
Oh, was soll ich nun ...
Wein und Mädchen, ade,
auf geht's, zum Hafen –
Zukunft und Hoffnung, die bleiben mir noch.

Ach Zeit, warum strömst du?
Warum stehst du nicht still?
sang eine Verrückte
im lärmigen Elendsquartier.
Ach, was soll ich nun ...
Fort mit mir, dem leeren Beutel
auf geht's, zum Hafen –
Zukunft und Liebe, die gibt es nicht mehr.

O Zeit, warum strömst du?
Warum stehst du nicht still?
sang ein bleicher Angestellter
in seiner stickigen Wohnung.
Oh, was soll ich nun ...
Vielleicht an einem freien Tag mit den Kindern
einmal zum Hafen? –
Zukunft und Glaube sind zweierlei.

III

Mensch auf der Brücke,
wie der Nachhall von Schritten um die Straßenecke
wandtest du dich nicht um,
vom Wind zerfetzte flüchtige Traumgedanken
waren dein ganzer, im Herzen schwebender Weg.
Mensch auf der Brücke,
wie eine Fußspur den Sandstrand entlang
wandtest du dich nicht um,

von Wellen zerschlagene nichtige Traumbilder
waren dein ganzer, im Leeren schwebender Weg.
Mensch auf der Brücke,
du warst ein Wanderer, auf Abenteuer aus,
vom Herbst 1940 bis zum Herbst 1950
gelangten deine Schritte und deine Spuren
überallhin und gingen überall vorbei.
Mensch auf der Brücke,
warum bist du zurückgekehrt?
ärmer noch als beim Aufbruch,
vom Winde getrieben, von Wellen geschlagen,
warum bist du von dieser Irrfahrt wiedergekehrt?
Mensch auf der Brücke,
ganz wie ein zufälliger Passant
bist du zurückgekehrt in die graue Stadt,
in eine »Wirklichkeit«, wo das frische Blut der Erinnerung
deinen Blick richtet, deinen Ausdruck prägt.
Mensch auf der Brücke,
die Zigarette achtlos im Mundwinkel,
bist du in die verwüstete Landschaft zurückgekehrt,
in eine »Wirklichkeit«, wo das frische Blut der Hoffnung
deinen Fuß festhält und dir zu warten befiehlt.
Mensch auf der Brücke!

IV

Niemand sieht,
wie eine Prozession Ertrunkener vorbeizieht, an Händen
und Füßen mit Tang gefesselt,
den Blick dumpf zum Wasserspiegel gewandt –
Du hast es gesehen.
Wie aus Gestank und Schmach
unzählige Schaumbläschen aufsprudeln ...
»Du bist ein leeres Ding

du bist ein dunkles poröses Universum
du bist ein Wesen von eins plus eins
und minus zwei dazu
wenn eins plus eins Leben ist
muß minus zwei den Tod bedeuten
dein poröser Leib
ist vollgestopft mit Leben
dein leerer Kopf
ist vollgestopft mit Tod.«

Niemand hört,
wie der schwarze Kanal stöhnt,
der das Rückgrat dieser tosenden Großstadt durchfließt –
Du hast es gehört.
Wie die Ertrunkenen in Höllenqualen von Eis und Frost
und Dampf und Sud
wulstig gedunsene, zahnlose Münder öffnen
und lautlos zum Himmel schreien ...
»Auch heute scheint die Sonne
die Straßenbahnen fahren
die Schornsteine rauchen
die Hunde schlafen bei Hunden
und bald beginnen die Sterne zu funkeln
doch niemand hat gesagt: Lebe!«

Niemand weiß,
daß der Weg der Zukunft in die Vergangenheit führt,
und daß die Vergangenheit unbeendet in der Zukunft
enthalten ist –
Du hast es gewußt.
Wieviel an Schuld in deinem Herzen eingeschlossen ist,
um deines Daseins willen.
»Ist aus allen möglichen Weisen des Tuns
eine zu wählen
und wird schließlich die verwerflichste gewählt

so gibt es dafür immer persönliche Gründe
darum belastet es uns weniger
Reinheit zu beflecken
als ein sauberes Hemd schmutzig zu machen
was für den Gelehrten tief gründet
sieht die Hure nicht einmal als Pfütze
für das einzelne Streichholz in der Tasche
für das Loch eines abgerissenen Knopfes
gibt es immer persönliche Gründe.«

V

Aus der Höhle eines Herzens
aus dem Spiel einer Welle
klingt gleitendes weiches Wispern
»Einst gab es einen Quell
das Wasser kaum aus Schlaf geboren
verströmte Kraft und Köstlichkeit
grub einen Teich im Feld, überschwemmte das Land
zog einen Ufersaum, durchtränkte das Nichts
Verdorrtes, hart Erstarrtes löste es auf«
»Einst gab es einen Quell
neige dich nieder, küsse
gespiegelt im klaren Wasser die ideale Gefährtin
die Eltern, die Schwester und deinen besten Freund«
›Ich bin das Licht der trüben Welt
meine Tränen flossen Tag und Nacht, den Seelen zur Speise
labten Narzissen und Schlangen und alles Lebendige‹
Bezweifelst du etwa
daß es vor dem gewaltigen Chaos dort unten
einst einen frischen Quell
und also auch Reinwaschung gab?

VI

Blasser Mensch auf der Brücke,
in deine eherne Stirn hängt nasses Haar aus Tang,
heftig flutet Nebel aus der Tiefe der Kanäle.
Wie letzter Abendschein
schwimmt ein Schimmer Blutrot auf den Wangen deiner
verblichenen Erinnerungen.
Gestalten gehen durch die Stadt im Sonnenuntergang,
nähern sich langsam, gleiten wortlos vorbei,
setzen den Fuß auf die gleiche Nebeltreppe
und entschwinden im weißen Strudel des gleichen
Labyrinths.
Einsamer Mensch auf der Brücke,
warum hast du bis jetzt vergessen,
daß du selbst ein verlassener Stern am Himmel bist
und daß vom Hier zum Dort nur sehr wenig Abstand ist? . . .
Du hattest die Liebe nicht,
du hattest die Wahrheit nicht,
du wolltest alles, was du nicht hattest
und verlorst dabei alles, was du besaßest.
Mensch auf der Brücke,
der Nebel ist dicht, die Formen undeutlich,
die Wirrsal unendlich tief,
doch wessen Stern bestimmt ist, der blickt nicht zurück.
Auf den nassen Tang und die eherne Stirn
legt sich kalt der Ring der Nacht,
um seinetwillen, dessen Stern bestimmt ist,
um seines am Himmel funkelnden Lichtes willen.

VII

Vater,
trauriger Vater,
seit du nicht mehr da bist,
wartet im Zimmer des verödeten Herzens
ein leerer Stuhl auf den, der nie mehr zurückkehrt.
Von Kälte geschüttelt
stehe ich, der dich bekämpfte,
vor einem Ofen ohne Glut.
Vater,
einsamer Vater,
ich bin allein.
Ohne Frau, ohne Kind, in einem Winkel dieser weiten Stadt
nage ich am harten Brot.
Ich bin arm,
ich bin krank,
ist das dein ganzes Geschenk?
Vater,
mächtiger Vater,
weil ich unendlich dumm bin,
kann ich deine tiefe Güte und Weisheit nicht begreifen.
Ich irre ziellos durch die Straßen,
nahe am Zusammenbrechen,
und blicke stumpf zum Himmel empor.
Wo du weilst,
ist es immer vom schlechten Atem der Engel bewölkt.
Vater,
mächtiger Vater,
ohne Mantel bleibe ich im Novemberfrost auf der Brücke
und starre in den dunkelnden Kanal.
Sag mir bitte,
Vater,
mächtiger Vater,
genügt denn meine Schuld noch nicht?
Ist denn mein Elend dein Glanz?

VIII

Mensch auf der Brücke,
am Ende der Schönheit
ging die Richtung verloren,
gab es kein Feuerwerk und keinen Traum,
keine »Zeit« und keine »Erinnerung«,
weder Quell noch ziehende Wolke,
weder Elend noch Glanz.
Mensch auf der Brücke,
in dir und um dich
brach die Nacht an.
Die Schatten von Leben und Tod schieben sich übereinander,
die Nacht brach an, in der lebendige Tote im Leeren wandern.
In dir und um dich
flammen Lichter auf.
Wie Seelen im Vorgefühl von Leben und Tod erschauern,
flackern sie, ein jedes, ein jedes,
und wehren dem Einfall der Toten.
Mensch auf der Brücke,
Lichter entbrennen am anderen Ufer,
Lichter entbrennen in der Geisterstadt,
Lichter entbrennen über den Kanälen.
Unzählige Lichtfenster flitzen auf Hochbahnen dahin,
unzählige Lichtfenster steigen hoch im Nachthimmel auf.
Sie flackern, ein jedes, ein jedes,
in dir und um dich flammen Lichter auf,
wie Seelen im Vorgefühl von Leben und Tod erschauern,
flackern sie, ein jedes, ein jedes,
und erlöschen, ein jedes, ein jedes,
Mensch auf der Brücke.

1951
Deutsch von Cornelius Ouwehand

V. Vom Nutzen der Exotik

Japanologische Exkurse

MARUYAMA MASAO
DENKEN IN JAPAN

Ich werde häufig von ausländischen Wissenschaftlern, die sich mit Japan befassen, gefragt, ob es keine zusammenfassende Darstellung der japanischen »intellectual history« gebe. Eine Antwort fällt mir jedesmal schwer. Denn gesucht wird ja nicht eine Darstellung des politischen, sozialen oder philosophischen Denkens, sondern ein Werk, das diese einzelnen Gebiete zusammenfaßt und die Situation der »Intelligenz« in den einzelnen geschichtlichen Perioden sowie die historischen Wandlungen des Weltbildes verfolgt. Nach dem Zweiten Weltkrieg erschienen in Westeuropa und Amerika zahlreiche derartige Studien, und unter anderem dürfte auch dieser Umstand jene Frage veranlaßt haben. Es ist an und für sich eine interessante Frage, warum diese Forschungsrichtung nach 1945 wieder so zugenommen hat, aber in einem weiten Sinne ist diese Betrachtungsweise in der europäischen Forschung zur Geschichte des Denkens ja keineswegs neu oder ungewöhnlich: Es hat auch früher solche Arbeiten in den verschiedensten Formen etwa als »history of western ideas« oder als »Geistesgeschichte« gegeben.

In Japan finden wir zwar eine Forschungstradition zur Geschichte des Konfuzianismus oder des Buddhismus, Arbeiten jedoch, die die Entwicklung oder den historischen Zusammenhang der intellektuellen Struktur oder des Weltbildes eines bestimmten Zeitalters verfolgen, sind selten und haben auf jeden Fall noch keine feste Tradition. Tsuda Sôkichis *Studien zum Denken des japanischen Volkes in der Literatur* beschränken sich zwar auf »Literatur«, sind aber eines der sehr seltenen frühen Beispiele für ein Bemühen in diese Richtung. Es gab einmal eine Zeit, da auch in Japan unter dem Einfluß Diltheys und anderer »Geistesgeschichte« Mode war, aber auch dies vermochte sich nicht als umfassende Betrachtung der japanischen Entwicklung durchzusetzen. Auch die *Studien zur japanischen Geistesgeschichte* von Watsuji Tetsurô, an sich sehr verdienstvoll, sind doch eher eine Sammlung von Einzeluntersuchungen. Als der Autor später die Summe seiner Forschung in der Form einer Gesamtdarstellung zog, war ihm dies nur als Geschichte des *ethischen* Denkens möglich. Später wandelte sich dann die Kategorie »japanische Geistesgeschichte« von »*Geistesgeschichte* Japans« zu »Geschichte des *japanischen Geistes*« und geriet bekanntlich in eine erschrekkend willkürliche und fanatische Richtung. Während die meisten von uns Titeln wie Friedrich Heers *Europäische Geistesgeschichte* (1953) oder Charles August Beards *The American Spirit* (1942) mit einem ganz normalen wissenschaftlichen Interesse zu begegnen vermögen, empfinden wir bei »Geschichte des japanischen Geistes« ein gewisses Unbehagen. Ein solches Verhalten einfach als Reaktion auf die Tendenz der Kriegsjahre anzusehen und unsere Überempfindlichkeit – »gebranntes Kind scheut das Feuer« – dafür verantwortlich zu machen, trifft nicht den Kern des Problems. Daß zusammenfassende Arbeiten zur japanischen Geistesgeschichte (verglichen mit der Zahl der Arbeiten zur politischen Geschichte, ja selbst zur Kulturgeschichte) ausgesprochen selten sind – obgleich es, angefangen bei der »Nationalen Schule« (kokugaku) der Edo-Zeit bis heute Abhandlungen über das *Wesen* des japanischen Denkens oder die *Eigenheit* des japanischen Geistes in allen möglichen Variationen gab und gibt –, diese Tatsache scheint ein Hinweis zu sein auf die Position und Situation des »Denkens« in der bisherigen Geschichte Japans.

Das soll nicht heißen, es habe nicht in allen Epochen einzelne tiefgehende philosophische Erörterungen gegeben, oder – wie manchmal sehr oberflächlich geschlossen wird – keine originären Denker. Aber niemand will sich so recht daran machen, anstatt sich auf ein Zeitalter zu beschränken oder eine bestimmte Schule oder religiöse Richtung herauszugreifen, die Entwicklung des »Denkens« in der japanischen Geschichte in seiner *Gesamtstruktur* zu erfassen. Der Grund hierfür liegt wohl – jenseits der Frage der Unterentwickeltheit der Forschung oder der irgendeiner Forschungsmethode zugeschriebenen Schwierigkeiten – im Charakter dieses Forschungsgegenstandes selbst. Wenn es schon recht schwierig ist, einzelne mit Kultur und Lebensstil einer bestimmten Epoche verschmolzene Vorstellungen – etwa »mujôkan« (Vergänglichkeitsgefühl) oder »giri« (Verpflichtung) oder »shusse« (Erfolg, Karriere) – nicht so sehr als komplexe gesellschaftliche Phänomene zu erfassen, sondern als Ideen von ihrem sozialen Kontext zu »abstrahieren« und in ihrer inneren Struktur plastisch darzustellen (Kuki Shûzôs *Die Struktur des ›iki‹* dürfte wohl eines der erfolgreichsten Beispiele dafür sein), so begeben wir uns auf noch weit unsichereren Boden, wenn wir zu klären versuchen, in welchem strukturellen Zusammenhang denn diese einzelne Idee zu anderen gleichzeitigen Vorstellungen steht und wie sich ihr Inhalt in der darauffolgenden Epoche wandelt. Selbst bei den rationaler formulierten Ideen der Gelehrten und »Denker« finden wir zwar Dialoge innerhalb des Rahmens ein und derselben Schulrichtung oder religiösen Gruppe; daß aber auf der Grundlage der gemeinsamen Vernunft verschiedene Standpunkte einander gegenübergestellt werden und daß *aus* dieser Auseinandersetzung *heraus* eine neue Entwicklung eingeleitet wird, das kommt, ich möchte nicht sagen, nie vor, ist aber beim besten Willen kaum als der Normalfall zu bezeichnen. Es gibt Beispiele wie das der frühen japanischen Christen des 16./17. Jahrhunderts, der sogenannten Kirishitan, die sofort nach Beginn der Missionsarbeit in einem Maße an Zahl und Stärke zunahmen, daß selbst die Missionare darüber erstaunt waren, und deren theologisches Verständnis sogar ein ausgesprochen hohes Niveau erreichte, die dann aber unter dem Zwang der äußeren Verhältnisse in kürzester Zeit an Einfluß verloren und nahezu spurlos aus der *Ideenge-*

schichte der folgenden Jahrhunderte verschwanden. Kurz – und zugegebenermaßen gefährlich vereinfachend – gesagt: In Japan hat sich keine als Kristallisationspunkt oder Koordinatenachse dienende geistige Tradition zu bilden vermocht, die die Vorstellungen und Ideen der verschiedenen Epochen ohne Ausnahme zueinander in Beziehung gesetzt hätte und im Verhältnis zu der sich alle weltanschaulichen Positionen – gegebenenfalls auch durch Negation – selbst *geschichtlich* eingeordnet hätten. Diese Situation ist weder zu beklagen noch zu glorifizieren, sondern sie ist zunächst einmal fest ins Auge zu fassen und von ihr ist auszugehen.

Karl Löwith hat einmal die japanische »Selbstliebe« dem europäischen Geist der Selbstkritik gegenübergestellt. Was er zu sagen versuchte, widerspricht keineswegs der Nachkriegssituation, mag es auch äußerlich so scheinen, als habe man allen »Patriotismus« über Bord geworfen und sei auch geistig in »Selbstquälerei« verfallen. (Neuerdings sind in Zeitungen und Zeitschriften wieder Anzeichen eines Wiederauflebens jener »Selbstliebe« zu bemerken, was zeigt, daß dem nicht so ist.) Natürlich ist es nicht möglich, uns jetzt Hals über Kopf eine Tradition von der Bedeutung, wie sie das Christentum für Europa besitzt, zuzulegen. Und wir können selbstverständlich auch nicht einfach den Weg der europäischen Moderne nachgehen, welche sich ja in der Auseinandersetzung (d. h. nicht nur Ablehnung) mit dieser christlichen Tradition gebildet hat – selbst wenn wir die gesellschaftliche Basis außer acht ließen und uns auf das moderne *Denken* beschränkten. Das Problem liegt zu allererst darin, daß wir *selbst* den historischen Charakter der »Moderne« in Japan, welche *Super*modernes und *Vor*modernes in eigentümlicher Weise verbindet, *erkennen*. In diesem Rahmen hat auch der Vergleich mit Europa durchaus seine Berechtigung. Solange man jedoch nicht zwischen vergegenständlichendem Erkennen und unverantwortlichem Zuschauen zu unterscheiden vermag, so lange man dazu neigt, wissenschaftliche Analyse auf emotionale Reaktionen wie Beschimpfung, Lob oder Schlechtmachen bzw. alles auf eine Frage des Geschmackes zu reduzieren, so lange wird es für uns unmöglich sein, von der jetzigen Situation wirklich *los*zukommen und in Richtung auf etwas Neues aufzubrechen. Es müssen daher noch größere Anstrengungen unternommen werden, den eigentümlichen Charakter der »Moderne« in Japan in seiner inneren Struktur zu erfassen. Für das Gebiet des Denkens heißt das: Wir müssen uns bemühen, jene »Struktur« zu erfassen, deren Charakteristikum paradoxerweise gerade darin besteht, daß die verschiedensten Ideen, Denkformen und Weltanschauungen historisch unstrukturiert nebeneinander bestehen bleiben. Andernfalls werden – wie es wirklich geschehen ist – die Bezeichnungen Japans als »schon zu modern« oder »noch vormodern« nur immer wieder wechselweise »Reaktionen« hervorrufen.

1957
Deutsch von Wolfgang Schamoni

NAKANE CHIE
DIE STRUKTUR DER JAPANISCHEN GESELLSCHAFT

Die soziale Organisation, die dazu führt, daß der einzelne so tief in ein Netz persönlicher Beziehungen eingebunden ist, begrenzt zugleich deren Feld. Er ist gut informiert über seine eigene Gruppe und Institution sowie – in einem etwas geringeren Grade – über die Konkurrenz. Aber seine Aktivitäten und sein Interesse reichen nur selten über diese Welt hinaus.

Die oben erwähnte extrem feine Abstufung der Verhaltensweisen findet Anwendung und funktioniert vor allem innerhalb der »eigenen« Gruppe. Die Japaner haben keinen Verhaltenskodex für den Umgang mit Fremden, mit Leuten von »draußen«, entwickelt. Der Bestand der japanischen Umgangsformen verfügt eigentlich über nur zwei Grundmuster: eines, das gegenüber einem »Ranghöheren«, und ein anderes, das gegenüber einem »Rangniederen« Anwendung findet, oder, anders gesagt, es gibt Ausdrucksformen der Vertraulichkeit und solche der Feindseligkeit, jedoch keine für den Umgang mit Gleichgestellten oder um Indifferenz zu zeigen. Dies führt dazu, daß Japaner sich im Umgang mit Fremden, seien es nun Ausländer oder Japaner, irgendwie unbehaglich fühlen.

Ausländer halten Japaner oft für äußerst zurückhaltend. Treffender wäre es zu sagen, daß Japaner im allgemeinen *nicht ungezwungen* sind. Dies liegt zum Teil daran, daß ihnen, sobald sie sich außerhalb ihres engeren Kreises befinden, die angemessenen Ausdrucksmittel fehlen. Sie haben keine Techniken entwickelt, um mit Leuten von »draußen« umzugehen, weil sich ihr Leben so stark auf ihre »eigenen« Gruppen konzentriert. Innerhalb dieser Gruppen kann man die Japaner keineswegs zurückhaltend nennen. Kraft des durch die

Aktivitäten und Emotionen der Gruppe geförderten Gefühls, eine Einheit zu sein, erfährt jedes Mitglied mehr oder weniger dieselbe Prägung sowie gezwungenermaßen den zusammenschweißenden Effekt gruppeninterner Wechselwirkung, egal ob der einzelne dies nun mag oder nicht. Der einzelne Japaner hat nur wenig Gelegenheit, Ungezwungenheit im Umgang zu lernen. Das Gefühl der Sicherheit rührt für ihn immer von seiner Einfügung in und Anpassung an Interessen und Ziele seiner Gruppe her; das einzige, was er kennt, ist seine Gruppe, so daß bloße Umgänglichkeit kaum einen echten funktionalen Wert besitzt. Ein Japaner mag sein Leben verbringen, ohne die Freuden und Leiden des Wettstreits »außerhalb der eigenen Mauern« gekostet zu haben. Selbst wenn die persönliche Eigenart auf diese Weise nicht völlig unterdrückt wird, sind doch zumindest die Möglichkeiten, sie weiterzuentwickeln, äußerst begrenzt.

Solche Verhältnisse prägen das Wesen zwischenmenschlicher Beziehungen; diese sind also gleichermaßen »emotional-wirklich« wie stark »lokal« gebunden. Diese »lokale« Bindung kennzeichnet alle Tätigkeitsbereiche. Ein Politiker beispielsweise, der einer Fraktion beitritt, bleibt dort sein ganzes Leben Mitglied; hat er sich einmal einer Fraktion angeschlossen, ist sein persönlicher Erfolg oder Mißerfolg untrennbar mit deren Erfolg oder Mißerfolg verbunden. Ein Wechsel zu einer anderen Fraktion ist ausgeschlossen, ja selbst die Kommunikationskanäle zwischen den Fraktionen sind sehr schlecht, so schlecht, daß es heißt, das einzige Medium für den Informationsaustausch sei der erfahrene politische Nachrichtenkorrespondent, der daher eine wichtige Vermittlungsposition einnimmt. Die politische Gruppe hat ihre eigene Welt geschaffen, in die kaum jemand eingelassen werden könnte oder möchte (es sei denn, er wäre bereit, ganz unten in die Hierarchie einzutreten); Politiker gelten als ein irgendwie besonderer Menschenschlag.

Im heutigen Japan kommt es höchst selten vor, daß ein

Professor beispielsweise Minister wird. Jede institutionelle Gruppe ist gleichsam von einer hohen Mauer umgeben, die der einzelne nicht einfach überwinden kann. Seit den Anfängen der Modernisierung Japans ist diese Tendenz immer stärker geworden. Die Institutionalisierung der heutigen japanischen Gesellschaft ist so tiefgreifend und vollständig, daß Leute mit verschiedenen Berufen sich bereits bei einer gewöhnlichen Unterhaltung unsicher fühlen, weil sie so sehr in ihrer eigenen Gruppe befangen sind und über andere so gut wie nichts wissen. Ein Gespräch etwa zwischen einem Wissenschaftler und einem Diplomaten würde von beiden als langweilig, oberflächlich und wenig anregend empfunden werden. Die frühzeitige Spezialisierung des einzelnen, seine Isoliertheit durch die Zugehörigkeit zu seiner Gruppe – ergänzt durch das System lebenslanger Anstellung, das den einzelnen gleichsam in einem hermetisch abgeschlossenen Raum hält und ihm keine Möglichkeit bietet, einmal frische Luft zu atmen –, diese und ähnliche Faktoren zerstören oder verringern die gemeinsame Basis für das geistige Gespräch über berufliche und institutionelle Grenzen hinweg.

Es gibt nur wenig Kommunikation zwischen Intellektuellen aus unterschiedlichen Berufen und Institutionen. Es gibt nicht einmal eine Zeitung oder Zeitschrift, die von der japanischen Intelligenz in ihrer Gesamtheit gelesen würde, und obgleich es nicht an Versuchen gefehlt hat, eine Tageszeitung ins Leben zu rufen, die sich speziell an Intellektuelle richtet, sind sie alle gescheitert. Zwar gibt es eine Reihe von Zeitschriften, die sich an Intellektuelle wenden, aber anders als im Westen ist es keiner einzigen gelungen, ein breites Spektrum der japanischen Intelligenz anzusprechen. Tatsächlich liefern Artikel und Diskussionsbeiträge in solchen Zeitschriften Intellektuellen nur selten brauchbare Gesprächsthemen, denn bei diesen Artikeln handelt es sich im allgemeinen einfach um die Darstellung eines Sachverhalts, um eine Art bloßer Belehrung, die bewußt oder unbewußt nur darauf abzielt, das allgemeine geistige Niveau zu heben. Daher sind solche Zeitschriften nicht das ideale Forum für intellektuelle Spiele, an denen Autor und Leser gleichermaßen ihre Freude haben könnten. Sie haben vielmehr eine erzieherische Funktion. Da sie es jedoch versäumen, intellektuelles Vergnügen zu bereiten, versäumen sie es zugleich, eine breite Schicht von Intellektuellen anzusprechen und deren Erwartungen zu erfüllen.

In Wirklichkeit ist es schwierig, zwischen Intellektuellen und der großen Masse der Bevölkerung zu unterscheiden, denn die Schicht der Intellektuellen läßt sich nicht klar abgrenzen. Die Tatsache, daß den japanischen Intellektuellen eine gemeinsame Basis fehlt, mag mit dazu beitragen, daß diese in zahlreiche exklusive und geschlossene Gruppen zersplittert sind.

Gruppen bilden sich nicht nur auf der beruflichen Ebene, sondern auch in verschiedenen untergeordneten Bereichen; zudem können sich innerhalb einer Untergruppe wiederum kleinere Gruppen bilden. Unter Wissenschaftlern können sich Spezialisten eines Fachgebietes entsprechend ihrer Zugehörigkeit zu den verschiedenen Schulen in Gruppen gliedern. Diese Gruppen können wiederum in Untergruppen zerfallen, die sich auf der Grundlage noch engerer und vertrauterer Beziehungen bilden. Diese kleinste Gruppe ist es, der die wichtigste Funktion zukommt, denn im Kern besteht sie vielleicht aus ein paar Wissenschaftlern, die dieselbe Auffassung und Methode vertreten, abgeleitet von einer einzigen herrschenden Theorie. Eine Gruppe hat gewöhnlich ihre zentrale Persönlichkeit, der die anderen Mitglieder oft auch emotional verbunden sind aufgrund ehemaliger Beziehungen etwa zwischen Professor und Student oder zwischen Klassenkameraden. Eine Gruppierung dieser Art dient wie in der Politik dem Schutz der Schwächeren, die möglicherweise vergessen würden oder unproduktiv wären, wenn sie auf sich allein gestellt wären. Aber diese Gruppenstruktur hat auch Nachteile, wie etwa bei der wissenschaftlichen Forschung, denn zwar treffen sich die Gruppenmitglieder sehr häufig, mit Außenstehenden aber sprechen sie nur selten über irgendwelche anstehenden Probleme. Mit der Zeit entwickelt und verbreitet jede Gruppe ihre eigene spezielle Ausdrucksweise und beschränkte Terminologie, die ein Außenstehender selbst dann nicht versteht, wenn er auf demselben Gebiet arbeitet. Infolge solcher Hemmnisse für den produktiven Meinungsaustausch fällt es Gruppen japanischer Wissenschaftler schwer, sich auch nur untereinander zu verständigen.

1970
Deutsch von Jobst-Mathias Spannagel
und Heide Günther-Spannagel

DOI TAKEO
AMAE
FREIHEIT IN GEBORGENHEIT

Zur Struktur japanischer Psyche

Die Gelehrten haben viele verschiedene Theorien über die japanische Art des Denkens aufgestellt; aber die meisten stimmen im wesentlichen in dem Punkt überein, daß das japanische Denken – verglichen mit dem westlichen – nicht logisch, sondern intuitiv ist. Ich glaube, dies kann man nicht unabhängig von der Dominanz der *amae*-Mentalität in Japan sehen; denn in dem Versuch, die Tatsache der Getrenntheit durch das Medium der Gefühle zu verleugnen und eine Identität mit der Umgebung zu erreichen, liegt von Anfang an etwas sehr Unlogisches.

Als Ergebnis seiner vergleichenden Studie über östliche Denkweisen kam Hajime Nakamura zu dem Schluß, daß die Bedeutung, die geschlossenen ethischen Organisationen beigemessen werde, das hervorstechendste Merkmal japanischen Denkens sei. Wenn Nakamura auch mit anderen Begriffen arbeitet, so wird doch erkennbar, daß er sich bei seinen Ergebnissen auf die *amae*-Psychologie bezieht. Dies gilt ebenso für das *shiteki nikō* (private binominale Formula), das Arimasa Mori kürzlich als Charakteristikum japanischen Denkens nannte. Begriffe wie »exklusiv«, »privat« etc., die gebraucht werden, um japanische Charakteristika zu beschreiben, sind, so möchte ich betonen, nur gerechtfertigt, wenn die *amae*-Welt von außen betrachtet wird. Die Bewohner dieser Welt selbst sind sich solcher Exklusivität oder Privatheit keineswegs bewußt. Vielmehr halten sie sich für offen und nicht-exklusiv. Wie wir in Kapitel I erwähnten, trifft es zu, daß die »anderen« *(tanin)* – solange sie diesen Status haben – von der *amae*-Welt ausgeschlossen sind, und in diesem Sinne könnte man von Exklusivität sprechen. In einem anderen Licht besehen, initiiert *amae* jedoch den Versuch, den »die anderen«-Status einzuschmelzen und den »anderen« ihre *tanin*-Eigenschaft zu nehmen. Man könnte hier also fast von einer alles umarmenden und alles einschließenden Qualität sprechen. Aber trotzdem ist für Außenstehende, die nicht in der *amae*-Welt befangen sind, der von dieser Welt ausgehende Konformitätszwang schwer zu ertragen und sie wird ihnen exklusivistisch, privat oder sogar egozentrisch erscheinen.

Wenn man die *amae*-Welt negativ und kritisch betrachtet, erscheint sie irrational, exklusivistisch und privat; aber wohlwollender betrachtet, kann man in ihr auch den Respekt vor der Gleichheit und den Wunsch, nicht zu diskriminieren, erkennen und sie als sehr tolerant bezeichnen. Mir scheint, daß man z. B. die Zen *satori* (Erleuchtung) – wie sie von dem verstorbenen Daisetsu Suzuki vertreten wurde – als eine positive Einstellung zu dieser Form von *amae* interpretieren kann. Ich muß jedoch gleich hinzufügen, daß ich unter »positiver Einstellung zum *amae*« nicht nur verstehe, *amae* zuzulassen und zu ermutigen, sondern auch, daß man sich gerade dadurch, daß man sich nicht unter die Herrschaft des *amae* begibt, dessen positive Potentiale fruchtbar macht. Solche Vorstellungen scheinen *amae* fast zu überwinden. Die Zen-Frage: »Was war man, ehe die eigenen Eltern geboren wurden?« tut dies offenbar. Aber die Betonung der Untrennbarkeit von Subjekt und Objekt, des Selbst und der anderen ist im Grunde dasselbe wie *amae*.

Da jedoch die Menschen letzten Endes von ihren Eltern abhängig sind, ist es nicht möglich, Vater und Mutter abzuschaffen – wie sehr man auch durch Zen erleuchtet sein mag. Und so gibt es auch im Zen-Denken eine Rückkehr zu Vater und Mutter, obwohl man betonen muß, daß diese Tendenz vor allem in Japan zu beobachten ist. Ein Zen-Priester sagte einmal, daß Zen *satori* im Grunde nichts anderes bedeute als das Wort Sohnestreue. Daisetsu Suzuki dagegen weist darauf hin, daß, »während hinter dem westlichen Denken und Fühlen immer der Vater stehe«, der östlichen Natur immer die Mutter zugrunde liege. »Die Mutter«, so sagt er, »umschließt alles in bedingungsloser Liebe. Die Frage von richtig oder falsch wird hier nicht gestellt. Alles wird problemlos und ohne Infragestellen akzeptiert. Liebe im Westen enthält immer einen Rest von Macht. Liebe im Osten ist all-umschließend. Sie ist offen nach allen Seiten. Man kann in sie aus jeder Richtung eintreten.« Hierin kann ich nichts anderes als die Lobpreisung des *amae* sehen.

Dieser Geist des Nichtdiskriminierens und der Gleichheit ist meiner Meinung nach schon seit alters her ein Bestandteil des japanischen Verhaltens gewesen und nicht nur Teil der Zen-Ideen. Ich glaube, genau hierin liegt das Wesen des sogenannten »Wegs der Götter«; denn dieser Weg preist durchweg das Prinzip des Nicht-Prinzips und den Wert des Nicht-Werts. Und es ist diese Politik, die es den Japanern ermöglichte, die verschiedenen fremden Kulturen zu verschlingen – ohne daß sich dabei nennenswerte Verdauungsstörungen eingestellt hätten – und diese auf die eine oder andere Weise zu ihrer eigenen zu machen. Von außen gesehen mag dies als ein Zeichen für das völlige Fehlen eines eigenen Ideensystems oder für mangelnde Integrität erscheinen. Genau hierauf bezieht sich Masao Maruyama, wenn er sagt, daß das Fehlen jeglicher Koordinatenachsen ein wesentliches Charakteristikum des japanischen Denkens sei. Mit dieser Sichtweise hat er jedoch den Blickwinkel eines Außenstehenden eingenommen und andere Länder zum Maßstab gemacht; die Japaner selbst sind damit sehr gut gefahren. Ein Japaner, Norinaga Motoori, gab dieser japanischen Haltung seine aus ganzem Herzen kommende Zustimmung: »Alles, das Gute wie das Schlechte, ist das Werk der Götter, und so sind die Lehren des Konfuzianismus, Buddhismus und Taoismus alle das Werk von Göttern – genauso wie die Tatsache, daß die Menschen von ihnen irregeführt werden. Nur in diesem Sinne existiert die Unterscheidung zwischen gut und böse, richtig und falsch. Konfuzianismus, Buddhismus und Taoismus sind alle im weitesten Sinne Wege der Götter zu ihrer jeweiligen Zeit. (...) Daraus folgt, daß man beim Regieren eines Landes zuallererst versuchten sollte, sich vor Schaden zu sichern, indem man dem Willen der wohltätigen Götter folgt, so wie die Alten es taten; und wenn es sich als schwierig erweisen sollte, ohne Zuflucht zum Konfuzianismus zu regieren, so sollte man mit dem Konfuzianismus regieren. Wenn nur der Buddhismus den Forderungen der Zeit gerecht wird, sollte man mit dem Buddhismus regieren. Denn sie alle sind – zu ihrer Zeit – der Weg der Götter. Wenn man auf der anderen Seite aber glaubt, die älteren Regierungsformen mit allen Mitteln auf spätere Zeiten übertragen zu können, so stellt man den Willen des Menschen über den der Götter; dies ist nicht nur unmöglich, es widerspricht auch dem Weg der Götter der jeweiligen Zeit. (...) Da es daher nicht in der Macht des Menschen liegt, sollte er sich damit begnügen, das zu tun, was zum gegebenen Zeitpunkt als das Beste erscheint.«

Es scheint, daß der Versuch, sich dem japanischen Denken positiv zu nähern, unweigerlich damit endet, den »Weg der Götter« zu akzeptieren. Hierzu werde ich später noch einiges zu sagen haben. Für den Augenblick wollen wir uns dem japanischen ästhetischen Gefühl zuwenden.

Auch in diesem Bereich scheinen die mit *amae* verbundenen Gefühle eine große Rolle zu spielen. »Schönheit« bedeutet normalerweise, daß ein Objekt den Sinnen angenehm ist und daß derjenige, der sich an der Schönheit des Objekts erfreut, durch diese Erfahrung eins mit ihm wird. Dies hat viel gemeinsam mit der *amae*-Erfahrung, da *amae* selbst, wie wir bereits wiederholt gesehen haben, die Identität mit dem anderen zu erreichen sucht. Natürlich ist es im letzteren Fall von wesentlicher Bedeutung, daß die andere Person die eigene Absicht erkennt und mit ihr übereinstimmt. Da dies nicht immer möglich sein wird, erfährt die Person, die *amae* zu verwirklichen sucht, oft Frustrationen. Und auch wenn ihre Suche befriedigt wird, so hält diese Befriedigung doch gewöhnlich nicht unbegrenzt an. Hierin scheint der Grund dafür zu liegen, warum sich manche Menschen dem Zen oder anderen Religionen zuwenden, und dasselbe Motiv scheint auch der Suche nach Schönheit zugrunde zu liegen. Unter den Menschen, die sich der Schönheit verschrieben haben, findet man nicht selten solche, die sich ihres unbefriedigten *amae* selbst sehr bewußt sind und die sich daher um so intensiver auf die Suche nach dem ästhetischen Erlebnis begeben. Der Grund dafür, daß die Japaner im allgemeinen stärkere ästhetische Neigungen haben als andere Völker, ist möglicherweise der folgende: jemandem, der ununterbrochen in der *amae*-Welt lebt und dessen *amae*-Sensibilität also ständiger Stimulation ausgesetzt ist, scheint nichts anderes übrig zu bleiben, als die ästhetische Erfahrung zu suchen, ob er es will oder nicht.

1971
Deutsch von Helga Herborth

IRMELA HIJIYA-KIRSCHNEREIT
VOM NUTZEN DER EXOTIK

> Du schienst mir putzig, schienst
> ein Ding zum Lachen,
> Doch ernst, o Japan, ernst nahm
> ich dich nie.
> O. J. Bierbaum, *Europa an Japan*. 1906

Als »Land, das Zuneigung und Entsetzen gleichermaßen zu wecken geeignet ist«, erscheint Japan nicht selten denjenigen, die sich ihm aufrichtig und aufgeschlossen nähern. Der da seinen Kulturschock in einem privaten Brief so treffend-präzis formulierte, ist übrigens ein Japanologe, der nach vielen Jahren wissenschaftlich-theoretischer Beschäftigung erstmals mit seinem Gegenstand in direkten, physischen Kontakt kam und dem der Japanaufenthalt zu einem elementaren Ereignis geriet, das ihn »mehr über die conditio humana lehrte als manch philosophischer Wälzer«.

Vielleicht, so steht zu vermuten, ist Japan uns gerade deshalb so fremd, weil es uns als moderne Industriegesellschaft so zugänglich erscheint. Die Vertrautheit der Bilder vom Großstadtalltag, von Konsumerwartungen und Bürgerglück, demokratischen Institutionen und technologischer Avantgarde zieht uns in ihren Bann, und vorbei sind die Zeiten, da uns die nach wie vor lebendigen Elemente traditioneller Lebensformen in der Gegenwart, seien es Kleidung, Wohnstil oder die auf den ersten Blick so auffällig fremden sozialen Umgangsformen in vorsichtiger Dosierung nahegebracht werden mußten, um die Vorstellungskraft des durchschnittlichen Mitteleuropäers nicht zu überstrapazieren. Seit »Futon«, »Tōfu« oder »Sushi« zum naturalisierten Wortschatz des Deutschen zählen und seit, wie die Geschichte des Wohnens in den siebziger und achtziger Jahren zeigt, zuvor als »exotisch« empfundene Verhaltensformen wie das Sitzen auf dem Boden oder das Ablegen der Schuhe hierzulande nicht nur denkbar, sondern sogar mit einem gewissen snobistischen Prestige versehen sind, spätestens jetzt also ist der Abschied vom konventionellen Bild des ach-so-fremden »fernöstlichen Inselreichs« augenfällig. Bei dem, was fortschrittliche Mitteleuropäer mittlerweile als harmlose und oberflächliche Differenzen im Alltag ausmachen, auch wenn sie uns zunächst vor praktische Schwierigkeiten stellen mögen wie das Essen mit Stäbchen oder das korrekte Verbeugen statt des Händedrucks, halten wir uns nicht übermäßig lang auf. Diese Form der Fremdheit fällt uns nicht mehr schwer zu akzeptieren. Und doch – wie lange haben wir, hat unsere Gesellschaft und Kultur mit diesem Bild von Japan als dem ganz anderen gelebt!

Die abendländischen Karten aus dem Mittelalter stellen oftmals die Welt so dar, als schaue man von Gibraltar, dem westlichsten Punkt der bekannten Landmasse, gen Osten. Dort, am entgegengesetzten Pol, wurde das Paradies vermutet. Über der Welt thront, der vertikal geschichteten Weltrangordnung des Mittelalters entsprechend, die Gottesfigur, die damit zugleich die theologischen Implikationen dieser Beschreibung des geographischen Raumes offensichtlich werden läßt, und aufgrund der »Ostung« nimmt der extreme Orient auf diesen Weltkarten den gottnächsten Platz ganz oben ein. So lag es nahe, daß Marco Polo, als er von einem Inselreich namens Zipangu vor der Küste Cathays hörte, dieses in den Farben des Paradieses schilderte. Die Unvergleichlichkeit Japans wird hinfort in den Beschreibungen dieses Landes zur stehenden Wendung, zum Topos, dem wir bereits in der deutschen Version des staatenkundlichen Handbuchs von Giovanni Botero aus dem Jahre 1596 begegnen: »Als Giapon wirdt genennt ein wunder grosse weite / darinnen viel underschiedliche Insel begriffen werden: gleich wie nun die diejenigen / so zu reden / an einem besondern ort der Welt gelegen / also sind sie auch von Völckern bewohnet / die *den andern allen* / an sitten / weiß und gebreuch *gantz und gar ungleich* sind.«

Das Paradies suchten (und fanden) dann in Japan zahllose westliche Reisende seit der Öffnung des Landes um die Mitte des 19. Jahrhunderts, und in ihren Berichten scheinen all die Attribuierungen und Muster auf, die uns auch heute noch vertraut sind: »Alles scheint elfenhaft – denn alles und jedes ist klein, wundersam und mysteriös«, so beschreibt etwa der 1904 in Japan verstorbene Lafcadio Hearn, aus dessen Schriften der Japonismus in Europa und Nordamerika schöpfte, seinen ersten Eindruck von Japan. Und Bernhard Kellermann kleidet 1910 seine Erlebnisse unmittelbar nach seiner Ankunft – als erstes landet er in einem Teehaus – in auffallend ähnliche Worte: »Alles war so klein, so zierlich, unwirklich und fremd«. »Hätte Milton wohl auch dann noch vom verlorenen Paradies gesprochen, wenn er dich, seliges Land, gekannt hätte« – fragt sich ein anderer deutscher Autor.

In der idyllischen Landschaft, wahrgenommen durch den Filter der bereits bekannten bildlichen Darstellungen japanischer Künstler – »jene charakteristischen Baumsilhouetten, wie die Japaner sie mit ein paar Pinselstrichen hintuschen« –, in den »kindlichen«, »naiven«, »sonnig-heiteren« Menschen, ja selbst noch im »Klang- und Wortcharakter« ihrer Sprache offenbaren sich paradiesische Züge:

»Man halte gegen *Blume* das japanischste aller Wörter, *hana,* gegen *Farbe iro,* gegen *Kirsche sakura,* man vergleiche *Frühling* mit *haru* und *aki* mit *Herbst!* Diese Worte sind so unerreichbar echt und richtig, sind gerade so hingehaucht, wie ihr Gegenstand geschaut ist, daß man meinen könnte, die sichtbare Erscheinung selbst sei hier Klang geworden ... In ihnen liegt kindliche Unschuld, frohe Heiterkeit und zugleich ein zarter Hauch von Wehmut.« (W. Gundert, 1929)

Gewiß, die frühen Japanbeschreibungen enthalten zuweilen auch kritische Töne. Man spricht von Japanern in Kontrasten: »Viel Lebhaftigkeit, Intelligenz und Talent, wenig Prinzip und kein Charakter« (J. J. Bousquet, 1877), und als Japan im Jahre 1905 dann mit Rußland eine europäische Großmacht bezwingt, löst dies im Westen einen Schock aus. »Mit Japans Triumph beginnt eine völlig neue Epoche der ganzen internationalen Kultur«, schreibt Richard Dehmel am 30. Mai 1905 in sein Tagebuch. Das Land ist nicht mehr nur Sehnsuchtsgefilde der Kunstliebhaber und Verehrer der »weiblichen« Qualitäten des Lieblichen und Zarten, sondern es beeindruckt auch durch martialische Männlichkeit, symbolisiert etwa durch den »mächtigen«, »stolzen Berg« Fuji.

»Zauber der Anmut und Lieblichkeit ... im Gegensatz zu großer Wildheit« – in diesen Kontrasten faßt man nicht nur, wie seinerzeit der Geologe und Archäologe F. von Richthofen, die Natur der japanischen Inseln, sondern sie bilden gleichsam eine Schablone, ein Kategoriengerüst, mit dem man die divergierenden Eindrücke aus diesem Land zu ordnen versucht.

Doch gleich, ob man sich aus Furcht vor einer »gelben Gefahr« abwehrend-kritisch mit Japan befaßte oder ob man in schwärmerischem Entzücken das »Land des Lächelns, Land der ausgeglichensten Harmonie« pries, es bleibt das Ferne und Exotische, das nur in jenen Ausschnitten wahrgenommen wird, die ins Bild einer solchen Fremde als Projektionsfläche eigener Wünsche und Ängste passen. Edward Said hat anhand des umfassenderen Orient-Begriffs gezeigt, wie sehr das abendländische Bild von dieser Region den eigenen Bedürfnissen entsprechend gestaltet worden ist. Der Orient wie auch einzelne seiner Länder wurden so zum Brennpunkt einer »Sammlung von Träumen, Bildern und Vokabular«, in denen wir über sie verfügen, und gerade seine Ferne, erst recht die Entfernung des »extremen Orients«, bietet sich zur Exotisierung, einem wesentlichen Verfahren des Orientalismus im Saidschen Sinne, an.

Das Exotisieren besteht zunächst einmal in der Betonung der Distanz zum Fremden, das zum »ganz anderen« stilisiert wird, oftmals auch, im Zeichen der abendländischen Zivilisationsflucht des ausgehenden 19. Jahrhunderts, zum unverdorbenen Ursprünglichen. Die Begegnung mit Japan wird so zur »Reise in den Urzustand«. Auch deshalb wohl die vielen Paradiesmetaphern und regressiven Träume in den Japanbeschreibungen der Reisenden und »Japankenner«! Nicht von ungefähr wird Japan darüber hinaus häufig zusätzlich entrückt: Es ist das von der Berührung mit dem korrumpierenden Westen noch unverdorbene »Altjapan«, dem die tiefe Bewunderung Lafcadio Hearns und die hymnische Idealisierung anderer gilt. Ein geradezu tragischer Gedanke insofern, da ja ihre Anwesenheit selbst schon das in sich trägt, vor dem sie ihr hehres und eben doch unerreichbar fernes Japan bewahrt sehen möchten – den »brutalen Europäergeist« und den »haßerfüllten Lärm eines Europäertages«. Bernhard Kellermann findet im Epilog seines Japanbuches dafür ein eigentümliches Bild. Er schildert eine Theateraufführung, die er zum Abschied besucht, in der »zwei bärtige, wilde Männer in Kostümen von unheimlicher Pracht« auftreten:

»Auf der Bühne stand ein unscheinbarer alter Tempel, und vor ihm bekämpften sie einander mit langen riesenhaften Keulen. Während der Kampf wilder und wilder tobte, begann es zu schneien, es schneite und schneite, Massen von Schnee stürzten vom Himmel, die Rasenden verschleiernd, und zuletzt verschwanden sie ganz.

Mir schien das Stück wie ein Symbol: es war das alte Japan, und die Schneeflocken, die es zudeckten, waren die neuen Ideen, die vom Westen kamen, jede einzelne Flocke eine klare, kalte, nüchterne, europäische Idee.«

Sei es nun die »Zierlichkeit«, mit der fast alles Japanische attribuiert wird, die, wohl schon in der Nachfolge von Pierre Lotis *Madame Chrysanthème* (1887), zu einer Art Epitheton ornans der japanischen Frau avanciert, sei es ganz allgemein die Unvergleichlichkeit als Charakteristikum, mit dem Japan entmaterialisiert und seiner Realität entkleidet wird, sei es die Vorstellung von Japans Mangel an Originalität oder seien es andere uns vertraute Meinungsmuster – es will schwerlich gelingen, den Rahmen der Exotisierung Japans zu verlassen, und dies, obgleich es nicht an kritischen Einwürfen fehlte, welche etwa die schwärmerische Verniedlichung Japans persiflierend aufs Korn nahmen. Zu diesen Kritikern zählen neben dem zu Beginn angeführten Otto Julius Bierbaum, dessen bitterer Sarkasmus sich gegen abendländischen Dünkel und Japans imperialistisch-militärische »Fortschrittlichkeit« wendet, auch Arno Holz und Klabund, der die Hauptfigur seiner 1912 entstandenen Komödie *Hannibals Brautfahrt* sagen läßt:

»Wohin machen wir eigentlich unsere Hochzeitsreise? Ich denke Japan. Zu den Geishas ... Es sind in der Tat berauschende Geschöpfe. Überhaupt dieses Japan: Das Hotelwesen steht auf einer einzigartigen Höhe. Es ist bei weitem weiter entwickelt als das europäische. In Japan mietet man sich das Zimmer inklusive Licht, Frühstück und Bedienung bei Tag und Nacht – Bedienung: weibliche natürlich, im schönsten Sinne des Wortes. Auch die Liebe ist inklusive.«

Und noch ein Beispiel, ein wohl bekannteres, für die satirische Belustigung über den Japan-Exotismus sei angeführt – Tucholskys »Chanson« von 1926, wobei auch hier die parodierten Elemente zugleich den Nutzen der zum fremden Reizobjekt ohne Realitätsgehalt stilisierten Welt für die hiesigen Schwärmer zu erkennen geben:

Da ist ein Land – ein ganz kleines Land –
  Japan heißt es mit Namen.
Zierlich die Häuser und zierlich der Strand,
  zierlich die Liliputdamen.
Bäume so groß wie Radieschen im Mai.
Turm der Pagode so hoch wie ein Ei –
  Hügel und Berg
  klein wie ein Zwerg.
Trippeln die zarten Gestalten im Moos,

fragt man sich: Was mag das sein?
In Europa ist alles so groß, so groß –
und in Japan ist alles so klein!

Das unwirkliche Liliputreich sinnlicher Freuden, in dem der »junge Matrose« in den folgenden Strophen mit seiner »Geisha« lustwandelt – »Abendland – Morgenland – Mund an Mund – / welch ein natürlicher Völkerschaftsbund!« – ist nur die bis in unsere Tage wohl bekannteste Variante des Bildes von Japan als dem »ganz anderen«.

Japanische Selbstexotisierung

Doch wie können wir hoffen, den Exotisierungen auf Dauer zu entsagen, wenn Japan selbst sie noch zu fördern scheint? Hier nämlich ist von der zunächst erstaunlichen Beobachtung zu berichten, daß Ablehnung und Kritik angesichts einer exotistischen Außensicht des eigenen Landes durchaus nicht die Regel sind. Vielmehr hat man sich mit ihr anscheinend wohnlich eingerichtet, denn sie bietet auch den solcherart Exotisierten unbestreitbare Vorteile. Als »ganz anders« und unvergleichlich eingestuft zu werden, stimuliert nicht nur das nationale Selbstwertgefühl, sondern verschafft auch Freiräume.

Inselvölker tendieren bekanntlich dazu, die Differenzen zwischen sich und anderen zu überbetonen. Dabei rührt die Motivation zu der extensiven Selbstbespielung und -befragung der Japaner im Vergleich mit anderen Nationen nach Ansicht des Psychologen Minami Hiroshi psychohistorisch gesehen von der hierarchisch gegliederten Ständegesellschaft der Tokugawa-Zeit her, die ein ständiges Eintaxieren der eigenen Erscheinung in den Augen der anderen erforderlich machte. Eine Folge dieser Tendenz ist die Flut von populären wissenschaftlichen oder pseudowissenschaftlichen Publikationen zum japanischen »Volkscharakter« oder anderen japanischen Spezifika, die inzwischen unter der Bezeichnung *»Nihonron«* (Japandiskurse) bzw. *»Nihonjinron«* (Japanertheorien, -diskurse) ein regelrechtes Genre bilden und als solches auch das Interesse der westlichen Japanforschung auf sich zogen. Zu Recht, sollte man meinen, denn diese sagen, wie so oft, indirekt mehr über ihren Gegenstand aus als die Theorien und Thesen, die ihre Seiten füllen. Weshalb etwa eine neurophysiologische Studie von Tsunoda Tadanobu über »Das Gehirn der Japaner« in den späten siebziger Jahren zum Bestseller werden konnte, wird einsichtig, wenn man die zentrale Absicht erkennt, ein für Japaner spezifisches Lateralisierungsmuster nachzuweisen, aus dem wiederum weitreichende Konsequenzen gezogen werden. Dazu ein Beispiel, das uns zugleich vor Augen führt, wie selbst die über Japan im Westen kursierenden Negativstereotypen in diesen »Japanertheorien« nicht nur übernommen werden, sondern sogar zum Zwecke nationaler Selbstbestätigung selbst noch positive Umwertungen erfahren können. Es geht um die bereits erwähnte Standardmeinung, Japanern mangele es an Originalität. Zur Literatur etwa wußte Adolf Fischer 1897 zu berichten: »Der Japaner betrachtet die Poesie mehr als das Produkt einer Zeit, als das eines Individuums, und zwar mit Recht, da hier meist einer vom andern abschreibt.« Bei Tsunoda würde Fischer sein absurdes Urteil nun noch gar bestätigt finden, denn dieser geht ebenfalls wie selbstverständlich davon aus, daß japanische Schriftsteller und Denker unoriginell und unproduktiv seien. Den Grund dafür sieht er allerdings in einem Faktum, das 1897 gerade erst begann, eine Rolle zu spielen: Japanische Autoren, so meint Tsunoda, mußten zu viel Ausländisches lesen und hätten damit ihre linke Gehirnhälfte überlastet, so daß der kreativen rechten Hälfte kein Raum mehr zur Entfaltung blieb. Eine praktische Konsequenz aus dieser Beobachtung ist für Tsunoda dann die Forderung, Japaner im internationalen

Verkehr von der Notwendigkeit der Kommunikation in fremden Idiomen zu entlasten, indem das Japanische, etwa bei den Vereinten Nationen, zur offiziellen Sprache deklariert werden sollte. So sichert die mehr oder minder wissenschaftliche Forschung über nipponische Eigenheiten und Eigentümlichkeiten, seien sie ethnisch-physiologischer, kultureller, historisch-politischer oder sozialer Natur – zumeist sind es Kreuzungen aus mehreren Sparten – Japanern Nischen und Schutzzonen in einem Territorium der Unvergleichbarkeit.

Der Drang, sich von anderen Nationen abzusetzen und dabei ständig Hierarchisierungen vorzunehmen, führt im übrigen zu einem kuriosen »Weltmeisterdenken«, dem man auf Schritt und Tritt begegnet. Der amerikanische Japanologe Ezra Vogel, der sein Buch schlicht *Japan As Number One* betitelte, wußte sehr wohl um den unwiderstehlichen Reiz einer solchen Formel in einem Land, für das sein Buch angeblich gar nicht konzipiert worden war. Das Hierarchiebewußtsein bedarf dabei noch nicht einmal unbedingt schmeichelhafter Feststellungen wie etwa der, Japan sei seit der Meiji-Restauration das »demokratischste Land der Welt«, es sei der perfekteste Wohlfahrtsstaat, oder die Friedensbestrebungen fänden hier die auf der Welt verbreitetste Unterstützung durch die Bevölkerung. Es sind offenbar auch noch weit schwieriger zu belegende oder zu widerlegende Behauptungen wie etwa diejenige möglich, Japans Sprache sei die »lebendigste« der Welt (im Gegensatz zu den »halbtoten« Sprachen Deutsch und Französisch), oder keine Kulturnation schätze wohl die eigene Landessprache so gering wie die Japaner, oder etwa, Japan habe die größte Schneehöhe in Relation zur Bevölkerungsdichte, oder es sei das »mißverstandenste« Land der Welt – solange der erste Rang gesichert ist.

Aktuelles Anschauungsmaterial für japanische Selbstexotisierung, wobei auch deren praktische Dimension ins Blickfeld rückt, bieten etwa die jüngsten japanisch-amerikanischen Wirtschaftsverhandlungen. Als Grund für die angeblich sehr begrenzte Aufnahmefähigkeit des japanischen Marktes für Rindfleisch aus den USA führte der japanische Verhandlungspartner nicht nur religiöse Traditionen wie das buddhistische Tötungsverbot an, sondern laut Asahi Shinbun auch eine anatomische Besonderheit: Japaner hätten nämlich einen wesentlich längeren Darm als Amerikaner, und dies erlaube aus natürlichen Gründen keine Ausweitung des japanischen Fleischkonsums. Dieser Behauptung scheint schon am Folgetag ein Artikel in derselben Zeitung zu widersprechen, in dem von einem Rekordpreis von 100000 Yen (etwa 1250 DM) für ein Kilo japanisches Rindfleisch besonderer Qualität berichtet wird. In unserem Zusammenhang geht es jedoch nicht um die Prüfung des Realitätsgehalts dieser Aussage, sondern allein um die Vorführung eines Argumentationsmusters, das je nach Kontext und Opportunität im Reden über Japan aus der Innen- wie aus der Außenperspektive einen festen Platz einnimmt.

Sprache als Bollwerk, als Waffe, als Schatz

Die Unzugänglichkeit Japans wird auch heute noch vielfach mit der Verschlossenheit seiner Sprachkultur begründet, und die zum festen Bestandteil jedes Vorschlagskatalogs für die Verbesserung der Japankontakte zählende Mahnung, man möge sich die Sprache aneignen, klingt uns nachgerade wie eine altbekannte Litanei in den Ohren, zumal, seitdem japanische Wirtschaftsstrategen und Politiker mangelnde Sprachkenntnisse westlicherseits für die unausgeglichene Handelsbilanz verantwortlich machen. Im Verhältnis der Japaner zu ihrer Sprache spiegelt sich die Entwicklung eines nationalen Selbstbewußtseins, und es erscheint bezeichnend, daß ein beträchtlicher Anteil der in den siebziger Jahren anschwellenden Flut populärer »Japanerdiskurse« aus Abhandlungen zur japanischen Sprache besteht, welche die nationale Identität über die Sprache, ihre Geschichte und ihre strukturellen Besonderheiten zu vermitteln versuchen.

Das Verhältnis zur eigenen Sprache ist dabei durchaus ambivalent; denn obgleich man einerseits die mangelnde Bereitschaft von Ausländern beklagt, sich der Mühen des Japanischlernens zu unterziehen, fühlt man sich von denjenigen, die das Japanische als Nichtjapaner beherrschen, auf mysteriöse Weise bedroht. Die Sprache erscheint überdies manchen Intellektuellen als letzte Bastion, als Territorium, das es gegen eine Invasion von Nicht-Muttersprachlern zu verteidigen gelte. Selbst die Tatsache, daß internationale Japanologenkongresse auf Japanisch abgehalten werden und dabei Nichtjapaner untereinander japanisch kommunizieren, ist Anlaß zu öffentlichen Bekundungen der Irritation. Einerseits setzt man dabei auf eine offensive Sprachpolitik gegenüber dem Ausland – der u. a. von dem Soziolinguisten Suzuki Takao verfochtene Gedanke der »Sprache als Waffe«, als Mittel zur Selbstbehauptung im Überlebenskampf der Nationen, findet sich in verschiedenen Transformationen in der öffentlichen Meinung wieder. Andererseits aber fürchtet man um die Reinheit und Unversehrtheit des Japanischen angesichts von Ausländern, deren Bemühungen um die Aneignung seines Regelwerks bereits als unbefugter Eingriff in das Sprachleben verstanden werden. Das Japanische erscheint hier gleichsam als Substanz, die sich nur begrenzt teilen läßt, oder als Flüssigkeit, die sich bei allzu großer Verdünnung ganz verflüchtigt, als ein Besitztum jedenfalls, das es vor dem Zugriff von Fremden zu schützen gelte. Die Diskussion um diese Fragen wird – und dies darf nicht verschwiegen werden – in Japan durchaus kontrovers geführt, und das facettenreiche Meinungsbild fördert unweigerlich auch die divergierenden geistig-ideologischen Grundannahmen zutage. Am Thema der Sprache kristallisieren sich repräsentative Grundmuster und Werteinstellungen der japanischen Gesellschaft der Gegenwart heraus.

Während das Thema der Sprache gegenwärtig als Gegenstand der öffentlichen Debatte in unserem Kulturkreis geringere Aufmerksamkeit beansprucht, ist die Frage nach den Funktionen des Weiblichen in der Kultur mitsamt der Kontroverse um die Stellung der Frau ein beiden Gesellschaften gemeinsamer Stoff, wobei die Diskussion in Japan ihre Impulse aus dem Westen bezog. Der gemeinsame Kontext, die Parallelität der Fragestellungen und Argumente verdeckt jedoch nicht die Differenz, und auch hier ist es gerade das Verbindende der Zeitgenossenschaft, welches die Kontraste in den Werthaltungen und den Problemlösungsstrategien ausleuchtet, die aus einem anderen Menschenbild resultieren. Dabei wäre es so naiv wie überheblich, etwa *das* japanische Menschenbild aus den Gesprächsbeiträgen herausfiltern zu wollen, um es als handlich zurechtgestutzten Extrakt einem ebenso willkürlich simplifizierten »westlichen« gegenüberzustellen. Weshalb sollte die Meinungsvielfalt, das Spektrum der Denkmodelle in Japan geringer sein als hierzulande? Andererseits hebt man im Blick auf seine Kulturgeschichte doch gern die ausgeprägte Tendenz zur Assimilierung heterogener Elemente und seinen religiösen Synkretismus hervor! Statt die Komplexität der Erscheinungen vorschnell zu reduzieren, sollte die Aufgabe zunächst nur darin bestehen, das Vorgefundene zu beobachten und zu beschreiben. Beim Ordnen der registrierten Eindrücke ergeben sich dann jedoch gewisse Bündelungen, man erkennt Argumentationslinien, die mit bestimmten Werthaltungen korrespondieren. Um dies am Beispiel der »Frauenfrage« zu erläutern: Die gesetzgeberischen Maßnahmen zur Gleichstellung der Frau fußen u. a. auf einem egalitären Menschenbild ursprünglich abendländischer Provenienz, auch wenn, wie neuere Studien westlicher Soziologen hervorheben, arbeitsmarktpolitische Erwägungen diesem Gesetzeswerk einen kräftigen Schub in Richtung Realisierung verliehen haben mögen.

In der innerjapanischen Debatte werden folglich auch Argumentationen laut, welche die kulturelle Eigenständigkeit des Landes durch das Gleichstellungsgesetz gefährdet sehen. Besonders radikal formuliert es die Philosophieprofessorin Hasegawa Michiko im Titel eines ihrer zahlreichen Beiträge zum Thema *Das Gesetz zur Gleichstellung der Frau auf dem Arbeitsmarkt zerstört das kulturelle Ökosystem*. Die Ausdifferenzierung der Geschlechterrollen sieht sie als Ausdruck einer komplexen kulturellen Entwicklung, die zugleich die Basis des sozialen Miteinanders in der modernen japanischen Industriegesellschaft bilde. Unter Berufung auf westliche Ethnologen und östliche Philosophen plädiert Hasegawa für ein »kulturadäquates« gesetzliches Rahmenwerk, das sich nicht dem ihrer Ansicht nach von außen oktroyierten Gleichheitsdiktat beuge.

Hasegawas Bemühen um eine theoretische Fundierung entspricht auf der Ebene des sozialen Alltags die spontane Abwehr gegenüber öffentlicher Kritik an der Frauendiskriminierung, wie sie uns etwa ein Leserbrief aus der Mainichi Shinbun unter der nicht etwa zynischen Überschrift »Auch die Geschlechterdiskriminierung macht Spaß« vorführt. Die Verfasserin, eine 52jährige Haufrau, nimmt Bezug auf einen kritischen Erfahrungsbericht und stellt diesem einen Abriß ihrer eigenen weiblichen Sozialisation gegenüber. Auch sie habe anfangs gegen die ungleichen Chancen von Männern und Frauen emotional rebelliert, Ehemann und Kinder aber hätten von ihr die Auslöschung des eigenen Ich verlangt, und für das geduldige Ertragen sei sie nun mit dem erfolgreichen Abschluß der Kindererziehung reichlich entlohnt. In den letzten Jahren habe sie sich unter dem Vorwand der Wechseljahre allerdings gehenlassen und käme sich nun häßlich und wertlos vor. Vielleicht wäre es doch reizvoller, darauf zu bestehen, daß »gerade die Geschlechterdiskriminierung Spaß macht«.

Das Relief dieser weiblichen Karriere wie auch seine subjektive Darstellung und Einschätzung gleicht im wesentlichen dem uns bekannten konventionellen Hausfrauen-und-Mutter-Ideal, während die Diktion – das »Abtöten des Ich«, das »Ertragen« und die zugespitzte Schlußfolgerung mit den masochistischen Untertönen – auf spezifische japanische Wertsetzungen verweist.

Es ist andererseits denkbar, daß in Japan weibliche Lebenspraxis einen hohen Grad an Emanzipation vorweist, der ebenfalls nicht aus der Verinnerlichung westlich-abendländischer Konzepte, sondern aus der konsequenten Verfolgung traditionalistischer Vorstellungen von der Frau als Dienerin der Familie erwachsen sein kann. Die dynamische Geschäftsfrau etwa, die das Familienunternehmen zu wirtschaftlichem Erfolg führt, findet Anerkennung als tüchtige Helferin in einer ihr angestammten Rolle. Mit einer einfachen Übertragung unserer Vorstellungen von »traditionell« und »fortschrittlich« auf japanische Verhältnisse ist es also nicht getan, mögen sie auf den ersten Blick auch noch so eindeutig scheinen.

Ferne, Nähe, Alterität

Die emotionalen Wechselbäder, von denen eingangs die Rede war, sie bleiben uns in der Begegnung mit dem Fremden nicht erspart. Jede engagierte Beschäftigung mit Japan wird Konflikte in uns auslösen, da unweigerlich unterschiedliche Wertsysteme aufeinanderprallen. Nur scheinbar ist der Weg totaler Relativierung der einfachste und toleranteste – in Wirklichkeit ist er eine Flucht in die Unverbindlichkeit: Japan wird als das »ganz andere« in seiner Fremdheit belassen, die als bequemer Deus ex machina immer dann hervorgezogen werden kann, wenn die Ratlosigkeit überhandnimmt und wenn gar die eigene kulturelle Identität dadurch in Frage gestellt zu werden droht. Sich der Andersheit, der Alterität zu stellen, das Vertraute im Fremden und das nicht Verstehbare im scheinbar Vertrauten zu registrieren, ohne es vorschnell auf einige Formeln reduzieren zu wollen – dazu möchten diese Überlegungen ermuntern. Ihre Absicht ist es, in bewußter Abgrenzung gegen den immer noch verbreiteten Hang zur Verniedlichung, zur Exotisierung und damit zum banalisierenden Entrücken des Japanischen wie auch gegen die vom Journalismus vielfach geschürte Tendenz, mit dem schockierend Monströsen das Unbegreifliche dieser Gesellschaft hervorzukehren, eine neue Annäherungsweise und damit eine neue Sicht auf Japan zu erproben – einen nicht mehr exotisierenden Blick, der die Zeitgenossenschaft und die uns gemeinsamen Lebensbedingungen nicht verleugnet und dennoch das Fremde als Fremdes bestehen läßt.

Japans vermeintliche Nähe, der Umstand, daß es als einziges nicht dem abendländischen Kulturkreis zugehöriges Land zur kleinen Gruppe der modernen westlichen Industriestaaten zählt, verleiht unserer Auseinandersetzung exemplarische Züge. Die Begegnung mit Japan ist gleichsam ein Prüfstein für unsere Bereitschaft, uns mit anderen nichteuropäischen Kulturen auszutauschen.

In Japan wiederum denkt man mittlerweile darüber nach, daß die so vielbeschworene »Internationalisierung« (*kokusaika*) – japanisches Fetischwort und Schlüsselbegriff zugleich – womöglich eine »Chauvinisierung« (*kokusuika*) der Gesellschaft impliziere, denn zum einen stünden hinter diesem Konzept vor allem staatliche Interessen, die unweigerlich mit denen anderer Staaten in Konflikt geraten müßten, und zum anderen habe der verstärkte Kontakt mit Ausländischem zu Abwehrreaktionen geführt. Probleme der Annäherung also auf beiden Seiten!

Unsere Beobachtungen sind nicht darauf angelegt, die Unterschiede zwischen den Kulturen, die uns ohnehin am ehesten auffallen werden, hervorzuheben. Wichtig ist, daß wir bei aller Behutsamkeit der Beschreibung des Vorgefundenen erkennen lernen, wo die eigenen Wertungen den Zugriff bestimmen; erst ein solchermaßen geschärfter Blick ist Voraussetzung dafür, daß wir etwa mit den japanischen Exponenten nipponistischer Kulturtheorie in einen sinnvollen Dialog über das Etische und das Emische eintreten können. Es dient keinem, wenn wir die Frage nach den menschlichen Universalien hinter einerseits dem japanischen Bedürfnis nach Selbstabgrenzung und Abkapselung nach außen und andererseits unserem schlechten Gewissen angesichts der Sünden des Eurozentrismus aus den Augen verlören. Schließlich wird die Kontaktfläche zwischen unseren Kulturen allem Anschein nach in Zukunft nicht etwa kleiner!

Möglicherweise aber werden Erkenntnisse wie jene, daß viele Werte der japanischen Gesellschaft mit den unseren kompatibel erscheinen, ohne daß sie etwa mit ihnen identisch seien, unsere eigene abendländische Tradition in einem neuen Lichte erscheinen lassen.

Quellenhinweise

Abe Kōbō
Die vierte Zwischeneiszeit, S. 108
Aus: Kōbō ABE, Die vierte Zwischeneiszeit. Aus dem Japanischen von Siegfried Schaarschmidt. © Insel Verlag Frankfurt am Main 1975.

Als wär's des Mondes letztes Licht am frühen Morgen, S. 137
Aus: Als wär's des Mondes letztes Licht am frühen Morgen. Hundert Gedichte von hundert Dichtern aus Japan. Herausgegeben und übertragen von Jürgen Berndt. © Verlag Rütten & Loening, Berlin/DDR 1986. Insel Verlag Frankfurt am Main 1987.

Ayukawa Nobuo
Mensch auf der Brücke, S. 148
Aus: Mensch auf der Brücke. Zeitgenössische Lyrik aus Japan. Herausgegeben von Eduard Klopfenstein und Cornelius Ouwehand. © Insel Verlag Frankfurt am Main 1989.

Doi Takeo
Amae. Freiheit in Geborgenheit. Zur Struktur japanischer Psyche, S. 169
Aus: Takeo DOI, Amae. Freiheit in der Geborgenheit. Zur Struktur japanischer Psyche. Mit einem Vorwort von Elmar Holenstein. Aus dem Amerikanischen von Helga Herborth. © Suhrkamp Verlag Frankfurt am Main 1982.

Enchi Fumiko
Das Ehepaar, S. 52
Aus: Das elfte Haus. Erzählungen japanischer Gegenwartsautorinnen. Herausgegeben von Barbara Yoshida-Krafft. © iudicium Verlag GmbH München 1987.

Irmela Hijiya-Kirschnereit
Vom Nutzen der Exotik, S. 174
Aus: Irmela Hijiya-Kirschnereit, Das Ende der Exotik. Zur japanischen Kultur und Gesellschaft der Gegenwart. © Suhrkamp Verlag Frankfurt am Main 1988.

Inoue Yasushi
Die Eiswand, S. 82
Aus: Yasushi INOUE, Die Eiswand. Aus dem Japanischen von Oscar Benl. © Suhrkamp Verlag Frankfurt am Main 1968.

Gedichte, S. 145
Aus: Yasushi INOUE, Eroberungszüge. Gedichte. Mit einem Vorwort von Yasushi Inoue. Ausgewählt und aus dem Japanischen übertragen und mit einem Nachwort versehen von Siegfried Schaarschmidt. © Suhrkamp Verlag Frankfurt am Main 1979.

Das Ise-monogatari, S. 135
Aus: Das Ise-monogatari. Kavaliersgeschichten aus dem alten Japan. Aus dem Original übertragen und kommentiert von Siegfried Schaarschmidt. © Insel Verlag Frankfurt am Main 1981.

Kōno Taeko
Der Eisenfisch, S. 115
Aus: Taeko KŌNO, Knabenjagd. Erzählungen. Ausgewählt, aus dem Japanischen übertragen und mit einem Nachwort versehen von Irmela Hijiya-Kirschnereit. © Insel Verlag Frankfurt am Main 1988.

Kuwabara Takeo
Eine Kunst zweiten Ranges, S. 140
Aus: Japan ohne Mythos. 10 kritische Essays aus japanischer Feder 1946–1963. Herausgegeben und übersetzt von Karl Friedrich Zahl. © iudicium Verlag GmbH München 1988.

Maruyama Masao
Denken in Japan, S. 159
Aus: Masao MARUYAMA, Denken in Japan. Herausgegeben und übersetzt von Wolfgang Schamoni und Wolfgang Seifert. © der deutschen Ausgabe Suhrkamp Verlag Frankfurt am Main 1988.

Mishima Yukio
Nach dem Bankett, S. 42
Aus: Yukio MISHIMA, Nach dem Bankett. Aus dem Japanischen von Sachiko Yatsushiro. © Suhrkamp Verlag Frankfurt am Main 1976.

Mori Ōgai
Im Umbau, S. 93
Aus: MORI Ōgai, Im Umbau. Gesammelte Erzählungen. Ausgewählt, aus dem Japanischen übertragen und erläutert von Wolfgang Schamoni. © Insel Verlag Frankfurt am Main 1989.

Murasaki Shikibu
Über die Kunst des Erzählens, S. 15
Aus: Ivan Morris, Der Leuchtende Prinz. Höfisches Leben im alten Japan. Übersetzt von Ursula Gräfe. © Insel Verlag Frankfurt am Main 1988.

Nakane Chie
Die Struktur der japanischen Gesellschaft, S. 164
Aus: Chie NAKANE, Die Struktur der japanischen Gesellschaft. Aus dem Englischen von Jobst-Mathias Spannagel und Heide Günther-Spannagel. © Suhrkamp Verlag Frankfurt am Main 1985.

Nishida Kitarō
Über das Gute, S. 26
Aus: NISHIDA Kitarō, Über das Gute. Eine Philosophie der reinen Erfahrung. Aus dem Japanischen übersetzt und eingeleitet von Peter Pörtner. © Insel Verlag Frankfurt am Main 1989.

Die geheime Überlieferung des Nō. Aufgezeichnet von Meister Seami, S. 18
Aus: Die geheime Überlieferung des Nō. Aufgezeichnet von Meister Seami. Aus dem Japanischen übertragen und erläutert von Oscar Benl. © Insel Verlag Frankfurt am Main 1961.

Ōe Kenzaburo
Eine persönliche Erfahrung, S. 64
Aus: Kenzaburo ŌE, Eine persönliche Erfahrung. Aus dem Japanischen von Siegfried Schaarschmidt. © Suhrkamp Verlag Frankfurt am Main 1982.

Sei Shōnagon
Das Kopfkissenbuch der Dame Sei Shōnagon, S. 35
Aus: Das Kopfkissenbuch der Dame Sei Shonagon. Ausgewählt und angeordnet von Helmut Bode. © Insel Verlag Frankfurt am Main 1975.

Shimazaki Tōson
Ausgestoßen, S. 101
Aus: SHIMAZAKI Tōson, Ausgestoßen. Aus dem Japanischen übersetzt und mit einem Nachwort versehen von Jürgen Berndt. © der deutschen Übersetzung Aufbau-Verlag Berlin und Weimar 1989. © Insel Verlag Frankfurt am Main 1989.

Tanizaki Jun'ichirō
Lob des Schattens, S. 30
Aus: TANIZAKI Jun'ichirō. Lob des Schattens. Aus dem Japanischen übertragen von Eduard Klopfenstein. Copyright © 1933 by Chuokoransha, Tokyo. Alle Rechte vorbehalten. Copyright © 1987 für die deutsche Ausgabe by Manesse Verlag, Zürich.

Uno Chiyo
Glück, S. 68
Aus: Das elfte Haus. Erzählungen japanischer Gegenwartsautorinnen. Herausgegeben von Barbara Yoshida-Krafft. © iudicium Verlag GmbH München 1987.

Yosano Akiko
Klage um den in den Krieg gezogenen Bruder, S. 143
Aus: Schrei nach Frieden. Japanische Zeugnisse gegen den Krieg. Herausgegeben und übersetzt von Siegfried Schaarschmidt. Copyright © 1984 by Econ Verlag GmbH, Düsseldorf und Wien.

Yoshida Kenkō
Betrachtungen aus der Stille, S. 13
Aus: YOSHIDA Kenkō, Betrachtungen aus der Stille Tsurezuregusa. Aus dem Japanischen übertragen, erläutert und mit einem Nachwort versehen von Oscar Benl. © Insel Verlag Frankfurt am Main 1963.

Lieferbare Werke des Insel Verlages

Abegg, Johann Friedrich: Reisetagebuch von 1798. Herausgegeben von Walter und Jolanda Abegg in Zusammenarbeit mit Zwi Batscha. Mit zahlreichen zeitgenössischen Illustrationen und Faksimiles, Anmerkungen und einem Register. 1976. 5. Tsd. 1977. 280 S. Pp. DM 36,– *[3-458-15950-9]*
– – it 1013. 1987. 368 S. DM 16,– *[3-458-32713-4]*

Vom Abschied. Eine Gedichtsammlung. Herausgegeben von Margot Litten. 1987. 11. Tsd. 1988. 177 S. DM 10,– (it 694) *[3-458-32394-5]*

Der Ackermann und der Tod. Ein Streitgespräch von Johannes von Tepl. Mit einem Nachwort von Reinhold Schneider. 1916. 93. Tsd. 1985. 71 S. DM 12,– (IB 198) *[3-458-08198-4]*

Adreßbuch für Kinder: siehe Beisner

Älteste deutsche Dichtungen. Urtext und Übertragung. Übersetzt und herausgegeben von Karl Wolfskehl und Friedrich von der Leyen. 1932. 56. Tsd. 1964. 130 S. (IB 432) *[3-458-08432-0]*

Aischylos: Prometheus in Fesseln. Zweisprachige Ausgabe. Herausgegeben und übersetzt von Dieter Bremer. Mit Hinweisen zur Deutung und Wirkungsgeschichte. 1988. it 918. 175 S. DM 14,– *[3-458-32618-9]*

Aladin und die Wunderlampe. Aus dem Arabischen von Enno Littmann. Mit Illustrationen einer französischen Ausgabe von 1001 Nacht von 1865/66. 1976. 18. Tsd. 1987. 176 S. DM 8,– (it 199) *[3-458-31899-2]*

Alberti, Rafael: Der verlorene Hain. Erinnerungen. Aus dem Spanischen von Joachim A. Frank. Mit Abbildungen. 280 S. Ln. DM 36,– *[3-458-15015-3]*

Albus, Anita: Der Himmel ist mein Hut. Die Erde ist mein Schuh. Mit Bildern von Anita Albus und Geschichten von Kindern. 1973. 11. Tsd. 1980. 28 S. Pp. DM 20,– *[3-458-15734-4]*
– Der Garten der Lieder. Ein Buch für Kinder und andere, darin elf alte deutsche Volkslieder, ausgewählt und illustriert von Anita Albus. Textredaktion und musikalische Bearbeitung von Friedrich Kur. 1974. 9. Tsd. 1975. 48 S. Pp. DM 20,– *[3-458-15744-1]*
– Eia popeia et cetera. Eine Sammlung alter Wiegenlieder aus dem Volk. 1987. 107 S. DM 16,– (IB 1037) *[3-458-19037-6]*

Aldridge, Alan/William Plomers: Der Schmetterlingsball und das Grashüpferfest. Bilder von Alan Aldridge, Gedichte von William Plomers. Aus dem Englischen von Barbara Frischmuth und Peter Williams. Sonderausgabe. 1978. 64 S. Kt. DM 12,– *[3-458-15840-5]*

Alewyn, Richard: Probleme und Gestalten. Essays. 1974. 404 S. Ln. DM 46,– *[3-458-15355-1]*

Ali Baba und die 40 Räuber. Und die Geschichten von den nächtlichen Abenteuern des Kalifen aus 1001 Nacht. Aus dem Arabischen von Enno Littmann. Mit Illustrationen einer alten französischen Ausgabe. 1975. 17. Tsd. 1986. 222 S. DM 8,– (it 163) *[3-458-31863-1]*

Allerleirauh. Viele schöne Kinderreime. Versammelt von Hans Magnus Enzensberger. 1974. 57. Tsd. 1988. 383 S. DM 14,– (it 115) *[3-458-31815-1]*

Allgemeines deutsches Reimlexikon. Herausgegeben von Peregrinus Syntax. Mit einer Gebrauchsanleitung von Hans Magnus Enzensberger. 1982. 2 Bände. 1600 S. DM 36,– (it 674) *[3-458-32374-0]*

Alltagsleben im Mittelalter. Herausgegeben von Otto Borst. Mit zeitgenössischen Abbildungen. 1983. 56. Tsd. 1987. 640 S. DM 20,– (it 513) *[3-458-32213-0]*

Almanach auf das Jahr 1978: Hans Carossa zum 100. Geburtstag 1878–1978. Herausgegeben von Eva Kampmann-Carossa in Zusammenarbeit mit Volker Michels. Mit zahlreichen Abbildungen. 1977. 150 S. Kt. DM 16,– *[3-458-15063-3]*

Almanach auf das Jahr 1980: August Strindberg – Nichts als Dichter. 1980. 120 S. Kt. DM 16,– *[3-458-14912-0]*

Almanach auf das Jahr 1981: Karl Philipp Moritz – Wer ist das? Herausgegeben von Horst Günther. Mit Abb. 1981. 200 S. Kt. DM 16,– *[3-458-04856-1]*

Almanach auf das Jahr 1982: Goethe zu Bildern. Herausgegeben von Christoph Michel und Isabella Kuhn. 40 Abbildungen. Mit einem Nachwort, Erläuterungen und einer Bibliographie. 1982. 160 S. Kt. DM 18,– *[3-458-14769-1]*

Almanach auf das Jahr 1983: Martin Luther: Aus rechter Muttersprache. Herausgegeben von Walter Sparn. 1983. 244 S. DM 16,– *[3-458-14067-0]*

Almanach auf das Jahr 1984: Diderot. Herausgegeben und mit einer Einleitung von Horst Günther. Mit Abbildungen. 1983. 206 S. Kt. DM 16,– *[3-458-14110-3]*

Almanach auf das Jahr 1985: Schopenhauer. Herausgegeben und mit einer Einleitung von Wolfgang Schirmacher. Mit Abbildungen. 1984. 200 S. Kt. DM 16,– *[3-458-14188-X]*

Almanach auf das Jahr 1986: Rilke und die bildende Kunst. Herausgegeben von Gottfried Boehm. Mit Abbildungen. 1985. 295 S. Kt. DM 16,– *[3-458-14253-3]*

Almanach auf das Jahr 1987: Georg Büchner. Herausgegeben von Thomas Michael Mayer. 1987. 295 S. Kt. DM 16,– *[3-458-14331-9]*

Almanach auf das Jahr 1988: Hamann. Herausgegeben von Oswald Bayer, Bernhard Gajek und Josef Simon. Mit Abbildungen. 1987. 199 S. Kt. DM 16,– *[3-458-14596-6]*

Almanach auf das Jahr 1989: Goethe und die Französische Revolution. Ausgewählt, herausgegeben und mit einem Nachwort versehen von Karl Otto Conrady. 1988. 190 S. Mit Abbildungen. Kt. DM 16,– *[3-458-14639-3]*

Almanach auf das Jahr 1990: Japan. Herausgegeben von Claudia Schmölders und Irmela Hijiya-Kirschnereit. 1989. ca. 280 S. Kt. ca. DM 16,– *[3- 458-16056-6]* Nov. 89

Als der Großvater die Großmutter nahm. Ein Liederbuch für altmodische Leute. Herausgegeben von Gustav Wustmann. Bearbeitet von Anton Kippenberg und Friedrich Michael. 1986. 688 S. DM 16,– (it 903) *[3-458-32603-0]*

Als wär's des Mondes letztes Licht am frühen Morgen. Hundert Gedichte von hundert Dichtern aus Japan. Herausgegeben und übertragen von Jürgen Berndt. 1987. 219 S. Ln. DM 34,– *[3-458-15941-X]*

Alte und neue Lieder. Mit Bildern und Weisen. Herausgegeben von J. Bolte u. a. Mit Illustrationen von Ludwig Richter, Otto Ubbelohde, Moritz von Schwind u. a. 1974. 37. Tsd. 1979. 308 S. DM 8,– (it 59) *[3-458-31759-7]*

Alt-Berliner Humor. Anekdoten und Karikaturen. Herausgegeben von Otto Drude. 1986. 82 S. DM 10,– (it 897) *[3-458-32597-2]*

Alt-Prager Geschichten. Gesammelt von Peter Demetz. Mit Illustrationen von Hugo Steiner-Prag. 1982. 14. Tsd. 1989. 288 S. DM 12,– (it 613) *[3-458-32313-2]*

Alt-Wiener Geschichten. Gesammelt von Joseph Peter Strelka. Mit sechs farbigen Abbildungen. 1984. 18. Tsd. 1988. 298 S. DM 14,– (it 784) *[3-458-32484-4]*

Amman, Jost: Frauentrachtenbuch. Handkolorierter Faksimiledruck der deutschen Ausgabe von 1586. 122 Holzschnitte. 1976. 240 S.

Halbleder. Mit einem Begleittext von Manfred Lemmer. 32 Seiten brosch. Zusammen in Kassette. *[3-458-15930-4 ▸]*
– – it 717. 1986. DM 14,– *[3-458-32417-8]*
– Das Ständebuch. 133 Holzschnitte mit Versen von Hans Sachs und Hartmann Schopper. Herausgegeben von Manfred Lemmer. 1976. 10. Tsd. 1988. 175 S. DM 14,– (IB 133) *[3-458-08133-X]*

An den Mond. Gedichte und Prosa. Ausgewählt von Elisabeth Borchers. 1987. 282 S. DM 12,– (it 956) *[3-458-32656-1]*

Andersen, H.C.: Märchen. Aus dem Dänischen von Eva-Maria Blühm. Mit Zeichnungen von Vilhelm Pedersen und Lorenz Frølich. 1975. 45. Tsd. 1988. 1130 S. 3 Bde. DM 32,– (it 133) *[3-458-31833-X]*
– Märchen meines Lebens. Eine Skizze. Aus dem Dänischen von Michael Birkenbihl. 1979. 10. Tsd. 1986. 231 S. DM 9,– (it 356) *[3-458-32056-3]*
– Spaziergang in der Sylvesternacht. Aus dem Dänischen von Anni Carlsson. Mit Zeichnungen von Gunter Böhmer. 1988. 149 S. DM 10,– (it 1130) *[3-458-32830-0]*

Andreas-Salomé, Lou: Drei Dichtungen. Amor. Jutta. Die Tarnkappe. Herausgegeben und mit einem Nachwort von Ernst Pfeiffer. 1982. 220 S. Ln. DM 26,– *[3-458-14752-7]*
– Eintragungen. Letzte Jahre. Herausgegeben und mit einem Nachwort von Ernst Pfeiffer. 1982. 3. Tsd. 1986. 140 S. Ln. DM 25,– *[3-458-14028-X]*
– Friedrich Nietzsche in seinen Werken. Mit Anmerkungen von Thomas Pfeiffer. Herausgegeben von Ernst Pfeiffer. 1983. 350 S. Ln. DM 36,– *[3-458-14087-5]*
– Lebensrückblick. Grundriß einiger Lebenserinnerungen. Herausgegeben, mit Erläuterungen und einem Nachwort versehen von Ernst Pfeiffer. 1974. 52. Tsd. 1987. 317 S. DM 14,– (it 54) *[3-458-31754-6]*
– Rainer Maria Rilke. Mit den Fotografien der Erstausgabe. Herausgegeben von Ernst Pfeiffer. 1987. 134 S. DM 12,– (it 1044) *[3-458-32744-4]*

Lou Andreas-Salomé. Leben. Persönlichkeit. Werk. Eine Biographie von Cordula Koepcke. 1986. 472 S. DM 16,– (it 905) *[3-458-32605-7]*

Anekdotenlexikon. Die schönsten Anekdoten aus dem »Großen deutschen Anekdoten-Lexikon«. Ausgewählt von Willi Pumin. 1989. 159 S. DM 18,– (IB 1109) *[3-458-19109-7]*

An-Ski: Der Dibbuk. Dramatische jüdische Legende in vier Bildern. Neue deutsche Übertragung von Salcia Landmann und Horst Bienek. Mit Materialien zum Exorzismus-Thema und zur Aufführungsgeschichte. Herausgegeben von Horst Bienek. 1989. 204 S. DM 12,– (it 1201) *[3-458-32901-3]*

Anthologie der erotischen Literatur aller Zeiten und Völker. Mit einer Einleitung von Franz Blei. Herausgegeben von Karl Riha. 1989. 2 Bde. ca. 700 S. ca. DM 28,– (it 1141) *[3-458-32841-6]* Okt. 89

Antisemitismusstreit: Der Berliner Antisemitismusstreit. Herausgegeben und mit einem Nachwort versehen von Walter Boehlich. 1988. 269 S. DM 14,– (it 1098) *[3-458-32798-3]*

Das Antlitz des Deutschen in fünf Jahrhunderten deutscher Malerei. Einleitung von Rudolf Kassner. 1980. Mit 79 Abb. 120 S. Ln. DM 48,– *[3-458-14924-4]*

Appetit-Lexikon. Ein alphabetisches Hand- und Nachschlagebuch über Speisen und Getränke von Rudolf Habs und L. Rosner. 1983. 560 S. DM 18,– (it 651) *[3-458-32351-1]*

Apuleius: Der goldene Esel. Aus dem Lateinischen von August Rode. Mit Illustrationen von M. Klinger. 1975. 19. Tsd. 1989. 350 S. DM 16,– (it 146) *[3-458-31846-1]*

Arabische Märchen. Aus mündlicher Überlieferung gesammelt, übertragen und mit einem Nachwort, einem Namensverzeichnis und Worterklärungen versehen von Enno Littmann. 1984. 12. Tsd. 1987. 481 S. DM 16,– (it 779) *[3-458-32479-8]*

Arcimboldo: Figurinen. Kostüme und Entwürfe für höfische Feste. Herausgegeben von Andreas Beyer. Mit farbigen Abbildungen. 1983. 136 S. (it 680) *[3-458-32380-5▶]*

Aretino: Kurtisanengespräche. Aus dem Italienischen von Ernst Otto Kayser. Mit Anmerkungen des Übersetzers und einem Nachwort von Helmuth Faust. 1986. 642 S. DM 20,– (it 948) *[3-458-32648-0]*

Aristophanes: Lysistrata. Übertragen, bearbeitet und mit einem Nachwort von Wolfgang Schadewaldt. 1983. 6. Tsd. 1988. 92 S. DM 14,– (IB 967) *[3-458-08967-5]*

Arlt, Roberto: Die sieben Irren. Roman. Aus dem Spanischen von Bruno Keller. 1971. 294 S. Ln. DM 36,– *[3-458-15294-6]*

Arm und Reich. Geschichten und Gedichte. Ausgewählt von Ralf Borchers. 1987. 293 S. DM 14,– (it 1031) *[3-458-32731-2]*

Arnim, Achim von: Erzählungen. Ausgewählt von Hermann Hesse. 1987. 389 S. DM 14,– (it 1018) *[3-458-32718-5]*

Achim und Bettina in ihren Briefen. Briefwechsel Achim von Arnim und Bettina Brentano. Herausgegeben von Werner Vordtriede. Mit einer Einleitung von Rudolf Alexander Schröder. 1982. 3. Tsd. 1985. 987 S. 2 Bde. Ln. DM 98,– *[3-458-14880-9]*

– – it 1095. 1988. DM 28,– *[3-458-32795-9]*

Arnim, Achim von/Clemens Brentano: Des Knaben Wunderhorn. Alte deutsche Lieder. Auswahl. 1974. 30. Tsd. 1986. 279 S. DM 12,– (it 85) *[3-458-31785-6]*
– – Ln. DM 32,– *[3-458-14151-0]*; Ld. DM 78,– *[3-458-14152-9]*

Arnim, Bettine von: Bettine von Arnims Armenbuch. Herausgegeben von Werner Vordtriede. 1981. 11. Tsd. 1985. 138 S. DM 7,– (it 541) *[3-458-32241-8]*
– Aus meinem Leben. Zusammengestellt und kommentiert von Dieter Kühn. 1982. 13. Tsd. 1985. 160 S. DM 8,– (it 642) *[3-458-32342-2]*
– Die Günderode. Mit einem Essay von Christa Wolf. 1982. 15. Tsd. 1984. 560 S. Ln. DM 38,– *[3-458-14002-6]*
– – it 702. 1983. 20. Tsd. 1986. 604 S. DM 18,– *[3-458-32402-X]*
– Dies Buch gehört dem König. Herausgegeben von Ilse Staff. 1982. 480 S. (it 666) *[3-458-32366-X▸]*
– Goethes Briefwechsel mit einem Kinde. 1984. 16. Tsd. 1986. 300 S. DM 18,– (it 767) *[3-458-32467-4]*
– – Ln. 1985. 678 S. DM 42,– *[3-458-14262-2]*; Ld. DM 88,– *[3-458-14263-0]*

Arnim, Gisela und Bettine von: Das Leben der Hochgräfin Gritta von Rattenzuhausbeiuns. Mit Zeichnungen von Gisela von Arnim und Hermann Grimm. Herausgegeben und mit einem Nachwort von Shawn C. Jarvis. 1986. 250 S. Ln. DM 28,– *[3-458-14318-1]*

Arnim, Bettine von/Clemens Brentano: Clemens Brentanos Frühlingskranz aus Jugendbriefen ihm geflochten, wie er selbst schriftlich verlangte. Mit einem Nachwort von Hartwig Schultz. 1985. 368 S. Ln. DM 34,– *[3-458-14247-9]*
– – it 812. 1985. 368 S. DM 12,– *[3-458-32512-3]*

Bettine von Arnim – Brüder Grimm. Briefwechsel 1838-1841. Herausgegeben von Hartwig Schultz. Mit Abbildungen. 1984. 200 S. Ln. DM 36,– *[3-458-14181-2]*

Arnim, Elizabeth von: Elizabeth und ihr Garten. Aus dem Englischen von Adelheid Dormagen. 1987. 14. Tsd. 1989. 131 S. Ln. DM 28,– *[3-458-14545-1]*

Artmann, H. C./Barbara Wehr: Christopher und Peregrin und was weiter geschah. Ein Bären-Roman in drei Kapiteln. Zu Bildern von George Martyn. 1975. 46 S. Pp. DM 16,– *[3-458-15756-5]*
– – it 488. 1975. 6. Tsd. 1980. DM 6,– *[3-458-32188-8]*

Assisi: Die Blümlein des heiligen Franziskus von Assisi. Aus dem Italienischen nach der Ausgabe der Tipografia Metastasio, Assisi 1901, von Rudolf G. Binding. Mit Initialen von Carl Weidemeyer. 1973. 27. Tsd. 1986. 240 S. DM 10,– (it 48) *[3-458-31748-1]*

Atabay, Cyrus: An diesem Tage lasen wir keine Zeile mehr. Gedichte. 1974. 90 S. Pp. DM 20,– *[3-458-15351-9]*
– Das Auftauchen an einem anderen Ort. Gedichte. 1974. 78 S. Kt. DM 20,– *[3-458-15022-6]*

Atget, Eugène: siehe Proust

Die Geschichte von Aucassin und Nicolette. Mit einem Nachwort von Wolfgang Lange. Der Reprint folgt der 1956 erschienenen Vorzugsausgabe des Bandes Nr. 14 der Insel-Bücherei. Die Holzschnitte schuf Fritz Kredel. Den Text übersetzte Paul Hansmann. 1987. 81 S. DM 14,– (IB 1071) *[3-458-19071-6]*

Auden, W. H.: Shakespeare. Fünf Aufsätze. Aus dem Englischen von Fritz Lorsch. 1964. DM 10,– (IB 811) *[3-458-08811-3]*

Augenblicke deutscher Lyrik. Von Martin Luther bis Paul Celan. Von Gerhart Kaiser. 1986. 7. Tsd. 1987. 451 S. DM 20,– (it 978) *[3-458-32678-2]*

Augustinus: Bekenntnisse. Lateinisch und Deutsch. Eingeleitet, übersetzt und erläutert von Joseph Bernhart. Mit einem Vorwort von Ernst Ludwig Grasmück. 1987. 1014 S. DM 24,– (it 1002) *[3-458-32702-9]*

Austen, Jane: Anne Elliot. Aus dem Englischen von Margarete Rauchenberger. Mit Illustrationen von Hugh Thomson. 1988. 279 S. DM 14,– (it 1062) *[3-458-32762-2]*
– Die Abtei von Northanger. Aus dem Englischen von Margarete Rauchenberger. Mit Illustrationen von Hugh Thomson. 1986. 12. Tsd. 1987. 254 S. DM 12,– (it 931) *[3-458-32631-6]*
– Emma. Aus dem Englischen von Charlotte Gräfin von Klinckowstroem. Mit Illustrationen von Hugh Thomson. 1979. 350 S. Ln. DM 34,– *[3-458-14962-7]*
– – it 511. 1980. 25. Tsd. 1989. DM 16,– *[3-458-32211-6]*
– Gefühl und Verstand. Aus dem Englischen von Margarete Rauchenberger. Mit Illustrationen von Hugh Thomson. 1990. ca. 350 S. ca. DM 16,– (it 1230) *[3-458-32930-]* Jan. 90
– Lady Susan. Ein Roman in Briefen. Mit den zwei Romanfragmenten »Die Watsons« und »Sanditon«. Aus dem Englischen von Angelika Beck und Elizabeth Gilbert. 1989. 253 S. DM 12,– (it 1192) *[3-458-32892-0]*
– Stolz und Vorurteil. Aus dem Englischen von Margarete Rauchenberger. Herausgegeben und mit einem Essay von Norbert Kohl und Illustrationen von Hugh Thomson. 1985. 12. Tsd. 1988. 439 S. DM 16,– (it 787) *[3-458-32487-9]*

Bach, Johann Sebastian: Sonaten und Partiten für Violine allein. Wiedergabe der Handschrift. Nachwort Günter Haußwald. Geleitwort Yehudi Menuhin. 1958. 57. Tsd. 1988. 67 S. DM 14,– (IB 655) *[3-458-08655-2]*

Johann Sebastian Bach. Eine Lebensgeschichte von Charles Sanford Terry. Aus dem Englischen von Alice Klengel. Mit einer Nachbemerkung von Klaus-Peter Richter. 1984. 16. Tsd. 1985. 301 S. DM 12,– (it 802) *[3-458-32502-6]*

Johann Sebastian Bach – Leben und Werk in Daten und Bildern. Herausgegeben von Klaus-Peter Richter. 1984. 16. Tsd. 1986. 284 S. DM 16,– (it 788) *[3-458-32488-7]*

Bänsch, Dieter: siehe Hessen-Bibliothek

Bäume. Das Insel-Buch der Bäume. Gedichte und Prosa. Ausgewählt von Gottfried Honnefelder. Mit farbigen Abbildungen. 1987. DM 14,– (it 1041) *[3-458-32741-X]*

Bāisonqur-Handschrift: Die Miniaturen der Berliner Bāisonqur-Handschrift. Herausgegeben und mit einem Nachwort von Volckmar Enderlein. 28 farbige Tafeln. 1970. DM 12,– (IB 865) *[3-458-08865-2]*

Ball, Hugo: Byzantinisches Christentum. Drei Heiligenleben. 1979. 324 S. Geb. *[3-458-14965-1▸]*

Ball-Hennings, Emmy: Märchen am Kamin. 1986. 10. Tsd. 1988. 245 S. DM 12,– (it 945) *[3-458-32645-6]*

Balzac, Honoré de: Das Mädchen mit den Goldaugen. Aus dem Französischen von Ernst Hardt. Mit einem Vorwort von Hugo von Hofmannsthal. Illustrationen von Marcus Behmer. 1974. 26. Tsd. 1987. 140 S. DM 8,– (it 60) *[3-458-31760-0]*

– Das unbekannte Meisterwerk. Mit Illustrationen von Pablo Picasso. Herausgegeben und mit einem Nachwort versehen von Sebastian Goeppert und Herma Goeppert-Frank. Ins Deutsche übertragen von Herma Goeppert-Frank. 1987. 11. Tsd. 1988. 128 S. DM 16,– (IB 1031) *[3-458-19031-7]*

– Die Frau von dreißig Jahren. Aus dem Französischen von Werner Blochwitz. 1980. 24. Tsd. 1987. 280 S. DM 12,– (it 460) *[3-458-32160-8]*

– Eugénie Grandet. Aus dem Französischen von Gisela Etzel. Herausgegeben von Eberhard Wesemann. 1988. 250 S. DM 14,– (it 1127) *[3-458-32827-0]*

– Glanz und Elend der Kurtisanen. Aus dem Französischen von Felix Paul Greve. 1990. ca. 600 S. ca. DM 18,– (it 1232) *[3-458-32932-3]* Febr. 90

– Tolldreiste Geschichten. Aus dem Französischen von Benno Rüttenauer. Mit Holzschnitten und Zeichnungen von Gustave Doré. 1987. 802 S. DM 20,– (it 911) *[3-458-32611-1]*
– Über die Liebe. Sein Weltbild aus seinen Werken. Zusammengestellt und mit einem Essay herausgegeben von Stefan Zweig. 1983. 200 S. DM 9,– (it 715) *[3-458-32415-1]*
– Vater Goriot. Aus dem Französischen von Franz Hessel. Herausgegeben von Erika Wesemann. 1989. 341 S. DM 16,– (it 1167) *[3-458-32867-X]*

Bamberger Apokalypse: 16 farbige Miniaturen auf Tafeln. Mit einem Essay von Reinhold Schneider. 1961. DM 14,– (IB 775) *[3-458-08775-3]*
– Ausgewählte Miniaturen. Zwölf Faksimile-Reproduktionen. 1975. DM 360,– *[3-458-15451-1]*

Barnet, Miguel: Der Cimarrón. Die Lebensgeschichte eines entflohenen Negersklaven aus Cuba, von ihm selbst erzählt. Nach Tonbandaufnahmen herausgegeben von Miguel Barnet. Aus dem Spanischen von Hildegard Baumgart. Mit einem Nachwort von Heinz Rudolf Sonntag. 1961. 258 S. Ln. DM 32,– *[3-458-15538-4]*
– – Sonderausgabe. 1969. Kt. DM 18,– *[3-458-15559-7]*

Bartke, Wolfgang: Die großen Chinesen der Gegenwart. Ein Lexikon 100 bedeutender Persönlichkeiten Chinas im 20. Jahrhundert. 1985. 356 S. Ln. DM 40,– *[3-458-14246-0]*

Barton, Byron: siehe Wahl

Basile, Giovanni Battista: Der Pentamerone. Das Märchen aller Märchen. 5 Bde. Deutsch von Felix Liebrecht. Herausgegeben von Walter Boehlich. 1982. 660 S. DM 32,– (it 354) *[3-458-32054-7]*

Batta, Ernst: Obelisken. Ägyptische Obelisken und ihre Geschichte in Rom. Mit zahlreichen Abbildungen. 1986. 206 S. DM 24,– (it 765) *[3-458-32465-8]*

Baudelaire, Charles: Blumen des Bösen. Aus dem Französischen von Carlo Schmid. 1976. 67. Tsd. 1989. 272 S. DM 14,– (it 120) *[3-458-31820-8]*
– – Ln. 1986. DM 32,– *[3-458-14536-2]*; Ld. DM 78,– *[3-458-14537-0]*
– Mein entblößtes Herz. Tagebücher. In der Übertragung und mit einem Nachwort und Anmerkungen versehen von Friedhelm Kemp. 1986. 9. Tsd. 1986. 104 S. DM 14,– (IB 854) *[3-458-08854-7]*

Das kleine Baumbuch. Die deutschen Waldbäume. Farbige Bilder von Willi Harwerth. Geleitwort von Friedrich Schnack. 1984. 168. Tsd. 1985. 78 S. Pp. DM 14,– (IB 316) *[3-458-08316-2]*

Bayley, Nicola: Die Katze und der Eisbär. Text und Bilder von Nicola Bayley. Übersetzt von Friederun Meyer-Jürshof. 1984. 20 S. Pp. DM 7,80 *[3-458-14167-7]*
– Die Katze und der Elefant. Text und Bilder von Nicola Bayley. Übersetzt von Friederun Meyer-Jürshof. 1984. 20 S. Pp. DM 7,80 *[3-458-14170-7]*
– Die Katze und der Krebs. Text und Bilder von Nicola Bayley. Übersetzt von Friederun Meyer-Jürshof. 1984. 20 S. Pp. DM 7,80 *[3-458-14168-5]*
– Die Katze und der Papagei. Text und Bilder von Nicola Bayley. Übersetzt von Friederun Meyer-Jürshof. 1984. 20 S. Pp. DM 7,80 *[3-458-14166-9]*
– Die Katze und die Spinne. Text und Bilder von Nicola Bayley. Übersetzt von Friederun Meyer-Jürshof. 1984. 20 S. Pp. DM 7,80 *[3-458-14169-3]*
– Die Reise der beiden Tiger. Eine Geschichte von Richard Adams mit Bildern von Nicola Bayley. Übertragen von Elisabeth Borchers. Vierfarbendruck. 1976. 32 S. Pp. DM 20,– *[3-458-15709-3]*
– – it 493. 1980. DM 8,– *[3-458-32193-4]*
– La Corona und der Blechfrosch und andere Geschichten. Bilder von Nicola Bayley zu vier Geschichten von Russell Hoban. Übertragen von Maria Dessauer. 1979. 32 S. DM 20,– *[3-458-15691-7]*
– Mine und der Milchmann. Text von William Mayne mit Bildern von Nicola Bayley. Aus dem Englischen von Ingrid Westerhoff. 32 S. Vierfarbendruck. 1981. 15. Tsd. 1986. Pp. DM 20,– *[3-458-14760-8]*
– Siebenundsiebzig Tiere und ein Ochse. Bilder von Nicola Bayley. Mit Versen von Elisabeth Borchers und Maria Dessauer. Vierfarbendruck. 1979. 32 S. (it 451) *[3-458-32151-9]* ▸

Bayley, Nicola/Elisabeth Borchers: Das Bilderbuch mit Versen. Mit Bildern von Nicola Bayley und Versen von Elisabeth Borchers. 1975. 32 S. Pp. DM 20,– *[3-458-15710-7]*
– – Sonderausgabe. 1978. 32 S. Brosch. DM 12,– *[3-458-14999-6]*

Bayley, Nicola/William Mayne: Anton der Wühler. Text von William Mayne mit Bildern von Nicola Bayley. Aus dem Englischen von Lena Dess. 1983. 32 S. Pp. DM 20,– *[3-458-14085-9]*

Beaumarchais: Figaros Hochzeit. Aus dem Französischen von Gerda Scheffel. Mit einem Nachwort von Norbert Miller. Mit zeitgenössischen Illustrationen. 1976. 16. Tsd. 1988. 300 S. DM 16,– (it 228) *[3-458-31928-X]*

Beaumont, Madame Leprince de: Die Schöne und das Tier. Ein Märchen. Aus dem Französischen und mit einem Nachwort von Maria Dessauer. Illustriert von Richard Doyle. 1977. 15. Tsd. 1988. 58 S. DM 12,– (IB 989) *[3-458-08989-6]*

Beccaria, Cesare: Über Verbrechen und Strafen. Nach der Ausgabe von 1766 übersetzt und herausgegeben von Wilhelm Alff. 1988. 188 S. DM 12,– (it 1068) *[3-458-32768-1]*

Bechstein, Ludwig: Das Deutsche Märchenbuch. Mit Illustrationen von Ludwig Richter. 1988. 453 S. DM 18,– (it 1113) *[3-458-32813-0]*
– Hexengeschichten. Mit farbigen Illustrationen von Monika Wurmdobler. 1986. 280 S. DM 16,– (it 865) *[3-458-32565-4]*

Beck, Dieter: Krankheit als Selbstheilung. Wie körperliche Krankheiten ein Versuch zu seelischer Heilung sein können. Mit einem Nachwort von Elisabeth Kübler-Ross. 1981. 174 S. Ln. DM 28,– *[3-458-14881-7]*

Beckford, William: Vathek. Aus dem Französischen von Franz Blei. Mit einem Vorwort von Stéphane Mallarmé. 1989. 347 S. DM 16,– (it 1172) *[3-458-32872-6]*

Max Beckmann in Frankfurt. Herausgegeben von Klaus Gallwitz. Mit 40 Farbtafeln und zahlreichen Schwarzweißabbildungen. 1984. 160 S. Ln. DM 58,– *[3-458-14172-3]*

Max Beckmann. Schauspieler-Triptychon. Eine Kunst-Monographie von Heinz Jatho. Mit Abbildungen und einer farbigen Klapptafel. Originalausgabe. 1989. 91 S. DM 16,– (it 1134) *[3-458-32834-3]*

Beecher-Stowe, Harriet: Onkel Toms Hütte. Herausgegeben und mit einem Nachwort von Wieland Herzfelde. In der Bearbeitung einer alten Übersetzung. Mit Holzschnitten von George Cruikshank. 1977. 29. Tsd. 1987. 464 S. DM 14,– (it 272) *[3-458-31972-7]*

Beer, Johann: Die teutschen Winter-Nächte und kurzweiligen Sommer-Täge. Zwei Romane. Mit 24 Abbildungen nach den Kupfern der Originalausgabe von 1682. Herausgegeben und mit einem Nachwort, Anmerkungen und Worterklärungen von Richard Alewyn. 1985. 888 S. DM 24,– (it 872) *[3-458-32572-7]*

Behmer, Marcus: Der erste Beernhäuter. Satzanordnung, Titelholzschnitt, Initial und Bilder von Marcus Behmer. Nachwort von Manuel Schnitzer. 1987. 51 S. DM 12,– (IB 340) *[3-458-08340-5]*

Beier, Gerhard: siehe Hessen-Bibliothek

Beisner, Monika: Das Adressbuch für Kinder. Mit Bildern und Geschichten. Vierfarbig. 1977. 46. Tsd. 1988. 120 S. DM 12,– (it 294) *[3-458-31994-8]*

– Das Buch der hundert Rätsel. Mit 12 vierfarbigen Rätselbildern. 1983. 12. Tsd. 1984. 32 S. Pp. DM 18,– *[3-458-14117-0]*
– – it 2019. 1986. 58 S. DM 12,– *[3-458-33719-9]*
– Das Sternbilder-Buch. Bilder von Monika Beisner. Nacherzählungen von Ingrid Westerhoff. Vierfarbendruck. 1981. 64 S. Ppe. DM 24,– *[3-458-15675-5]*
– – it 587. 1981. DM 9,– *[3-458-32287-3]*
– Verkehrte Welt. Bilder und Verse von Monika Beisner. 1987. 32 S. Pp. DM 18,– *[3-458-14604-0]*
– Vom Salamander, der im Feuer lebt und anderen Fabeltieren. Bilder von Monika Beisner zu Geschichten von Alison Lurie. Aus dem Amerikanischen von Ingrid Westerhoff. 1981. 32 S. Vierfarbendruck. Pp. DM 20,– *[3-458-14761-6]*
– Vom wundersamen Einhorn und anderen Fabeltieren. Bilder von Monika Beisner zu Geschichten von Alison Lurie. 1984. 46 S. DM 9,– (it 2007) *[3-458-33707-5]*
– Zaubersprüche. Bilder von Monika Beisner zu Zaubersprüchen. Ins Deutsche gebracht von Monika Beisner, Elisabeth Borchers und Friederun Meyer-Jürshof. 1985. 32 S. Pp. DM 18,– *[3-458-14294-0]*

Bekränzter Jahreslauf: siehe Kästner

Bell, Quentin: Virginia Woolf. Eine Biographie. Aus dem Englischen von Arnold Fernberg. Mit einer Zeittafel, Bibliographie, einem Namen- und Werkregister. 1977. 5. Tsd. 1980. 620 S. Ln. DM 76,– *[3-458-15046-3]*

Belli, Giuseppe Gioacchino: Die Wahrheiten des G.G. Belli. Römer, Huren und Prälaten. Eine Auswahl seiner frechen und frommen Verse. Vorgestellt und aus dem Italienischen übertragen von Otto Ernst Rock. 1984. 345 S. DM 14,– (it 754) *[3-458-32454-2]*

Belyj, Andrej: Ich, ein Symbolist. Eine Selbstbiographie. Aus dem Russischen übertragen und herausgegeben von Sigrun Bielfeldt. 1987. 333 S. Mit 20 Abbildungen. Ln. DM 38,– *[3-458-14578-8]*
– Im Reich der Schatten. Berlin 1921 bis 1923. Mit einem Essay von Karl Schlögel. Aus dem Russischen übersetzt sowie mit Anmerkungen und Personenverzeichnis versehen von Birgit Veit. 1987. 120 S. Geb. DM 28,– *[3-458-14546-X]*
– Die silberne Taube. Roman. Aus dem Russischen übertragen von Gisela Drohla. 1987. 415 S. Ln. DM 39,80 *[3-458-14580-X]*
– Petersburg. Roman. Aus dem Russischen übertragen von Gisela Drohla. 1987. 3. Tsd. 1988. 443 S. Ln. DM 39,80 *[3-458-14579-6]*

Benjamin, Walter: siehe Deutsche Menschen

Berendt, Joachim Ernst: Nada Brahma. Die Welt ist Klang. 1983. 27. Tsd. 1985. 450 S. Gebunden. DM 38,– *[3-458-14088-3]*

Alban Berg – Leben und Werk in Daten und Bildern. Herausgegeben von Erich Alban Berg. 1976. 11. Tsd. 1985. 260 S. DM 14,– (it 194) *[3-458-31894-1]*

Berlin im Gedicht. Herausgegeben von Barbara und Walter Laufenberg. 1987. 174 S. DM 10,– (it 851) *[3-458-32551-4]*

Berlinger, Rebecca: siehe Hildesheimer

Berlioz, Hector: Groteske Musikantengeschichten. Aus dem Französischen von Elly Ellès. 1986. 274 S. DM 10,– (it 859) *[3-458-32559-X]*

Bernhard, Thomas: Die Irren. Die Häftlinge. 1988. 7. Tsd. 1988. 31 S. Pp. DM 10,– (IB 1101) *[3-458-19101-1]*
– In hora mortis. 1987. 40 S. Pp. DM 12,– (IB 1035) *[3-458-19035-X]*

Bertaux, Pierre: Gar schöne Spiele spiel' ich mit dir! Zu Goethes Spieltrieb. 1986. 4. Tsd. 1987. 238 S. Ln. DM 36,– *[3-458-14504-4]*

Bertrand, Aloysius: Gaspard de la Nuit. Phantasien in der Manier Rembrandts und Callots. Aus dem Französischen von J. Buchmann. Nachwort von Helmut Scheffel. Mit zwölf Radierungen, Holzstichen und Lithographien. 1978. 174 S. Leinen. DM 38,– *[3-458-15884-7]*

Bertuch, Friedrich Johann Justin: Bilderbuch für Kinder. Enthaltend eine angenehme Sammlung von Thieren, Pflanzen, Blumen, Früchten, Mineralien, Trachten und allerhand andern unterrichtenden Gegenständen aus dem Reiche der Natur, der Künste und Wissenschaften; alle nach den besten Originalen gewählt, gestochen und mit einer kurzen wissenschaftlichen und den Verstandes-Kräften eines Kindes angemessenen Erklärung begleitet. Band 1 und 2. Faksimile nach der Ausgabe von 1790. 1977. 220 Seiten mit 100 ganzseitigen Darstellungen im Sechsfarbendruck. 750 Exemplare. Ln. Zwei Bände und Kommentarband. *[3-458-15059-5 +]*

Best, Otto F.: Mameloschen – Jiddisch, eine Sprache und ihre Literatur. Neuauflage 1988. 352 S. Ln. DM 40,– *[3-458-15786-7]*

Besuch bei Toten. Ein imaginärer Friedhof. Angelegt von Peter Maigler. 1985. Originalausgabe. 288 S. DM 10,– (it 871) *[3-458-32571-9]*

Besuche im Städel. Betrachtungen zu Bildern. Herausgegeben von Klaus Gallwitz. Mit biographischen Notizen von Dolf Sternberger. Originalausgabe. 1986. 17. Tsd. 1987. 176 S. DM 12,– (it 939) *[3-458-32639-1]*

Biblia pauperum/Apocalypsis. Die Weimarer Handschrift. Faksimile des Weimarer Manuskripts von Biblia pauperum und Apocalypsis, aufbewahrt unter der Signatur Fol. max. 4. Mit Anmerkungen und Beiträgen von Rainer Behrends, Konrad Kratzsch, Heinz Mettke. Einmalige limitierte Weltauflage. Zum Verkauf gelangen 1000 arabisch numerierte Exemplare. 1977. 60 Seiten. Format 48 × 33 cm. Lichtdruck, acht Farben. Ganzpergament. DM 2000,– *[3-458-15058-7]*
– Dokumentation mit einem Original-Faksimile-Blatt. 1977. DM 20,– *[3-458-99408-4]*

Bierce, Ambrose: Aus dem Wörterbuch des Teufels. Auswahl, Übersetzung und Nachwort von Dieter E. Zimmer. 1980. 19. Tsd. 1989. 120 S. DM 10,– (it 440) *[3-458-32140-3]*
– Mein Lieblingsmord. Erzählungen. Aus dem Amerikanischen von Gisela Günther. Mit einem Nachwort von Edouard Roditi. 1973. 49. Tsd. 1988. 260 S. DM 12,– (it 39) *[3-458-31739-2]*

Bilibin, Ivan/Alexander Puschkin: Das Märchen vom herrlichen Falken und andere russische Märchen. Mit Illustrationen von Ivan Bilibin. Nacherzählt von Elisabeth Borchers. 1980. 16. Tsd. 1986. 60 S. DM 9,– (it 487) *[3-458-32187-X]*
– Das Märchen vom Zaren Saltan und das Märchen vom goldenen Hahn. Nacherzählt von Elisabeth Borchers. 1982. 13. Tsd. 1987. 100 S. DM 12,– (it 2002) *[3-458-33702-4]*
– Wassilissa, die Wunderschöne und andere russische Märchen. Mit Bildern von Ivan Bilibin. Nacherzählt von Elisabeth Borchers. 1979. 60 S. DM 7,– (it 452) *[3-458-32152-7]*
– Russische Märchen. 2 Bände: »Das Märchen vom herrlichen Falken« und »Wassilissa, die Wunderschöne« in Schmuckkassette. 1974. 29. Tsd. 1984. 84 S. Pp. DM 36,– *[3-458-15745-X]*
– – it 2020. 1987. DM 12,– *[3-458-33720-2]*

Binder, Wolfgang: Hölderlin-Aufsätze. 1970. 408 S. Gebunden. *[3-458-15628-3▸]*

Binding, Rudolf: Der Opfergang. Novelle. 1912. 1000. Tsd. 1962. 56 S. DM 12,– (IB 23) *[3-458-08023-6]*

bin Gorion: Born Judas. Legenden, Märchen und Erzählungen. Gesammelt von Micha Josef bin Gorion. Übersetzt von Rahel bin Gorion. Neu herausgegeben und mit einem Nachwort versehen von Emanuel bin Gorion. 1959. 6. Tsd. 1979. 796 S. Ln. DM 48,– *[3-458-15125-7]*; Ld. *[3-458-15126-5▸]*
– – it 529. 1981. DM 8,– *[3-458-32229-9]*

– Born Judas. Zweiter Teil. Gesammelt von Micha Josef bin Gorion. Übersetzt von Rahel bin Gorion. Neu herausgegeben von Emanuel bin Gorion. 1973. 644 S. Ln. DM 48,– *[3-458-15622-4]*
– Geschichten aus dem Talmud. Herausgegeben und übertragen von Emanuel bin Gorion. 1985. 10. Tsd. 1988. 532 S. DM 18,– (it 860) *[3-458-32560-3]*
– Sagen der Juden. Gesammelt von Micha bin Gorion. Neu herausgegeben und mit einem Nachwort von Emanuel bin Gorion. Übertragen von Rahel bin Gorion. 1962. 9. Tsd. 1980. 790 S. Ln. DM 48,– *[3-458-15335-7]*; Ld. *[3-458-15336-5▸]*
– – it 420. 1980. 19. Tsd. 1988. DM 14,– *[3-458-32120-9]*
– siehe Flavius Josephus
– siehe Vom Garten Eden

Blätter aus Prevorst. Eine Auswahl von Berichten über Magnetismus, Hellsehen, Geistererscheinungen aus dem Kreise Justinus Kerners und seiner Freunde. Herausgegeben von Hermann Hesse. 1987. 185 S. DM 12,– (it 1019) *[3-458-32719-3]*

Blei, Franz: Das große Bestiarium der modernen Literatur. Mit Illustrationen. 1982. 400 S. (it 660) *[3-458-32360-0▸]*

Blume, Bernhard: Existenz und Dichtung. Essays und Abhandlungen. Ausgewählt von Egon Schwarz. 1980. 320 S. Ln. DM 38,– *[3-458-14929-5]*

Das kleine Blumenbuch. Zeichnungen von Rudolf Koch in Holz geschnitten von Fritz Kredel. 1984. 484. Tsd. 1986. 72 S. Pp. DM 14,– (IB 281) *[3-458-08281-6]*

Blumengewinde. Aus Vater Rosenfelds Lieblingslaube. Neudruck der 1830 in Leipzig bei Taubert erschienenen Ausgabe. Herausgegeben von Horst Kunze. Mit einem Nachwort von Heiner Vogel. Mit 14 illuminierten Kupfertafeln, 1 gestochenes Titelblatt. 1982. 141 S. Pp. DM 28,– *[3-458-14838-8]*

Blumenschatten hinter dem Vorhang. Von Ting Yao Kang. Aus dem Chinesischen und mit einem Nachwort von Franz Kuhn. Mit 18 Holzschnitten. 1983. 777 S. (it 744) *[3-458-32444-5▸]*

Boccaccio, Giovanni di: Das Dekameron. Hundert Novellen. Ungekürzte Ausgabe. Aus dem Italienischen von Albert Wesselski und mit einer Einleitung versehen von André Jolles. Mit venezianischen Holzschnitten. Insel-Bibliothek. 1981. 2 Bde. 988 S. Ln. DM 88,– *[3-458-14790-X]*
– – wie 14790. 2 Bde. in Kass. 19. Tsd. 1987. DM 32,– *[3-458-09964-6]*

– Das Leben Dantes. Aus dem Italienischen von Otto Freiherr von Taube. Mit einem Nachwort von Werner Bahner. Titelbild nach einem Stich von Enea Vico. 1987. 33. Tsd. 1987. 99 S. Pp. DM 16,– (IB 275) *[3-458-08275-1]*
– Erotische Geschichten. Aus dem Italienischen von Albert Wesselski. Mit einem Aufsatz von Friedrich Schlegel und Zeichnungen von Jakob Schwarzkopf. 1988. 152 S. DM 12,– (it 1078) *[3-458-32778-9]*

Boehm, Gottfried: Paul Cézanne – Montagne Sainte-Victoire. Eine Kunst-Monographie. Mit Abbildungen und einer farbigen Klapptafel. 1988. 148 S. DM 16,– (it 826) *[3-458-32526-3]*

Böhme, Jakob: Aurora oder Morgenröte im Aufgang. 1989. ca. 450 S. ca. DM 18,– (it 1171) *[3-458-32871-8]* Dez. 89

Böll, Heinrich: Als der Krieg ausbrach. Als der Krieg zu Ende war. Zwei Erzählungen. 1962. 21. Tsd. 1989. 56 S. DM 10,– (IB 768) *[3-458-08768-0]*
– Die schwarzen Schafe. Mit Illustrationen von Wiltrud Jasper. 1988. 35 S. Pp. DM 10,– (IB 1078) *[3-458-19078-3]*
– Im Tal der Donnernden Hufe. Erzählung. 1957. 39. Tsd. 1985. 64 S. DM 10,– (IB 647) *[3-458-08647-1]*

Börne, Ludwig: Briefe aus Paris. Herausgegeben von Alfred Estermann. Insel Bibliothek. 1986. 782 S. Ln. DM 48,– *[3-458-14538-9]*; Ld. DM 98,– *[3-458-14539-7]*
– – it 924. 1986. DM 28,– *[3-458-32624-3]*

Böschenstein, Bernhard: »Frucht des Gewitters«. Zu Hölderlins Dionysos als Gott der Revolution. 1989. 250 S. Ln. DM 36,– *[3-458-16046-9]*
– Leuchttürme. Von Hölderlin zu Celan. Wirkung und Vergleich. Studien. 1977. 3. Tsd. 1982. 322 S. Ln. DM 34,– *[3-458-15033-1]*

Boethius: Trost der Philosophie. Zweisprachige Ausgabe. Lateinisch und deutsch. Mit einem Nachwort von Ernst Ludwig Grasmück. 1989. ca. 150 S. ca. DM 12,– (it 1215) *[3-458-32915-3]* Nov. 89

Bonn. Ein Städte-Lesebuch. Herausgegeben von Doris Maurer und Arnold E. Maurer. Mit zahlreichen Abbildungen. 1989. ca. 350 S. ca. DM 16,– (it 1224) *[3-458-32924-2]* Dez. 89

Borchardt, Rudolf: siehe Der Deutsche in der Landschaft

Borchers, Elisabeth: Das Adventbuch. Vierfarbendruck. 1979. 71. Tsd. 1980. 120 S. DM 8,– (it 449) *[3-458-32149-7]*
– siehe auch Bayley – Beisner – Bilibin – Buch der Liebe – Das große Lalula – Deutsche Märchen – Ein Fisch mit Namen Fasch – Geburts-

tagsbuch – Geburtstagsbuch für Kinder – Greenaway – Insel-Buch der Träume – Insel-Buch für Kinder – Kaschnitz – Lartigue – Lesebuch für Kinder – Liebe Mutter – Liebesgeschichten – Märchen deutscher Dichter – An den Mond – Poesiealbum – Schlote – Weihnachtsbuch – Weihnachtsbuch für Kinder

Borchers, Elisabeth/Louise Brierley: Der König der Tiere und seine Freunde. 1982. 11. Tsd. 1982. 38 S. DM 7,– (it 622) *[3-458-32322-8]*

Borchers, Elisabeth/Wilhelm Schlote: Briefe an Sarah. Bilder von Wilhelm Schlote. Vierfarbendruck. 1977. 11. Tsd. 1980. 32 S. Pp. DM 16,– *[3-458-15067-6]*
– – it 568. 1981. DM 8,– *[3-458-32268-X]*
– Die Zeichenstunde. 1977. 32 S. Pp. DM 20,– *[3-458-15039-0]*
– Heute wünsch ich mir ein Nilpferd. 1982. 24 S. DM 7,– (it 629) *[3-458-32329-5]*
– Paul und Sarah oder wenn zwei sich was wünschen. Geschichte von Elisabeth Borchers. Bilder von Wilhelm Schlote. Vierfarbendruck. 1979. 32 S. Pp. DM 18,– *[3-458-15848-0]*

Born Judas: siehe bin Gorion

Bornkamm, Heinrich: Das Jahrhundert der Reformation. Gestalten und Kräfte. 1983. 494 S. DM 16,– (it 713) *[3-458-32413-5]*

Bote, Hermann: Till Eulenspiegel. Vollständige Ausgabe. Herausgegeben von Siegfried H. Sichtermann. Mit zeitgenössischen Illustrationen. 1978. 32. Tsd. 1989. 358 S. DM 16,– (it 336) *[3-458-32036-9]*

Das Leben und Sterben der Kindsmörderin Susanna Margaretha Brandt. Nach den Prozeßakten dargestellt von Siegfried Birkner. 1989. 145 S. DM 10,– (it 1190) *[3-458-32890-4]*

Brandys, Kazimierz: Joker. Erinnerungen aus der Gegenwart. Aus dem Polnischen von Walter Tiel. 236 S. *[3-458-15437-3▸]*

Brandys, Marian: Maria Walewska. Napoleons große Liebe. Aus dem Polnischen von Klaus Staemmler. 304 S. *[3-458-15403-8▸]*

Brantôme, Seigneur de: Das Leben der galanten Damen. Mit zeitgenössischen Porträts. 1981. 750 S. 2 Bde. (it 586) *[3-458-32286-8▸]*

Brecht, Bertolt: Buckower Elegien. 1964. 46 S. DM 12,– (IB 810) *[3-458-08810-5]*
– Hauspostille (1927). Bibliothek deutscher Erst- und Frühausgaben in originalgetreuen Wiedergaben. Herausgegeben von Bernhard Zeller. 160 S. Erläuterungsband: Bertolt Brechts Hauspostille. Texte und Zeugnisse zur Entstehungs- und Wirkungsgeschichte, herausgegeben von Klaus Schuhmann. 54 S. Im Format der Faksimile-Aus-

gabe 20,3 × 12,5 cm. Beide Bände im Schuber. 1970. Kt. DM 68,– *[3-458-15613-5]*
– – it 617. Mit Radierungen von Christoph Meckel. 1982. 12. Tsd. 1988. 180 S. DM 10,– *[3-458-32317-3]*
– Liebesgedichte. 1967. 84. Tsd. 1988. DM 12,– (IB 852) *[3-458-08852-0]*
– Über die irdische Liebe und andere gewisse Welträtsel in Liedern und Balladen. Auswahl Günter Kunert. Illustrationen von Klaus Ensikat. Mit einer Schallplatte, besungen von Helene Weigel und Bertolt Brecht. 1962. 95 S. Pp. *[3-458-15465-5▸]*

Bertolt Brecht – Leben und Werk in Daten und Bildern. Herausgegeben von Werner Hecht. 1979. 2. verbesserte Auflage 1986. 19. Tsd. 1987. 260 S. DM 14,– (it 406) *[3-458-32106-3]*

Bertolt Brecht – Sein Leben in Bildern und Texten. Mit einem Vorwort von Max Frisch. Herausgegeben von Werner Hecht. Gestaltet von Willy Fleckhaus. it 1122. 1988. 351 S. DM 24,– *[3-458-32822-X]*

Brecht, Walter: Unser Leben in Augsburg. Erinnerungen. Mit Abbildungen. 1984. 350 S. Ln. DM 34,– *[3-458-14175-8]*

Brentano, Bernard von: August Wilhelm Schlegel. Geschichte eines romantischen Geistes. Mit einem Nachwort von Hans Mayer. 1986. 300 S. Ln. DM 36,– *[3-458-14512-5]*
– Theodor Chindler. Roman einer deutschen Familie. 1979. 23. Tsd. 1979. 450 S. Geb. DM 38,– *[3-458-14975-9]*
– Wo in Europa ist Berlin? Bilder aus den zwanziger Jahren. 1981. 222 S. Ln. DM 32,– *[3-458-14898-1]*

Brentano, Clemens: Gedichte, Erzählungen, Briefe. Herausgegeben von Hans Magnus Enzensberger. 1981. 250 S. DM 10,– (it 557) *[3-458-32257-4]*
– Gockel, Hinkel und Gackeleia. Nach der Frankfurter Erstausgabe von 1838. Mit Lithographien von Caspar Braun nach Entwürfen Clemens Brentanos. 1973. 20. Tsd. 1986. 384 S. DM 14,– (it 47) *[3-458-31747-3]*
– Italienische Märchen. Mit einem Nachwort von Maria Dessauer. 1983. 13. Tsd. 1988. 378 S. DM 16,– (it 695) *[3-458-32395-3]*
– – Insel-Bibliothek. 1985. 380 S. Ln. DM 36,– *[3-458-14300-9]*; Ld. DM 80,– *[3-458-14301-7]*
– Rheinmärchen. In der von Guido Görres herausgegebenen Ausgabe von 1846. Mit Illustrationen von Eduard Steinle. 1985. 388 S. DM 14,– (it 804) *[3-458-32504-2]*
– siehe Arnim

Brentano, Clemens/Sophie Mereau: Lebe der Liebe und liebe das Leben. Der Briefwechsel von Clemens Brentano und Sophie Mereau.

Mit einer Einleitung herausgegeben von Dagmar von Gersdorff. Mit zahlreichen Abbildungen. 1981. 3. Tsd. 1983. 380 S. Ln. DM 38,– *[3-458-14799-3]*

Brentano, Clemens/Philipp Otto Runge: Briefwechsel. Hrsg. Konrad Feilchenfeld. 1974. 4. Tsd. 1979. 120 S. DM 12,– (IB 994) *[3-458-08994-2]*

Briefe an den Vater. Zeugnisse aus drei Jahrhunderten. Ausgewählt von Jens Haustein. 1987. 175 S. DM 12,– (it 1045) *[3-458-32745-2]*

Briefe von Liselotte von der Pfalz bis Rosa Luxemburg. Herausgegeben von Claudia Schmölders. 1988. 382 S. Ln. DM 36,– *[3-458-14616-4]*

Brierley, Louise: siehe Borchers

Brillat-Savarin, Jean Anthelme: Physiologie des Geschmacks oder Betrachtungen über das höhere Tafelvergnügen. Übersetzt und eingeleitet von Emil Ludwig. Mit Illustrationen. 1979. 10. Tsd. 1986. 320 S. DM 9,– (it 423) *[3-458-32123-3]*

Brod, Max: Der Meister. Roman. 1981. 448 S. Geb. *[3-458-14753-5▶]*
– Streitbares Leben. Autobiographie. 1979. 350 S. Geb. DM 38,– *[3-458-15128-1]*

Brontë, Anne: Agnes Grey. Aus dem Englischen von Elisabeth Arx. 1988. 19. Tsd. 1989. 276 S. DM 12,– (it 1093) *[3-458-32793-2]*

Brontë, Charlotte: Erzählungen aus Angria. Herausgegeben und mit einem Nachwort versehen von Jörg Drews. Aus dem Englischen von Michael Walter und Jörg Drews. 1987. 287 S. mit 20 Abb. Ln. DM 32,– *[3-458-14581-8]*
– Jane Eyre. Eine Autobiographie. Aus dem Englischen von Helmut Kossodo. Mit einem Essay und einer Bibliographie herausgegeben von Norbert Kohl. 1986. 24. Tsd. 1989. 645 S. DM 18,– (it 813) *[3-458-32513-1]*
– Shirley. Aus dem Englischen von Johannes Reiher und Horst Wolf. 1989. 715 S. DM 18,– (it 1145) *[3-458-32845-9]*

Brontë, Emily: Die Sturmhöhe. Aus dem Englischen von Grete Rambach. 1975. 121. Tsd. 1989. 365 S. DM 14,– (it 141) *[3-458-31841-0]*
– – Ln. 1983. 368 S. DM 32,– *[3-458-14106-5]*; Ld. DM 72,– *[3-458-14107-3]*

Die Schwestern Brontë. Leben und Werk in Texten und Bildern. Herausgegeben von Elsemarie Maletzke und Christel Schütz. 1985. 21. Tsd. 1988. 230 S. DM 16,– (it 814) *[3-458-32514-X]*

Das Brunnenbuch. Gedichte und Prosa. Herausgegeben von Hans-Joachim Simm. Mit Abbildungen. 1986. 208 S. DM 12,– (it 933) *[3-458-32633-2]*

Bruno, Giordano: Das Aschermittwochsmahl. Übersetzt von Ferdinand Fellmann. Mit einer Einleitung von Hans Blumenberg. 1981. 7. Tsd. 1986. 220 S. DM 12,– (it 548) *[3-458-32248-5]*

Buber, Martin: Ein Land und zwei Völker. Zur jüdisch-arabischen Frage. Herausgegeben von Paul Mendes-Flohr. 1983. 420 S. Gebunden. DM 42,– *[3-458-14084-0]*
– Einsichten. Aus den Schriften gesammelt. 1989. 82 S. DM 16,– (IB 573) *[3-458-08573-4]*

Das kleine Buch der Greife. Einheimische Raubvögel. Mit 24 farbigen Tafeln nach den kolorierten Kupfern aus Johann Wolfs und Bernhard Meyers ›Naturgeschichte der Vögel Deutschlands‹. Bildunterschriften von Rudo Spemann. Nachwort von Otto Fehringer. Neuauflage. 1985. 48 S. DM 16,– (IB 515) *[3-458-08515-7]*

Das kleine Buch der Nachtfalter. Kolorierte Stiche von Jakob Hübner. Geleitwort von Friedrich Schnack. Neuauflage. 1985. 55 S. DM 16,– (IB 226) *[3-458-08226-3]*

Buddhistische Legenden. Herausgegeben von Heinrich Zimmer. 1985. 178 S. DM 9,– (it 820) *[3-458-32520-4]*
– siehe auch Und Buddha lacht
– siehe Conze

Büchner, Georg: Lenz. Erzählung. Mit Oberlins Aufzeichnungen ›Der Dichter Lenz im Steinthale‹, ausgewählten Briefen von J.M.R. Lenz und einem Nachwort von Jürgen Schröder. 1985. 12. Tsd. 1988 112 S. DM 8,– (it 429) *[3-458-32129-2]*
– Leonce und Lena. Mit Illustrationen von Karl Walser und einem Nachwort von Jürgen Schröder. 1981. 12. Tsd. 1988. 120 S. DM 12,– (it 594) *[3-458-32294-9]*
– Werke und Briefe. Herausgegeben von Fritz Bergemann. 1922. 62. Tsd. 1979. 682 S. 2 Bde. Ln. DM 64,– *[3-458-14960-0]*
– Woyzeck. Texte und Dokumente kritisch herausgegeben von Egon Krause. 1969. 244 S. Kt. DM 25,– *[3-458-15541-4]*
– Woyzeck. Nach den Handschriften neu herausgegeben und kommentiert von Henri Poschmann. 1985. 13. Tsd. 1989. 163 S. DM 9,– (it 846) *[3-458-32546-8]*

Büchner, Georg/Ludwig Weidig: Der Hessische Landbote. Texte, Briefe und Prozeßakten, kommentiert von Hans Magnus Enzensberger. 1974. 18. Tsd. 1987. 200 S. DM 9,– (it 51) *[3-458-31751-1]*

Bürger, Gottfried August: Wunderbare Reisen zu Wasser und zu Lande, Feldzüge und lustige Abenteuer des Freiherrn zu Münchhausen. Mit den Holzschnitten von Gustave Doré. 1976. 40. Tsd. 1987. 184 S. DM 10,– (it 207) *[3-458-31907-7]*

Bürgers Liebe. Dokumente zu Elisa Hahns und G.A. Bürgers unglücklichem Versuch, eine Ehe zu führen. Herausgegeben und mit einem Nachwort von Hermann Kinder. Mit zeitgenössischen Illustrationen. 1981. 11. Tsd. 1987. 188 S. DM 12,– (it 564) *[3-458-32264-7]*
– siehe Lenardo und Blandine

Bulwer-Lytton, Edward George: Die letzten Tage von Pompeji. Aus dem Englischen von Friedrich Notter. Mit Illustrationen von A. Rothaug. 1986. 10. Tsd. 1988. 565 S. DM 18,– (it 801) *[3-458-32501-8]*

Der Buntscheck. Ein Sammelbuch herzhafter Kunst für Auge und Ohr deutscher Kinder. Herausgegeben von Richard Dehmel mit einem Kommentar von Sabine Knopf. 1985. 72 S. Pp. DM 29,80 *[3-458-14232-0]*

Busch, Wilhelm: Kritisch-Allzukritisches. Eine Auswahl aus seinen Gedichten von Theo Schlee. Mit Illustrationen von Wilhelm Busch und einem Nachwort des Herausgebers. 1974. 36 Tsd. 1987. 200 S. DM 10,– (it 52) *[3-458-31752-X]*
– Sämtliche Bilderbogen. Mit einem Nachwort von Gert Ueding. 1983. 498 S. DM 16,– (it 620) *[3-458-32320-1]*

Lord Byron – Ein Lesebuch mit Texten, Bildern und Dokumenten. Herausgegeben von Gert Ueding. 1988. 462 S. DM 18,– (it 1051) *[3-458-32751-7]*

Cabrera Infante, Guillermo: Rauchzeichen. Aus dem Englischen von Joachim Kalka. 1987. 414 S. Ln. DM 48,– *[3-458-14547-8]*

Campe, Johann Heinrich: Bilder-Abeze. Mit 23 Tafeln und illuminierten Kupfern. Herausgegeben und mit einem Nachwort von Dietrich Leube. 1984. 80 S. Pp. DM 16,– (IB 1020) *[3-458-19020-1]*

Capri: Ein Lesebuch. Herausgegeben von Hans Bender und Hans Georg Schwark. 1988. 322 S. DM 16,– (it 1077) *[3-458-32777-0]*

Carossa, Hans: Sämtliche Werke in zwei Bänden. 1978. 6. Tsd. 1979. 2000 S. Ln. DM 160,– *[3-458-15973-8]*; Ldr. DM 280,– *[3-458-15972-X]*

– Jubiläumsausgabe in fünf Bänden. Band 1: Eine Kindheit. Verwandlungen einer Jugend. Band 2: Das Jahr der schönen Täuschungen. Der Tag des jungen Arztes. Band 3: Führung und Geleit. Ungleiche Welten. Band 4: Der Arzt Gion. Geheimnisse des reifen Lebens. Band 5: Die Schicksale Doktor Bürgers. Rumänisches Tagebuch. Ausgewählte Gedichte. 1978. 19. Tsd. 1980. 1700 S. Pappbände mit Dekorüberzug, in Schmuckkassette. DM 58,– *[3-458-15971-1]*
– Aufzeichnungen aus Italien. 1948. 21. Tsd. 1957. 200 S. Ln. DM 26,– *[3-458-15140-0]*
– Briefe. Drei Bände. Herausgegeben von Eva Kampmann-Carossa. Band 1. 1978. 335 S. Ln. DM 68,– *[3-458-14980-5]*, Ld. DM 148,– *[3-458-14986-4]*
Band 2. 1979. 562 S. Ln. DM 68,– *[3-458-14981-3]*, Ld. DM 148,– *[3-458-14987-2]*
Band 3. 1981. 700 S. Ln. DM 98,– *[3-458-14982-1]*, Ld. DM 168,– *[3-458-14988-0]*
– Das Jahr der schönen Täuschungen. 1941. 156. Tsd. 1962. 228 S. Ln. DM 26,– *[3-458-15147-8]*
– – it 1091. 1988. 234 S. DM 14,– *[3-458-32791-6]*
– Der Arzt Gion. Erzählung. 1931. 117. Tsd. 1979. 256 S. Ln. DM 28,– *[3-458-15139-7]*
– Der alte Taschenspieler. 1956. 40 S. Geb. DM 10,– *[3-458-15146-X]*
– Der Tag des jungen Arztes. 1955. 22. Tsd. 1975. 240 S. Ln. DM 26,– *[3-458-15145-1]*
– – it 1137. 1988. 175 S. DM 12,– *[3-458-32837-8]*
– Die Schicksale Doktor Bürgers. 1984. 104 S. DM 7,– (it 830) *[3-458-32530-1]*
– Eine Kindheit und Verwandlungen einer Jugend. 1934. 145. Tsd. 1983. 280 S. Ln. DM 32,– *[3-458-15143-5]*
– Eine Kindheit. 1977. 11. Tsd. 1981. 123 S. DM 6,– (it 295) *[3-458-31995-6]*
– Erinnerungen an Padua und Ravenna. Mit 23 mehrfarbigen Abbildungen. 1981. 120 S. DM 10,– (it 581) *[3-458-32281-7]*
– Geheimnisse des reifen Lebens. 1936. 106. Tsd. 1978. 208 S. Ln. DM 26,– *[3-458-15141-9]*
– Rumänisches Tagebuch. 1924. 102. Tsd. 1978. 164 S. Ln. DM 26,– *[3-458-15144-3]*
– Tagebücher 1910–1918. Herausgegeben von Eva Kampmann-Carossa. 1986. 680 S. Ln. DM 68,– *[3-458-14312-2]*; Ld. DM 148,– *[3-458-14542-7]*
– Ungleiche Welten. 1924. 102. Tsd. 1978. 304 S. Ln. DM 32,– *[3-458-15148-6]*
– Verwandlungen einer Jugend. 1977. 10. Tsd. 1985. 174 S. DM 8,– (it 296) *[3-458-31996-4]*

– Vorspiele. Geschichte einer Kindheit. 1984. 180 S. Ln. DM 32,– *[3-458-14186-3]*
– Wirkungen Goethes in der Gegenwart. 1950. 83. Tsd. 1982. 40 S. DM 12,– (IB 53) *[3-458-08053-8]*

Hans Carossa – Leben und Werk in Daten und Bildern. Herausgegeben von Eva Kampmann-Carossa. 1978. 9. Tsd. 1982. 290 S. DM 14,– (it 348) *[3-458-32048-2]*

Carrington, Leonora: Das Hörrohr. Roman. Aus dem Englischen von Tilman Spengler. 1980. 218 S. Gebunden. DM 26,– *[3-458-14919-8]*

Carroll, Jonathan: Das Land des Lachens. Roman. Aus dem Amerikanischen von Rudolf Hermstein. 1989. 243 S. Geb. DM 28,– *[3-458-16002-7]*

Carroll, Lewis: Alice im Wunderland. Mit 42 Illustrationen von John Tenniel. Übersetzt und mit einem Nachwort von Christian Enzensberger. 1989. 138 S. Ln. DM 24,– *[3-458-16026-4]*;
Ld. DM 64,– *[3-458-16027-2]*
– – it 42. 1973. 117. Tsd. 1988. 138 S. DM 9,– *[3-458-31742-2]*
– Alice hinter den Spiegeln. Übersetzt von Christian Enzensberger. Mit Illustrationen von John Tenniel. 1974. 59. Tsd. 1987. 140 S. DM 9,– (it 97) *[3-458-31797-X]*
– Briefe an kleine Mädchen. Aus dem Englischen übersetzt und herausgegeben von Klaus Reichert. Mit Fotografien des Autors. 1976. 21. Tsd. 1988. 208 S. DM 9,– (it 172) *[3-458-31872-0]*
– Die Geschichte vom Schwein. Aus dem Englischen von Maria Dessauer. Mit Illustrationen von Leonard B. Lubin. 1976. 4. Tsd. 1976. 32 S. Ln. DM 28,– *[3-458-15012-9]*
– Geschichten mit Knoten. Herausgegeben und übersetzt von Walter E. Richartz. Mit Illustrationen von Arthur B. Frost. 1978. 16. Tsd. 1988. 160 S. DM 10,– (it 302) *[3-458-32002-4]*
– Die Jagd nach dem Schnark. Zweisprachige Ausgabe. Übersetzt und ausgeleitet von Klaus Reichert. Mit Illustrationen von Henry Holiday. 1982. 118 S. DM 7,– (it 598) *[3-458-32298-1]*

Castel del Monte. Die Krone Apuliens. 59 Bildtafeln. Herausgegeben von Carl A. Willemsen. 1982. 5. Tsd. 1985. 102 S. DM 14,– (IB 619) *[3-458-08619-6]*

Castro, Rosalía de: An den Ufern des Sar. Gedichte. Spanisch und deutsch. Übertragung und Nachwort von Fritz Vogelgsang. 1987. 369 S. Ln. DM 48,– *[3-458-14548-8]*

Cazotte, Jacques: Der verliebte Teufel. Aus dem Französischen von Franz Kaltenbeck. 1982. 140 S. Ln. DM 25,– *[3-458-14005-0]*

Cellini: Leben des Benvenuto Cellini. Übersetzt von Goethe. Mit einem Nachwort von Harald Keller. 1980. 12. Tsd. 1988. 560 S. DM 18,– (it 525) *[3-458-32225-6]*

Cervantes Saavedra, Miguel de: Der scharfsinnige Ritter Don Quixote von der Mancha. Mit einem Essay von Iwan Turgenjew und einem Nachwort von André Jolles. Mit Illustrationen von Gustave Doré. 1975. 25. Tsd. 1987. 1378 S. 3 Bde. zus. DM 28,– (it 109) *[3-458-31809-7]*

– Die Novellen. Übersetzt von Konrad Thorer. 1987. 629 S. DM 20,– (it 1007) *[3-458-32707-X]*

Cézanne – Das Leben und Werk in Texten und Bildern. Von Margret Boehm-Hunold. 1989. ca. 200 S. ca. DM 20,– (it 1140) *[3-458-32840-8]* Nov. 89

– siehe Boehm

– siehe Meier-Graefe

Chalfen, Israel: Paul Celan. Eine Biographie seiner Jugend. Mit 12 Abbildungen. 1979. 240 S. Ln. DM 32,– *[3-458-15843-X]*

Chamisso, Adelbert von: Peter Schlemihls wundersame Geschichte. Mit einem Nachwort von Thomas Mann. Illustriert von Emil Preetorius. 1973. 32. Tsd. 1988. 150 S. DM 9,– (it 27) *[3-458-31727-9]*

– – Ln. 1984. 150 S. DM 28,– *[3-458-14205-3]*; Ld. DM 68,– *[3-458-14206-1]*

Chapman, Robin: Das Tagebuch der Herzogin. Aus dem Englischen von Maria Dessauer. 1988. 188 S. Ln. DM 24,– *[3-458-14348-3]*

Chaucer, Geoffrey: Die Canterbury-Erzählungen. Vollständige Ausgabe. Aus dem Englischen übertragen und herausgegeben von Martin Lehnert. Mit Illustrationen von Edward Burne-Jones. 1987. 786 S. DM 24,– (it 1006) *[3-458-32706-1]*

Chesnutt, Charles W.: Der verwunschene Weinberg. Sklavenmärchen aus Nordamerika. Aus dem Amerikanischen und mit einem Nachwort von Monika Plessner. 1979. 134 S. Geb. DM 24,– *[3-458-14961-9]*

Chesterton, Gilbert Keith: Pater-Brown-Geschichten. Die Einfalt des Pater Brown. Die Weisheit des Pater Brown. 24 Detektivgeschichten. Mit einem Nachwort von Norbert Miller. 1989. 536 S. DM 18,– (it 1149) *[3-458-32849-1]*

Chicago. Die Stadt der Superlative. Herausgegeben von Esther Gallwitz. Mit zahlreichen Abbildungen. 1984. 573 S. DM 20,– (it 769) *[3-458-32469-0]*

Chinesische Liebesgedichte aus drei Jahrtausenden. Aus dem Chinesischen von Ernst Schwarz. Mit zeitgenössischen Illustrationen. 1980. 14. Tsd. 1987. 229 S. DM 10,– (it 442) *[3-458-32142-X]*

Chinesische Novellen. Übertragen von Franz Kuhn. Mit einem Nachwort und Anmerkungen herausgegeben von Věnceslava Hrdličkovà. 1985. 11. Tsd. 1986. 630 S. DM 18,– (it 848) *[3-458-32548-4]*

Chinesische Volkserzählungen. Ausgewählt und mit einem Nachwort von Kuan Yu-Chien. Mit Illustrationen von I-Ching Cheng. 1981. 12. Tsd. 1988. 387 S. DM 16,– (it 522) *[3-458-32222-1]*

Chodowiecki, Daniel: siehe Lichtenberg

Clarín: Die Präsidentin. Roman. Aus dem Spanischen von Egon Hartmann. Mit einem Nachwort von Fritz Rudolf Fries. 1985. 8. Tsd. 1986. 864 S. Ln. DM 48,– *[3-458-14283-5]*

Claudius, Matthias: Der Wandsbeker Bote. Mit einem Vorwort von Peter Suhrkamp und einem Nachwort von Hermann Hesse. 1975. 15. Tsd. 1987. DM 12,– (it 130) *[3-458-31830-5]*

Clémenceau, Georges: Claude Monet. Betrachtungen und Erinnerungen eines Freundes. Aus dem Französischen von Hannah Szàsz. Mit 16 Farbtafeln und einem Nachwort von Gottfried Boehm. 1989. 140 S. DM 12,– (it 1152) *[3-458-32852-1]*

Clemens, Susy: Mein Papa. Mark Twain im Tagebuch seiner dreizehnjährigen Tochter und seine Anmerkungen dazu. Erstmals vollständig herausgegeben und mit einem Epilog versehen von Charles Neider. Aus dem Amerikanischen von Gisbert Haefs. 1987. 204 S. mit vielen Abb. Ln. DM 32,– *[3-458-14587-7]*

Codex Manesse: siehe Manesse

Collodi, Carlo/Sabine Friedrichsen: Pinocchios Abenteuer. Eine Geschichte von Carlo Collodi. Aus dem Italienischen von Nino Erné. Mit Bildern von Sabine Friedrichsen. 1988. 232 S. Ln. DM 32,– *[3-458-14642-3]*
– – it 1047. 1988. DM 18,– *[3-458-32747-9]*

Combe, William/Thomas Rowlandson: Die Reisen des Doktors Syntax. Text von William Combe mit 60 Bildern von Thomas Rowlandson. Dem Deutschen einverleibt von Wolf Dietrich Bach und mit ihm gemeinsam herausgegeben von Norbert Miller und Karl Riha. 1983. 2 Bde. 248 S. Ln. DM 120,– *[3-458-14102-2]*

Commedia dell'arte: Figurinen. Mit 36 Illustrationen. Nachwort von Karl Riha. 1980. 23. Tsd. 1986. 100 S. DM 16,– (IB 1007) *[3-458-19007-4]*

Congreve, William: Der Lauf der Welt. Eine lieblose Komödie. Deutsch von Wolfgang Hildesheimer. Mit einer Nachbemerkung von Wolfgang Hildesheimer und einem Nachwort von Holger M. Klein. 1986. 148 S. Ln. DM 32,– *[3-458-14503-6]*

Conover, Chris: Mutter Gans und der schlaue Fuchs. Eine Geschichte mit Bildern von Chris Conover. Aus dem Amerikanischen von Christine Beck. 1989. Ein Insel-Bilderbuch. 32 S. DM 20,– *[3-458-16033-]*

Joseph Conrad – Leben und Werk in Texten und Bildern. Von Renate Wiggershaus. 1989. ca. 300 S. ca. DM 20,– (it 1208) *[3-458-32908-0]* Okt. 89

Consolo, Vincenzo: Das Lächeln des unbekannten Matrosen. Roman. Aus dem Italienischen von Arianna Giachi. 1984. 170 S. Geb. DM 32,– *[3-458-15845-6]*

Conze, Edward: Buddhistisches Denken. Drei Phasen buddhistischer Philosophie in Indien. Aus dem Englischen von Ursula Richter. Mit einem Nachwort von Herbert Elbrecht. 1988. 454 S. Geb. DM 48,– *[3-458-14623-7]*
– Eine kurze Geschichte des Buddhismus. Übersetzt, herausgegeben und mit einem Nachwort von Friedrich Wilhelm. 1984. 174 S. Geb. DM 20,– *[3-458-14140-5]*

Cooper, James Fenimore: Der Lederstrumpf. In der Bearbeitung der Übersetzung von C. Kolb durch Rudolf Drescher. Mit Illustrationen von O. C. Darley. Mit einem Nachwort von Peter Härtling. Vollständige Ausgabe. 1989. 2714 S. 5 Bde. DM 48,– (it 760) *[3-458-32460-7]*
– Der letzte Mohikaner. In der Bearbeitung der Übersetzung von C. Kolb durch Rudolf Drescher. Mit Illustrationen von O. C. Darley. Mit einem Nachwort von Peter Härtling und einer Vorrede Coopers. Vollständige Ausgabe. 1989. 455 S. DM 14,– (it 1212) *[3-458-32912-9]*

Cortés, Hernán: Die Eroberung Mexikos. Drei Berichte an Kaiser Karl V. Herausgegeben von Claus Litterscheid. Übersetzungen von Mario Spiro und C. W. Koppe. Mit 112 Federlithographien von Max Slevogt. 1980. 12. Tsd. 1987. 342 S. DM 14,– (it 393) *[3-458-32093-8]*

Corti, Egon Caesar Conte: Geschichte des Rauchens. »Die trockene Trunkenheit«. Ursprung, Kampf und Triumph des Rauchens. Mit zahlreichen Abbildungen. 1986. 353 S. DM 14,– (it 904) *[3-458-32604-9]*

Cranach, Lucas der Ältere: Zeichnungen. 31 farbige Tafeln, hrsg. von W. Schade. 1972. (IB 970) *[3-458-08970-5▸]*

Creely, Robert: Die Insel. Roman. 1965. 200 S. *[3-458-15164-3▸]*
– Mister Blue. Sechzehn Geschichten. 1964. 128 S. *[3-458-15163-5▸]*

Crick, Bernard: George Orwell. Ein Leben. Aus dem Englischen von Friedrich Polakovics unter Mitwirkung von Harald Raykowski. 1984. 864 S. Geb. DM 78,– *[3-458-14141-3]*

Croce, Benedetto: Geschichte Europas im neunzehnten Jahrhundert. Aus dem Italienischen von Karl Vossler und Richard Peters. 1979. 324 S. Geb. DM 34,– *[3-458-14964-3]*

Crome, Peter: Der Tigergrill. Ein satirischer Roman aus Japan. 1984. 440 S. Pp. DM 39,80 *[3-458-14133-2]*

Curtius, Mechthild: Wasserschierling. Geschichten. 1979. 100 S. Brosch. DM 18,– *[3-458-14993-7]*

Damm, Sigrid: Cornelia Goethe. 1988. 24. Tsd. 1989. 260 S. Ln. DM 28,– *[3-458-14362-9]*
– »Vögel, die verkünden Land«. Das Leben des Jakob Michael Reinhold Lenz. Mit Abbildungen. 1989. 429 S. Ln. DM 36,– *[3-458-16050-7]*

Dante: Die Göttliche Komödie. Aus dem Italienischen von Friedrich Freiherr von Falkenhausen. Mit Zeichnungen von Botticelli. 1974. 27. Tsd. 1988. 686 S. DM 20,– (it 94) *[3-458-31794-5]*

Daudet, Alphonse: Briefe aus meiner Mühle. Aus dem Französischen von Alice Seiffert. 1980. 22. Tsd. 1986. 206 S. DM 10,– (it 446) *[3-458-32146-2]*
– Tartarin von Tarascon. Aus dem Französischen von Paul Stefan. Mit 45 Zeichnungen von Emil Preetorius. 1974. 24. Tsd. 1985. 250 S. DM 10,– (it 84) *[3-458-31784-8]*

Defoe, Daniel: Moll Flanders. Mit einem Nachwort von Norbert Kohl. 1983. 600 S. DM 16,– (it 707) *[3-458-32407-0]*
– Robinson Crusoe. Aus dem Englischen von Hannelore Novak. Mit Holzschnitten von Ludwig Richter. 1973. 37. Tsd. 1987. 404 S. DM 12,– (it 41) *[3-458-31741-4]*

Dehmel, Paula: Auf der bunten Wiese. Kindergeschichten mit bunten Bildern von Else Rehm-Vietor. Neudruck der 1912 im Alfred Hahn Verlag, Leipzig, erschienenen Ausgabe. Mit einem Nachwort von Sabine Knopf. 1988. 40 S. Pp. DM 29,80 *[3-458-14541-9]*

Déry, Tibor: Der Riese. Erzählung. 1958. 20. Tsd. 1963. 76 S. DM 10,– (IB 677) *[3-458-08677-3]*

Deutsche Bildung? Briefwechsel zweier Schulmänner: Martin Havestein – Otto Schumann 1930–1944. Herausgegeben von Notker Hammerstein. 1988. 368 S. Geb. DM 38,– *[3-458-14629-6]*

Deutsche Criminalgeschichten. Schiller, Kleist, E.T.A. Hoffmann, Annette von Droste-Hülshoff. 1984. 350 S. DM 12,– (it 773) *[3-458-32473-9]*

Deutsche Denker über China. Herausgegeben von Adrian Hsia. 1985. 392 S. DM 16,– (it 852) *[3-458-32552-2]*

Deutsche Dichtung des Mittelalters. Herausgegeben von Friedrich von der Leyen. Im Anhang: ›Vom Lesen und Verstehen alter deutscher Dichtung‹, Literaturangaben, Anmerkungen und Nachweise. 1962. 5. Tsd. 1964. 1072 S. Ld. DM 96,– *[3-458-15166-4]*

Deutsche Erzähler. Band I. Herausgegeben und eingeleitet von Hugo von Hofmannsthal. 996 S. Band II. Herausgegeben und eingeleitet von Marie Luise Kaschnitz. 708 S. 1979. 424. Tsd. 1984. 2 Bde. Gebunden. *[3-458-14963-5▸]*

– – Dünndruckausgabe in 2 Bänden. 1988. 1948 S. Ln. DM 96,– *[3-458-14646-6]*; Ld. DM 248,– *[3-458-14647-4]*

Deutsche Fabeln und Lieder. Herausgegeben von Ingrid Sommer. Mit Stichen von Daniel Chodowiecki. 1976. 17. Tsd. 1987. 316 S. DM 12,– (it 208) *[3-458-31908-5]*

Deutsche Gedichte. Ausgewählt und eingeleitet von Karl Krolow. 1982. 76. Tsd. 1987. 2 Bde. 992 S. Geb. DM 29,80 *[3-458-14042-5]*

Deutsche Heldensagen. Nacherzählt von Gretel und Wolfgang Hecht. 1980. 13. Tsd. 1984. 415 S. DM 14,– (it 345) *[3-458-32045-8]*

Der Deutsche in der Landschaft. Besorgt von Rudolf Borchardt. 1989. 495 S. DM 18,– (it 1218) *[3-458-32918-8]* Nov. 89

Deutsche Jugend. Ausgewählt und eingeleitet von Hans Bender. 1983. 544 S. Gebunden. DM 20,– *[3-458-14104-9]*

Deutsche Lieder. Ausgewählt und eingeleitet von Ernst Klusen. 1980. 54. Tsd. 1980. 886 S. 2 Bde. Gebunden. DM 29,80 *[3-458-14827-2]*

– – it 1032. 1988. DM 20,– *[3-458-32732-0]*

Deutsche Märchen vom 18. Jahrhundert bis zur Gegenwart. Ausgewählt von Elisabeth Borchers und eingeleitet von Wolfgang Koeppen. 1979. 113. Tsd. 1986. 2 Bde. 800 S. Geb. DM 29,80 *[3-458-14129-4]*

Deutsche Mariendichtung aus neun Jahrhunderten. Herausgegeben und erläutert von Eberhard Haufe. 368 S. DM 16,– (it 1168) *[3-458-32868-8]*

Deutsche Menschen. Eine Folge von Briefen. Auswahl und Einleitungen von Walter Benjamin. Mit einem Nachwort von Theodor W. Adorno und 51 Porträts. 1989. 142 S. Ln. DM 48,– *[3-458-16003-5]*; Ld. im Schuber. DM 128,– *[3-458-16004-3]*

Deutsche Sagen. Herausgegeben von den Brüdern Grimm. Mit Illustrationen von Otto Ubbelohde. 1981. 11. Tsd. 1986. 600 S. 2 Bde. DM 24,– (it 481) *[3-458-32181-0]*

Deutsche Volksmärchen. Herausgegeben von Waltraud Woeller. 1990. ca. 570 S. ca. DM 16,– (it 1240) *[3-458-32940-4]* März 90

Deutsche Weihnachtslieder mit Noten und Bildern. Zweistimmig gesetzt von Helmut Walcha. Vignetten von Willi Harwerth. Notenschrift und Satzgestaltung Paul Koch. 1986. 69 S. DM 12,– (IB 1027) *[3-458-19027-9]*

Deutscher Geist. Ein Lesebuch aus zwei Jahrhunderten. 1982. 2 Bde. 2070 S. Gebunden. DM 29,80 *[3-458-14008-5]*

Diaz del Castillo, Bernal: Geschichte der Eroberung von Mexiko. Mit zahlreichen Abbildungen, Karten und einem Register. Herausgegeben und bearbeitet von Georg A. Narciß. Mit einem Nachwort von Georg A. Narciß und Tzvetan Todorov. 1988. 698 S. DM 18,– (it 1067) *[3-458-32767-3]*

Dickens, Charles: Bleak House. Aus dem Englischen von Richard Zooszmann. Mit Illustrationen von Phiz. 1988. 1031 S. DM 24,– (it 1110) *[3-458-32810-6]*
– Das Leben unseres Herrn Jesus Christus. Von Charles Dickens geschrieben für seine eigenen Kinder. Aus dem Englischen übersetzt von Hans Mardersteig. Mit Zeichnungen von Gunter Böhmer. 1989. 99 S. DM 10,– (it 1154) *[3-458-32854-8]*
– David Copperfield. Mit Illustrationen von Phiz. 1980. 18. Tsd. 1987. 1236 S. DM 28,– (it 468) *[3-458-32168-3]*
– Detektivgeschichten. Aus dem Englischen von Franz Franzius. 1986. 101 S. DM 7,– (it 821) *[3-458-32521-2]*
– Der Raritätenladen. Aus dem Englischen von Leo Feld. Mit Holzschnitten von George Cattermole, H.K. Browne, George Cruikshank und Daniel Maclise. 1984. 8 Tsd. 1988. 774 S. DM 20,– (it 716) *[3-458-32416-X]*
– Die Pickwickier. Mit Zeichnungen von Robert Seymour, Robert William Buss und Phiz. 1986. 1006 S. DM 20,– (it 896) *[3-458-32596-4]*
– Die Sylvesterglocken. Ein Märchen von Glocken, die ein altes Jahr aus- und ein neues Jahr einläuten. Mit 11 Federzeichnungen nach der Erstausgabe von 1845. Neuauflage 1988. 133 S. Pp. DM 14,– (IB 89) *[3-458-08089-0]*

– Eine Geschichte aus zwei Städten. Mit Illustrationen von Phiz und einem Nachwort von Harald Keller. 1987. 510 S. DM 18,– (it 1033) *[3-458-32733-9]*
– Große Erwartungen. Aus dem Englischen von Margit Meyer. Mit Illustrationen von F.W. Pailthorpe. 1988. 11. Tsd. 1989. 616 S. DM 20,– (it 667) *[3-458-32367-8]*
– Harte Zeiten. Für diese Zeiten. Aus dem Englischen von Paul Heichen. Mit Illustrationen von F. Walker und Maurice Greiffenhagen. 1986. 500 S. DM 16,– (it 955) *[3-458-32655-3]*
– Martin Chuzzlewit. Mit Illustrationen von Phiz. 1990. ca. 1000 S. ca. DM 24,– (it 1233) *[3-458-32933-1]* Febr. 90
– Oliver Twist. Aus dem Englischen von Reinhard Kilbel. Mit einem Nachwort von Rudolf Marx. Illustrationen von George Cruikshank. 1977. 36. Tsd. 1989. 608 S. DM 18,– (it 242) *[3-458-31942-5]*
– Weihnachtserzählungen. Mit Illustrationen von Cruikshank, Leech, Stanfiels, Stone u.a. 1978. 43. Tsd. 1987. 506 S. DM 16,– (it 358) *[3-458-32058-X]*
– – Ln. 1983. 5. Tsd. 1987. DM 38,– *[3-458-14108-1]*; Ld. DM 80,– *[3-458-14109-X]*

Dickens. Ein Leben. Von Norman und Jeanne Mackenzie. Aus dem Englischen von Edmund Jacoby. 1983. 674 S. Ln. DM 48,– *[3-458-14072-7]*

Diderot, Denis: Briefe 1742-1781. Ausgewählt und herausgegeben von Hans Hinterhäuser. Aus dem Französischen von Johann Borek und Hans Hinterhäuser. 1984. 544 S. Ln. DM 68,– *[3-458-14157-X]*
– Die Nonne. Mit einem Nachwort von Robert Mauzi. 1973. 25. Tsd. 1988. 326 S. DM 12,– (it 31) *[3-458-31731-7]*
– Erzählungen und Gespräche. Aus dem Französischen von Katharina Scheinfuß. 1981. 442 S. DM 16,– (it 554) *[3-458-32254-X]*
– Jakob und sein Herr. In der Übersetzung von Mylius. Herausgegeben von Horst Günther. 1984. 7. Tsd. 1987. 334 S. DM 14,– (it 772) *[3-458-32472-0]*
– Rameaus Neffe. Ein Dialog. Übersetzt von Goethe. Zweisprachige Ausgabe. Mit Zeichnungen von Antoine Watteau. Herausgegeben und mit einem Nachwort von Horst Günther. 1984. 7. Tsd. 1988. 324 S. DM 14,– (it 775) *[3-458-32475-5]*

Dieffenbach, Margarete: siehe Hessen-Bibliothek

Doctorow, E. L.: Das Buch Daniel. Roman. Aus dem Amerikanischen von Thomas Schlück. 1974. 342 S. Ln. DM 38,– *[3-458-15352-7]*

Doig, Ivan: Das Haus des Himmels. Aus dem Amerikanischen übertragen von Sibylle Meiser. 1986. 3. Tsd. 1987. 318 S. Geb. DM 39,80 *[3-458-14505-2]*

Der Dom. Bücher deutscher Mystik. Faksimile der in den Jahren 1919–1927 im Insel Verlag erschienenen Reihe. 13 Bände im Format 13 × 23 cm im Schuber.
Franz von Baader, Schriften / Jakob Böhme, Schriften / Meister Eckharts deutsche Predigten und Traktate / Gustav Theodor Fechners Zend-Avesta / Der Frankfurter, Eine deutsche Theologie / Johann Georg Hamann, Schriften / Hildegard von Bingen, Schriften / Johannes Kepler, Kosmische Harmonie / Mystische Dichtung aus sieben Jahrhunderten / Theophrast von Hohenheim genannt Paracelsus, Schriften / Jan van Ruisbroeck, Die Zierde der geistlichen Hochzeit und die kleineren Schriften / Heinrich Seuse, Deutsche Schriften / Johannes Tauler, Predigten. 1980. Halbleinen. DM 560,– *[3-458-14823-1]*; Vorzugsausgabe in 100 numerierten Exemplaren. Halbpergament. DM 980,– *[3-458-14825-6]*

Dorst, Tankred: Der nackte Mann. Mitarbeit Ursula Ehler. Mit farbigen Zeichnungen von Johannes Grützke. 1986. 69 S. DM 12,– (it 857) *[3-458-32557-3]*
– Grindkopf. Libretto für Schauspieler. Mitarbeit Ursula Ehler. Mit Zeichnungen von Roland Topor. 1986. 90 S. DM 12,– (it 929) *[3-458-32629-4]*
– Korbes. Ein Szenarium. Mitarbeit Ursula Ehlers. Mit farbigen Zeichnungen von Johannes Grützke. 1988. 79 S. DM 14,– (it 1114) *[3-458-32814-9]*

Dostojewski, Fjodor Michailowitsch: Sämtliche Romane und Erzählungen. 8019 S. DM 198,– *[3-458-09720-1]*
Band 1: Arme Leute. Roman. Aus dem Russischen von Hermann Röhl. 1986. 176 S. DM 8,– (it 961) *[3-458-32661-8]*
Band 2: Der Doppelgänger. Ein Petersburger Poem. Netotschka Neswanowa. Aus dem Russischen von Hermann Röhl. 1986. 424 S. DM 9,– (it 962) *[3-458-32662-6]*
Band 3: Onkelchens Traum. Aus der Chronik der Stadt Mordassow. Roman. Aus dem Russischen von Hermann Röhl. 1986. 183 S. DM 8,– (it 963) *[3-458-32663-4]*
Band 4: Das Gut Stepantschikowo und seine Bewohner. Aus den Aufzeichnungen eines Unbekannten. Roman. Aus dem Russischen von Hermann Röhl. 1986. 292 S. DM 10,– (it 964) *[3-458-32664-2]*
Band 5: Erniedrigte und Beleidigte. Ein Roman in vier Teilen. Mit einem Epilog. Aus dem Russischen von Hermann Röhl. 1986. 484 S. DM 12,– (it 965) *[3-458-32665-0]*
Band 6: Aufzeichnungen aus einem Totenhause. Aus dem Russischen von Hermann Röhl. 1986. 415 S. DM 12,– (it 966) *[3-458-32666-9]*

Band 7: Aus dem Dunkel der Großstadt. Aufzeichnungen. Aus dem Russischen von Hermann Röhl. 1986. 153 S. DM 8,– (it 967) *[3-458-32667-7]*
Band 8: Der Spieler. Aus den Aufzeichnungen eines jungen Mannes. Aus dem Russischen von Hermann Röhl. 1986. 198 S. DM 12,– (it 968) *[3-458-32668-5]*
Band 9: Schuld und Sühne. Roman. Aus dem Russischen von Hermann Röhl. 1986. 13. Tsd. 1987. 802 S. DM 20,– (it 969) *[3-458-32669-3]*
Band 10: Der Idiot. Roman. Aus dem Russischen von Hermann Röhl. 1986. 16. Tsd. 1988. 951 S. DM 24,– (it 970) *[3-458-32670-7]*
Band 11: Der lebenslängliche Ehemann. Erzählung. Aus dem Russischen von Hermann Röhl. 1986. 201 S. DM 8,– (it 971) *[3-458-32671-5]*
Band 12: Die Teufel. Roman. Aus dem Russischen von Hermann Röhl. 1986. 929 S. DM 20,– (it 972) *[3-458-32672-3]*
Band 13: Werdejahre. Roman. Aus dem Russischen von Hermann Röhl. 1986. 801 S. DM 20,– (it 973) *[3-458-32673-1]*
Band 14: Die Brüder Karamasow. Roman. Dritter und vierter Teil. 2 Bände. Aus dem Russischen von Hermann Röhl. 1986. 16. Tsd. 1989. 1324 S. DM 28,– (it 974) *[3-458-32674-X]*
Band 15: Der ehrliche Dieb. Und andere Erzählungen. Aus dem Russischen von Hermann Röhl. 1986. 331 S. DM 10,– (it 975) *[3-458-32675-8]*
Band 16: Der Traum eines lächerlichen Menschen. Und andere Erzählungen. Aus dem Russischen von Hermann Röhl. 1986. 355 S. DM 14,– (it 976) *[3-458-32676-6]*

Einzelausgaben:
- Aufzeichnungen aus dem Kellerloch. Aus dem Russischen von Hermann Röhl. 1988. 202 S. Ln. DM 24,– *[3-458-14632-6]*
- Briefe. Ausgewählt und herausgegeben von Ralf Schröder. 1990. 2 Bde. ca. 820 S. ca. DM 24,– (it 1234) *[3-458-32934-X]* Febr. 90
- Der Großinquisitor. Übertragen von Rudolf Kassner. 1914. 227. Tsd. 1988. 44 S. DM 12,– (IB 149) *[3-458-08149-6]*
- Der Spieler. Aus den Erinnerungen eines jungen Mannes. Insel-Bibliothek. Aus dem Russ. v. Hermann Röhl. 1980. 240 S. Ln. DM 28,– *[3-458-14846-9]*; Ldr. DM 68,– *[3-458-14851-5]*
- Die Sanfte. Eine phantastische Erzählung. Aus dem Russischen von Wolfgang Kasack. 1988. 88 S. DM 9,– (it 1138) *[3-458-32838-6]*

Dostojewskij in der Schweiz. Ein Reader. Herausgegeben von Ilma Rakusa unter Mitarbeit von Felix Philipp Ingold. Mit 40 zeitgenössischen Bilddokumenten. 1981. 280 S. Ln. DM 48,– *[3-458-14841-8]*

Dostojewskij und das Judentum. Von Felix Philipp Ingold. Essay. 1981. 288 S. Ln. DM 38,– *[3-458-14757-8]*
– siehe Meier-Graefe

Drollige Thierbilder und Reime aus der Fabelwelt. Mit einem Nachwort von Heiner Vogel. 1979. 30 S. Kt. DM 8,– *[3-458-14955-4]*

Droste-Hülshoff, Annette von: Bei uns zulande auf dem Lande. Prosaskizzen. Herausgegeben von Otto A. Böhmer. Mit Abbildungen. 1983. 140 S. DM 8,– (it 697) *[3-458-32397-X]*
– Die Judenbuche. Ein Sittengemälde aus dem gebirgichten Westfalen. Mit den Illustrationen von Max Unold. 1979. 24. Tsd. 1988. 96 S. DM 7,– (it 399) *[3-458-32099-7]*
– Sämtliche Gedichte. Mit einem Nachwort von Ricarda Huch. 1988. 750 S. DM 20,– (it 1092) *[3-458-32792-4]*
– – Ln. 1988. DM 48,– *[3-458-14644-X]*;
Ld. DM 96,– *[3-458-14645-8]*

Dublin. Herausgegeben von Elsemarie Maletzke. 1985. 385 S. DM 18,– (it 807) *[3-458-32507-7]*

Dumas, Alexandre: Der Graf von Monte Christo. Bearbeitung einer alten Übersetzung von Meinhard Hasenbein. Mit Illustrationen von Pavel Brom und Dagmar Bomova. 1978. 23. Tsd. 1988. 2 Bde. 1200 S. DM 32,– (it 266) *[3-458-31966-2]*
– Die drei Musketiere. Aus dem Französischen von Herbert Bräuning. 1988. 740 S. DM 20,– (it 1131) *[3-458-32831-9]*
– Die Kameliendame. Aus dem Französischen von Walter Hoyer. Mit Illustrationen von Paul Garvani. 1982. 14. Tsd. 1987. 265 S. DM 14,– (it 546) *[3-458-32246-9]*

Duras, Marguerite: Der Vize-Konsul. Roman. Aus dem Französischen von Walter M. Guggenheimer. 1990. Großdruck. ca. 260 S. ca. DM 14,– (it 2312) *[3-458-34012-2]* März 90

Eastman, Charles A.: Ohijesa. Jugenderinnerungen eines Sioux-Indianers. Aus dem Amerikanischen von Elisabet Friederichs. Neu herausgegeben und mit einem Nachwort von Dietrich Leube. Buchschmuck und Anmerkungen von Frederick Weygold. 1976. 6. Tsd. 1977. 200 S. Pp. DM 20,– *[3-458-15017-X]*

Ebeling, Gerhard: Martin Luthers Weg und Wort. 1983. 101 S. (it 439) *[3-458-32139-X▸]*
– – IB 1110. 1989. 107 S. DM 16,– *[3-458-19110-0]*

Eberle, Theodor: siehe Mayröcker

Ebner-Eschenbach, Marie von: Aphorismen. Mit einem Nachwort von Karl Krolow. Neuauflage des erstmals 1939 erschienenen Bandes. 1986. 157. Tsd. 1987. 87 S. DM 14,– (IB 543) *[3-458-08543-2]*

Eça de Queiroz, José Maria: Das Verbrechen des Paters Amaro. Roman. Aus dem Portugiesischen von Willibald Schönfelder. 1989. 538 S. Ln. DM 48,– *[3-458-16005-1]*

Eck, Diana L.: Banaras. Stadt des Lichts. Aus dem Amerikanischen von Bettina Bäumer und Luitgard Soni. Mit zahlreichen Abbildungen. 1989. ca. 500 S. Ln. ca. DM 78,– *[3-458-16037-X]*

Eckardt, Emanuel: Der Mops von Bornholm. Cartoons. 1985. 12. Tsd. 1986. 64 S. DM 9,– (it 866) *[3-458-32566-2]*

Eckermann, Johann Peter: siehe Goethe

Efron, Ariadna: Briefe an Pasternak aus der Verbannung 1948–1957. Mit zwölf Briefen von Boris Pasternak. Aus dem Russischen und mit einem Vorwort von Wolfgang Kasack. 1986. 228 S. Ln. DM 32,– *[3-458-14327-0]*

Eich, Günter: Der 29. Februar. Ein Märchen. Mit Bildern von Edda Köchl. 1978. 7. Tsd. 1978. 32 S. Kt. DM 24,– *[3-458-15838-3]*
– – it 616. 1982. DM 8,– *[3-458-32316-3]*

Eichendorff, Joseph Freiherr von: Aus dem Leben eines Taugenichts. Mit Illustrationen von Adolf Schrödter und einem Nachwort von Ansgar Hillach. Insel-Bibliothek. 1981. 3. Tsd. 1988. 154 S. Ln. DM 24,– *[3-458-14775-6]*, Ldr. DM 68,– *[3-458-14776-4]*
– – it 202. 1976. 53. Tsd. 1988. DM 10,– *[3-458-31902-6]*
– Gedichte. Herausgegeben von Traude Dienel. Mit Zeichnungen von Otto Ubbelohde. 1977. 24. Tsd. 1985. 163 S. DM 8,– (it 255) *[3-458-31955-7]*
– – Ln. 1984. 168 S. DM 28,– *[3-458-14207-X]*; Ld. DM 68,– *[3-458-14208-8]*
– Gedichte. In chronologischer Folge herausgegeben von Hartwig Schultz. 1988. 268 S. DM 10,– (it 1060) *[3-458-32760-6]*
– Novellen und Gedichte. Ausgewählt und eingeleitet von Hermann Hesse. 1984. 11. Tsd. 1988. 325 S. DM 12,– (it 360) *[3-458-32060-1]*
– Wanderlieder. Mit einem Vorwort von Karl Krolow und Bildern von Almut Gernhardt. 1987. 80 S. Pp. DM 16,– (IB 1040) *[3-458-19040-6]*

Joseph von Eichendorff: Leben und Werk in Texten und Bildern. 1988. 319 S. DM 18,– (it 1064) *[3-458-32764-9]*
– siehe auch: Schumann

Ein lîb, zwo sêle . . . siehe Manesse

Einladung zum Essen. Buch für Gäste. Vorgelegt von Claudia Schmölders. Originalausgabe. 1989. 232 S. DM 12,– (it 1161) *[3-458-32861-0]*

Die Eisenbahn. Gedichte, Prosa, Bilder. Herausgegeben von Wolfgang Minaty. 1984. 16. Tsd. 1986. 480 S. DM 16,– (it 676) *[3-458-32376-7]*

Eisherz und Edeljaspis oder Die Geschichte einer glücklichen Gattenwahl. Aus dem Chinesischen von Franz Kuhn. Mit sechzehn Holzschnitten. 1975. 15. Tsd. 1985. 331 S. DM 10,– (it 123) *[3-458-31823-9]*

Eliade, Mircea: Das Heilige und das Profane. Vom Wesen des Religiösen. 1984. 6. Tsd. 1987. 140 S. Ln. DM 22,– *[3-458-14192-8]*
– Das Mysterium der Wiedergeburt. Versuch über einige Initiationstypen. Deutsch von Eva Moldenhauer. 1988. 268 S. Ln DM 34,– *[3-458-14370-X]*
– Die Prüfung des Labyrinths. Gespräche mit Claude-Henri Rocquet. Aus dem Französischen von Eva Moldenhauer. 1987. 213 S. Kt. DM 32,– *[3-458-14588-4]*
– Die Religionen und das Heilige. Elemente der Religionsgeschichte. 1986. 574 S. Ln. DM 68,– *[3-458-14519-2]*
– Erinnerungen 1907–1937. Aus dem Rumänischen von Ilina Gregori und Heinz Hartmann. 1987. 438 S. Ln. DM 56,– *[3-458-14553-2]*
– Ewige Bilder und Sinnbilder. Essays über die magisch-religiöse Symbolik. Aus dem Französischen von Theodor Sapper und Eva Moldenhauer. 1986. 3. Tsd. 1988. 217 S. Ln. DM 32,– *[3-458-14322-X]*
– Kosmos und Geschichte. Der Mythos der ewigen Wiederkehr. Aus dem Französischen von Günther Spaltmann. 1984. 4. Tsd. 1986. 190 S. Ln. DM 24,– *[3-458-14145-6]*
– Mythos und Wirklichkeit. Aus dem Französischen von Eva Moldenhauer. 1988. 208 S. Ln. DM 32,– *[3-458-14635-0]*
– Phantastische Geschichten. Aus dem Rumänischen von Edith Silbermann. 1978. 342 S. Ln. DM 32,– *[3-458-15879-0]*
– Yoga. Unsterblichkeit und Freiheit. Aus dem Französischen von Inge Köck. 1977. 5. Tsd. 1988. 516 S. Leinen. DM 48,– *[3-458-15056-0]*

Eluard, Paul: siehe Picasso

Epikur: Philosophie der Freude. Briefe. Hauptlehrsätze. Spruchsammlung. Fragmente. Übertragen und mit einem Nachwort versehen von Paul M. Laskowsky. 1988. 121 S. DM 10,– (it 1057) *[3-458-32757-6]*

Eppelsheimer, Hanns W.: Geschichte der Europäischen Weltliteratur. Erster Band: Von Homer bis Montaigne. 1970. 308 S. mit 12 Bildtafeln. Ln. DM 54,– *[3-458-15670-4]*

ERANOS-Jahrbücher. Herausgegeben von Adolf Portmann und Rudolf Ritsema.

1977: Der Sinn des Unvollkommenen. 1981. 536 S. Ln. DM 64,–, Abonnement-Pr. DM 48,– *[3-458-14883-3]*

1978: Zeit und Zeitlosigkeit. 1981. 352 S. Ln. DM 52,–, Abonnement-Pr. DM 40,– *[3-458-14884-1]*

1979: Denken und mythische Bilderwelt. 1981. 400 S. Ln. DM 64,–, Abonnement-Pr. DM 48,– *[3-458-14885-X]*

1980: Grenzen und Begrenzung. 1981. 400 S. Ln. DM 64,–, Abonnement-Pr. DM 48,– *[3-458-14886-8]*

1981: Aufstieg und Abstieg. 1982. 520 S. Ln. DM 78,–, Abonnement-Pr. DM 59,– *[3-458-14033-6 +]*

1983: Physische und geistige Körperwelt. 1984. 480 S. Ln. DM 84,–, Abonnement-Pr. DM 64,– *[3-458-14159-6]*

1984: Die Schönheit der Dinge. 1986. 440 S. Ln. DM 84,–, Abonnement-Pr. DM 64,– *[3-458-14297-5]*

1985: Der geheime Strom des Geschehens. 1987. 490 S. Ln. DM 88,–, Abonnement-Pr. DM 68,– *[3-458-14328-9]*

1986: Spiegelung in Mensch und Kosmos. 1988. 460 S. Ln. DM 88,–, Abonnement-Pr. DM 68,– *[3-458-14598-2]*

1987: Wegkreuzungen. Crossroads. La Croisée des Chemins. 1989. 435 S. Ln. DM 88,–, Abonnement-Pr. DM 68,– *[3-458-16022-1]*

– Ergänzungsband zum Eranos-Jahrbuch 1986. Gestaltung der Erlösungsidee im Judentum und im Protestantismus. 1987. 114 S. Ln. DM 48,– *[3-458-14333-5]*

Der Abonnement-Preis gilt nur bei Abnahme aller Bände.

Erasmus von Rotterdam: Das Lob der Torheit. Übersetzt und herausgegeben von Uwe Schultz. Mit den Handzeichnungen von Hans Holbein d. J. 1979. 20. Tsd. 1987. 198 S. DM 10,– (it 369) *[3-458-32069-5]*

Die Erde will ein freies Geleit. Deutsche Naturlyrik aus sechs Jahrhunderten. Herausgegeben von Alexander von Bormann. 1984. 542 S. Ln. DM 48,– *[3-458-14132-4]*

Die Ermordung des Drachen. Phantastische Geschichten. Herausgegeben von Franz Rottensteiner. 1985. 300 S. Geb. DM 32,– *[3-458-14282-7]*

Ermutigungen. Das Insel-Buch der Tröstungen. Gedichte und Prosa. Ausgewählt von Rainer Malkowski. 1988. 299 S. DM 12,– (it 1053) *[3-458-32753-3]*

Eskimomärchen. Herausgegeben von Paul Sock. 1984. 11. Tsd. 1987. 180 S. DM 10,– (it 795) *[3-458-31495-X]*

Es kommt ein Schiff: siehe Weihnachten

Essays von Frauen des 20. Jahrhunderts. Herausgegeben von Marlis Gerhardt. 1988. 357 S. Ln. DM 36,– *[3-458-14615-6]*

Evangeliar: siehe Heinrich der Löwe

Faber, Gustav: Denk ich an Deutschland... Neun Reisen durch Geschichte und Gegenwart. 1975. 500 S. Ln. DM 50,– *[3-458-15892-8]*
– – Sonderausgabe. 1978. 8. Tsd. 1978. Kt. DM 25,– *[3-458-09377-X]*
– – it 628. 1982. DM 16,– *[3-458-32328-7]*

Falken-Buch: Über die Kunst mit Vögeln zu jagen. Miniaturen aus einer Handschrift des Falkenbuches von Kaiser Friedrich II. 1979. 16. Tsd. 1988. 86 S. DM 16,– (IB 1004) *[3-458-19004-X]*

Faust-Parodien. Eine Auswahl satirischer Kontrafakturen. Herausgegeben von Waltraud Wende-Hohenberger und Karl Riha. 1989. 340 S. DM 16,– (it 1147) *[3-458-32847-5]*

Feiern und Feste. Ein Lesebuch. Herausgegeben und mit einem Nachwort versehen von Hans-Joachim Simm. Mit zahlreichen Abbildungen und farbigen Bildtafeln. Mit Illustrationen. 1988. 365 S. DM 16,– (it 738) *[3-458-32438-0]*

Feldenkrais, Moshé: Abenteuer im Dschungel des Gehirns. Der Fall Doris. Deutsch von Franz Wurm. 1981. 80 S. Ln. DM 20,– *[3-458-14798-5]*
– Das starke Selbst. Anleitung zur Spontaneität. Aus dem Amerikanischen von Franz Wurm. 1989. ca. 220 S. Geb. ca. DM 34,– *[3-458-16043-4]* Okt. 89
– Der aufrechte Gang. Verhaltensphysiologie oder Erfahrungen am eigenen Leibe. Mit zwölf exemplarischen Lektionen. Aus dem Englischen von Franz Wurm. 276 S. Ln. *[3-458-15517-3▸]*
– Die Entdeckung des Selbstverständlichen. Deutsche Übertragung von Franz Wurm. 1985. 11. Tsd. 1986. 221 S. Geb. DM 34,– *[3-458-14239-8]*

Das Ferienbuch. Literarische Souvenirs aufgelesen von Vera Pagin und Hans-Joachim Simm. 1988. 406 S. DM 14,– (it 1082) *[3-458-32782-7]*

Das andere Ferienbuch. Herausgegeben von Vera Pagin und Hans-Joachim Simm. 1989. 379 S. DM 18,– (it 1174) *[3-458-32874-2]*

Fernandez, Dominique: Süditalienische Reise. Aus dem Französischen von Julia Kirchner. Mit Fotografien von Martin Thomas. 1988. 360 S. DM 18,– (it 1076) *[3-458-32776-2]*

Ficus, André: siehe Walser

Fielding, Henry: Die Geschichte des Tom Jones, eines Findlings. Mit Illustrationen von Gravelot und Moreau le jeune. 1981. 2 Bde. 1337 S. DM 24,– (it 504) *[3-458-32204-3]*
– Mr. Jonathan Wild der Große. Die Geschichte eines Helden. Aus dem Englischen übersetzt von Horst Höckendorf. 1987. 243 S. DM 12,– (it 535) *[3-458-32235-3]*

Ein Fisch mit Namen Fasch und andere Gedichte und Geschichten von Menschen und anderen Menschen. Zusammengestellt von Elisabeth Borchers. 1976. 30. Tsd. 1988. 246 S. DM 10,– (it 222) *[3-458-31922-0]*

Fischer, Barbara: Indische Stoffbilder. Figürliche Applikationen einer Schuhmachersfrau in Gujarat. 1980. 100 S. 60 Abb. Kt. DM 20,– *[3-458-14930-9]*

Fischer, Edwin: Musikalische Betrachtungen. 68 S. Geb. *[3-458-15175-6▶]*

Fitch, Noel R.: Sylvia Beach. Eine Biographie im literarischen Paris 1920–1940. Aus dem Amerikanischen von Angelika Schleindl. 1987. 4. Tsd. 1988. 500 S. mit Abb. Ln. DM 56,– *[3-458-14589-3]*

Flach, Jakob: Minestra. Kulinarische Streifzüge. Mit zahlreichen Illustrationen von Peter Rüfenacht. 1981. 178 S. DM 7,– (it 552) *[3-458-32252-3]*

Flaubert, Gustave: Bouvard und Pécuchet. Aus dem Französischen von Georg Goyert. Vorwort von Victor Brombert. Nachwort von Uwe Japp. Mit Illustrationen von András Karakas. 1979. 14. Tsd. 1989. 442 S. DM 18,– (it 373) *[3-458-32073-3]*
– Die Versuchung des heiligen Antonius. Aus dem Französischen von Barbara und Robert Picht. Nachwort von Michel Foucault. Insel-Bibliothek. 1980. 252 S. Ln. DM 28,– *[3-458-14849-3]*; Ldr. DM 68,– *[3-458-14854-X]*
– Drei Erzählungen/Trois Contes. Zweisprachige Ausgabe. Übersetzt und herausgegeben von Cora van Kleffens und André Stoll. Insel-Bibliothek. 1983. 406 S. Ln. DM 36,– *[3-458-14777-2]*; Ld. DM 80,– *[3-458-14778-0]*
– – it 571. 1982. DM 16,– *[3-458-32271-X]*
– Lehrjahre des Gefühls. Geschichte eines jungen Mannes. Aus dem Französischen von Paul Wiegler. Mit einem Essay von Erich Köhler. 1977. 27. Tsd. 1987. 508 S. DM 16,– (it 276) *[3-458-31976-X]*
– Madame Bovary. Revidierte Übersetzung aus dem Französischen von Arthur Schurig. 1976. 78. Tsd. 1987. 460 S. DM 14,– (it 167) *[3-458-31867-4]*

– – Ln. 1986. 36,– *[3-458-14339-4]*; Ld. DM 80,– *[3-458-14340-8]*
– November. Aus dem Französischen von Ernst Sander. 1981. 13. Tsd. 1986. 150 S. DM 10,– (it 411) *[3-458-32111-X]*
– Reisen in den Orient. Ägypten, Nubien, Palästina, Syrien, Libanon. Aus dem Französischen von Reinhold Werner und André Stoll. Mit Fotografien von Maxime Du Camp, einem Register und einem Nachwort. Herausgegeben von André Stoll. 1985. 421 S. Ln. DM 38,– *[3-458-14302-5]*; Ld. DM 80,– *[3-458-14303-3]*
– – it 619. 1985. 8. Tsd. 1987. DM 20,– *[3-458-32319-8]*
– Salammbô. Aus dem Französischen von Georg Brustgi. Herausgegeben und mit einem Nachwort von Monika Bosse und André Stoll. 1979. 17. Tsd. 1987. 451 S. DM 16,– (it 342) *[3-458-32042-3]*

Flavius Josephus: Das Leben des Flavius Josephus. Aus seinen eigenen Aufzeichnungen zusammengestellt und übersetzt von Emanuel bin Gorion. 1987. 119 S. DM 8,– (it 536) *[3-458-32236-1]*

Florenz. Lesarten einer Stadt. Herausgegeben von Andreas Beyer. Mit zahlreichen Abbildungen. 1983. 17. Tsd. 1988. 402 S. DM 16,– (it 633) *[3-458-32333-3]*

Flucht und Exil. Geschichten und Berichte aus zwei Jahrhunderten. Herausgegeben von Joseph Peter Strelka. 1988. 329 S. DM 16,– (it 1070) *[3-458-32770-3]*

Das Fohlen und andere Tiergeschichten. Herausgegeben von Hans Marquardt. Illustrationen von Josef Hegenbarth. 1989. 358 S. DM 14,– (it 993) *[3-458-32693-6]*

Fontane, Theodor: Allerlei Glück. Plaudereien. Skizzen. Unvollendetes. Ausgewählt und herausgegeben von Otto Drude. 1982. 352 S. DM 12,– (it 641) *[3-458-32341-4]*
– Cécile. Mit einem Nachwort von Walter Müller-Seidel. 1983. 13. Tsd. 1988. 264 S. DM 10,– (it 689) *[3-458-32389-9]*
– Der Stechlin. Mit einem Nachwort von Walter Müller-Seidel. 1975. 42. Tsd. 1987. 334 S. DM 14,– (it 152) *[3-458-31852-6]*
– Effi Briest. Mit Lithographien von Max Liebermann. Insel-Bibliothek. 1976. 40. Tsd. 1981. 354 S. Ln. DM 32,– *[3-458-14936-8]*; Ld. DM 72,– *[3-458-14943-0]*
– – it 138. 1982. 60. Tsd. 1988. DM 12,– *[3-458-31838-0]*
– Frau Jenny Treibel oder ›Wo sich Herz zum Herzen findt‹. Roman. Mit einem Nachwort von Richard Brinkmann. 1984. 13. Tsd. 1987. 269 S. DM 10,– (it 746) *[3-458-32446-1]*
– Grete Minde. Mit einem Nachwort von Peter Demetz. 1989. 154 S. DM 10,– (it 1157) *[3-458-32857-2]* Dez. 89

- Irrungen, Wirrungen. Roman. 1984. 12. Tsd. 1989. 220 S. DM 12,– (it 771) *[3-458-32471-2]*
- Jenseit des Tweed. Bilder und Briefe aus Schottland. Mit zahlreichen Abbildungen und einem Nachwort von Otto Drude. 1989. 329 S. DM 18,– (it 1066) *[3-458-32766-5]*
- Mathilde Möhring. Mit einem Nachwort von Peter Demetz. 1988. 158 S. DM 12,– (it 1107) *[3-458-32807-6]*
- Meine Kinderjahre. Ein autobiographischer Roman. Herausgegeben von Otto Drude. 1983. 14. Tsd. 1987. 270 S. DM 12,– (it 705) *[3-458-32405-4]*
- Schach von Wuthenow. Erzählung aus der Zeit des ›Regiments Gendarmes‹. Mit einem Nachwort von Benno von Wiese. 1985. 220 S. DM 9,– (it 816) *[3-458-32516-6]*
- Stine. Roman. Mit einem Nachwort von Peter Demetz. 1986. 150 S. DM 7,– (it 899) *[3-458-32599-9]*
- Unwiederbringlich. Roman. 1977. 15. Tsd. 1988. 250 S. DM 12,– (it 286) *[3-458-31986-7]*
- Von Zwanzig bis Dreißig. Autobiographisches. Herausgegeben von Otto Drude. 1987. 468 S. mit Abb. DM 16,– (it 985) *[3-458-32685-5]*
- Vor dem Sturm. Roman aus dem Winter 1812 auf 13. Mit einem Nachwort von Hugo Aust. 1981. 14. Tsd. 1989. 784 S. DM 20,– (it 583) *[3-458-32283-3]*
- Wanderungen durch die Mark Brandenburg. Herausgegeben von Gotthard Erler und Rudolf Mingau. 1989. 5 Bde. 3533 S. DM 78,– (it 1181–1185) *[3-458-09698-1]*
  Erster Teil: Die Grafschaft Ruppin. 1989. 805 S. DM 18,– (it 1181) *[3-458-32881-5]*
  Zweiter Teil: Das Oderland. Barnim-Lebus. 1989. 715 S. DM 18,– (it 1182) *[3-458-32882-3]*
  Dritter Teil: Havelland. Die Landschaft um Spandau, Potsdam, Brandenburg. 1989. 694 S. DM 18,– (it 1183) *[3-458-32883-1]*
  Vierter Teil: Spreeland. Beeskow-Storkow und Barnim-Teltow. 1989. 694 S. DM 18,– (it 1184) *[3-458-32884-X]*
  Fünfter Teil: Fünf Schlösser. Altes und Neues aus Mark Brandenburg. 1989. 655 S. DM 18,– (it 1185) *[3-458-32885-8]*

Fontane, Theodor. Ein Leben in Briefen. Herausgegeben von Otto Drude. Mit zahlreichen Abbildungen und Handschriften-Faksimiles. 1981. 528 S. DM 16,– (it 540) *[3-458-32240-X]*

Forster, Georg: Werke I–IV. Herausgegeben von Gerhard Steiner.
Bd. I: Reise um die Welt. 1048 S. Ln. 13 Tafeln. *[3-458-05178-3▸]*
Bd. II: Schriften zur Naturgeschichte, zur Länder- und Völkerkunde. Ansichten vom Niederrhein. 956 S. 9 Tafeln. Ln. *[3-458-05510-X▸]*

Bd. III: Schriften zu Kunst, Literatur, Philosophie, Geschichte und Politik. 916 S. Ln. 20 Tafeln. *[3-458-05172-4▸]*
Bd. IV: Briefe. Mit einem Personenverzeichnis. 1110 S. Ln. 13 Tafeln. DM 58,– *[3-458-05173-2]*

– Ansichten vom Niederrhein, von Brabant, Flandern, Holland, England und Frankreich im April, Mai und Junius 1790. Herausgegeben von Gerhard Steiner. 1989. 613 S. DM 20,– (it 1136) *[3-458-32836-X]*
– Reise um die Welt. Herausgegeben und mit einem Nachwort von Gerhard Steiner. 1983. 8. Tsd. 1988. 1040 S. DM 25,– (it 757) *[3-458-32457-7]*

France, Anatole: Blaubarts sieben Frauen und andere Erzählungen. Aus dem Französischen von Irmgard Nickel. Mit Illustrationen von Lutz Siebert. 1981. 292 S. DM 9,– (it 510) *[3-458-32210-8]*

FRANKFURTER ANTHOLOGIE

Gedichte und Interpretationen. Herausgegeben von Marcel Reich-Ranicki. 1976. 14. Tsd. 1985. 293 S. Ln. DM 28,– *[3-458-15000-5]*
– Frankfurter Anthologie 2. Gedichte und Interpretationen. Herausgegeben und mit einer Nachbemerkung von Marcel Reich-Ranicki. 1977. 9. Tsd. 1981. 280 S. Ln. DM 28,– *[3-458-15023-4▸]*
– Frankfurter Anthologie 3. Gedichte und Interpretationen. Herausgegeben von Marcel Reich-Ranicki. 1978. 7. Tsd. 1981. 296 S. Ln. *[3-458-15847-2▸]*
– Frankfurter Anthologie 4. Gedichte und Interpretationen. Herausgegeben von Marcel Reich-Ranicki. 1979. 6. Tsd. 1982. 280 S. Ln. DM 28,– *[3-458-15348-9]*
– Frankfurter Anthologie 5. Gedichte und Interpretationen. Herausgegeben von Marcel Reich-Ranicki. 1980. 6. Tsd. 1982. 280 S. Ln. DM 28,– *[3-458-14836-1]*
– Frankfurter Anthologie 6. Gedichte und Interpretationen. Herausgegeben von Marcel Reich-Ranicki. 1981. 6. Tsd. 1985. 318 S. Ln. DM 28,– *[3-458-14004-2]*
– Frankfurter Anthologie 7. Gedichte und Interpretationen. Herausgegeben von Marcel Reich-Ranicki. Mit einem Gesamtverzeichnis aller sieben Bände. 1983. 5. Tsd. 1987. 308 S. Ln. DM 28,– *[3-458-14082-4]*
– Frankfurter Anthologie 8. Gedichte und Interpretationen. Herausgegeben von Marcel Reich-Ranicki. 1984. 300 S. Ln. DM 28,– *[3-458-14174-X▸]*
– Frankfurter Anthologie 9. Gedichte und Interpretationen. Herausgegeben von Marcel Reich-Ranicki. 1985. 300 S. Ln. DM 28,– *[3-458-14280-0]*

– Frankfurter Anthologie 10. Gedichte und Interpretationen. Herausgegeben von Marcel Reich-Ranicki. Mit einem Gesamtverzeichnis aller 10 Bände. 1986. 6. Tsd. 1988. 319 S. Ln. DM 28,– *[3-458-14309-2]*
– Frankfurter Anthologie 11. Gedichte und Interpretationen. Herausgegeben von Marcel Reich-Ranicki. 1988. 305 S. Ln. DM 28,– *[3-458-14346-7]*
– Frankfurter Anthologie 12. Gedichte und Interpretationen. Herausgegeben von Marcel Reich-Ranicki. 1989. 301 S. Ln. DM 28,– *[3-458-16000-0]*
– Über die Liebe. Gedichte und Interpretationen aus der Frankfurter Anthologie. Herausgegeben von Marcel Reich-Ranicki. 1985. 346 S. DM 10,– (it 794) *[3-458-32494 1]*

Franklin, Benjamin: Autobiographie. Übersetzung von Berthold Auerbach. Durchgesehen von Rolf Dornbacher. Mit einem Nachwort von Erich Angermann. 292 S. Ln. *[3-458-15544-8▸]*

Franz, Marie-Louise von: Die Erlösung des Weiblichen im Manne. Der goldene Esel des Apuleius in tiefenpsychologischer Sicht. 1980. 4. Tsd. 1986. 286 S. Ln. DM 32,– *[3-458-14844-8]*
– Zeit. Strömen und Stille. 1981. 98 S. Mit 143 Abbildungen und 16 Farbtafeln. Gebunden. *[3-458-14933-3▸]*

Frauenbriefe der Romantik. Ausgewählt und mit einem Nachwort von Katja Behrens. Mit zeitgenössischen Porträts. 1981. 24. Tsd. 1986. 464 S. DM 14,– (it 545) *[3-458-32245-0]*

Frauenzimmerlexicon: Amaranthes Nutzbares, Galantes und Curiöses Frauenzimmerlexicon. Faksimile der 1715 bei Johann Friedrich Gleditsch und Sohn erschienenen Ausgabe. Herausgegeben und kommentiert von Manfred Lemmer. 1981. 1135 Seiten. Pappband. Kommentarband 30 Seiten. Broschur. In bezogenem Schuber. Format 21,5 × 13 cm. DM 98,– *[3-458-14866-3]*

Die Frau von morgen, wie wir sie wünschen. Herausgegeben von Friedrich M. Huebner. 1989. ca. 200 S. ca. DM 10,– (it 1194) *[3-458-32894-7]* Okt. 89

Frenzel, Rose-Marie: Beim Spiel. 1978. 62 S. Kt. DM 8,– *[3-458-15888-X]*

Sigmund Freud – Sein Leben in Bildern und Texten. Herausgegeben von Ernst Freud, Lucie Freud und Ilse Grubrich-Simitis. Mit einer biographischen Skizze von K. R. Eissler. Gestaltet von Willy Fleckhaus. 1989. 351 S. DM 24,– (it 1133) *[3-458-32833-5]*

Freundlich, Elisabeth: Der eherne Reiter. Historischer Roman. 1982. 350 S. Geb. DM 34,– *[3–458–14029–8]*

Freyhold, K. F. Edmund von: Hasenbuch. Mit Versen von Christian Morgenstern. 1960. 43. Tsd. 1978. 24 S. Ln. DM 10,– *[3–458–15841–3]*

Friedrich der Große: Das Buch Blaubart. Eine Satire. Mit dem Blaubartmärchen von Charles Perrault und den Brüdern Grimm. Herausgegeben und mit einem Nachwort versehen von Hartwig Suhrbier. Illustriert mit 12 kolorierten Holzstichen eines Epinal-Einzeldrucks von Perraults »La Barbe Bleue«. 1987. 101 S. DM 14,– (IB 1034) *[3–458–19034–1]*

Fries, Fritz Rudolf: Lope de Vega. 1979. 216 S. Ln. DM 28,– *[3–458–14974–0]*

Frisch, Max: Erzählungen des Anatol Ludwig Stiller. Mit einem Nachwort von Walter Jens. 1989. Großdruck. 90 S. DM 12,– (it 2304) *[3–458–34004–1]*

Das Frühlingsbuch. Gedichte und Prosa. Herausgegeben von Hans Bender und Nikolaus Wolters. 1986. 50. Tsd. 1987. 238 S. DM 10,– (it 914) *[3–458–32614–6]*
– siehe Jahreszeiten

Fuerst, Norbert: Rilke in seiner Zeit. 1976. 200 S. Kt. DM 28,– *[3–458–15869–3]*

Gackenbach, Dick: Theo und Leo. Eine Weihnachtsgeschichte. 1986. 40 S. DM 9,– (it 2017) *[3–458–33717–2]*
– Was ist bloß mit Theo los? 1985. 44 S. DM 8,– (it 2015) *[3–458–33715–7]*

Gadamer, Hans-Georg: Poetica. Ausgewählte Essays. 1977. 148 S. Ln. DM 28,– *[3–458–15032–3]*

Gage, Wilson/Marylin Hafner: Mathilde und die Krähe. Aus dem Amerikanischen von Friederun Meyer-Jürshof. 1990. ca. 32 S. ca. DM 10,– (it 2030) *[3–458–33730–X]* Febr. 90

García Lorca, Federico: Werke in drei Bänden. Ausgewählt und übertragen von Enrique Beck. Neuauflage 1986. 1219 S. Ln. DM 78,– *[3–458–14037–9]*
– Bilder und Texte. Herausgegeben von Herbert Meier und Pedro Ramirez. Übersetzung Enrique Beck. 1986. 244 S. Ln. DM 38,– *[3–458–14320–3]*

- Briefe an Freunde. Briefe, Interviews, Äußerungen über Dichtung und Theater. Aus dem Spanischen von Enrique Beck. Mit Anmerkungen und Quellenhinweisen des Übersetzers. 1966. 272 S. Ln. DM 32,– *[3-458-15271-7]*
- Dichter in New York. Spanisch und deutsch. Aus dem Spanischen von Enrique Beck. 1976. 136 S. *[3-458-15835-9▸]*
- Dichtung vom Cante Jondo. Neuauflage von ›Dichtung vom tiefinnern Sang‹. Deutsch von Enrique Beck. 1956. 6. Tsd. 1965. 130 S. Ln. DM 24,– *[3-458-15272-5]*
- Die dramatischen Dichtungen. Aus dem Spanischen von Enrique Beck. Text nach den kritisch bereinigten Madrider Ausgaben. 1963. 39. Tsd. 1966. 448 S. Ln. DM 38,– *[3-458-15273-3]*
- Die dramatischen Dichtungen. 1972. 31. Tsd. 1988. 448 S. DM 20,– (it 3) *[3-458-31703-1]*
- Diwan des Tamarit/Sonette der dunklen Liebe. Gedichte spanisch/deutsch. Aus dem Spanischen von Rudolf Wittkopf und Lothar Klünner. 1986. 3. Tsd. 1986. 105 S. Ln. DM 36,– *[3-458-14319-X]*

Garschin, Wsewolod: Die rote Blume. Erzählungen. Aus dem Russischen von Valerian Tornius. 1989. 202 S. Ln. DM 24,– *[3-458-16020-5]*

Vom Garten Eden, der Arche Noah und dem weisen König Salomo. 77 Geschichten von Pflanzen und Tieren. Neu erzählt von Rahel bin Gorion und Emanuel bin Gorion. 1989. 103 S. DM 10,– (it 1189) *[3-458-32889-0]*

Garve, Christian: Über die Moden. Herausgegeben von Thomas Pittrof. Mit farbigen Abbildungen. 1987. 202 S. DM 14,– (it 989) *[3-458-32689-8]*

Gasser, Manuel: Die Küche meiner Tante Mélanie. Französische Hausmannskost von Anno dazumal. Mit Illustrationen von Boris von Borodine. 1977. 25. Tsd. 1980. 166 S. DM 10,– (it 192) *[3-458-31892-2]*
- Kräutergarten. Mit Holzschnitten aus dem New Kreüterbuch von Leonhart Fuchs, 1543. Koloriert von Erna de Vries. 1979. 22. Tsd. 1981. 120 S. DM 12,– (it 377) *[3-458-32077-6]*
- Manuel Gassers Köchel-Verzeichnis. Kulinarische Erinnerungen und Erfahrungen. Mit Illustrationen von Heinz Edelmann. 1975. 37. Tsd. 1986. 128 S. DM 12,– (it 96) *[3-458-31796-1]*
- Spaziergang durch Italiens Küchen. Mit Illustrationen von Manfred Seelow. 1979. 22. Tsd. 1988. 124 S. DM 12,– (it 391) *[3-458-32091-1]*

Gaulle, Charles de: Die Schneide des Schwertes. Aus dem Französischen von Carlo Schmid. 1981. 202 S. Ln. DM 34,– *[3-458-14879-5]*

Gebete der Menschheit. Religiöse Zeugnisse aller Zeiten und Völker. Herausgegeben von Ernst Wilhelm Eschmann. 1977. 14. Tsd. 1985. 350 S. (it 238) *[3-458-31938-7▸]*

Geburtstagsbuch: Das sehr nützliche Merk-Buch für Geburtstage. Mit Bildern von Anita Albus, Monika Beisner, Almut Gernhardt, Guillermo Mordillo, Walter Schmögner u. a. Und »Acht oder neun weise Worte über das Briefschreiben« von Lewis Carroll. Zusammengetragen von Elisabeth Borchers. 1975. 173. Tsd. 1984. 150 S. DM 12,– (it 155) *[3-458-31855-0]*

– – Lederausgabe. 1977. DM 48,– *[3-458-15072-2]*

Das Geburtstagsbuch für Kinder. Geschmückt mit Bildern von László Varvasovszky. Mit Versen, Geschichten, Glückwünschen und Ermahnungen von Elisabeth Borchers. 1982. 120 S. DM 12,– (it 664) *[3-458-32364-3]*

Gedichte von Hildegard von Bingen bis Ingeborg Bachmann. Herausgegeben von Elisabeth Borchers. 1988. 312 S. Ln. DM 36,– *[3-458-14614-8]*

Gellert, Christian Fürchtegott: Insel-Gellert. Werke in zwei Bänden. Herausgegeben von Gottfried Honnefelder. 1979. 1000 S. Ln. DM 64,– *[3-458-15040-4]*

– Fabeln und Lieder. Mit den vierundzwanzig Radierungen zu Gellerts Fabeln von Daniel Nikolaus Chodowiecki. Herausgegeben von Gottfried Honnefelder. 1986. 295 S. DM 12,– (it 895) *[3-458-32595-6]*

Gellius, Aulus: Attische Nächte. Aus einem Lesebuch der Zeit des Kaisers Marc Aurel. Herausgegeben und aus dem Lateinischen übertragen von Heinz Berthold. Mit Erläuterungen und einem Nachwort. 1988. 339 S. DM 16,– (it 1079) *[3-458-32779-7]*

Gernet, Jacques: Die chinesische Welt. Die Geschichte Chinas von den Anfängen bis zur Jetztzeit. Aus dem Französischen von Regine Kappeler. Mit 36 Schwarzweiß-Tafeln, 16 Abb. und 31 Karten und Plänen. 1979. Sonderausgabe. 1983. 18. Tsd. 1989. 714 S. Kt. DM 48,– *[3-458-09921-2]*

– – 1979. Ln. 714 S. DM 120,– *[3-458-15503-1]*

Gernhardt, Almut: Insel Bildersammlung. Zwölf vierfarbige Reproduktionen der schönsten Katzenbilder. Format 32 × 32 cm, in Schmuckkassette. 1978. 9. Tsd. 1980. DM 38,– *[3-458-15096-X]*

Gernhardt, Almut/Robert Gernhardt: Der Weg durch die Wand. Dreizehn abenteuerliche Geschichten von Robert Gernhardt zu Bildern von Almut Gernhardt. Vierfarbendruck. 1982. 19. Tsd. 1985. 120 S. Pp. DM 19,80 *[3-458-14049-2]*

– – it 2010. 1986. DM 10,– *[3-458-33710-5]*
– Ein gutes Schwein bleibt nicht allein. 7 Geschichten von Robert Gernhardt und 66 Bilder von Almut Gernhardt. Vierfarbendruck. 1980. 11. Tsd. 1980. 32 S. Pp. *[3-458-14860-4▸]*
– – it 2012. 1983. 15. Tsd. 1988. DM 10,– *[3-458-33712-1]*
– Feder Franz sucht Feder Frieda. Eine Geschichte von Robert Gernhardt zu Bildern von Almut Gernhardt. 1985. 32 S. Pp. DM 18,– *[3-458-14260-6]*
– – it 2028. 1989. 58 S. DM 12,– *[3-458-33728-8]*
– Mit dir sind wir vier. Bilder von Almut Gernhardt, mit Geschichten von Robert Gernhardt. Vierfarbendruck. 1976. 19. Tsd. 1979. 32 S. Pp. *[3-458-15828-6▸]*
– – it 2003. 1983. 19. Tsd. 1985. DM 10,– *[3-458-33703-2]*
– Was für ein Tag. Eine Geschichte von Robert Gernhardt, mit Bildern von Almut Gernhardt. Vierfarbendruck. 1978. 14. Tsd. 1981. 32 S. Pp. DM 16,– *[3-458-15979-7]*
– – it 544. 1981. 15. Tsd. 1984. DM 8,– *[3-458-32244-2]*
– siehe Insel-Postkarten

Gersdorff, Dagmar von: Dich zu lieben kann ich nicht verlernen. Das Leben der Sophie Brentano-Mereau. Mit Abbildungen. 1984. 448 S. Ln. DM 38,– *[3-458-14182-0]*
– siehe Brentano/Mereau

Gerstäcker, Friedrich: Die Flußpiraten des Mississippi. Roman. Mit einem Nachwort von Harald Eggebrecht. 1980. 13. Tsd. 1988. 552 S. DM 16,– (it 435) *[3-458-32135-7]*

Geschichte des Königs Apollonius von Tyrus. Ein antiker Liebesroman nach dem Text der Gesta Romanorum. Übertragen von Ilse und Johannes Schneider. Mit Illustrationen von Harry Jürgens. 1987. 109 S. DM 8,– (it 977) *[3-458-32677-4]*

Die Geschichte vom Prinzen Genji, wie sie geschrieben wurde um das Jahr Eintausend unserer Zeitrechnung von Murasaki, genannt Shikibu, Hofdame der Kaiserin von Japan. 1248 S. mit 64 japanischen Holzschnitten. Ln. *[3-458-15182-4▸]*; Ld. *[3-458-15183-5▸]*
– – it 1003. 1987. 1195 S. 2 Bde. DM 28,– *[3-458-32703-7]*

Geschichten vom Buch. Eine Sammlung von Klaus Schöffling. 1985. 12. Tsd. 1985. 422 S. DM 14,– (it 722) *[3-458-32422-4]*

Geschichten von Engeln. Gesammelt von Felix Karlinger. 1989. ca. 120 S. ca. DM 10,– (it 1226) *[3-458-32926-9]* Dez. 89

Gesta Romanorum. Das älteste Märchen- und Legendenbuch des christlichen Mittelalters. Herausgegeben und eingeleitet von Hermann Hesse. 1978. 15. Tsd. 1987. 297 S. DM 12,– (it 315) *[3-458-32015-3]*

Geyer, Hans F.: Physiologie der Kultur. 1985. 256 S. Ln. DM 38,– *[3-458-14240-1]*

Ginzburg, Natalia: Caro Michele. Der Roman einer Familie. Aus dem Italienischen von Arianna Giachi. Neuauflage 1988. 193 S. Ln. DM 24,– *[3-458-15890-2]*
– Ein Mann und eine Frau. Aus dem Italienischen von Arianna Giachi. 1980. 190 S. Ln. DM 28,– *[3-458-14920-1]*

Vom Glück. Erkundigungen, eingeholt von Gottfried Honnefelder. 1986. 320 S. Ln. DM 29,80 *[3-458-14310-6]*

GOETHE IM INSEL VERLAG

Goethe, Johann Wolfgang von: Insel-Goethe. 6 Bände. Herausgegeben von Emil Staiger, Walter Höllerer, Hans-J. Weitz, Norbert Miller u.a. 1965. 93. Tsd. 1986. 3886 S. Ln. in Kassette. DM 98,– *[3-458-15184-2]*
– Jubiläumsausgabe in sechs Bänden. Aus Anlaß des 150. Todestages am 22. März 1982. Gebunden, mit Dekorüberzug. 1981. 100. Tsd. 1987. 2400 S. DM 39,80 *[3-458-14767-5]*

Einzelausgaben:
– Alle Freuden, die unendlichen. Liebesgedichte und Interpretationen. Herausgegeben von Marcel Reich-Ranicki. Mit einem Frontispiz. 1987. 184 S. DM 16,– (IB 1028) *[3-458-19028-7]*
– Briefe an Auguste Gräfin zu Stolberg. Herausgegeben und mit einem Nachwort von Jürgen Behrens. Mit Abbildungen und Faksimiles. 1982. 106 S. DM 12,– (IB 1015) *[3-458-19015-5]*
– Briefe an Charlotte von Stein. Herausgegeben von Jonas Fränkel. 3 Bände in Kassette. 1 500 S. ca. DM 42,– (it 1125) *[3-458-32825-0]*
– Das Römische Carneval. Mit den farbigen Figurinen von 1789 und Goethes Fragmenten ›Über Italien‹. Herausgegeben von Isabella Kuhn. 1984. 220 S. DM 18,– (it 750) *[3-458-32450-X]*
– ›Das Tagebuch‹ Goethes und Rilkes ›Sieben Gedichte‹. Erläutert von Siegfried Unseld. 1978. 46. Tsd. 1978. 218 S. DM 14,– (IB 1000) *[3-458-19000-7]*

– Der Mann von fünfzig Jahren. Mit einem Nachwort von Adolf Muschg. 1985. 114 S. DM 7,– (it 850) *[3-458-32550-6]*
– Dichtung und Wahrheit. Mit Bildmaterial. 1975. 28. Tsd. 1989. 1000 S. 3 Bde. in Kassette. DM 32,– (it 149/150/151) *[3-458-09298-6]*
– – Ln. 1982. DM 78,– *[3-458-14014-X]*
– Die guten Frauen als Gegenbild der bösen Weiber. Mit Kupferstichen von Johann Heinrich Ramberg aus dem Taschenbuch für Damen auf das Jahr 1801. 1986. 60 S. DM 8,– (it 925) *[3-458-32625-1]*
– Die natürliche Tochter. Mit den Memoiren der Stéphane Louise de Bourbon-Conti. Herausgegeben von Bernhard Böschenstein. 1989. ca. 400 S. ca. DM 18,– (it 1175) *[3-458-32875-0]* Dez. 89
– Elegie von Marienbad. September 1823. Faksimile einer Urhandschrift. Herausgegeben von Christoph Michel und Jürgen Behrens. Mit einem Geleitwort von Arthur Henkel. 1983. 160 S. Faksimile und Kommentarband zusammen in Kassette. Ld. DM 400,– *[3-458-14103-0]*
– Faust I. Mit Illustrationen von Eugène Delacroix und einem Vorwort von Jörn Göres. 1979. 55. Tsd. 1989. 273 S. DM 12,– (it 50) *[3-458-31750-3]*
– Faust II. Mit Federzeichnungen von Max Beckmann. Mit einem Nachwort zum Text von Jörn Göres und zu den Zeichnungen von Friedhelm Fischer. 1975. 28. Tsd. 1987. 492 S. DM 14,– (it 100) *[3-458-31800-3]*
– Faust. Zweiter Teil. Faksimile der Erstausgabe. 1970. 344 S. DM 48,– *[3-458-15679-8]*; Ld. DM 98,– *[3-458-14902-3]*
– Faust. Gesamtausgabe. 1909. 286. Tsd. 1988. 648 S. (D). Ln. DM 38,– *[3-458-15188-5]*; Ld. DM 120,– *[3-458-15189-3]*
– Faust. Drei Fassungen. Urfaust. Faust. Ein Fragment. Faust. Eine Tragödie. Herausgegeben mit einem Nachwort von Werner Keller. 1985. 2 Bde. 691 S. DM 28,– (it 625) *[3-458-32325-2]*
– Frühes Theater. Mit einer Auswahl aus den dramaturgischen Schriften 1771–1828. Herausgegeben und mit einem Nachwort von Dieter Borchmeyer. 1982. 580 S. DM 14,– (it 675) *[3-458-32375-9]*
– Gedichte in einem Band. Herausgegeben von Heinz Nicolai. 1982. 76. Tsd. 1988. 1256 S. Ln. DM 25,– *[3-458-14013-1]*
– Gedichte in zeitlicher Folge. Herausgegeben von Heinz Nicolai. 1916. 40. Tsd. 1958. 1382 S. 2 Bde. Ln. (D). DM 64,– *[3-458-15456-6]*
– – it 350. 1978. 13. Tsd. 1986. 2 Bde. DM 32,– *[3-458-32050-4]*
– Goethes Gedanken über Musik. Eine Sammlung aus seinen Werken, Briefen, Gesprächen und Tagebüchern. Herausgegeben von Hedwig

Walwei-Wiegelmann. Mit 48 Abbildungen von Hartmut Schmidt. 1985. 9. Tsd. 1987. 262 S. DM 12,– (it 800) *[3-458-32500-X]*

- Goethes letzte Schweizer Reise. Dargestellt von Barbara Schnyder-Seidel. Mit zeitgenössischen Illustrationen. 1980. 440 S. DM 12,– (it 375) *[3-458-32075-X]*
- Goethe über das Mittelalter. Herausgegeben von Jens Haustein. 1990. ca. 380 S. ca. DM 16,– (it 1200) *[3-458-32900-5]* Febr. 90
- Goethe warum? Eine repräsentative Auslese aus Werken, Briefen und Dokumenten. Herausgegeben und mit einem Nachwort von Katharina Mommsen. 1984. 380 S. DM 12,– (it 759) *[3-458-32459-3]*
- Goethes Liebesgedichte. Ausgewählt und herausgegeben von Hans Gerhard Gräf. Mit einem Nachwort von Emil Staiger. 1977. 24. Tsd. 1985. 317 S. DM 10,– (it 275) *[3-458-31975-1]*
- – Ln. 1985. 320 S. DM 32,– *[3-458-14298-3]*; Ld. DM 78,– *[3-458-14299-1]*
- Goethes schönste Gedichte. Herausgegeben von Jochen Schmidt. 1982. 13. Tsd. 1987. 60 S. DM 14,– (IB 1013) *[3-458-19013-4]*
- Hermann und Dorothea. Mit 10 Kupfern von Catel. 1976. 14. Tsd. 1988. 160 S. DM 10,– (it 225) *[3-458-31925-5]*
- Hier schicke ich einen Traum. 50 Geschenk- und Albumblätter. Faksimile im Lichtdruck. 1000 Exemplare limitiert. Herausgegeben und kommentiert von Gerhard Femmel. Format 30×40 cm in Kassette eingelegt. Kommentarband 32 S. 1982. DM 360,– *[3-458-14041-7]*
- Historische Schriften. Eine Auswahl in biographischer Folge. Herausgegeben von Horst Günther. Mit Zeichnungen von Goethe. 1982. 10. Tsd. 1985. 410 S. DM 16,– (it 650) *[3-458-32350-3]*
- Iphigenie auf Tauris. Prosafassung. Herausgegeben von Eberhard Haufe. 1982. 92 S. DM 14,– (IB 1014) *[3-458-19014-7]*
- Italienische Reise. Mit vierzig Zeichnungen des Autors. Herausgegeben und mit einem Nachwort von Christoph Michel. 1976. 58. Tsd. 1989. 2 Bde. 820 S. DM 24,– (it 175) *[3-458-31875-5]*
- Tagebuch der ersten Schweizer Reise 1775. Mit den Zeichnungen des Autors und einem vollständigen Faksimile der Handschrift. Herausgegeben und erläutert von Hans-Georg Dewitz. 1980. 194 S. DM 8,– (it 300) *[3-458-32000-8]*
- Tagebuch der Italienischen Reise 1786. Notizen und Briefe aus Italien. Mit Skizzen und Zeichnungen des Autors. Herausgegeben und erläutert von Christoph Michel. 1976. 33. Tsd. 1987. 402 S. DM 16,– (it 176) *[3-458-31876-3]*
- it 175/176 in Kassette. 1976. DM 36,– *[3-458-09902-6]*
- Klassisches Theater. Herausgegeben und mit einem Nachwort von Dieter Borchmeyer. 1982. 674 S. DM 16,– (it 700) *[3-458-32400-3]*

– Lektüre für Augenblicke. Herausgegeben von Gerhart Baumann. 1982. 97. Tsd. 1987. 224 S. Pp. DM 12,80 *[3-458-14766-7]*
– Die Leiden des jungen Werther. Bibliothek deutscher Erst- und Frühausgaben in originalgetreuen Wiedergaben. Herausgegeben von Bernhard Zeller. 1979. 224 S. Ld. DM 98,– *[3-458-14957-0]*
– Die Leiden des jungen Werther. Mit einem Essay von Georg Lukács und Illustrationen von Chodowiecki. Nachwort von Jörn Göres. 1981. 3. Tsd. 1987. 231 S. Ln. DM 28,– *[3-458-14794-2]*;
Ld. DM 68,– *[3-458-14795-0]*
– – it 25. 1973. 109. Tsd. 1988. DM 9,– *[3-458-31725-2]*
– Märchen. Der neue Paris. Die neue Melusine. Das Märchen. Herausgegeben von Katharina Mommsen. 1984. 12. Tsd. 1988. 234 S. DM 10,– (it 825) *[3-458-32525-5]*
– Maximen und Reflexionen. Insel-Bibliothek. 1980. 3. Tsd. 1982. 368 S. Ln. DM 32,– *[3-458-14934-7]*;
Ld. DM 78,– *[3-458-14944-9]*
– – it 200. 1976. 14. Tsd. 1982. DM 12,– *[3-458-31900-X]*
– Mit Goethe durch den Garten. Ein Abc für Gartenfreunde. Aufgeblättert von Claudia Schmölders. Mit farbigen Illustrationen von Hans Traxler. 1989. 137 S. DM 10,– (it 1211) *[3-458-32911-0]*
– Novelle. Mit Federzeichnungen von Max Liebermann. 1989. Großdruck. 70 S. DM 10,– (it 2301) *[3-458-34001-7]*
– Novellen. Herausgegeben und mit einem Nachwort von Katharina Mommsen. Mit Federzeichnungen von Max Liebermann. 1979. 20. Tsd. 1987. 294 S. DM 12,– (it 425) *[3-458-32125-X]*
– Reineke Fuchs. Mit Stahlstichen nach Zeichnungen von Wilhelm Kaulbach. 1975. 24. Tsd. 1987. 175 S. DM 9,– (it 125) *[3-458-31825-9]*
– Reise-, Zerstreuungs- und Trostbüchlein 1806–1807. 77 zum Teil vierfarbige Tafeln. Herausgegeben und mit einem Nachwort von Christoph Michel. 1979. 19. Tsd. 1979. 100 S. (it 400) *[3-458-32100-4▶]*; Ld. *[3-458-15098-3▶]*
– Römische Elegien. Faksimile der Handschrift und Transkription. Mit einem Nachwort von Horst Rüdiger. 1980. 8. Tsd. 1988. 146 S. DM 16,– (IB 1010) *[3-458-19010-4]*
– Römische Elegien und Venezianische Epigramme. 1989. 85 S. DM 9,– (it 1150) *[3-458-32850-5]*
– Sammelhandschriften Goethescher Gedichte. Faksimile. Mit einem Kommentarband, herausgegeben und kommentiert von Karl-Heinz Hahn. 1984. 316 S. 2 Bde. in Kassette. Pp. DM 98,– *[3-458-14187-1]*
– Schriften zur Naturwissenschaft. Auswahl und herausgegeben von Horst Günther. Mit Zeichnungen des Autors. 1981. 12. Tsd. 1985. 330 S. DM 12,– (it 550) *[3-458-32250-7]*

– Schriften zur Weltliteratur. Mit Buchillustrationen aus der Goethezeit. Herausgegeben von Horst Günther. 1987. 356 S. DM 16,– (it 1025) *[3-458-32725-8]*
– Über die Deutschen. Herausgegeben von Hans-J. Weitz. 1978. 11. Tsd. 1982. 126 S. DM 7,– (it 325) *[3-458-32025-5]*
– Unterhaltungen deutscher Ausgewanderten. Mit einem Nachwort herausgegeben von Gert Ueding. 1987. 192 S. DM 10,– (it 1050) *[3-458-32750-9]*
– Die Wahlverwandtschaften. Mit einem Essay von Walter Benjamin. 1981. 3. Tsd. 1987. 333 S. Ln. DM 28,– *[3-458-14779-9]*; Ld. DM 78,– *[3-458-14780-2]*
– – it 1. 1972. 76. Tsd. 1987. DM 14,– *[3-458-31701-5]*
– West-östlicher Divan. Herausgegeben und erläutert von Hans-J. Weitz. Mit Essays zum »Divan« von Hugo von Hofmannsthal, Oskar Loerke und Karl Krolow. 1974. 33. Tsd. 1988. 402 S. DM 16,– (it 75) *[3-458-31775-9]*
– – Ln. 1986. DM 36,– *[3-458-14532-X]*; Ld. DM 78,– *[3-458-14533-8]*
– Wilhelm Meisters Lehrjahre. 1980. 34. Tsd. 1987. 642 S. DM 18,– (it 475) *[3-458-32175-6]*
– – Ln. 1982. DM 42,– *[3-458-14053-0]*; Ld. DM 80,– *[3-458-14054-9]*
– Wilhelm Meisters theatralische Sendung. Mit einem Nachwort von Wilhelm Voßkamp. 1984. 350 S. DM 12,– (it 725) *[3-458-32425-9]*
– Wilhelm Meisters Wanderjahre oder Die Entsagenden. Mit einem Nachwort von Adolf Muschg. 1982. 22. Tsd. 1988. 524 S. DM 16,– (it 575) *[3-458-32275-2]*
– – Ln. DM 38,– *[3-458-14147-2]*; Ld. DM 80,– *[3-458-14148-0]*
– Xenien. 1986. 155 S. DM 9,– (it 875) *[3-458-32575-1]*

Goethes Briefe an Charlotte von Stein. Herausgegeben von Jonas Fränkel. 1989. 3 Bde. ca. 1500 S. ca. DM 42,– (it 1125) *[3-458-32825-0]* Dez. 89

Goethes Briefwechsel mit Marianne und Johann Jakob Willemer. Dokumente. Lebens-Chronik. Erläuterung. Herausgegeben von Hans-J. Weitz. 1965. 972 S. Mit Abbildungen und Register. Ld. DM 140,– *[3-458-15197-4]*
– – it 900. 1986. 604 S. DM 20,– *[3-458-32600-6]*

Goethe–Schiller: Briefwechsel. Neu herausgegeben und mit einer Einleitung versehen von Emil Staiger. 1966. 1076 S. Ln. DM 64,– *[3-458-15344-6]*
– – it 250. 1977. 13. Tsd. 1987. 1085 S. DM 28,– *[3-458-31950-6]*

Briefwechsel zwischen Goethe und Zelter 1799–1832. Herausgegeben von Max Hecker. 1987. 3 Bde. in Kass. 2015 S. DM 48,– (it 950) *[3-458-32650-2]*

Im Namen Goethes. Der Briefwechsel Marianne von Willemer und Hermann Grimm. Herausgegeben und eingeleitet von Hans Joachim Mey. 1988. Mit 8 Abbildungen. 293 S. Ln. DM 36,– *[3-458-14628-8]*

Eckermann, Johann Peter: Gespräche mit Goethe in den letzten Jahren seines Lebens. Herausgegeben von Fritz Bergemann. 1966. 10. Tsd. 1983. 14. Tsd. 1987. 955 S. Mit Illustrationen. 2 Bde. DM 24,– (it 500) *[3-458-32200-0]*
– Lederausgabe. 1908. 51. Tsd. 1963. DM 140,– *[3-458-15210-5]*

Goethe im zwanzigsten Jahrhundert. Spiegelungen und Deutungen. Herausgegeben von Hans Mayer. 1987. 726 S. Ln. DM 78,– *[3-458-14590-7]*

Goethe – seine äußere Erscheinung. Literarische und künstlerische Dokumente seiner Zeitgenossen. Zusammengetragen von Emil Schaeffer. Überprüft und ergänzt von Jörn Göres. 1980. 200 S. DM 48,– *[3-458-14925-2]*

Johann Wolfgang Goethe. Sein Leben in Bildern und Texten. Herausgegeben und mit einem Vorwort von Christoph Michel. Gestaltet von Willy Fleckhaus. Mit Erläuterungen zu 500 Abbildungen, einer Chronik und Register. 1982. 7. Tsd. 1982. 380 S. Ln. DM 120,– *[3-458-14768-3]*
– – it 1000. 1987. DM 24,– *[3-458-32700-2]*

Goethes Leben und Werk in Daten und Bildern. Herausgegeben von Bernhard Gajek und Franz Götting unter Mitarbeit von Jörn Göres. 1966. 524 S. mit 517 Abbildungen. Ln. DM 28,– *[3-458-15686-0]*

– siehe Brandt
– siehe Carossa
– siehe Cellini
– siehe Henel
– siehe Hof
– siehe Mommsen

Gogh, Vincent van: Briefe an seinen Bruder. Herausgegeben und mit einer Einleitung von Johanna Gesina van Gogh-Bonger. Die Übertragung der holländischen Briefe besorgte Leo Klein-Diepold, die der französischen Carl Einstein. Die Ausgabe wurde revidiert und um noch nicht übersetzte Passagen komplettiert von Ursula Michels-Wenz. 1988. 3 Bde. in Kassette. 2200 S. DM 48,– (it 954) *[3-458-32654-5]*
– Van Gogh in seinen Briefen. Herausgegeben und Nachwort von Paul Nizon. 1977. 27. Tsd. 1988. 377 S. DM 16,– (it 177) *[3-458-31877-1]*

– siehe Meier-Graefe

Gogol, Nikolai: Aufzeichnungen eines Wahnsinnigen. Erzählungen. Aus dem Russischen von R. Fritze-Hanschmann und G. Schwarz. 1988. 197 S. Ln. DM 24,– *[3-458-14631-8]*

– Der Mantel und andere Erzählungen. Aus dem Russischen von Ruth Fritze-Hanschmann. Mit einem Nachwort von Eugen und Frank Häusler. Mit Illustrationen von András Karakas. 1977. 20. Tsd. 1988. 359 S. DM 12,– (it 241) *[3-458-31941-7]*

– Die Nacht vor Weihnachten. Mit farbigen Bildern von Monika Wurmdobler. 1981. 35. Tsd. 1988. 93 S. DM 10,– (it 584) *[3-458-32284-1]*

– Die toten Seelen. Erzählung. Aus dem Russischen von Hermann Röhl. 1987. 527 S. DM 20,– (it 987) *[3-458-32687-1]*

Goncourt, Edmond und Jules de: Germinie Lacerteux. Aus dem Französischen von Curt Noch. Mit einem Nachwort von Victor Klemperer. 1987. 291 S. DM 14,– (it 1054) *[3-458-32754-1]*

– Tagebücher. Übertragen und herausgegeben von Justus Franz Wittkop. Mit zeitgenössischen Abbildungen. 1983. 447 S. DM 16,– (it 692) *[3-458-32392-9]*

Gontscharow, Iwan: Oblomow. Aus dem Russischen von Reinhold von Walter. Mit Illustrationen von Theodor Eberle. 1981. 18. Tsd. 1989. 718 S. DM 18,– (it 472) *[3-458-32172-1]*

Gorki, Maxim: Der Landstreicher und andere Erzählungen. Mit einer Einführung von Stefan Zweig und Illustrationen von András Karakas. 1984. 10. Tsd. 1988. 309 S. DM 16,– (it 749) *[3-458-32449-6]*

Gotthelf, Jeremias: Die schwarze Spinne. Mit Illustrationen von Renate Sendler-Peters. 1986. 136 S. DM 8,– (it 991) *[3-458-32691-X]*

Grabbe, Christian Dietrich: Scherz, Satire, Ironie und tiefere Bedeutung. Lustspiel in drei Aufzügen. Mit Illustrationen von Friedrich Heubner. 1986. 119 S. DM 7,– (it 534) *[3-458-32234-5]*

Gracian, Balthasar: Hand-Orakel und Kunst der Weltklugheit. Übertragen von Arthur Schopenhauer. Herausgegeben und mit einem Nachwort versehen von Otto Freiherrn von Taube. 1986. 43. Tsd. 1988. 134 S. Neuauflage. DM 14,– (IB 423) *[3-458-08423-1]*

Grandville: Die beseelten Blumen. Les fleurs animées. Ausgewählt von Marianne Beuchert. Mit einem Nachwort von Karl Krolow. Mit 36 kolorierten Stahlstichen. 1978. 1981. 160 S. DM 10,– (it 524) *[3-458-32224-8]*

Greenaway, Kate: Kinderspiele. Aus dem Englischen von Ingrid Westerhoff. 1977. 64 S. Pp. DM 20,– *[3-458-15832-4]*

– Mutter Gans oder Die alten Ammenreime. Übersetzt von Elisabeth Borchers. 1973. 33. Tsd. 1979. 60 S. DM 7,– (it 28) *[3-458-31728-7]*

Greverus, Ina-Maria: siehe Hessen-Bibliothek

Griechisches Theater. Aischylos. Sophokles. Aristophanes. Menander. Deutsch von Wolfgang Schadewaldt. 1983. 607 S. DM 16,– (it 721) *[3-458-32421-6]*

Grieser, Dietmar: siehe Hessen-Bibliothek

Grieshaber, HAP: Seestern und Tomahawk. 14 Collagen. 1965. 32 S. DM 12,– (IB 849) *[3-458-08849-0]*

Grillparzer, Franz: Der arme Spielmann. Mit einem Nachwort von Richard Brinkmann. 1983. 142 S. DM 7,– (it 690) *[3-458-32390-2]*

Grimm: Kinder- und Hausmärchen. Gesammelt durch die Brüder Grimm. Mit Illustrationen von Otto Ubbelohde und einem Vorwort von Ingeborg Weber-Kellermann. Jubiläumsausgabe in Kassette. 1984. 53. Tsd. 1987. 3 Bde. 1032 S. DM 28,– (it 829) *[3-458-32529-8]*
– Kinder- und Hausmärchen. Gesammelt durch die Brüder Grimm. Kleine Ausgabe von 1858. Mit Illustrationen von Ludwig Pietsch und einem Nachwort von Heinz Hölleke. 1985. 12. Tsd. 1988. 295 S. DM 12,– (it 842) *[3-458-32542-5]*
– Die zwölf schönsten Märchen der Brüder Grimm. Mit Bildern von Gunter Böhmer. 1984. 120 S. Ln. DM 168,– *[3-458-14217-7]*; Ld. DM 298,– *[3-458-14231-2]*
– Jorinde und Joringel. Acht Märchen mit Bildern von Heinrich Vogeler. 1976. 34. Tsd. 1986. 64 S. DM 14,– (IB 992) *[3-458-08992-6]*
– siehe Deutsche Sagen

– Grimm, Hermann: siehe Willemer

Grimm, Jacob: Über den Ursprung der Sprache. Gelesen in der Preußischen Akademie der Wissenschaften. Mit Anmerkungen und einem Nachwort von M. Rassem. 1985. 73 S. DM 5,– (it 877) *[3-458-32577-8]*

Grimms Volkslieder. In einer Auswahl herausgegeben von Charlotte Oberfeld und Ludwig Denecke. Mit Zeichnungen von Ludwig Ewald Grimm. 1986. 195 S. DM 10,– (it 891) *[3-458-32591-3]*

Grimmelshausen: Der abenteuerliche Simplicissimus. 1983. 745 S. DM 20,– (it 739) *[3-458-32439-9]*
– Trutz-Simplex oder Ausführliche und wunderseltzame Lebensbeschreibung der Ertzbetrügerin und Landstörtzerin Courasche. Mit einem Nachwort von Wolfgang Koeppen. 1977. 14. Tsd. 1989. 174 S. DM 12,– (it 211) *[3-458-31911-5]*

Guanzhong, Lou: Aufstand der Zauberer. Ein Roman aus der Ming-Zeit in der Fassung von Feng Menglong. Aus dem Chinesischen und mit einem Vorwort von Manfred Porkert. 1986. 671 S. Ln. DM 58,– *[3-458-14313-0]*

Günderode, Karoline von: Gedichte. Herausgegeben von Franz Josef Görtz. 1985. 128 S. DM 8,– (it 809) *[3-458-32509-3]*

Gulyga, Arsenij: Kant. Mit einem Vorwort des Autors. Aus dem Russischen und mit einem Nachwort von Sigrun Bielfeldt. 1981. 8. Tsd. 1983. 395 S. Ln. DM 38,– *[3-458-14882-5]*

Gundert, Adele: Marie Hesse. Ein Lebensbild in Briefen und Tagebüchern. Mit einem Essay von Siegfried Greiner und frühen Lithographien von Gunter Böhmer. 1977. 17. Tsd. 1988. 260 S. DM 14,– (it 261) *[3-458-31961-1]*

Guo Moruo: Jugend. Autobiographie. Zweiter Band. Übertragung aus dem Chinesischen von Ingo Schäfer. 1985. 300 S. Geb. DM 32,– *[3-458-14243-6]*
– Kindheit. Aus dem Chinesischen von Ingo Schäfer. 1981. 240 S. Gebunden. DM 32,– *[3-458-14756-X]*

Haas, Alois Maria: Gottleiden – Gottlieben. Zur volkssprachlichen Mystik im Mittelalter. 1989. 519 S. Ln. DM 78,– *[3-458-16009-4]*

Hacks, Peter: siehe Heseler

Hafis: Liebesgedichte. Übertragen von Cyrus Atabay. 1980. 8. Tsd. 1984. 96 S. DM 16,– (IB 1009) *[3-458-19009-0]*

Otto Hahn – Leben und Werk in Texten und Bildern. Mit einem Vorwort von Carl Friedrich von Weizsäcker. Herausgegeben von Dietrich Hahn. 1988. 363 S. DM 20,– (it 1089) *[3-458-32789-4]*

Halifax, Joan: Schamanen. Zauberer, Medizinmänner, Heiler. Mit 131 Abbildungen und 16 Farbtafeln. Aus dem Englischen von Ursula Richter. 1983. 96 S. Gebunden. *[3-458-14077-7]*

Hamann, Johann Georg: Briefe. Ausgewählt, eingeleitet und erläutert von Anthur Henkel. 1988. 469 S. Ln. DM 78,– *[3-458-14366-1]*
– Briefwechsel in 7 Bänden. Herausgegeben von Walther Ziesemer und Arthur Henkel. Mit Nachweisen und Personenverzeichnissen. Neuauflage 1988. Jeder Band Ln. DM 140,–
Bd. 1 *[3-458-15526-0]*, Bd. 2 *[3-458-15527-9]*
Bd. 3 *[3-458-15528-5]*, Bd. 4 *[3-458-15529-5]*
Bd. 5 *[3-458-15530-9]*, Bd. 6 *[3-458-15980-0]*
Bd. 7 *[3-458-14969-4]*

Harte, Bret: Goldgräbergeschichten. Aus dem Amerikanischen von Wilhelm Lange. Mit zeitgenössischen Fotografien. 1984. 299 S. DM 12,– (it 803) *[3-458-32503-4]*

Hartlieb, Johannes: Das Buch aller verbotenen Künste. Herausgegeben und ins Neuhochdeutsche übertragen von Frank Fürbeth. Mit einer Einleitung, einem Nachwort und zeitgenössischen Illustrationen. 1990. ca. 100 S. ca. DM 10,– (it 1241) *[3-458-32941-0]* März 90

Hauff, Wilhelm: Insel-Hauff. 2 Bände. Herausgegeben von Bernhard Zeller. 1969. 1396 S. Ln. DM 64,– *[3-458-15542-2]*
– Das kalte Herz. Ein Märchen. Mit Illustrationen von Monika Schliephack. 1989. 76 S. DM 14,– (IB 1105) *[3-458-19105-4]*
– Märchen. Herausgegeben von Bernhard Zeller. Mit Illustrationen von Hosemann u. a. 1976. 27. Tsd. 1988. 566 S. DM 16,– (it 216) *[3-458-31916-6]*
– Mitteilungen aus den Memoiren des Satans. Herausgegeben und mit einem Nachwort von Bernhard Zeller. Mit zahlreichen Illustrationen von Rolf Köhler. 1984. 449 S. DM 14,– (it 782) *[3-458-32482-8]*
– Zwerg Nase. Ein Märchen mit Illustrationen von Karl Walser. 1989. 79 S. DM 10,– (it 1191) *[3-458-32891-2]*

Hausmann, Manfred: Der Hüttenfuchs. Erzählung. Illustriert von Rolf Köhler. 1983. 86 S. DM 9,– (it 730) *[3-458-32430-5]*

Hawthorne, Nathaniel: Der Marmorfaun. Roman. Aus dem Englischen von Gisela Günther. Mit einem Nachwort von Günter Blökker und Zeichnungen von Michael Schroeder. 1987. 445 S. DM 18,– (it 1043) *[3-458-32743-6]*
– Der scharlachrote Buchstabe. Aus dem Amerikanischen von Barbara Cramer-Nauhaus. Nachwort von Hans Weyhe, Anmerkungen von Alexander Thiele, Bibliographie von Norbert Kohl und Illustrationen von Renate Sendler-Peters. 1979. 11. Tsd. 1988. 314 S. (it 436) *[3-458-32136-5▸]*

Hebbel, Friedrich: Erzählungen und Tagebuchblätter. Ausgewählt und mit einem Nachwort versehen von Hermann Hesse. 1987. 270 S. DM 12,– (it 1029) *[3-458-32729-0]*

Hebel, Johann Peter: Insel-Hebel. 2 Bände. Herausgegeben von Eberhard Meckel. Mit einem Vorwort von Robert Minder. 1968. 1116 S. Ln. DM 64,– *[3-458-15444-2]*
– Kalendergeschichten. Ausgewählt und mit einem Nachwort von Ernst Bloch. Mit 19 Holzschnitten von Ludwig Richter. 1973. 50. Tsd. 1986. 152 S. DM 9,– (it 17) *[3-458-31717-1]*

– Schatzkästlein des Rheinischen Hausfreundes. Herausgegeben und mit einem Nachwort von Jan Knopf. 1984. 607 S. DM 16,– (it 719) *[3-458-32419-4]*

Heidegger, Martin/Erhart Kästner: Briefwechsel. 1953–1974. Herausgegeben von Heinrich W. Petzet. 1986. 152 S. Ln. DM 38,– *[3-458-14522-2]*

Heidelberg-Lesebuch. Stadt-Bilder von 1800 bis heute. Herausgegeben von Michael Buselmeier. 1986. 20. Tsd. 1986. 385 S. DM 14,– (it 913) *[3-458-32613-8]*

Heine, Heinrich: Atta Troll. Ein Sommernachtstraum. Mit zeitgenössischen Illustrationen und einem Nachwort von Bernd Kortländer. 1983. 218 S. DM 8,– (it 748) *[3-458-32448-8]*
– Aus den Memoiren des Herren von Schnabelewopski. Mit Illustrationen von Julius Pascin. 1976. 17. Tsd. 1982. 114 S. (it 189) *[3-458-31889-1▸]*
– Buch der Lieder. Mit zeitgenössischen Illustrationen und einem Nachwort von Eberhard Galley. Insel-Bibliothek. 1981. 3. Tsd. 1982. 323 S. Ln. DM 28,– *[3-458-14792-2]*; Ld. DM 78,– *[3-458-14793-4]*
– – it 33. 1975. 48. Tsd. 1988. DM 12,– *[3-458-31733-3]*
– Der Doktor Faust. Ein Tanzpoem, nebst kuriosen Berichten über Teufel, Hexen und Dichtkunst 1847. Mit Zeichnungen von József Divéky. 1987. 88 S. DM 14,– (IB 1030) *[3-458-19030-9]*
– Der Rabbi von Bacherach. Ein Fragment. Mit Illustrationen von Max Liebermann und einem Nachwort von Joseph Anton Kruse. 1985. 104 S. DM 7,– (it 811) *[3-458-32511-5]*
– Deutschland. Ein Wintermärchen. Mit einem Nachwort von Joseph Peter Strelka. 1983. 33. Tsd. 1989. 128 S. DM 7,– (it 723) *[3-458-32423-2]*
– – Ln. 1989. DM 24,– *[3-458-14335-1]*; Ld. DM 78,– *[3-458-14336-X]*
– Die romantische Schule. 1987. 236. DM 10,– (it 910) *[3-458-32610-3]*
– Florentinische Nächte. Mit Illustrationen von Wilhelm Wagner. 1986. 119 S. DM 9,– (it 923) *[3-458-32623-5]*
– Insel-Heine. 4 Bände. Herausgegeben von Christoph Siegrist, Wolfgang Preisendanz, Eberhard Galley und Helmut Schanze. Mit einer Einleitung von Hans Mayer. 1968. 34. Tsd. 1984. 2882 S. Ln. DM 98,– *[3-458-15515-5]*
– Italien. Mit farbigen Illustrationen von Paul Scheurich. 1988. 302 S. DM 16,– (it 1072) *[3-458-32772-X]*

– Reisebilder. Mit einem Nachwort von Joseph A. Kruse und zeitgenössischen Illustrationen. 1980. 20. Tsd. 1986. 560 S. DM 18,– (it 444) *[3-458-32144-6]*
– – Ln. 1982. 610 S. DM 42,– *[3-458-14057-3]*; Ld. DM 98,– *[3-458-14058-1]*
– Romanzero. Mit einem Nachwort von Joseph A. Kruse und zeitgenössischen Illustrationen. 1981. 10. Tsd. 1989. 288 S. DM 10,– (it 538) *[3-458-32238-8]*

Heinrich Heine. Leben und Werk in Daten und Bildern. Herausgegeben von Joseph A. Kruse. 1983. 352 S. DM 18,– (it 615) *[3-458-32315-5]*

HEINRICH DER LÖWE

Evangeliar Heinrichs des Löwen. Vollfaksimile des Codex Guelf. 105 Noviss. 2° der Herzog-August-Bibliothek in Wolfenbüttel. Pergamenthandschrift aus dem 12. Jahrhundert.
226 Blätter 34,2 hoch und 25,5 cm breit mit 50 ganzseitigen Miniaturen, davon 17 Kanontafeln, 4 Evangelistenbildern, 9 Zierseiten und 20 Bildseiten. Im Text etwa 1500 kleine, außerdem 77 größere und 7 große, reicher verzierte Initialen sowie eine Randsynopse unter farbig verzierten Arkaden.
Vollfaksimile-Druck im Granolithoverfahren, hergestellt in zehn Druckgängen von der Lichtdruck AG Dielsdorf bei Zürich. Wiedergabe der Gold-Silber-Illuminationen in drei Prägegängen durch die Firma Heinz Deuschle, Göppingen.
Wissenschaftlicher Kommentar im Format des Faksimiles. Etwa 250 Seiten. Leinen. Die Faksimile-Ausgabe erscheint in einer Weltauflage von 1000 numerierten Exemplaren, wovon 950 Exemplare in den Handel kommen.
Das Faksimile hat einen von Hand gefertigten Ledereinband auf Holzdeckeln mit Schließen und wird in einer mit Brokatstoff bezogenen repräsentativen Kassette geliefert. Der Deckel ist mit einer vergoldeten Metallarbeit verziert.
Preis DM 34000,– (gebundener Ladenpreis incl. MwSt.).
[3-458-14500-1]

– Kommentar zum Faksimile. Im Auftrag der Eigentümer, der Bundesrepublik Deutschland, des Freistaates Bayern, des Landes Niedersachsen und der Stiftung Preußischer Kulturbesitz Berlin, herausgegeben von Dietrich Kötzsche. Mit Abbildungen. 1989. ca. 320 S. Leinen im Schuber. Preis bei Einzelbezug ca. DM 480,– *[3-458-16045-0]* Nov. 89

– Präsentationsmappen:
Präsentationsmappe ›Maiestas Domini‹
Die Präsentationsmappe enthält ein Miniaturblatt und ein Schriftblatt. Mappe in einer Kassette, in Leinen gebunden. Ladenpreis DM 240,– *[3-458-14648-X]*
Präsentationsmappe ›Krönungsbild‹
Die Präsentationsmappe enthält ein Miniaturblatt und ein Schriftblatt. Mappe in einer Kassette, in Leinen gebunden. Ladenpreis DM 240,– *[3-458-14649-8]*

– Kalender 1989 mit Motiven aus dem Evangeliar Heinrichs des Löwen. 12 Monatsblätter und 1 Deckblatt mit 13 Miniaturen in Originalgröße mit einem Text und Bildbeschreibungen. Format 31 x 48 cm. Offsetdruck. Spiralheftung. *[3-458-14375-0+]*

Das Evangeliar Heinrichs des Löwen. Erläutert von Elisabeth Klemm. Mit farbigen Bildtafeln. Katalogbuch zur Ausstellung. Originalausgabe. 1988. 38. Tsd. 1989. 137 S. DM 20,– (it 1121) *[3-458-32821-1]*

Heinrich der Löwe. Herzog und Rebell. Eine Chronik von Helmut Hiller. Mit zahlreichen Abbildungen. 1986. 12. Tsd. 1987. 330 S. DM 14,– (it 922) *[3-458-32622-7]*

Die Heinzelmännchen zu Köln. Von August Kopisch. Mit farbigen Illustrationen von Rolf Köhler und einer Nachbemerkung von Heinrich Pleticha. 1989. 45 S. DM 9,– (it 2025) *[3-458-33725-3]*

Helwig, Werner: Totenklage. 1984. 4. Tsd. 1985. 176 S. n. DM 28,– *[3-458-14176-6]*

Henel, Heinrich: Goethezeit. Gesammelte Aufsätze. 1980. 350 S. Ln. DM 38,– *[3-458-14968-6]*

Henriquez, Elsa: siehe Prévert

Das Herbstbuch. Gedichte und Prosa. Herausgegeben von Hans Bender. 1982. 78. Tsd. 1987. 272 S. DM 10,– (it 657) *[3-458-32357-0]*
– siehe Jahreszeiten

Das kalte Herz und andere Texte der Romantik. Mit einem Essay von Manfred Frank. 1978. 12. Tsd. 1987. 366 S. DM 16,– (it 330) *[3-458-32030-X]*

Herzen, Alexander: Die gescheiterte Revolution. Denkwürdigkeiten aus dem 19. Jahrhundert. Ausgewählt und herausgegeben von Hans Magnus Enzensberger. Mit einer Einleitung von Isaiah Berlin. Aus dem Russischen von Hertha von Schulz. 1988. 448 S. DM 18,– (it 1097) *[3-458-32797-5]*

Heseler, Anne: Das liebe lange Jahr. Bilder von Anne Heseler mit allerlei Versen. Vierfarbendruck. 1980. 56 S. Pp. DM 24,– *[3-458-14859-0]*

– – it 2008. 1984. DM 10,– *[3-458-33708-3]*

– Fliedermütterchen. Ein Märchen von Hans Christian Andersen mit Bildern von Anne Heseler. 1981. 28 S. Kt. *[3-458-14895-7▸]*

– Ich schenk dir was. Was ist denn das? Bilder zu alten Kinderversen. Vierfarbendruck. 1978. 8. Tsd. 1980. 32 S. Pp. DM 10,– *[3-458-15712-3]*

– siehe Storm

Heseler, Anne/Peter Hacks: Der blaue Hund. Bilder zu Versen von Peter Hacks. 1987. Pp. DM 18,– *[3-458-14557-5]*

Hesse, Hermann: Bäume. Betrachtungen und Gedichte. Mit Fotografien von Imme Techentin. 1984. 231. Tsd. 1987. 142 S. DM 12,– (it 455) *[3-458-32155-1]*

– Dank an Goethe. Betrachtungen, Rezensionen, Briefe. Mit einem Essay von Reso Karalaschwili und zahlreichen Abbildungen. 1975. 22. Tsd. 1986. 217 S. DM 9,– (it 129) *[3-458-31829-1]*

– Der verbannte Ehemann oder Anton Schievelbeyn's ohnfreywillige Reisse. Handgeschrieben und illustriert von Peter Weiss. 1977. 24. Tsd. 1987. 191 S. DM 12,– (it 260) *[3-458-31960-3]*

– Der Zwerg. Ein Märchen. Mit Illustrationen von Rolf Köhler. 1982. 31. Tsd. 1987. 72 S. DM 12,– (it 636) *[3-458-32336-8]*

– Die späten Gedichte. 1963. 41. Tsd. 1989. 56 S. DM 12,– (IB 803) *[3-458-08803-2]*

– Die Stadt. Ein Märchen. Ins Bild gebracht von Walter Schmögner. 1977. 61. Tsd. 1986. 68 S. DM 10,– (it 236) *[3-458-31936-0]*

– Franz von Assisi. Mit Fresken von Giotto und einem Essay von Fritz Wagner, 1988. 128 S. DM 12,– (it 1069) *[3-458-32769-X]*

– Gedichte des Malers. Zehn Gedichte mit farbigen Zeichnungen. 1985. 44. Tsd. 1988. 50 S. DM 10,– (it 893) *[3-458-32593-X]*

– Geschichten aus dem Mittelalter. Herausgegeben von Hermann Hesse. 1976. 32. Tsd. 1987. 217 S. DM 10,– (it 161) *[3-458-31861-5]*

– Hermann Lauscher. Illustriert von Gunter Böhmer. 1976. 38. Tsd. 1986. 336 S. DM 10,– (it 206) *[3-458-31906-9]*

– Hölderlin. Dokumente seines Lebens. Herausgegeben von Hermann Hesse. 1976. 13. Tsd. 1985. 200 S. DM 12,– (it 221) *[3-458-31921-2]*

– Kindheit des Zauberers. Ein autobiographisches Märchen. Handgeschrieben, illustriert und mit einer Nachbemerkung versehen von Peter Weiss. 1974. 163. Tsd. 1988. 124 S. DM 12,– (it 67) *[3-458-31767-8]*

– Knulp. Drei Geschichten aus dem Leben Knulps. Mit dem unveröffentlichten Fragment ›Knulps Ende‹. Mit Steinzeichnungen von Karl Walser. 1979. 72. Tsd. 1986. 136 S. DM 9,– (it 394) *[3-458-32094-6]*

- Lieder deutscher Dichter. Eine Auswahl klassischer deutscher Lyrik. Herausgegeben von Hermann Hesse. 1985. 311 S. (it 828) *[3-458-32528-X▶]*
- Magie der Farben. Aquarelle aus dem Tessin mit Betrachtungen und Gedichten. 1980. 73. Tsd. 1987. 118 S. DM 12,– (it 482) *[3-458-32182-9]*
- Mit der Reife wird man immer jünger. Betrachtungen und Gedichte über das Alter. Mit Bildern von Martin Hesse und einem Nachwort von Volker Michels. 1990. Großdruck. ca. 200 S. ca. DM 12,– (it 2311) *[3-458-34011-4]* März 90
- Morgenländische Erzählungen. Herausgegeben von Hermann Hesse. 1979. 13. Tsd. 1985. 296 S. DM 10,– (it 409) *[3-458-32109-8]*
- Piktors Verwandlungen. Ein Märchen, vom Autor handgeschrieben und illustriert, mit ausgewählten Gedichten und einem Nachwort von Volker Michels. 1975. 135. Tsd. 1989. 91 S. DM 10,– (it 122) *[3-458-31822-4]*
- Schmetterlinge. Betrachtungen, Erzählungen, Gedichte. Zusammengestellt und mit einem Nachwort von Volker Michels. 1979. 62. Tsd. 1988. 100 S. DM 12,– (it 385) *[3-458-32085-7]*
- Stunden im Garten. Zwei Idyllen. Mit teils farbigen Zeichnungen von Gunter Böhmer. 1976. 27. Tsd. 1987. 125 S. DM 14,– (IB 999) *[3-458-08999-3]*
- Tessin. Betrachtungen und Gedichte. Mit Aquarellen des Verfassers. Herausgegeben von Volker Michels. 1989. ca. 280 S. ca. DM 16,– (it 1169) *[3-458-32869-6]* Dez. 89
- Vom Baum des Lebens. Ausgewählte Gedichte. Mit einem Nachwort von Volker Michels. 1986. 231. Tsd. 1987. 89 S. DM 12,– (IB 454) *[3-458-08454-1]*

Hermann Hesse – Leben und Werk im Bild. Herausgegeben von Volker Michels. 1973. 52. Tsd. 1984. 250 S. DM 12,– (it 36) *[3-458-31736-8]*

Hermann Hesse – Sein Leben in Bildern und Texten. Herausgegeben von Volker Michels. Mit einem Vorwort von Hans Mayer. 1987. 368 S. DM 24,– (it 1111) *[3-458-32811-4]*

Hermann Hesse. Werk und Wirkungsgeschichte. Von Siegfried Unseld. 1987. 414 S. DM 18,– (it 1112) *[3-458-32812-2]*

- – it 1111/1112 in Kassette. DM 36,– *[3-458-09749-X]*

Mit Hermann Hesse durch Italien. Ein Reisebegleiter durch Oberitalien. Herausgegeben von Volker Michels. 1988. 216 S. DM 14,– (it 1120) *[3-458-32820-30]*

Mit Hermann Hesse reisen. Betrachtungen und Gedichte. Herausgegeben von Volker Michels. 1990. ca. 160 S. ca. DM 12,– (it 1242) *[3-458-32942-0]* April 90

HESSEN-BIBLIOTHEK

– Assion, Peter: Von Hessen in die Neue Welt. Eine Sozial- und Kulturgeschichte der hessischen Amerikaauswanderung mit Text- und Bilddokumenten. 1987. 411 S. Kt. DM 48,– *[3-458-14603-2]*
– Ausländische Arbeiterfamilien in Hessen. Berichte über das Zusammenleben von Deutschen und Ausländern. Herausgegeben von Hans-Wilfried Kuhlen. Mit Beiträgen von Anita Kuhlen-Sauer, Hans-Wilfried Kuhlen, Arthur Mehmet, Christa Seidel und Detlef Lüderwald. Mit zahlreichen Fotografien. 1986. 250 S. Geb. DM 32,– *[3-458-14524-9]*
– Beier, Gerhard: Arbeiterbewegung in Hessen. Zur Geschichte der hessischen Arbeiterbewegung durch einhundertfünfzig Jahre (1834-1984). 1984. 4. Tsd. 1985. 500 S. Geb. DM 48,– *[3-458-14213-4]*
– Grieser, Dietmar: Mit den Brüdern Grimm durch Hessen. Ein literarischer Lokalaugenschein zum 200. Geburtstag von Jacob, Wilhelm und Ludwig Emil Grimm. Mit Abbildungen. 1984. 6. Tsd. 1986. 200 S. Geb. DM 28,– *[3-458-14214-2]*
– Das hessische Dorf. Von Ina-Maria Greverus, Gottfried Kiesow und Reinhart Reuter. 1982. 380 S. Ln. DM 48,– *[3-458-14782-9]*
– Entdeckungen in hessischen Museen. Vom ›Paradiesgärtlein‹ zum ›Westhafen‹. Herausgegeben von Hansgeorg Dickmann und Karl Zimmermann. Mit Beiträgen von Renate Liebenwein, Gottfried Sello, Wolfgang Liebenwein und Dietmar N. Schmidt. 1985. 431 S. Geb. DM 56,– *[3-458-14291-6]*
– Erzähler aus Hessen. Herausgegeben von Dieter Bänsch. 1983. 300 S. Ln. DM 38,– *[3-458-14113-8]*
– Hessen im Zeitalter der industriellen Revolution. Herausgegeben von Klaus Eiler. 1984. 250 S. Ln. DM 42,– *[3-458-14158-8]*
– Hessen unterm Hakenkreuz. Studien zur Durchsetzung der NSDAP in Hessen. Herausgegeben von Eike Hennig in Zusammenarbeit mit Herbert Bauch, Martin Loiperdinger, Klaus Schönekäs. 1984. 558 S. Ln. DM 48,– *[3-458-14114-6]*

- Hessisches Auswandererbuch. Herausgegeben von Hans Herder. Berichte, Chroniken, Dokumente. 1983. 350 S. Ln. DM 48,– *[3-458-14115-4]*
- Hessischer Trachtenalltag. Von Margarete Dieffenbach. Tracht als Spiegel ländlicher Lebensweisen. Herausgegeben von Wolfgang Schellmann, Siegfried Becker, Gaby Mentgens und Ingeborg Weber-Kellermann. 1983. 5. Tsd. 1984. 200 S. Ln. *[3-458-14112-X+]*
- Goethe in Hessen. Von Dietmar Grieser. 1982. 164 S. Gebunden. DM 30,– *[3-458-14017-4]*
- Kogon, Eugen: Essays, Aufsätze, Reden zwischen 1946 und 1982. Herausgegeben von Hubert Habicht. 1982. 450 S. Geb. DM 40,– *[3-458-14046-8]*
- Lengemann, Jochen: Das Hessen-Parlament 1946–1986. Biographisches Handbuch des Beratenden Landesausschusses, der Verfassungsberatenden Landesversammlung Groß-Hessen und des Hessischen Landtags. 1.–11. Wahlperiode. Herausgegeben vom Präsidenten des Hessischen Landtags. 1986. 461 S. Geb. DM 38,– *[3-458-14330-9]*; Ln. im Schuber. DM 56,– *[3-458-14341-6]*
- Mühlhausen, Walter: Hessen 1945–1950. Zur politischen Geschichte eines Landes in der Besatzungszeit. 1985. 584 S. Geb. DM 48,– *[3-458-14292-4]*
- Peter, Antonio/Werner Wolf: Arbeit, Amis, Aufbau. Alltag in Hessen 1949–1955. Mit zahlreichen Abbildungen. 1989. ca. 400 S. Geb. ca. DM 38,– *[3-458-16055-8]* Nov. 89
- Politische Kultur und politisches System in Hessen. Herausgegeben von Jakob Schissler. 1981. 420 S. Ln. DM 48,– *[3-458-14784-5]*
- Schivelbusch, Wolfgang: Eine wilhelminische Oper. Mit zahlreichen Illustrationen. 1985. 159 S. Geb. DM 28,– *[3-458-14242-8]*
- Schivelbusch, Wolfgang: Intellektuellendämmerung. Zur Lage der Frankfurter Intelligenz in den zwanziger Jahren. Mit Abbildungen. 1982. 5. Tsd. 1983. 150 S. Geb. DM 30,– *[3-458-14045-X]*
- Schneider, Axel: Hessen und Thüringen. Stichworte einer Nachbarschaft. 1989. ca. 250 S. Geb. ca. DM 32,– *[3-458-16036-1]* Nov. 89
- Stadterneuerung in Hessen. Von Rainer Fritz-Vietta. 1981. 400 S. Ln. DM 48,– *[3-458-14783-7]*
- Trümmer, Tränen, Zuversicht. Alltag in Hessen 1945–1949. Herausgegeben von Werner Wolf unter Mitarbeit von Harald Edel. 1986. 357 S. Geb. DM 38,– *[3-458-14523-0]*
- Untersuchungsberichte zur republikanischen Bewegung in Hessen 1831–1834. Herausgegeben von Reinhard Görisch und Thomas Michael Mayer. 1982. 400 S. Geb. DM 40,– *[3-458-14044-1]*
- Wagner, Kurt: Leben auf dem Lande im Wandel der Industrialisierung. 1986. 559 S. Geb. DM 48,– *[3-458-14329-7]*

Heyse, Paul: Werke in zwei Bänden. Insel-Heyse. Herausgegeben von Bernhard und Johanna Knick und Hildegard Korth. Mit einem Essay von Theodor Fontane. 1980. 1000 S. 2 Bde. Ln. DM 64,– *[3-458-14941-4]*

Hildesheimer, Wolfgang: Der ferne Bach. 1985. 14. Tsd. 1986. 54 S. DM 14,– (IB 1025) *[3-458-19025-2]*
– Endlich allein. Collagen. Mit einer Einführung des Künstlers: Die Ästhetik der Collage. 1985. 80 S. DM 16,– (it 898) *[3-458-32598-0]*
– In Erwartung der Nacht. Collagen. Mit einer Einführung des Künstlers: Zu meinen neuen Collagen. 1987. 79 S. DM 16,– (it 1052) *[3-458-32752-5]*
– Lieblose Legenden. Mit Zeichnungen von Paul Flora. 1989. Großdruck. 241 S. DM 14,– (it 2305) *[3-458-34005-X]*

Hildesheimer, Wolfgang/Rebecca Berlinger: Was Waschbären alles machen. Eine Geschichte von Wolfgang Hildesheimer zu Bildern von Rebecca Berlinger. 1979. 14. Tsd. 1982. 38 S. (it 415) *[3-458-32115-2▸]*

Hölderlin, Friedrich: Werke und Briefe. Geschenkausgabe in vier Bänden. Mit Dekorüberzug im Schuber. 1983. 15. Tsd. 1986. 700 S. Pp. DM 38,– *[3-458-14105-7]*
– Werke und Briefe. Insel-Hölderlin. 2 Bände. 500 S. Ln. DM 64,– *[3-458-15620-8]*
– Gedichte. Herausgegeben von Friedrich Beißner und Jochen Schmidt. 1984. 17. Tsd. 1987. 475 S. DM 16,– (it 781) *[3-458-32481-X]*
– Hyperion oder Der Eremit in Griechenland. Herausgegeben und mit einem Nachwort von Jochen Schmidt. Insel-Bibliothek. 1980. 3. Tsd. 1987. 228 S. Ln. DM 28,– *[3-458-14935-X]*;
Ld. DM 78,– *[3-458-14942-2]*
– – it 365. 1979. 31. Tsd. 1987. DM 12,– *[3-458-32065-2]*

Hölderlin. Chronik seines Lebens mit ausgewählten Bildnissen. Herausgegeben von Adolf Beck. 1975. 17. Tsd. 1987. 270 S. DM 12,– (it 83) *[3-458-31783-X]*

Hölderlin. Dokumente seines Lebens. Herausgegeben von Hermann Hesse und Karl Isenberg. 1976. 11. Tsd. 1979. 200 S. DM 12,– (it 221) *[3-458-31921-2]*

Hölderlins Diotima Susette Gontard. Gedichte – Briefe – Zeugnisse. Mit Bildern. Herausgegeben von Adolf Beck. 1980. 10. Tsd. 1985. 312 S. DM 14,– (it 447) *[3-458-32147-0]*

Hof, Walter: Goethe und Charlotte vom Stein. 1979. 314 S. Ln. DM 38,– *[3-458-14966-X]*

Hoffmann, E. T. A.: Insel-E. T. A. Hoffmann. Texte neu durchgesehen, mit Anmerkungen versehen und herausgegeben von Herbert Kraft unter Mitwirkung von Manfred Wacker. Mit einem Nachwort von Hans Mayer. 1967. 37. Tsd. 1984. 2244 S. Ln. 4 Bände in Kassette. DM 98,– *[3-458-15218-0]*

– Das Fräulein von Scuderi. Erzählung aus dem Zeitalter Ludwigs des Vierzehnten. Mit einem Nachwort von Jochen Schmidt und Illustrationen von Hugo Steiner-Prag. 1980. 23. Tsd. 1986. 128 S. DM 8,– (it 410) *[3-458-32110-1]*
– Das Majorat. Mit farbigen Illustrationen von Monika Wurmdobler. 1988. 149 S. DM 12,– (it 1085) *[3-458-32785-1]*
– Der goldne Topf. Mit Illustrationen von Karl Thylmann. Herausgegeben und mit einem Nachwort von Jochen Schmidt. 1981. 15. Tsd. 1985. 176 S. DM 10,– (it 570) *[3-458-32270-1]*
– Der Sandmann. Mit Illustrationen von Hugo Steiner-Prag. Nachwort von Jochen Schmidt. 1986. 84 S. DM 8,– (it 934) *[3-458-32634-0]*
– Der unheimliche Gast und andere phantastische Erzählungen. Herausgegeben von Ralph-Rainer Wuthenow. 1977. 32. Tsd. 1987. 425 S. DM 14,– (it 245) *[3-458-31945-X]*
– Der unheimliche Gast. Mit farbigen Illustrationen von Monika Wurmdobler. 1989. Großdruck. 93 S. DM 12,– (it 2302) *[3-458-34002-5]*
– Die Abenteuer der Silvester-Nacht. Mit farbigen Illustrationen von Monika Wurmdobler. 1984. 70 S. DM 10,– (it 798) *[3-458-32498-4]*
– Die Brautwahl. Mit farbigen Illustrationen von Monika Wurmdobler. 1988. 140 S. DM 12,– (it 1124) *[3-458-32824-6]*
– Die Elixiere des Teufels. Mit Illustrationen von Hugo Steiner-Prag. 1978. 35. Tsd. 1988. 351 S. DM 14,– (it 304) *[3-458-32004-0]*
– Die Serapionsbrüder. Herausgegeben und mit einem Nachwort von Hartmut Steinecke. 1983. 4 Bde. 1350 S. DM 40,– (it 631) *[3-458-32331-7]*
– – Ln. 1983. DM 120,– *[3-458-14124-3]*; Ld. DM 260,– *[3-458-14125-4]*
– Klein Zaches genannt Zinnober. Ein Märchen. Mit Radierungen von Renate Sendler-Peters. 1984. 10. Tsd. 1988. 171 S. DM 9,– (it 777) *[3-458-32477-1]*
– Lebensansichten des Katers Murr, nebst fragmentarischer Biographie des Kapellmeisters Johannes Kreisler in zufälligen Makulaturblättern. Mit Illustrationen von Maximilian Liebenwein. Mit Anmerkungen. 1976. 53. Tsd. 1988. 464 S. DM 16,– (it 168) *[3-458-31868-2]*

– Meister Floh. Ein Märchen in sieben Abenteuern zweier Freunde. Mit Illustrationen von Otto Nückel. 1981. 12. Tsd. 1987. 222 S. DM 10,– (it 503) *[3-458-32203-5]*
– Nachtstücke. Mit einem Nachwort von Lothar Pikulik und Illustrationen von Renate Sendler-Peters. 1981. 11. Tsd. 1985. 366 S. DM 14,– (it 589) *[3-458-32289-2]*
– Nußknacker und Mausekönig. Mit farbigen Illustrationen von Monika Wurmdobler. 1985. 12. Tsd. 1987. 133 S. DM 12,– (it 879) *[3-458-32579-4]*
– Prinzessin Brambilla. Ein Capriccio nach Jacques Callot. Mit Illustrationen, einem Nachwort und Anmerkungen. 1979. 12. Tsd. 1987. 356 S. DM 10,– (it 418) *[3-458-32118-7]*
– Spielerglück. Mit farbigen Illustrationen von Monika Wurmdobler. 1989. ca. 70 S. ca. DM 10,– (it 1221) *[3-458-32921-8]* Dez. 89

E.T.A. Hoffmanns Leben und Nachlaß. Von Julius Eduard Hitzig. Mit Anmerkungen zum Text und einem Nachwort von Wolfgang Held. 1986. 483 S. DM 18,– (it 755) *[3-458-32455-0]*

Hoffmann, Heinrich: Bastian der Faulpelz. Eine Geschichte für Kinder. 1984. 60 S. Pp. DM 24,– *[3-458-14160-X]*
– Besuch bei Frau Sonne. Neue lustige Geschichten. Mit einem Nachwort von Kurt Hessenberg. Herausgegeben von Else Hessenberg und G.H. Herzog. 1985. 48 S. Pp. DM 24,– *[3-458-14295-9]*
– Der Struwwelpeter oder Lustige Geschichten und drollige Bilder. Zweisprachige Ausgabe Deutsch/Englisch. Übertragung von Mark Twain. Herausgegeben von Else Hessenberg und G. H. Herzog. 1983. 9. Tsd. 1988. 50 S. Pp. DM 24,– *[3-458-14101-4]*
– – IB 66. 1987. 223. Tsd. 1987. DM 12,– *[3-458-08066-X]*
– Gesammelte Gedichte, Zeichnungen und Karikaturen. Herausgegeben von G.H. Herzog und Helmut Siefert unter Mitarbeit von Marion Herzog-Hoinkis. 1987. 499 S. Ln. DM 58,– *[3-458-14597-4]*
– Humoristische Studien und Satiren. Herausgegeben von G.H. Herzog und Helmut Siefert. 1986. 379 S. Ln. DM 48,– *[3-458-14520-6]*
– Im Himmel und auf der Erde. Herzliches und Scherzliches aus der Kinderwelt. 1985. 32 S. Pp. DM 24,– *[3-458-14261-4]*
– König Nußknacker und der arme Reinhold. Ein Kindermärchen mit Bildern. Herausgegeben von Else Hessenberg und G. H. Herzog. Vierfarbendruck. 1982. 64 S. Pp. DM 24,– *[3-458-14051-4]*
– Lebenserinnerungen. Auf Grundlage des Originalmanuskripts überarbeitete und ergänzte Neuausgabe. Herausgegeben von G.H. Herzog und Helmut Siefert. Mit zahlreichen Abbildungen. 1984. 350 S. Ln. DM 48,– *[3-458-14218-5]*

– Prinz Grünewald und Perlenfein mit ihren lieben Eselein. Ein Bildermärchen verzeichnet und gereimt von Heinrich Hoffmann. Herausgegeben von Else Hessenberg und G.H. Herzog. Mit einem Nachwort von Christof Streidl. 1984. 60 S. Pp. DM 24,– *[3-458-14215-0]*

– Schriften zur Psychiatrie. Herausgegeben von Helmut Siefert und G. H. Herzog unter Mitarbeit von Marion Herzog-Hoinkis. Mit Abbildungen. 1989. ca. 410 S. Ln. ca. DM 58,– *[3-458-16023-X]* Nov. 89

Hofmannsthal, Hugo von: Der Kaiser und die Hexe. Faksimile. Mit Zeichnungen von Heinrich Vogeler. 1974. 24. Tsd. 1987. 66 S. DM 12,– (IB 996) *[3-458-08996-9]*

– Der Tor und der Tod. 1913. 338. Tsd. 1987. 32 S. DM 10,– (IB 28) *[3-458-08028-7]*

– Gedichte. 1934. 78. Tsd. 1987. 80 S. DM 12,– (IB 461) *[3-458-08461-4]*

Hofmannsthal, Hugo v./Harry Graf Kessler: Briefwechsel 1898 bis 1929. Herausgegeben und mit Anmerkungen versehen von Hilde Burger. 1968. 580 S. Ln. *[3-458-15520-1▸]*

Hofmannsthal, Hugo v./Rainer Maria Rilke: Briefwechsel 1899–1925. Herausgegeben von Rudolf Hirsch und Ingeborg Schnack. 1978. 280 S. Ln. DM 34,– *[3-458-15986-X]*

Das Hohe Lied Salomos. Nachdichtungen und Übersetzungen aus sieben Jahrhunderten. Herausgegeben von Hermann Timm. Mit zwölf Bildern von Anatoli L. Kaplan. 1982. 200 S. DM 16,– (it 600) *[3-458-32300-7]*

Holbein, Hans: Bilder des Todes. 42 Holzschnitte. Geleitwort Kurt Liebmann. 1965. 80 S. (IB 221) *[3-458-08221-2▸]*

Homer: Ilias/Odyssee. In der Übertragung von Johann Heinrich Voß. 1989. ca. 900 S. ca. DM 24,– (it 1204) *[3-458-32904-8]* Okt. 89

– Homer: Ilias. Siehe Wolfgang Schadewaldt.

Ödön von Horváth. Leben und Werk in Daten und Bildern. Herausgegeben von Traugott Krischke. 1977. 250 S. DM 9,– (it 237) *[3-458-31937-9]*

Hsia, C. T.: Der klassische chinesische Roman. Eine Einführung. Aus dem Englischen übertragen von Eike Schönfeld und mit einem Nachwort versehen von Helmut Martin. 1989. ca. 450 S. Geb. ca. DM 60,– *[3-458-16052-3]* Nov. 89

Huang, Ray: 1587. Ein Jahr wie jedes andere. Der Niedergang der Ming. Aus dem Amerikanischen von Gudrun Wacker. 1986. 432 S. Geb. DM 48,– *[3-458-14513-3]*

Huch, Ricarda: Der Dreißigjährige Krieg. Mit Illustrationen von Jacques Callot. 1974. 1067 S. 2 Bde. in Kassette. DM 28,– *[3-458-09435-0]*
– Lebenslauf des heiligen Wonnebald Pück. Eine Erzählung. 1913. 192. Tsd. 1963. 80 S. DM 10,– (IB 58) *[3-458-08058-9]*
– Luthers Glaube. Briefe an einen Freund. Sonderausgabe. 1983. 252 S. Gebunden. DM 28,– *[3-458-09919-0]*

Huchel, Monica: Fürst Myschkin und die anderen. Ein Katzen-Brevier. Mit zahlreichen Fotografien. 1985. 8. Tsd. 1987. 141 S. DM 10,– (it 808) *[3-458-32508-5]*

Hütt, Wolfgang: Vom Fliegen. 1978. 62 S. Kt. DM 8,– *[3-458-15889-8]*

Hughes, Richard: Der Fuchs unterm Dach. Roman. Aus dem Englischen von Maria Wolff. 1963. 369 S. Ln. *[3-458-15222-3▸]*

Hugo, Victor: Notre-Dame von Paris. Aus dem Französischen von Else von Schorn. Mit einem Nachwort von Herbert Kühn. Mit Illustrationen. 1977. 19. Tsd. 1986. 560 S. DM 16,– (it 298) *[3-458-31998-0]*

Das Hundebuch. Geschichten, Gedichte und Bilder von Herren und ihren Hunden. Gesammelt von Gottfried Honnefelder. 1984. 17. Tsd. 1987. 334 S. DM 10,– (it 785) *[3-458-32485-2]*

Ibn Hazm al Andalusi: Das Halsband der Taube. Von der Liebe und den Liebenden. Aus dem Amerikanischen übersetzt, Nachwort und Anmerkungen von Max Weisweiler. 1961. 8. Tsd. 1988. 202 S. Ln. DM 28,– *[3-458-15223-8]*

Ibsen, Henrik: Ein Puppenheim. Stück, Vorarbeiten, Materialien. Übersetzt und herausgegeben von Angelika Gundlach. 1979. 300 S. Ln. DM 36,– *[3-458-14989-9]*
– Ein Puppenheim. Herausgegeben und übersetzt von Angelika Gundlach. Mit zeitgenössischen Abbildungen. 1978. 19. Tsd. 1987. 160 S. DM 9,– (it 323) *[3-458-32023-7]*

Idyllen der Deutschen. Texte und Illustrationen. Herausgegeben von Helmut J. Schneider. 1978. 420 S. Ln. DM 38,– *[3-458-15031-5]*

Das Igor-Lied. Eine Heldendichtung. In der Übertragung von Rainer Maria Rilke. Mit dem altrussischen Text und der neurussischen Prosafassung von D.S. Lichatschow. Mit einem Nachwort von Helmut Grasshoff und zahlreichen Abbildungen von Wladimir A. Faworskij. Dreisprachige Ausgabe. 1989. 44. Tsd. 1989. 88 S. DM 16,– (IB 689) *[3-458-08689-7]*

Ikebana. 16 Farbtafeln. 1962. 75. Tsd. 1970. 38 S. DM 14,– (IB 745) *[3-458-08745-1]*

Im Fernen Osten. Forscher und Entdecker in Tibet, China, Japan und Korea 1689–1911. Herausgegeben von Georg Adolf Narciß. 1985. 460 S. DM 20,– (it 853) *[3-458-32553-0]*

Immermann, Karl Leberecht: Münchhausen. Eine Geschichte in Arabesken. Mit Anmerkungen, einer Zeittafel, bibliographischen Hinweisen und einem Nachwort von Hans-Joachim Piechotta. 1984. 828 S. DM 18,– (it 747) *[3-458-32447-X]* *[3-458-09542-X/3-458-09543-8]*

– Tulifäntchen. Ein Heldengedicht in drei Gesängen. Mit Reproduktionen nach Radierungen von Max Slevogt. 1978. 148 S. Kt. Im Schuber. DM 24,– *[3-458-15887-1]*

Indianergeschichten aus alter Zeit. Von Charles A. Eastman. Deutsch von Elisabeth Friedrichs. Mit einem Nachwort herausgegeben von Dietrich Leube. Illustrationen und Anmerkungen von Frederick Weygold. 1985. 13. Tsd. 1988. 210 S. DM 12,– (it 861) *[3-458-32561-1]*

Indianermärchen. Nach amerikanischen und deutschen Quellen herausgegeben und erläutert von Hugo Kunike. 1984. 31. Tsd. 1986. 144 S. DM 9,– (it 764) *[3-458-32464-X]*

Indien: Wunder und Wirklichkeit in deutschen Erzählungen des 20. Jahrhunderts. Herausgegeben von Gerhard Koch. 1986. 5. Tsd. 1987. 436 S. Ln. DM 38,– *[3-458-14311-4]*

Ingold, Felix Philipp: siehe Dostojewskij

Insel-Bücherei: 75 Jahre Insel-Bücherei 1912–1987. Eine Bibliographie. Herausgegeben von Herbert Kästner. 1987. 230 S. DM 16,– *[3-458-14344-0]*

Die Insel. Monatsschrift mit Buchschmuck und Illustrationen. Herausgegeben von Otto Julius Bierbaum, Alfred Walter Heymel und Rudolf Alexander Schröder. Faksimile der von Oktober 1899 bis September 1902 erschienenen Zeitschrift. Mit einem Begleitband ›Die ersten Jahre des Insel Verlags‹ von Klaus Schöffling. 12 Quartalsbände. 1981. 4450 S. Ln. DM 480,– *[3-458-14789-6]*

Kleine illustrierte Insel-Bibliothek: 17 Bücher für junge Leser mit Leseerlebnissen und Hinweisen von Ernst Bloch bis Martin Walser. 1984. 15. Tsd. 1984. 5000 S. in Geschenkkassette. DM 68,– (it 790) *[3-458-32490-9]*

Die Insel Klassiker Bibliothek. Die klassischen Werke des 18. und 19. Jahrhunderts. 1982. 23 Bände in Kassette. Ln. DM 298,– *[3-458-14009-3]*,
in rotem Ziegenleder DM 960,– *[3-458-14010-7]*

Das Insel-Buch der Bäume. Ausgewählt von Gottfried Honnefelder. 1977. 20. Tsd. 1986. 320 S. Ln. DM 28,– *[3-458-15045-5]*

Das Insel-Buch der Ehe. Ausgewählt von Christoph Groffy und Ulrike Groffy. 1986. 10. Tsd. 1986. 346 S. Ln. DM 28,– *[3-458-14502-8]*

Das Insel-Buch der Faulheit. Ausgewählt von Joachim Schultz und Gerhard Köpf. 1983. 12. Tsd. 1984. 338 S. Ln. DM 28,– *[3-458-14073-5]*

Das Insel-Buch der Freundschaft. Ausgewählt von Hans Bender. 1980. 22. Tsd. 1981. 292 S. Ln. DM 28,– *[3-458-14835-3]*

Das Insel-Buch der Gärten. Ausgewählt von Hans Bender. 1985. 9. Tsd. 1985. 274 S. Ln. DM 28,– *[3-458-14233-9]*

Das Insel-Buch der Träume. Zusammengetragen von Elisabeth Borchers. 1975. 17. Tsd. 1986. 300 S. Ln. DM 28,– *[3-458-15587-2]*

Das Insel-Buch der Tröstungen. Ausgewählt von Rainer Malkowski. 1984. 12. Tsd. 1985. 302 S. Ln. DM 28,– *[3-458-14173-1]*

Das Insel-Buch für Kinder. Ausgewählt von Elisabeth Borchers. Mit zwölf vierfarbigen und zahlreichen Schwarzweiß-Abbildungen. 1979. 280 S. Ln. DM 28,– *[3-458-15120-6]*

Das Insel-Buch vom Alter. Ausgewählt von Hans Bender. 1976. 16,5. Tsd. 1984. 320 S. Ln. DM 28,– *[3-458-15016-1]*

Das Insel-Buch vom Herzen. Ausgewählt von Rolf Selbmann. 1988. 311 S. Ln. DM 28,– *[3-458-14347-5]*

Das Insel-Buch vom Lob der Frau. Ausgewählt von Katja Behrens. 1982. 12. Tsd. 1986. 272 S. Ln. DM 28,– *[3-458-14025-5]*

Das Insel-Buch vom Reisen. Ausgewählt von Hans Bender. 1978. 23. Tsd. 1985. 294 S. Ln. DM 28,– *[3-458-15842-1]*

Das Insel-Buch zur Mitternacht. Ausgewählt von Rainer Malkowski. 1981. 12. Tsd. 1985. 336 S. Ln. DM 28,– *[3-458-14750-0]*

Musik vor allen Dingen. Ausgewählt von Angela Martini-Wonde. 1988. 336 S. Ln. DM 28,– *[3-458-14613-X]*

Vom Glück. Erkundigungen, eingeholt von Gottfried Honnefelder. 1986. 320 S. Ln. DM 29,80 *[3-458-14310-6]*

Vom Paradies. Ausgewählt von Ralf Borchers. 1987. 8. Tsd. 1988. 350 S. Ln. DM 29,80 *[3-458-14577-X]*

Von Tugenden und Lastern. Ausgewählt von Rainer Malkowski. 1987. 356 S. Ln. DM 28,– *[3-458-14543-5]*

Insel-Postkarten: 6 Doppelkarten mit vierfarbigen Reproduktionen im Geschenketui. DM 6,–. 25 Etuis in einer Box. DM 150,– (unverbindliche Preisempfehlung)

Bäume. 1983. 22. Tsd. 1986
[Etui 3-458-09943-4/Box 3-458-09944-1]
Baumgedichte. 1986. 11. Tsd. 1987
[3-458-09678-7 / 3-458-09679-5]
Beisner, Sommerbilder. 1988 *[3-458-09694-9 / 3-458-09695-7]*
Beisner, Sternbilder. 1979 *[3-458-14947-3 /3-458-14946-5]*
Bilder aus der Manessischen Liederhandschrift. 1981
[3-458-09537-3/3-458-09536-5]
Bilibin, Märchenbilder. 1979
[3-458-14952-X+/3-458-14950-3+]
Blumensträuße. 1984. 12. Tsd. 1986
[3-458-09668-X/3-458-09669-8]
Falkenjagd. 1983 *[3-458-09924-7/3-458-09925-5]*
Geburtstagskarten. 1981. 21. Tsd. 1983
[3-458-09539-X/3-458-09538-1]
Gernhardt, Eine Woche für die Katz. 1980. 30. Tsd. 1981
[3-458-14872-8/3-458-14870-1]
Gernhardt, Katzenbilder. 1979. 65. Tsd. 1986
[3-458-14953-8/3-458-14951-1]
Gernhardt, Neue Katzenbilder. 1985
[3-458-09680-9/3-458-09681-7]
Gernhardt, Sechs Tier-Bilder. 1981
[3-458-09540-3/3-458-09541-1]
Goethe-Bildnisse. 1986 *[3-458-09544-6 / 3-458-09545-4]*
Grandville, Beseelte Blumen. 1981
[3-458-09542-X/3-458-09543-8]
Grimms Märchen. 1985 *[3-458-09666-3/3-458-09667-1]*
Evangeliar Heinrichs des Löwen. 1989
[3-458-09806-2/3-458-09807-0]
Heseler, Ich schenk dir was. 1979
[3-458-14949-X/3-458-14948-1]
Heseler, Winter- und Weihnachtskarten. 1980. 27. Tsd. 1982
[3-458-14871-X/3-458-14869-8]
Heseler-Karten. 1986 *[3-458-09648-5/3-458-09649-3]*
Hesse, Aquarelle. 1980. 35. Tsd. 1987
[3-458-14831-0/3-458-14829-9]
Hildesheimer, Silvia, Sommerbilder. 1989
[3-458-09897-6/3-458-09898-4]

Hildesheimer, Silvia, Winterbilder. 1986
[3-458-09696-5/3-458-09697-3]
Köhler, Rolf, Die Heinzelmännchen. 1989
[3-458-09895-X/3-458-09896-8]
Liebesgedichte. 1984 *[3-458-09653-1/3-458-09654-X]*
Märchenkarten. Märchen der Brüder Grimm mit Zeichnungen von Otto Ubbelohde. 1984. 11. Tsd. 1985
[3-458-09666-3/3-458-09667-1]
Manessische Liederhandschrift. 1981. 24. Tsd. 1989.
[3-458-09537-3/3-458-09536-5]
Max und Moritz. 1982 *[3-458-09917-4/3-458-09918-2]*
Merian, Blumenbilder. 1980 *[3-458-09548-9/3-458-09549-7]*
Ortstermine. 1989 *[3-458-09890-9/3-458-09889-1]*
Schmögner, Traumbilder. 1982. 10. Tsd. 1984
[3-458-09550-0/3-458-09931-X]
Schönes altes Spielzeug. 1983 *[3-458-09941-8/3-458-09942-5]*
Struwwelpeter. 1982 *[3-458-09915-8/3-458-09916-6]*
Traxler, Sechs Karten von einem Schwein. 1984
[3-458-09655-8/3-458-09656-6]
Vogeler, Gedichte und Zeichnungen. 1987
[3-458-09646-9/3-458-09647-7]

Irische Elfenmärchen. In der Übertragung der Gebrüder Grimm. 1987. 10. Tsd. 1988. 276 S. DM 12,– (it 988) *[3-458-32688-X]*

Irische Land- und Seemärchen. Gesammelt von Thomas Crofton Croker. In der Übertragung von Wilhelm Grimm. Herausgegeben von Werner Moritz und Charlotte Oberfeld in Verbindung mit Siegfried Heyer. 1988. 149 S. DM 10,– (it 1081) *[3-458-32781-9]*

Das Ise-monogatari
Kavaliersgeschichten aus dem alten Japan. Aus dem Original übertragen, kommentiert und mit einem Nachwort von Siegfried Schaarschmidt. Mit Illustrationen nach einer japanischen Ausgabe des frühen 17. Jahrhunderts und Erläuterungen zu den Bildern von Irmtraud Schaarschmidt-Richter. 1981. 200 S. Ln. DM 42,–
[3-458-14788-8]

Istanbul. Herausgegeben von Esther Gallwitz. Mit zahlreichen Illustrationen. 1981. 10. Tsd. 1987. 500 S. DM 18,– (it 530)
[3-458-32230-2]

Jacobsen, Jens Peter: Die Pest von Bergamo und andere Novellen. Aus dem Dänischen von Mathilde Mann. Mit Illustrationen von Heinrich Vogeler. 1977. 12. Tsd. 1985. 150 S. DM 7,– (it 265) *[3-458-31965-4]*

– Frau Marie Grubbe. Interieurs aus dem 17. Jahrhundert. Aus dem Dänischen von Mathilde Mann. 1985. 293 S. DM 14,– (it 841) *[3-458-32541-7]*

– Niels Lyhne. Mit Illustrationen von Heinrich Vogeler. Nachwort von F. Paul. Insel-Bibliothek. 1981. 292 S. Ln. DM 28,– *[3-458-14773-X]*; Ld. DM 78,– *[3-458-14774-8]*

– – it 44. 1973. 25. Tsd. 1985. DM 10,– *[3-458-31744-9]*

Die Jadelibelle. Roman. Aus dem Chinesischen von Franz Kuhn. 1986. 225 S. DM 10,– (it 944) *[3-458-32644-8]*

Jahrbuch der Sammlung Kippenberg. Herausgegeben vom Vorstand der Anton- und Katharina-Kippenberg-Stiftung Goethe-Museum Düsseldorf. Neue Folge. 1963. 288 S. mit 82 Abbildungen auf Tafeln und 13 Abbildungen im Text. Einmalige Auflage, 800 Exemplare. DM 48,– *[3-458-15224-5]*

Jahrbuch der Sammlung Kippenberg. Neue Folge, Band III. Herausgegeben und mit einem Nachwort versehen von Jörn Göres. Mit 15 Farbtafeln und 10 Schwarzweiß-Abbildungen. 1974. 200 S. Ln. DM 48,– *[3-458-15925-8]*

Jahrbuch der Sammlung Kippenberg. Neue Folge, Band IV. Herausgegeben vom Vorstand der Anton- und Katharina-Kippenberg-Stiftung. 1983. 320 S. Ln. DM 60,– *[3-458-14111-1]*

Jahreszeiten-Kassette. Die vier Jahreszeiten. Gedichte und Prosa. Inhalt: Das Frühlingsbuch · Das Sommerbuch · Das Herbstbuch · Das Winterbuch. Herausgegeben von Hans Bender, Hans Georg Schwark und Nikolaus Wolters. 1986. DM 36,– *[3-458-09721-X]*

Janssen, Horst: Ballhaus Jahnke. 48 Radierungen aus den Jahren 1957–1965. Mit einem Vorwort von Wieland Schmied. 1969. Im Schuber. DM 180,– *[3-458-15607-0]*

Jean Paul: Der ewige Frühling. Ausgewählt von Carl Seelig. Mit einem Vorwort von Hermann Hesse. Mit Zeichnungen von Karl Walser. 1977. 13. Tsd. 1984. 310 S. DM 12,– (it 262) *[3-458-31962-X]*

– Des Luftschiffers Giannozzo Seebuch und Über die natürliche Magie der Einbildungskraft. Mit Illustrationen von Emil Preetorius und Aufsätzen zu Jean Pauls Werk von Ralph-Rainer Wuthenow. 1975. 15. Tsd. 1987. 256 S. DM 10,– (it 144) *[3-458-31844-5]*

– Des Luftschiffers Giannozzo Seebuch. Almanach für Matrosen, wie sie sein sollten. Mit Zeichnungen von Emil Preetorius und einem

Nachwort von Evi Rietzschel. Reprint eines von Emil Preetorius kolorierten Exemplares der Ausgabe von 1912 mit 16 Schwarzweißzeichnungen. 1987. 144 S. DM 18,– (IB 1073) *[3-458-19073-2]*

- Flegeljahre. Eine Biographie. Mit einem Nachwort von Hermann Meyer. 1985. 8. Tsd. 1988. 594 S. DM 20,– (it 873) *[3-458-32573-5]*
- Leben Fibels, des Verfassers der bienrodischen Fibel. 1989. 265 S. DM 14,– (it 1170) *[3-458-32870-X]*
- Leben des vergnügten Schulmeisterlein Maria Wutz in Auenthal. Eine Art Idylle. Mit einem Nachwort von Peter Bichsel. 1984. 8. Tsd. 1987. 100 S. DM 8,– (it 778) *[3-458-32478-X]*
- Siebenkäs. Blumen-, Frucht- und Dornenstücke oder Ehestand, Tod und Hochzeit des Armenadvokaten F. St. Siebenkäs im Reichsmarktflecken Kuhschnappel. Mit einem Nachwort von Hermann Hesse. 1987. 597 S. DM 18,– (it 980) *[3-458-32680-4]*
- Titan. Mit einem Nachwort von Ralph-Rainer Wuthenow. 1983. 8. Tsd. 1987. 902 S. DM 24,– (it 671) *[3-458-32371-6]*

Jede Maus braucht ein Zuhaus. Nach einer Fabel von Martin Luther erzählt von A. M. Reinhard mit Bildern von Hanne Türk. 1983. 32 S. Pp. DM 16,– *[3-458-14069-7]*

Jiddische Sprichwörter. Je länger ein Blinder lebt, desto mehr sieht er. Übersetzt von H. C. Artmann. 1965. 16. Tsd. 1986. 60 S. DM 12,– (IB 828) *[3-458-08828-8]*

Jiménez, Juan Ramón: Platero und ich. Andalusische Elegie. Aus dem Spanischen übertragen und mit einem Nachwort von Fritz Vogelgsang. Vollständige Ausgabe. 1985. 9. Tsd. 1987. 300 S. Ln. DM 34,– *[3-458-14284-3]*

Johnson, Samuel: Reisen nach den westlichen Inseln bei Schottland. Herausgegeben von Volker Wolf und Bernd Zabel. 1982. 308 S. DM 12,– (it 663) *[3-458-32363-5]*

Jonas, Hans: Das Prinzip Verantwortung. Versuch einer Ethik für die technologische Zivilisation. 1979. 20. Tsd. 1988. 426 S. Ln. DM 42,– *[3-458-14907-4]*

- Macht oder Ohnmacht der Subjektivität. Das Leib-Seele-Problem im Vorfeld des Prinzips Verantwortung. 1981. 5. Tsd. 1987. 144 S. Ln. DM 24,– *[3-458-14758-6]*
- Technik, Medizin und Ethik. Zur Praxis des Prinzips Verantwortung. 1985. 6. Tsd. 1987. 324 S. Ln. DM 38,– *[3-458-14288-6]*

Joyce, James: Die Katze und der Teufel. Eine Geschichte von James Joyce. Aus dem Englischen von Fritz Senn. Mit Bildern von Richard Erdoes. Vierfarbendruck. 1987. 49 S. DM 10,– (it 2024) *[3-458-33724-5]*

Jung-Stilling, Johann Heinrich: Lebensgeschichte. 1983. 634 Seiten. DM 18,– (it 709) *[3-458-32409-7]*
– – Ln. 1983. DM 42,– *[3-458-14074-4]*; Ld. DM 98,– *[3-458-14078-6]*

Kästner, Erhart: Aufstand der Dinge. Byzantinische Aufzeichnungen. 1973. 21. Tsd. 1975. 360 S. Ln. DM 38,– *[3-458-15589-9]*
– Bekränzter Jahreslauf. Ein festlicher Kalender für alle Zeit. Mit Bildern aus einem flämischen Stundenbuch der Dresdner Bibliothek. Vierfarbendruck. 1979. 120 S. Ld. DM 48,– *[3-458-14915-5]*
– Briefe. Herausgegeben von Paul Raabe. 1984. 5. Tsd. 1985. 250 S. Ln. DM 38,– *[3-458-14190-1]*
– Die Lerchenschule. Sonderausgabe. 1964. 20. Tsd. 1969. 280 S. Ln. DM 32,– *[3-458-15460-4]*
– – it 57. 1974. 43. Tsd. 1986. DM 10,– *[3-458-31757-0]*
– Die Stundentrommel vom heiligen Berg Athos. 1974. 76. Tsd. 1988. DM 14,– (it 56) *[3-458-31756-2]*
– Griechische Inseln 1944. Mit einem Nachwort von Heinrich Gremmels. 1975. 69. Tsd. 1986. 162 S. DM 10,– (it 118) *[3-458-31818-6]*
– Kreta. Aufzeichnungen aus dem Jahre 1943. 1975. 84. Tsd. 1988. 264 S. DM 12,– (it 117) *[3-458-31817-8]*
– Kreta/Griechische Inseln. In Kassette. DM 16,– (it 117/118) *[3-458-09297-8]*
– Ölberge, Weinberge. Ein Griechenlandbuch. Mit Federzeichnungen von Helmut Kaulbach. 1974. 84. Tsd. 1986. DM 10,– (it 55) *[3-458-31755-4]*
– Ölberge, Weinberge/Die Lerchenschule/Die Stundentrommel. In Kassette. DM 26,– (it 55/56/57) *[3-458-09296-X]*
– siehe Heidegger

Erhart Kästner – Leben und Werk in Daten und Bildern. Herausgegeben von Anita Kästner und Reingart Kästner. 1980. 228 S. DM 10,– (it 386) *[3-458-32086-5]*

Kahanowitsch, Pinkas: siehe Der Nister

Kahn-Wallerstein, Carmen: Marianne von Willemer. Goethes Suleika und ihre Welt. Mit Abbildungen. 1984. 3. Tsd. 1985. 220 S. Ln. *[3-458-14185-5▶]*
– Schellings Frauen: Caroline und Pauline. 1979. 294 S. Ln. DM 34,– *[3-458-14973-2]*

Kairo. Herausgegeben von Ursula Beyer. 1983. 8. Tsd. 1988. 535 S. DM 20,– (it 696) *[3-458-32396-1]*

Kaiser, Gerhard: Augenblicke deutscher Lyrik. Augenblicke von Martin Luther bis Paul Celan interpretiert durch Gerhard Kaiser. 1987. 450 S. DM 20,– (it 978) *[3-458-32678-2]*
– Gottfried Keller. Das gedichtete Leben. 1981. 740 S. SA. 1986. Ln. DM 36,– *[3-458-09645-0]*
– – it 1026. 1987. 728 S. DM 24,– *[3-458-32726-6]*

Kaminski, André: Kiebitz. Roman. 1988. 57. Tsd. 1988. 363 S. Geb. DM 38,– *[3-458-14618-0]*
– Nächstes Jahr in Jerusalem. Roman. 1986. 89. Tsd. 1988. 392 S. Geb. DM 38,– *[3-458-14506-0]*
– Schalom allerseits. Tagebuch einer Deutschlandreise. 1987. 22. Tsd. 1988. 234 S. Kt. DM 22,– *[3-458-14582-6]*

Kant, Immanuel: Werke. Gesamtausgabe in 6 Bänden. Herausgegeben von Wilhelm Weischedel. *Inhalt:* Band I: Vorkritische Schriften bis 1768. Band II: Kritik der reinen Vernunft. Band III: Schriften zur Metaphysik und Logik. Band IV: Schriften zur Ethik und Religionsphilosophie. Band V: Kritik der Urteilskraft und Schriften zur Naturphilosophie. Band VI: Schriften zur Anthropologie, Geschichtsphilosophie, Politik und Pädagogik. (D). 1956–1964.
Ln. *[3-458-15241-5]*; Ld. *[3-458-15242-3]* Neuauflage i. Vorb.

Kant-Brevier. Ein philosophisches Lesebuch für freie Minuten. Herausgegeben von Wilhelm Weischedel. 1974. 30. Tsd. 1987. 232 S. DM 10,– (it 61) *[3-458-31761-9]*

Kaplan, Chaim A.: Buch der Agonie. Das Warschauer Tagebuch des Chaim A. Kaplan. Aus dem Amerikanischen von Harry Maor. 1967. 403 S. Ln. *[3-458-15243-6▸]*

Kaschnitz, Marie Luise: Gesammelte Werke in sieben Bänden. Herausgegeben von Christian Büttrich und Norbert Miller.
Band I: Die frühe Prosa. 1981. 690 S. Ln. DM 78,–, Subskr.-Pr. DM 60,– *[3-458-15960-6]*; Ld. DM 140,– *[3-458-14978-3]*
Band 2: Die autobiographische Prosa I. 1981. 600 S. Ln. DM 78,–, Subskr.-Pr. DM 60,– *[3-458-15961-4]*;
Ld. DM 140,– *[3-458-14979-1]*
Band 3: Die autobiographische Prosa II. 1982. 780 S. Ln. DM 78,–, Subskr.-Pr. DM 60,– *[3-458-14034-4]*; Ld. 140,– *[3-458-14035-2]*
Band 4: Die Erzählungen. 1983. 1000 S. Ln. DM 98,– Subskr.-Pr. DM 84,– *[3-458-14091-3]*; Ld. DM 160,– *[3-458-14092-1]*
Band 5: Die Gedichte. 1984. 806 S. Ln. DM 98,–, Subskr.-Pr. DM 84,– *[3-458-14093-X]*; Ld. DM 160,– *[3-458-14094-4]*
Band 6: Die Hörspiele. Die biographischen Studien. 1987. 800 S. Ln. DM 98,–, Subskr.-Pr. DM 84,– *[3-458-14095-6]*;
Ld. DM 160,– *[3-458-14096-4]*

Band 7: Die essayistische Prosa. 1989. ca. 1000 S. Ln. ca. DM 78,–, Subskr.-Pr. ca. DM 60,– *[3-458-14097-2]*;
Ld. ca. DM 140,– *[3-458-14098-0]* Nov. 89
– Beschreibung eines Dorfes. Photographien von Michael Grünwald. 1983. 21. Tsd. 1983. 170 S. DM 12,– (it 665) *[3-458-32365-1]*
– Die Wahrheit, nicht der Traum. Das Leben des Malers Courbet. Mit 8 Abb. 1978. 13. Tsd. 1981. 320 S. DM 16,– (it 327) *[3-458-32027-X]*
– Ein Lesebuch. Herausgegeben von Heinrich Vormweg. 1975. 13. Tsd. 1976. 300 S. Ln. DM 28,– *[3-458-15865-0]*
– Eisbären. Erzählungen. 1972. 74. Tsd. 1984. 178 S. DM 8,– (it 4) *[3-458-31704-X]*
– Elf Liebesgeschichten. Ausgewählt von Elisabeth Borchers. 1989. Großdruck. 180 S. DM 12,– (it 2306) *[3-458-34006-8]*
– Kein Zauberspruch. Gedichte. 1972. 5. Tsd. 1976. 146 S. Ln. DM 26,– *[3-458-15549-X]*
– Orte und Menschen. Aufzeichnungen. Mit einem Nachwort von Marcel Reich-Ranicki. 1986. 7. Tsd. 1987. 151 S. Ln. DM 26,– *[3-458-14316-5]*
– Tage, Tage, Jahre. Aufzeichnungen. 1968. 11. Tsd. 1976. 364 S. Ln. DM 34,– *[3-458-15501-5]*

Das Katzenbuch. Von Katzen und ihren Freunden. Geschichten, Gedichte, Bilder. Gesammelt von Hans Bender und Hans Georg Schwark. 1982. 45. Tsd. 1986. 250 S. DM 12,– (it 567) *[3-458-32267-1]*

Kawerin, Weniamin Alexandrowitsch: Das doppelte Porträt. Roman. Aus dem Russischen und mit einem Nachwort von Wolfgang Kasack. 1973. 230 S. Ln. DM 32,– *[3-458-15594-5]*
– Die Erfüllung der Wünsche. Roman. Aus dem Russischen von Wolfgang Kasack. 1976. 320 S. Gebunden. DM 34,– *[3-458-15009-9]*

Keller, Gottfried: Das Sinngedicht. Mit Illustrationen. Herausgegeben und mit einem Nachwort von Gerhard Kaiser. 1982. 412 S. (it 632) *[3-458-32332-5▸]*
– Der grüne Heinrich. Erste Fassung des Romans. Mit Zeichnungen Gottfried Kellers und seiner Freunde. Insel-Bibliothek. 1980. 2 Bde. 874 S. Ln. DM 68,– *[3-458-14937-6]*;
Ld. DM 160,– *[3-458-14821-3]*
– – it 335. 1978. 16. Tsd. 1985. 2 Bde. DM 22,– *[3-458-32035-0]*
– Die Leute von Seldwyla. Vollständige Ausgabe der Novellensammlung. Mit einem Nachwort von Gerhard Kaiser. 1987. 731 S. DM 20,– (it 958) *[3-458-32658-8]*
– Romeo und Julia auf dem Dorfe. Mit einem Kommentar und einem Nachwort von Klaus Jeziorkowski. 1984. 8. Tsd. 1987. 139 S. DM 9,– (it 756) *[3-458-32456-9]*

– Züricher Novellen. Mit einem Nachwort von Werner Weber. 1977. 15. Tsd. 1984. 388 S. DM 10,– (it 201) *[3-458-31901-8]*
– siehe Gerhard Kaiser

Keller, Harald: Blick vom Monte Cavo. Kleine Schriften. Mit zahlreichen Abbildungen. 1984. 650 S. Ln. DM 80,– *[3-458-14178-2]*
– Die Kunstlandschaften Italiens. Mit 188 Abbildungen. 1983. 2 Bde. 1114 S. DM 34,– (it 627) *[3-458-32327-9]*

Kenkô, Yoshida: Betrachtungen aus der Stille. Tsurezuregusa. Aus dem Japanischen und mit einem Nachwort von Oscar Benl. 1963. 6. Tsd. 1978. 200 S. Ln. DM 28,– *[3-458-15524-4]*

Kennst du das Land, wo die Zitronen blühn. Italien im deutschen Gedicht. Herausgegeben von Peter Hamm. 1987. 236 S. DM 12,– (it 927) *[3-458-32627-8]*

Kerner, Justinus: Blätter aus Prevorst. Eine Auswahl von Berichten über Magnetismus, Hellsehen, Geistererscheinungen aus dem Kreise Justinus Kerners und seiner Freunde. Herausgegeben von Hermann Hesse. 1987. 186 S. DM 12,– (it 1019) *[3-458-32719-3]*

Kessler, Harry Graf: Tagebücher 1918–1937. Politik, Kunst und Gesellschaft der zwanziger Jahre. Herausgegeben von Wolfgang Pfeiffer-Belli. 1961. 15. Tsd. 1979. 798 S. Geb. *[3-458-15246-6▸]*
– – it 659. 1982. 9. Tsd. 1988. DM 26,– *[3-458-32359-7]*

Kessler, Harry Graf/Hugo v. Hofmannsthal: Briefwechsel 1898 bis 1929. Herausgegeben und mit Anmerkungen versehen von Hilde Burger. 1968. 580 S. Ln. DM 48,– *[3-458-15520-1]*

Kierkegaard, Sören: Briefe. Aus dem Dänischen und mit einem Nachwort von Walter Boehlich. 1983. 150 S. DM 9,– (it 727) *[3-458-32427-5]*
– Tagebuch des Verführers. Aus dem Dänischen von Helene Ritzerfeld. 1983. 14. Tsd. 1986. 235 S. DM 12,– (it 405) *[3-458-32105-5]*

Kin Ping Meh oder Die abenteuerliche Geschichte von Hsi Men und seinen sechs Frauen. Aus dem Chinesischen übersetzt und mit einem Nachwort versehen von Franz Kuhn. 1977. 19. Tsd. 1988. 2 Bde. 914 S. DM 26,– (it 253) *[3-458-31953-0]*

Mit Kinderaugen gesehen. Kalender mit 16 Blättern. Herausgegeben vom »Deutschen Kinderschutzbund«. 1989. Format: 32 x 42 cm. Vierfarbig. DM 29,– *[3-458-16035-3]*

Kinderfreuden. Ein angenehmes Bilderbuch für die Jugend. Neudruck der bei Campe in Nürnberg 1805 erschienenen Ausgabe. Mit einem Nachwort von Rose-Marie Frenzel. 1983. 100 S. Ppe. DM 34,– *[3-458-14075-1]*

Kirchner, Ernst Ludwig: Im Tanzcafé. Herausgegeben von Theo Hill. Mit einem Nachwort von Ewald Rathke. 1962. 30 S. 29 Abb. (IB 770) *[3-458-08770-2▶]*

Kitarō, Nishida: Über das Gute. Eine Philosophie der reinen Erfahrung. Aus dem Japanischen übertragen und eingeleitet von Peter Pörtner. 1989. 220 S. Ln. DM 32,– *[3-458-16018-3]*

Klee, Paul: Traumlandschaft mit Mond. 16 Farbtafeln. 1964. 24 S. (IB 800) *[3-458-08800-8▶]*

Kleist, Heinrich von: Werke und Briefe in vier Bänden. Herausgegeben von Siegfried Streller. 1986. 2850 S. DM 60,– *[3-458-09738-4]*
Band 1: Dramen I. 1986. 618 S. DM 16,– (it 981) *[3-458-32681-2]*
Band 2: Dramen II. 1986. 728 S. DM 16,– (it 982) *[3-458-32682-0]*
Band 3: Erzählungen. 1986. 788 S. DM 18,– (it 983) *[3-458-32683-7]*
Band 4: Briefe. 1986. 714 S. DM 18,– (it 984) *[3-458-32684-7]*

- Der zerbrochne Krug. Ein Lustspiel. Mit Radierungen von Adolph Menzel. Mit einem Nachwort von Hans Joachim Piechotta. 1976. 15. Tsd. 1988. 176 S. DM 8,– (it 171) *[3-458-31871-2]*
- Die Erzählungen. Herausgegeben von Rolf Tiedemann. 1977. 23. Tsd. 1984. 220 S. (it 247) *[3-458-31947-6▶]*
- Die Marquise von O.... Mit Materialien und Bildern aus dem Film von Eric Rohmer und einem Aufsatz von Heinz Politzer. Herausgegeben von Werner Berthel. 1979. 19. Tsd. 1987. 134 S. DM 8,– (it 299) *[3-458-31999-9]*
- Die Marquise von O.... 1989. Großdruck. ca. 100 S. ca. DM 12,– (it 2307) *[3-458-34007-6]* Nov. 89
- Geschichte meiner Seele. Das Lebenszeugnis der Briefe. Herausgegeben von Helmut Sembdner. 1977. 14. Tsd. 1983. 450 S. DM 12,– (it 281) *[3-458-31981-6]*
- Penthesilea. Bibliothek deutscher Erst- und Frühausgaben in originalgetreuen Wiedergaben. Herausgegeben von Bernhard Zeller. Faksimile-Ausgabe. 1980. 177 S. Ld. DM 98,– *[3-458-14865-5]*
- Prinz Friedrich von Homburg. Ein Schauspiel. Mit Lithographien von Karl Walser und einem Nachwort von Hans Mayer. 1987. 134 S. DM 14,– (IB 1029) *[3-458-19029-5]*
- Über das Marionettentheater. Aufsätze und Anekdoten. Mit einem Nachwort von Josef Kunz. Zeichnungen von Oskar Schlemmer. 1935. 18. Tsd. 1989. 80 S. DM 14,– (IB 481) *[3-458-08481-9]*

Heinrich von Kleists Lebensspuren. Dokumente und Berichte der Zeitgenossen. Erweiterte Neuausgabe. Herausgegeben von Helmut Sembdner. Dokumente zu Kleist, Band I. 1977. 4. Tsd. 1984. 498 S. Ln. DM 48,– *[3-458-15030-7]*

Heinrich von Kleists Nachruhm. Eine Wirkungsgeschichte in Dokumenten. Herausgegeben von Helmut Sembdner. Dokumente zu Kleist, Band 2. 1984. 606 S. Ln. DM 58,– *[3-458-14143-X]*
– Band 1 und 2 in Kassette. DM 98,– *[3-458-14165-0]*

Heinrich von Kleist – Leben und Werk im Bild. Herausgegeben von Eberhard Siebert. 1980. 254 S. DM 10,– (it 371) *[3-458-32071-7]*

Kleist in der Dichtung. 1985. Herausgegeben und mit einem Nachwort von Helmut Sembdner. 3. Tsd. 1985. 164 S. (IB 984) *[3-458-08984-5▶]*

Klingemann, A.: Nachtwachen von Bonaventura. Mit Illustrationen von Lovis Corinth. 1974. 22. Tsd. 1988. 250 S. DM 10,– (it 89) *[3-458-31789-9]*

Klosterleben im Mittelalter. Nach zeitgenössischen Quellen von Johannes Bühler. Herausgegeben von Georg A. Narciß. 1988. 620 S. mit zahlreichen Abbildungen. DM 24,– (it 1135) *[3-458-32835-1]*

Knigge, Adolph Freiherr von: Über den Umgang mit Menschen. Herausgegeben von Gert Ueding. Mit Illustrationen von Daniel Chodowiecki u. a. 1977. 48. Tsd. 1989. 454 S. DM 16,– (it 273) *[3-458-31973-5]*
– – Ln. 1987. DM 38,– *[3-458-14562-1]*; Ld. DM 80,– *[3-458-14563-X]*

König der Clowns. Aus dem Leben des Joseph Grimaldi. Erzählt von Maria Dessauer. Mit Bildern von Patricia Neville. 1982. 64 S. Kart. DM 20,– *[3-458-14039-5]*

Koeppen, Wolfgang: siehe Runge

Kogon, Eugen: siehe Hessen-Bibliothek

Kolumbus, Christoph: Bordbuch. Mit einem Nachwort von Frauke Gewecke und zeitgenössischen Illustrationen. 1981. 9. Tsd. 1986. 332 S. DM 12,– (it 476) *[3-458-32176-4]*

Konfuzius: Die Weisheit des Konfuzius. 1964. 16. Tsd. 1987. 61 S. DM 10,– (IB 830) *[3-458-08830-X]*

Kono, Taeko: Knabenjagd. Erzählungen. Ausgewählt, aus dem Japanischen übertragen und mit einem Nachwort versehen von Irmela Hijiya-Kirschnereit. 1988. 3. Tsd. 1988. 148 S. Geb. DM 24,– *[3-458-14360-2]*

Kracauer, Siegfried: Jacques Offenbach und das Paris seiner Zeit. 1980. 382 S. Gebunden. DM 34,– *[3-458-14927-9]*

Das kleine Kräuterbuch. Von Willi Harwerth. Einheimische Heil-, Würz- und Duftpflanzen, nach der Natur gezeichnet von Willi Harwerth. Mit einer kleinen Kräuterkunde von Friedrich Schnack und

Erläuterungen von Sandro Limbach. Mit 36 Bildtafeln. 1986. 138. Tsd. 1987. 70 S. DM 14,– (IB 269) *[3-458-08269-7]*

Krasiński, Zygmunt: Hundert Briefe an Delfina. Eine Auswahl, herausgegeben und mit einem Vorwort versehen von Jan Kott. Aus dem Polnischen übersetzt von Klaus Staemmler. 416 S. Ln. Mit 6 Tafeln. *[3-458-15254-3▶]*

Kropotkin, Petr: Memoiren eines Revolutionärs. Mit einem Nachwort von George Woodcock. Aus dem Russischen von Max Pannwitz. Mit zeitgenössischen Illustrationen. 616 S. Ln. *[3-458-15543-6▶]*

Kühn, Dieter: Bettinas letzte Liebschaften. 1986. 116 S. DM 9,– (it 894) *[3-458-32594-8]*
– Der Herr der fliegenden Fische. Ein Märchen. Mit Bildern von Wilhelm Bieber. 1979. 104 S. Geb. DM 16,– *[3-458-14956-2]*
– Der Parzival des Wolfram von Eschenbach. 1986. 32. Tsd. 1989. 943 S. Ln. DM 48,– *[3-458-14314-9]*
– Flaschenpost für Goethe. 1985. 155 S. DM 10,– (it 854) *[3-458-32554-9]*
– Ich Wolkenstein. Eine Biographie. 1977. 29. Tsd. 1988. 561 S. Ln. DM 44,– *[3-458-15044-7]*
– – it 497. 1980. 49. Tsd. 1989. 628 S. DM 20,– *[3-458-32197-7]*
– Neidhart aus dem Reuental. 1988. 564 S. Ln. DM 44,– *[3-458-14363-7]*
– Trilogie des Mittelalters. Parzival des Wolfram von Eschenbach – Neidhart aus dem Reuental – Ich Wolkenstein. (Drei Bände in Kassette). 1988. 2 143 S. Ln. DM 136,– *[3-458-14350-5]*

Kürnberger, Ferdinand: Der Amerikamüde. Amerikanisches Kulturbild. 1986. 604 S. DM 20,– (it 942) *[3-458-32642-1]*

Labé, Louïze: siehe Rilke

Laclos, Choderlos de: Schlimme Liebschaften. Ein Briefroman. Übertragen und eingeleitet von Heinrich Mann. Mit 13 zeitgenössischen Illustrationen. 1972. 28. Tsd. 1989. 440 S. DM 16,– (it 12) *[3-458-31712-0]*

Lafayette, Madame de: Die Prinzessin von Clèves. Roman. Aus dem Französischen von Julia Kirchner. Mit einem Nachwort von Emile Magne. 1984. 282 S. DM 12,– (it 768) *[3-458-32468-2]*

La Fontaine: Die schönsten Fabeln von La Fontaine. Aus dem Französischen von Thomas Keck. Mit farbigen Illustrationen von Rolf Köhler. 1990. ca. 100 S. ca. DM 16,– (it 1238) *[3-458-32938-2]* März 90

Lagercrantz, Olof: Mein erster Kreis. Die Geschichte einer Jugend. Aus dem Schwedischen von Angelika Gundlach. 1984. 232 S. Ln. DM 32,– *[3-458-14136-7]*
– Reise ins Herz der Finsternis. Zu Joseph Conrads Roman. Aus dem Schwedischen von Angelika Gundlach. 1988. 250 S. Ln. DM 34,– *[3-458-14354-8]*
– Strindberg. Aus dem Schwedischen von Angelika Gundlach. 1980. 586 S. Ln. DM 42,– *[3-458-14923-6]*
– Von der Hölle zum Paradies. Dante und die Göttliche Komödie. Aus dem Schwedischen von Gisbert Jänicke. 1965. 261 S. Ln. *[3-458-15257-3▸]*

Lagerlöf, Selma: Das Mädchen vom Moorhof. 1927. 320. Tsd. 1986. 80 S. DM 12,– (IB 285) *[3-458-08285-9]*

Das große Lalula und andere Gedichte und Geschichten von morgens bis abends für Kinder. Herausgegeben von Elisabeth Borchers. 1974. 33. Tsd. 1988. 192 S. DM 10,– (it 91) *[3-458-31791-0]*

Lander, Jeannette: Ein Spatz in der Hand... Sachgeschichten. 1973. 150 S. Ln. DM 24,– *[3-458-15782-4]*

Lao She: Rikscha-Kuli. Roman. Aus dem Chinesischen übertragen von Florian Reissinger. 1987. 306 S. Geb. DM 36,– *[3-458-14583-4]*

Lao-tse: Führung und Kraft aus der Ewigkeit. Das Tao-te-king in der Übersetzung aus dem chinesischen Urtext von Erwin Rousselle. 1985. 13. Tsd. 1988. 110 S. DM 9,– (it 849) *[3-458-32549-2]*

Lartigue, Jacques H.: Das Fest des Großen Rüpüskül oder Hilfe, haltet den Dieb! Text von Elisabeth Borchers. 1972. 32 S. Pp. DM 18,– *[3-458-15730-1]*

Las Casas, Bartolomé de: Kurzgefaßter Bericht von der Verwüstung der Westindischen Länder. Herausgegeben von Hans Magnus Enzensberger. 1981. 12. Tsd. 1987. 154 S. DM 10,– (it 553) *[3-458-32253-1]*

Lauf, Detlef-Ingo: Symbole. Verschiedenheit und Einheit in östlicher und westlicher Kultur. Mit 12 farbigen Abbildungen. 1976. 3. Tsd. 1981. 250 S. Ln. DM 34,– *[3-458-15018-8]*

Lear, Edward: Edward Lears kompletter Nonsens ins Deutsche geschmuggelt von Hans Magnus Enzensberger. Mit Zeichnungen von Edward Lear. 1977. 9. Tsd. 1977. 404 S. Gebunden. DM 38,– *[3-458-15048-X]*
– – it 1119. 1988. DM 16,– *[3-458-32819-X]*
– Nonsense Verse. Aus dem Englischen von H. C. Artmann. Mit einem Nachwort von Klaus Reichert. 1964. 63 S. 25 Zeichnungen des Autors. DM 10,– (IB 813) *[3-458-08813-X]*

Least Heat Moon, William: Blue Highways. Eine Reise in Amerika. Roman. Aus dem Amerikanischen von Dieter Hildebrandt. 1985. 11. Tsd. 1986. 584 S. Geb. DM 39,80 *[3-458-14236-3]*

Das Leben der Heiligen. Eine Auswahl aus der ältesten deutschen Druckausgabe von Heiligenlegenden ›Das Passonal‹. Mit farbigen Holzschnitten. 1986. 313 S. DM 18,– (it 892) *[3-458-32592-1]*

Leben meinem Lied. Lyrik des 19. Jahrhunderts in vier Sprachen. Ausgewählt und übertragen von Hanno Helbling. 1982. 190 S. Pp. DM 42,– *[3-458-14026-3]*

Leben und Taten des Herkules. In Reime gebracht von Miris. Mit Illustrationen von Fritz Steub. Herausgegeben von Karl Riha. 1987. 95 S. DM 9,– (it 957) *[3-458-32657-X]*

le Fort, Gertrud von: Am Tor des Himmels. Novelle. 1954. 50. Tsd. 1963. 88 S. Pp. DM 14,– *[3-458-15259-8]*
– Das Reich des Kindes. Die Vöglein von Theres. Zwei Legenden. 1950. 56. Tsd. 1958. 74 S. DM 10,– (IB 111) *[3-458-08111-9]*
– Das Gericht des Meeres. 1943. 302. Tsd. 1986. 90 S. DM 12,– (IB 210) *[3-458-08210-7]*
– Die Magdeburgische Hochzeit. Sonderausgabe. 1973. 3. Tsd. 1984. 250 S. Ln. DM 32,– *[3-458-15777-8]*

Gertrud von le Fort. Leben und Werk in Daten, Bildern und Zeugnissen. Von Gisbert Kranz. 1976. 14. Tsd. 1976. 240 S. (it 195) *[3-458-31895-X▸]*

Leibniz, Gottfried, Wilhelm: Philosophische Schriften. Französisch und deutsch.
Band 1: Kleine Schriften zur Metaphysik. Herausgegeben und übersetzt von Hans Heinz Holz. 1986. 510 S. Ln. Zweisprachige Ausgabe. DM 68,– *[3-458-14528-1]*
Band 2: Die Theodizee von der Güte Gottes, der Freiheit des Menschen und dem Ursprung des Übels. Herausgegeben und übersetzt von Herbert Herring. (2 Bände). 1986. 1071 S. Ln. Zweisprachige Ausgabe. DM 136,– *[3-458-14529-X]*
Band 3: Neue Abhandlungen über den menschlichen Verstand. Herausgegeben und übersetzt von Wolfgang von Engelhardt und Hans Heinz Holz. (2 Bände). 1986. 1257 S. Ln. Zweisprachige Ausgabe. DM 136,– *[3-458-14530-3]*

Leipzig. Ein Städte-Lesebuch. Herausgegeben von Esther Gallwitz. Mit zahlreichen Abbildungen. Originalausgabe. 1989. 628 S. DM 24,– (it 1083) *[3-458-32783-5]*

Lektüre zwischen den Jahren. Von der Kraft der Wörter. Ausgewählt von Horst Günther. 1988. 138. Tsd. 1988. 160 S. Kt. DM 5,– *[3-458-14376-9]*

Lem, Stanisław: Also sprach Golem. Aus dem Polnischen von Friedrich Griese. 1984. 184 S. DM 24,– *[3-458-14139-1]*

– Das Hospital der Verklärung. Roman. Aus dem Polnischen von Caesar Rymarowicz. 1975. 240 S. Ln. DM 26,– *[3-458-15866-9]*

– Der Mensch vom Mars. Roman. Aus dem Polnischen von Hanna Rottensteiner. 1989. ca. 150 S. Ln. DM 28,– *[3-458-16041-8]*

– Der Unbesiegbare. Utopischer Roman. Aus dem Polnischen von Roswitha Buschmann. 1976. 5. Tsd. 1978. 228 S. Gebunden. DM 26,– *[3-458-15011-0]*

– Dialoge. Aus dem Polnischen von Jens Reuter. 1981. 320 S. Gebunden. DM 32,– *[3-458-15051-X]*

– Die Stimme des Herrn. Roman. Aus dem Polnischen von Roswitha Buschmann. 1981. 280 S. Gebunden. DM 32,– *[3-458-14887-6]*

– Die Untersuchung. Kriminalroman. Aus dem Polnischen von Jens Reuter und Hans Juergen Mayer. 1975. 243 S. Gebunden. DM 26,– *[3-458-15966-5]*

– Die vollkommene Leere. 15 fiktive Rezensionen. Aus dem Polnischen von Klaus Staemmler. 1973. 6. Tsd. 1978. 280 S. Gebunden. DM 32,– *[3-458-15598-8]*

– Die phantastischen Erzählungen. Herausgegeben und mit einem Nachwort von Werner Berthel. Mit Illustrationen, einem Interview und Anmerkungen zur Rezeption von Franz Rottensteiner. 1980. 67. Tsd. 1982. 480 S. Gebunden. DM 32,– *[3-458-14922-8]*

– Mehr phantastische Erzählungen. Herausgegeben von Franz Rottensteiner. 1981. 320 S. Gebunden. DM 28,– *[3-458-14873-6]*

– Eden. Roman einer außerirdischen Zivilisation. Aus dem Polnischen von Caesar Rymarowicz. 1978. 4. Tsd. 1983. 336 S. Geb. DM 32,– *[3-458-15880-4]*

– Erzählungen. Aus dem Polnischen von I. Zimmermann-Göllheim, Klaus Staemmler und Caesar Rymarowicz. 1979. 450 S. Geb. DM 40,– *[3-458-14971-6]*

– Essays. Aus dem Polnischen von Friedrich Griese. 1981. 391 S. Gebunden. DM 38,– *[3-458-14970-8]*

– Friede auf Erden. Aus dem Polnischen von Hubert Schumann. 1986. 12. Tsd. 1987. 273 S. Geb. DM 34,– *[3-458-14510-9]*

– Imaginäre Größe. Aus dem Polnischen von Caesar Rymarowicz und Jens Reuter. 1976. 220 S. Ln. DM 26,– *[3-458-15014-5]*

– Irrläufer. Erzählungen. Mit einem Vorwort von Stanisław Lem. Aus dem Polnischen von Hanna Rottensteiner. 1989. 242 S. Kt. DM 32,– *[3-458-16007-8]*

– Kyberiade. Fabeln zum kybernetischen Zeitalter. Mit Zeichnungen von Daniel Mróz. Aus dem Polnischen von Jens Reuter u. a. 1983. 300 S. Geb. DM 36,– *[3-458-14030-1]*
– Lokaltermin. Roman. Aus dem Polnischen von Hubert Schumann. 1985. 9. Tsd. 1985. 344 S. Geb. DM 36,– *[3-458-14238-X]*
– Memoiren, gefunden in der Badewanne. Aus dem Polnischen von Walter Tiel. 1974. 6. Tsd. 1975. 200 S. Gebunden. DM 26,– *[3-458-15891-X]*
– Mondnacht. Hör- und Fernsehspiele. Aus dem Polnischen von Charlotte Eckert, Jutta Janke und Klaus Staemmler. 1977. 272 S. Gebunden. DM 26,– *[3-458-15050-1]*
– Phantastik und Futurologie I. Autorisierte Übersetzung aus dem Polnischen von Beate Sorger und Wiktor Szacki. 1977. 400 S. Gebunden. DM 38,– *[3-458-15026-9]*
– Phantastik und Futurologie II. Übersetzung aus dem Polnischen von Edda Werfel. 1980. 672 S. Gebunden. DM 56,– *[3-458-14931-7]*
– Philosophie des Zufalls. Zu einer empirischen Theorie der Literatur. 1983. 417 S. Gebunden. DM 48,– *[3-458-14090-5]*
– Philosophie des Zufalls. Zu einer empirischen Theorie der Literatur 2. Aus dem Polnischen von Friedrich Griese. 1985. ca. 500 S. Geb. DM 48,– *[3-458-14285-1]*
– Provokationen. Aus dem Polnischen von Friedrich Griese, Jens Reuter und Edda Werfel. 1988. 237 S. Geb. DM 30,– *[3-458-14626-1]*
– Rückkehr von den Sternen. Roman (= Transfer). Aus dem Polnischen von Maria Kurecka. 1984. 250 S. Geb. DM 28,– *[3-458-14180-4]*
– Sämtliche Erzählungen vom Piloten Pirx. Aus dem Polnischen von Roswitha Buschmann, Kurt Kelm, Caesar Rymarowicz und Barbara Sparing. 1979. 350 S. Geb. DM 40,– *[3-458-15882-0]*
– Solaris. Roman. Aus dem Polnischen von I. Zimmermann-Göllheim. 1984. 250 S. Geb. DM 28,– *[3-458-14179-0]*
– Sterntagebücher. Mit Zeichnungen des Autors. Aus dem Polnischen von Caesar Rymarowicz. Erweiterte Ausgabe. 1988. 513 S. Geb. DM 48,– *[3-458-14358-0]*
– Summa technologiae. Aus dem Polnischen von Friedrich Griese. 1976. 3. Tsd. 1978. 500 S. Gebunden. DM 56,– *[3-458-15021-8]*

Lem, Stanisław/Stanisław Bereś. Lem über Lem. Gespräche. Aus dem Polnischen von Edda Werfel und Hilde Nürenberger. 1986. 386 S. Geb. DM 40,– *[3-458-14511-7]*

Lenardo und Blandine. Ein Melodram nach Bürger in 160 leidenschaftlichen Entwürfen erfunden und auf Kupfer gezeichnet von Joseph Franz von Goez. Faksimile nach der Ausgabe von 1783. Herausgegeben von Horst Günther. 1980. 224 Seiten. Pappband. DM 48,– *[3-458-14864-7]*

Lenclos, Ninon de: Die Briefe der Ninon de Lenclos. Aus dem Französischen von Lothar Schmidt. Mit zehn Radierungen von Karl Walser. 1989. 279 S. DM 14,– (it 1173) *[3-458-32873-4]*

Lenz, Hermann: Bilder aus meinem Album. 1987. 175 S. mit zahlreichen Fotografien. Ln. DM 34,– *[3-458-14608-3]*
- Das stille Haus. Erzählung. 1982. 5. Tsd. 1982. 200 S. Ln. DM 28,– *[3-458-14027-1]*
- Der innere Bezirk. Roman in drei Büchern. 1980. 726 S. Ln. DM 44,– *[3-458-14916-3]*
- Der Wanderer. Roman. 1986. 6. Tsd. 1987. 286 S. Ln. DM 34,– *[3-458-14507-9]*
- Der Tintenfisch in der Garage. Erzählung. 1977. 4. Tsd. 1979. 139 S. Ln. DM 25,– *[3-458-15025-0]*
- Die Begegnung. Roman. 1979. 7. Tsd. 1979. 200 S. Ln. DM 25,– *[3-458-14976-7]*
- Ein Fremdling. Roman. 1983. 484 S. Ln. *[3-458-14070-0]*
- Erinnerung an Eduard. Erzählung. 1981. 6. Tsd. 1982. 220 S. Ln. DM 28,– *[3-458-14751-9]*
- Jung und Alt. Erzählung. 1989. 220 S. Ln. DM 25,– *[3-458-16040-X]*
- Neue Zeit. Roman. 1975. 8. Tsd. 1978. 392 S. Ln. DM 36,– *[3-458-15965-7]*
- Seltsamer Abschied. Roman. 1988. Ln. DM 34,– *[3-458-14355-6]*
- Tagebuch vom Überleben und Leben. Roman. 1978. 7. Tsd. 1979. 300 S. Ln. DM 32,– *[3-458-15849-9]*

Leopardi, Giacomo: Gedichte und Prosa. Ausgewählte Werke. Ausgewählt und übersetzt von Ludwig Wolde. Mit einem Nachwort von Ralph Rainer Wuthenow. 1987. 11. Tsd. 1988. 313 S. DM 16,– (it 104) *[3-458-31804-6]*

Lermontow, Michail: Ausgewählte Werke. Gedichte, Prosa, Dramen. Herausgegeben von Roland Opitz. 1989. 2 Bde. ca. 930 S. ca. DM 32,– (it 1223) *[3-458-32923-4]* Dez. 89
- Ein Held unserer Zeit. Aus dem Russischen von Günther Stein. 1989. 225 S. Ln. DM 24,– *[3-458-16021-3]*

Le Sage, Alain René: Die Geschichte des Gil Blas von Santillana. Aus dem Französischen von Konrad Thorer. Mit Illustrationen von Daniel Chodowiecki. 1986. 517 S. DM 18,– (it 949) *[3-458-32649-9]*

Lesebuch der Alten Welt: Griechisches Lesebuch. Herausgegeben von Hellmut Flashar. 1987. 677 S. DM 20,– (it 995) *[3-458-32695-2]*
- Römisches Lesebuch. Herausgegeben von Manfred Fuhrmann. 1987. 638 S. DM 20,– (it 996) *[3-458-32696-0]*
- – Zwei Bände in Kassette. DM 36,– *[3-458-09743-0]*

Lesebuch der Jahrhundertwende. Prosa aus den Jahren 1889 bis 1908. Ausgewählt von Klaus Schöffling. 1987. 491 S. DM 18,– (it 997) *[3-458-32697-9]*

Lesebuch für Kinder. Ausgewählt von Elisabeth Borchers. Mit zahlreichen Illustrationen. 1987. 332 S. DM 14,– (it 999) *[3-458-32699-5]*

Leskow, Nikolai: Weihnachtsgeschichten. Ausgewählt von Angela Martini-Wonde. 1988. 13. Tsd. 1989. 100 S. DM 10,– (it 1128) *[3-458-32828-9]*

Lessing, Gotthold Ephraim: Insel-Lessing. 3 Bände. Herausgegeben und mit Einleitungen versehen von Kurt Wölfel. Erläuterungen zu den theologischen und philosophischen Schriften: Karlmann Beyschlag; zu allen übrigen Werken: Bodo Lecke. Der Text folgt der Ausgabe von Petersen-Olshausen. Allen fremdsprachigen Zitaten sind Übersetzungen im Text beigegeben. 1967. 26. Tsd. 1978. 2200 S. In Kassette. Ln. DM 98,– *[3-458-15268-7]*

– Die Schöne von hinten. Lieder und Fabeln. Mit 12 Kupferstichen von Daniel Chodowiecki. 1974. 3. Tsd. 1982. 108 S. Pp. DM 20,– *[3-458-15894-4]*

– Dramen. Mit einem Nachwort herausgegeben von Kurt Wölfel. 1984. 10. Tsd. 1988. 847 S. DM 20,– (it 714) *[3-458-32414-3]*

– Hamburgische Dramaturgie. Herausgegeben von Kurt Wölfel. Erläuterung von Bodo Lecke. 1986. 520 S. DM 20,– (it 869) *[3-458-32569-7]*

– Laokoon oder über die Grenzen der Malerei und Poesie. Herausgegeben und mit einem Nachwort versehen von Kurt Wölfel. 1988. 248 S. DM 14,– (it 1048) *[3-458-32748-7]*

Die letzten Monate des Königs Louis als Gefangener der Französischen Revolution. Aufzeichnungen seiner Kammerdiener Cléry und Huë, des Abbé Edgeworth de Firmont, des Kommissars Verdiers und des Küchenjungen Turgy. Herausgegeben und aus dem Französischen übersetzt von Albert Gier und Chris E. Paschold. Mit Abbildungen. 1989. 287 S. Ln. DM 38,– *[3-458-16012-4]*

Lévi-Strauss, Claude: Der Weg der Masken. Aus dem Französischen von Eva Moldenhauer. Mit farbigen Illustrationen. 1977. 12. Tsd. 1983. 250 S. DM 9,– (it 288) *[3-458-31988-3]*

Lewis, Matthew Gregory: Der Mönch. Aus dem Englischen von Friedrich Polakovics. Mit einem Essay und einer Bibliographie von Norbert Kohl. 1986. 570 S. DM 16,– (it 907) *[3-458-32607-3]*

Lichtenberg, Georg Christoph: Schriften und Briefe. Insel-Lichtenberg. Herausgegeben von Franz H. Mautner. 4 Bände und ein Bildtafelband. 1983. 2640 S. Ln. DM 98,– *[3-458-14076-6]*

– Aphorismen. Herausgegeben mit einem Nachwort von Kurt Batt. 1976. 42. Tsd. 1987. 316 S. DM 14,– (it 165) *[3-458-31865-8]*
– Der Fortgang der Tugend und des Lasters. Erklärungen zu Daniel Chodowieckis Monatskupfer zum Göttinger Taschenkalender 1778. 1986. 118 S. DM 7,– (it 936) *[3-458-32636-7]*
– Die Heirat nach der Mode. Ausführliche Erklärung der Hogarthischen Kupferstiche. Mit 6 Kupfern von Hogarth. 1967. 7. Tsd. 1981. 116 S. DM 14,– (IB 893) *[3-458-08893-8]*
– Sudelbücher. Herausgegeben von Franz H. Mautner. Mit einem Nachwort, Anmerkungen zum Text, einer Konkordanz der Aphorismen-Nummern und einer Zeittafel. 1984. 12. Tsd. 1986. 500 S. DM 16,– (it 792) *[3-458-32492-5]*
– Über die Macht der Liebe. Aus den Vermischten Schriften. Herausgegeben von Fritz H. Mautner. 1989. 211 S. DM 12,– (it 1164) *[3-458-32864-5]*

Lidderdale, Jane/Mary Nicholson: Liebe Miss Weaver. Ein Leben für Joyce. Aus dem Englischen von Angela Praesent und Anneliese Strauss. 1974. 560 S. Ln. DM 48,– *[3-458-15429-9]*

Das Buch der Liebe. Gedichte und Lieder. Ausgewählt von Elisabeth Borchers. 1974. 86. Tsd. 1986. 150 S. DM 10,– (it 82) *[3-458-31782-1]*

Die sieben Gärten der Liebe. Eine Sammlung alter indischer Geschichten. Herausgegeben von Roland Beer. Mit 25 Miniaturen. 1987. 506 S. Ln. DM 34,80 *[3-458-14609-1]*

Über die Liebe. Gedichte und Interpretationen aus der Frankfurter Anthologie. Ausgewählt und mit einem Nachwort von Marcel Reich-Ranicki. 1985. 17. Tsd. 1987. 200 S. DM 10,– (it 794) *[3-458-32494-1]*

Zeichen der Liebe. Wie man lieben und die Liebe dichten soll. Ein indisches Lehrbuch für Liebende und Dichter. Deutsch von Heinrich Zimmer. 1975. 7. Tsd. 1981. 116 S. DM 12,– (IB 935) *[3-458-08935-7]*

Die Liebesbriefe der Babet. In einer Übersetzung aus dem 18. Jahrhundert. Mit einem Nachwort von Wilhelm Printz aus dem Jahre 1908 und mit einem Nachwort zur Neuauflage von Katja Behrens. 1979. 136 S. DM 12,– (IB 1005) *[3-458-19005-8]*

Liebe und Tod in Wien. Geschichten aus einer Stadt. Herausgegeben von Jean Gyory. 1987. 374 S. DM 14,– (it 815) *[3-458-32515-8]*

Liebesgeschichten. Ausgewählt von Elisabeth Borchers. 1984. 374 S. DM 12,– (it 789) *[3-458-32489-5]*

Liliencron, Detlev von: Werke in 2 Bänden. Insel-Liliencron. Herausgegeben und eingeleitet von Benno von Wiese. Bd. 1: Gedichte. Bd. 2: Erzählungen und Charakteristiken. 1977. 800 S. Ln. DM 64,– *[3-458-15061-7]*

Lindlar, Heinrich: Wörterbuch der Musik. 1989. 331 S. Ln. DM 42,– *[3-458-16032-9]*

Linné, Carl von: Lappländische Reise. Aus dem Schwedischen von H. C. Artmann. Mit Zeichnungen des Autors. 1975. 17. Tsd. 1981. 258 S. DM 12,– (it 102) *[3-458-31802-X]*

Liselotte von der Pfalz: Briefe. Ausgewählt, eingeleitet und herausgegeben von Hans Ferdinand Helmolt. 1981. 35. Tsd. 1988. 350 S. DM 14,– (it 428) *[3-458-32128-4]*

Lissabon. Ein Städte-Lesebuch. Herausgegeben von Ellen Heinemann. 1989. ca. 350 S. ca. DM 20,– (it 1195) *[3-458-32895-5]*

Liszt, Franz/Richard Wagner: Briefwechsel. Herausgegeben und mit einer Einleitung versehen von Hanjo Kesting. 1988. 750 S. Ln. DM 78,– *[3-458-14369-6]*

Li-tai-pe: Nachdichtungen von Klabund. Mit Illustrationen und einem Vorwort von Hann Trier. 1986. 102. Tsd. 1986. 64 S. Pp. DM 16,– (IB 201) *[3-458-08201-8]*

Literarischer Führer durch Deutschland. Ein Insel-Reiselexikon für die Bundesrepublik Deutschland und Berlin. Von Fred und Gabriele Oberhauser. Mit Abbildungen, Karten und Registern. 1983. 24,5. Tsd. 1984. 873 S. DM 28,– (it 527) *[3-458-32227-2]*

– – Ln. 1983. DM 48,– *[3-458-14083-2]*

Literarischer Führer durch Italien. Ein Insel-Reiselexikon von Doris Maurer und Arnold E. Maurer. Mit farbigen Abbildungen, Karten und Registern. 1988. 551 S. Ln. DM 48,– *[3-458-14379-3]*

– – it 1071. 1988. 551 S. DM 25,– *[3-458-32771-1]*

Littmann, Enno: Vom morgenländischen Floh. Dichtung und Wahrheit über den Floh bei Hebräern, Syriern, Arabern, Abessiniern und Türken. Mit Radierungen von Marcus Behmer. Faksimiledruck der 1925 im Insel Verlag erschienenen Ausgabe. 1987. 7. Tsd. 1987. 72 S. Pp. DM 14,– (IB 966) *[3-458-08966-7]*

Liu E: Die Reisen des Lao Can. Ein Roman aus dem Alten China. Aus dem Chinesischen übertragen von Hans Kühner und mit einem Nachwort versehen von Helmut Martin. 1989. ca. 500 S. Ln. ca. DM 66,– *[3-458-16051-5]* Okt. 89

Löffler, Bertold: Die sieben Zwerge Sneewittchens. Text und Bilder von Bertold Löffler. Faksimile-Ausgabe. Mehrfarbiger Druck. 1970. 36 S. Pp. DM 20,– *[3-458-15704-2]*

Der Löwe und die Maus und andere große und kleine Tiere in Fabeln, Geschichten und Bildern. Ausgewählt von Anne M. Rotenberg. 1976. 19. Tsd. 1987. 240 S. DM 10,– (it 187) *[3-458-31887-9]*

London – Eine europäische Metropole in Bildern und Texten. Herausgegeben von Norbert Kohl. 1979. 16. Tsd. 1986. 438 S. DM 16,– (it 322) *[3-458-32022-9]*

Longus: Daphne und Chloë. Ein antiker Liebesroman. Aus dem Griechischen übersetzt und mit einem Nachwort von Arno Mauersberger. Mit Illustrationen der »Edition du Régent«. 1976. 25. Tsd. 1989. 132 S. DM 10,– (it 136) *[3-458-31836-4]*

Lope de Vega: Hirten von Bethlehem. Aus dem Spanischen übertragen von Fritz Vogelgsang. Mit 8 farbigen Bildtafeln nach Gemälden von Bartholomé Esteban Murillo. 1986. 152 S. Ln. DM 36,– *[3-458-14315-7]*

López Portillo y Pacheco, José: Quetzalcoatl. Roman eines Mythos. Aus dem Spanischen von Wolfgang Promies. 1978. 3. Tsd. 1980. 180 S. Ln. DM 26,– *[3-458-15878-2]*

Die Loreley. Gedichte-Prosa-Bilder. Ein Lesebuch von Wolfgang Minaty. 1988. 289 S. DM 14,– (it 1065) *[3-458-32765-7]*

Peter Ludwig: Sammler. Von Reiner Speck. 1986. 347 S. DM 20,– (it 533) *[3-458-32233-7]*

Lukian: Hetärengespräche. Übertragen von Horst Gasse. Mit Zeichnungen von Hein Heckroth und einem Nachwort von Klaus Schöffling. 1982. 90 S. (it 408) *[3-458-32108-X▶]*

Luo Guanzhong: Der Aufstand der Zauberer. Ein Roman aus der Ming-Zeit. Aus dem Chinesischen und mit einem Vorwort von Manfred Porkert. 1986. 3. Tsd. 1986. 672 S. Geb. *[3-458-14313-0▶]*
– Die drei Reiche. Roman aus dem alten China. Aus dem Chinesischen von Franz Kuhn. Mit 24 Holzschnitten. 1981. 10. Tsd. 1987. 474 S. DM 14,– (it 585) *[3-458-32285-X]*

Luther, Martin: Ausgewählte Werke in sechs Bänden. Herausgegeben von Karin Bornkamm und Gerhard Ebeling. 1982. 47. Tsd. 1983. 1867 S. Geb. im Schmuckschuber. DM 48,– *[3-458-14047-6]*
– Das Buch Esther. Übersetzt von Martin Luther. 1983. 5. Tsd. 1983. 30 S. DM 12,– (IB 1019) *[3-458-19019-8]*

- Der Prophet Jona. Nach Luther mit zwölf Radierungen von Marcus Behmer. 1983. 5. Tsd. 1983. 28 S. DM 12,– (IB 1018) *[3-458-19018-6]*
- Martin Luthers geistliche Lieder. Mit Luthers Vorrede zum Waltherschen Chorgesangbüchlein. Auswahl und Nachwort von C. Höfer. 1983. 44. Tsd. 1983. 68 S. DM 12,– (IB 144) *[3-458-08144-5]*
- Wolfenbütteler Psalter 1513–1515. Herausgegeben von Eleanor Roach und Reinhard Schwarz. Unter Mitarbeit von Siegfried Raeder. Geleitwort von Paul Raabe. Vorwort Gerhard Ebeling, Einleitung Reinhard Schwarz. 1983. 2 Bde. 820 S. Faksimile und Kommentar in Kassette. DM 220,– *[3-458-14066-2]*;
  Ld. DM 420,– *[3-458-14080-8]*
- Luther im Kreise der Seinen. Briefe, Gedichte, Fabeln, Sprichwörter, Tischreden. Auswahl von Otto Clemen. 1983. 30. Tsd. 1983. 91 S. DM 12,– (IB 227) *[3-458-08227-1]*
- Luthers Fabeln und Spruchweisheiten. Herausgegeben von Reinhard Dithmar. 1989. 248 S. DM 12,– (it 1094) *[3-458-32794-0]*
- Martin Luther. Sein Leben in Bildern und Texten. Einführung von Gerhard Ebeling. Herausgegeben von Gerhard Bott, Gerhard Ebeling und Bernd Moeller. Gestaltet von Willy Fleckhaus. 1983. 344 S. Ln. DM 120,– *[3-458-14061-1]*
- siehe Bornkamm
- siehe Ebeling

Machiavelli, Niccolò: Der Fürst. Aus dem Italienischen von Friedrich von Oppeln-Bronikowski. Mit einem Nachwort von Dolf Sternberger. 1989. ca. 120 S. ca. DM 9,– (it 1207) *[3-458-32907-2]* Okt. 89

Märchen der Romantik. Herausgegeben von Maria Dessauer. Mit zeitgenössischen Illustrationen. 1977. 20. Tsd. 1988. 2 Bände. 800 S. DM 24,– (it 285) *[3-458-31985-9]*

Märchen deutscher Dichter. Herausgegeben von Elisabeth Borchers. 1972. 97. Tsd. 1988. 333 S. DM 10,– (it 13) *[3-458-31713-9]*

Märchen deutscher Dichter. Neue Folge. Ausgewählt von Elisabeth Borchers. 1989. ca. 250 S. ca. DM 12,– (it 1220) *[3-458-32920-X]* Nov. 89
- siehe Deutsche Märchen

Märchen und Sagen aus der Heimat des Schnees. Gesammelt und übersetzt von Sabine Felmy. 1990. ca. 150 S. ca. DM 12,– (it 1231) *[3-458-32931-5]* Jan. 90

Das Märchen vom gestiefelten Kater. In den Bearbeitungen von Straparola, Basile, Perrault und Tieck. Mit zwölf Radierungen von Otto

Speckter. Faksimile der 1843 erschienenen Ausgabe. Mit einem Nachwort von Roland Jäger. 1982. 120 S. Pp. DM 28,– *[3-458-14003-4]*

Das Märchenbuch. Eine Sammlung. Herausgegeben von Claudia Schmölders. 1987. 506 S. DM 18,– (it 998) *[3-458-32698-7]*

Magdalena & Balthasar. Briefwechsel der Eheleute Paumgartner. Aus der Lebenswelt des 16. Jahrhunderts vorgestellt von Steven Ozment. Mit Abbildungen. Aus dem Amerikanischen und dem frühneuhochdeutschen Original übersetzt von Friedhelm Rathjen. 1989. 180 S. Geb. DM 38,– *[3-458-16011-6]*

Magritte, René: Die Beschaffenheit des Menschen I. Von Axel Müller. Eine Kunst-Monographie im insel taschenbuch. 1989. ca. 100 S. ca. DM 12,– (it 1202) *[3-458-32902-1]*

Salomon Maimons Lebensgeschichte. Von ihm selbst erzählt und herausgegeben von Karl Philipp Moritz. Neu herausgegeben von Zwi Batscha. 1984. 392 S. Ln. DM 48,– *[3-458-14142-1]*

Mainländer, Philipp: Philosophie der Erlösung. Ausgewählt und mit einem Nachwort versehen von Ulrich Horstmann. Originalausgabe. 1989. 157 S. DM 12,– (it 1148) *[3-458-32848-3]*

Makrobiotik oder Die Kunst, das menschliche Leben zu verlängern. Von Christoph Wilhelm Hufeland. Mit einem Brief Immanuel Kants an den Autor sowie einem Nachwort von Rolf Brück. 1984. 8. Tsd. 1988. 290 S. DM 14,– (it 770) *[3-458-32470-4]*

Malkowski, Rainer/Rolf Köhler: Die Nase. Für Kinder erzählt nach Nicolai Gogol von Rainer Malkowski. Mit Illustrationen von Rolf Köhler. 1981. 40 S. DM 8,– (it 549) *[3-458-32249-3]*

Malory, Sir Thomas: Die Geschichten von König Artus und den Rittern seiner Tafelrunde. Übertragen von Helmut Findeisen auf der Grundlage der Lachmannschen Übersetzung. Nachwort von Walter Martin. Mit Illustrationen von Aubrey Beardsley. 1977. 43. Tsd. 1988. 3 Bände. 1103 S. DM 38,– (it 239) *[3-458-31939-5]*

Manesse, Codex. Die Große Heidelberger Liederhandschrift. Faksimile des Codex Pal. Germ. 848 der Universitätsbibliothek Heidelberg. 852 Seiten im Format 25 × 35,5 cm mit 137 ganzseitigen Miniaturen. Lichtdruck bis zu zehn Farben. 750 numerierte Exemplare. Der Kommentarband wird von Wilfried Werner herausgegeben. Die Auflage ist gezeichnet.

– Die Miniaturen der Großen Heidelberger Liederhandschrift. Herausgegeben und erläutert von Ingo F. Walther unter Mitarbeit von Gisela Siebert. 1988. 39. Tsd. 1989. 281 S. Geb. DM 48,– *[3-458-14385-8]*

– Ein lîb, zwo sêle, ein munt, ein mût. Vier Bilder zum Minnesang. Aus der Manessischen Liederhandschrift im Originalformat mit Passepartout. Gedruckt in mehrfarbigem Lichtdruck. Mit einem Begleittext in mit Leinen überzogener Schmuckkassette. 1979. DM 260,– *[3-458-14904-3]*;
Vier Blätter einzeln DM 192,– *[3-458-14913-9]*
– Vier Miniaturen aus der Manessischen Liederhandschrift. Konrad von Altstetten – Dietmar von Ast – Schenk von Limburg – Heinrich von Veldecke. In Kassette DM 80,– *[3-458-14641-6]*
– siehe auch Minnesinger

Mann, Thomas: Meerfahrt mit Don Quijote. Neuauflage. 23. Tsd. 1988. 30 S. Pp. DM 14,– (IB 637) *[3-458-08637-4]*

Marivaux, Pierre Carlet de: Die Abenteuer des jungen Brideron. Eine Parodie. Übersetzt und herausgegeben von Gerda Scheffel. 1987. 318 S. DM 18,– (it 1035) *[3-458-32735-3]*
– Betrachtende Prosa. Aus dem Französischen und mit einem Nachwort herausgegeben von Gerda Scheffel. 1979. 520 S. Geb. DM 40,– *[3-458-15083-8]*
– – it 1049. 1988. 363 S. DM 16,– *[3-458-32749-5]*
– Das Spiel von Liebe und Zufall und andere Komödien. Aus dem Französischen von Gerda Scheffel. 1985. 313 S. DM 12,– (it 805) *[3-458-32505-0]*

Marx und Engels, Gespräche mit. Herausgegeben von Hans Magnus Enzensberger. 1973. 769 S. Ln. DM 48,– *[3-458-15621-6]*

Masareel, Frans: Geschichte ohne Worte. Ein Roman in Bildern. Mit einem Nachwort von Hermann Hesse. 1952. Neuauflage 1989. 72 S. DM 14,– (IB 433) *[3-458-08433-9]*

Matthews, John: Der Gral. Die Suche nach dem Ewigen. Aus dem Englischen von Christoph Groffy. 1981. 96 S. Mit 118 Abbildungen und 15 Farbtafeln. Gebunden. *[3-458-14842-6▸]*

Maupassant, Guy de: Bel-Ami. Aus dem Französischen von Josef Halperin. Mit zeitgenössischen Illustrationen. 1977. 28. Tsd. 1987. 416 S. DM 16,– (it 280) *[3-458-31980-8]*
– Das Haus Tellier und andere Erzählungen. Aus dem Französischen von Helmut Bartuschek und Karl Friese. Ausgewählt und mit einem Nachwort von Werner Berthel. Mit zeitgenössischen Illustrationen. 1977. 21. Tsd. 1988. 326 S. DM 12,– (it 248) *[3-458-31948-4]*
– Die Brüder. Novelle. Aus dem Französischen von Ernst Weiß. Mit Illustrationen von Géo Duouis. 1983. 8. Tsd. 1988. 184 S. DM 10,– (it 712) *[3-458-32412-7]*
– Pariser Abenteuer und andere Erzählungen. Aus dem Französischen von Helmut Bartuschek und Karl Friese. Ausgewählt von Werner

Berthel. Mit zeitgenössischen Illustrationen. 1975. 35. Tsd. 1987. 254 S. DM 10,– (it 106) *[3-458-31806-2]*
- Unser einsames Herz. Roman. Aus dem Französischen von Josef Halperin. Mit einem Nachwort von Dolf Oehler und mit zeitgenössischen Illustrationen. 1979. 13. Tsd. 1983. 357 S. DM 9,– (it 357) *[3-458-32057-1]*

Mautner, Franz H.: Wort und Wesen. Aufsätze zur Literatur. 1974. 240 S. Gebunden. DM 34,– *[3-458-15784-0]*

Mayne, William: siehe Bayley

Mayreder, Rosa: Tagebücher 1873–1937. Herausgegeben und eingeleitet von Harriet Anderson. Mit 20 Abbildungen. 1988. 330 S. Ln. DM 36,– *[3-458-14364-5]*

Mayröcker, Friederike/Theodor Eberle: Sinclair Sofokles, der Baby-Saurier. 1982. 24 S. DM 8,– (it 652) *[3-458-32352-X]*

McCall, Dan: Jack der Bär. Roman. Aus dem Amerikanischen von Harry Rowohlt. 1975. 208 S. Geb. DM 20,– *[3-458-15967-3]*

McCormmach, Russell: Nachtgedanken eines klassischen Physikers. Aus dem Amerikanischen von Susanne Hoppmann-Löwenthal. 1984. 222 S. Geb. DM 29,80 *[3-458-14134-0]*

Meckel, Christoph: Das bucklicht Männlein. Ein altes Lied in Bild und Schrift gesetzt und mit einer Einleitung von Christoph Meckel und mit einer Erinnerung von Walter Benjamin. 1981. 38 S. DM 12,– (IB 1011) *[3-458-19011-2]*
- Menschenrechte. Allgemeine Erklärung der Menschenrechte. Mit dreißig Radierungen. 1983. 72 S. (it 682) *[3-458-32382-1▶]*

Meier-Graefe, Julius: Cézanne. Mit farbigen Abbildungen. 1989. 102 S. DM 14,– (it 1139) *[3-458-32839-4]*
- Delacroix. Mit farbigen Abbildungen. 1989. ca. 200 S. ca. DM 12,– (it 1193) *[3-458-32893-9]* Aug. 89
- Dostojewski. Der Dichter. Mit zahlreichen Abbildungen. 1988. 508 S. DM 20,– (it 1099) *[3-458-32799-1]*
- Hans von Marées. Mit farbigen Abbildungen. 1987. Zwei Bände in Kassette. 865 S. DM 38,– (it 1046) *[4-458-32746-0]*
- Renoir. Mit einem Nachwort von Andreas Beyer. Mit zahlreichen Abbildungen. 1986. 244 S. DM 16,– (it 856) *[3-458-32556-5]*
- Vincent van Gogh. Mit zahlreichen Abbildungen. 1987. 320 S. DM 18,– (it 1015) *[3-458-32715-0]*

Meister Eckhart: Das Buch der göttlichen Tröstung. Ins Neuhochdeutsche übertragen von Josef Quint. 1987. 91 S. DM 8,– (it 1005) *[3-458-32705-3]*

Melville, Herman: Israel Potter. Seine fünfzig Jahre im Exil. Aus dem Amerikanischen von Uwe Johnson. 1980. 248 S. (it 517) *[3-458-32217-5▸]*

– Moby Dick. Übertragen von Alice und Hans Seiffert. Mit einem Nachwort von Rudolf Sühnel. Mit Holzschnitten von Rockwell Kent. 1989. 777 S. Ln. DM 36,– *[3-458-16028-0]*; Ld. DM 98,– *[3-458-16029-9]*

– – it 233. 1977. 17. Tsd. 1987. 2 Bde. 900 S. DM 20,– *[3-458-31933-6]*

Mensch auf der Brücke. Zeitgenössische Lyrik aus Japan. Herausgegeben von Eduard Klopfenstein und Cornelius Ouwehand. Unter Mitwirkung von Barbara Yamanaka-Hiller, Peter Ackermann, Christoph Langemann. 1989. 218 S. Ln. DM 32,– *[3-458-16017-5]*

Mercier, Louis Sébastien: Das Jahr 2440. Ein Traum aller Träume. Aus dem Französischen übertragen von Christian Felix Weiße. Herausgegeben, mit Erläuterungen und mit einem Nachwort versehen von Herbert Jaumann. 1989. 355 S. DM 14,– (it 1162) *[3-458-32862-9]*

– Mein Bild von Paris. Aus dem Französischen und herausgegeben von Jean Villain. Mit zeitgenössischen Kupferstichen. 1979. 10. Tsd. 1986. 448 S. DM 16,– (it 374) *[3-458-32074-1]*

Merck, Johann Heinrich: Werke, Briefe. 2 Bände. Herausgegeben von Arthur Henkel (Werke) und Herbert Kraft (Briefe). Mit einer Einleitung von Peter Berglar. 1536 S. Ln. In Kassette. *[3-458-15509-X▸]*

Mereau, Sophie: siehe Brentano / siehe Gersdorff

Merian, Maria Sibylla: Maria Sibylla Merians Neues Blumenbuch. Nachdruck der 1680 in Nürnberg erschienenen Ausgabe nach dem Exemplar der Sächsischen Landesbibliothek in Dresden. Begleittext von Helmut Deckert. 1987. Format 14 x 24 cm. Mit 36 Farbtafeln. 130 S. Ln. DM 28,– *[3-458-14343-2]*

– Maria Sibylla Merians Metamorphosis insectorum surinamensis oder Verwandlung der surinamischen Insekten. Faksimile-Ausgabe. Herausgegeben von Helmut Deckert. Aus dem Niederländischen von Gerhard Worgt. 1975. 128 S. Format 37 × 52 cm. 1500 Exemplare. Ln. DM 1120,– *[3-458-15958-4]*

Mérimée, Prosper: Carmen. Novelle. Aus dem Französischen von Franz Schnabel. 1979. 29. Tsd. 1988. 100 S. DM 10,– (it 361) *[3-458-32061-X]*

Meyer, Conrad Ferdinand: Jürg Jenatsch. Eine alte Bündner-Geschichte. Mit einem Nachwort von Reto Hänny. 1988. 355 S. DM 16,– (it 862) *[3-458-32562-X]*

Meysenbug, Malwida von: Memoiren einer Idealistin. Herausgegeben, eingeleitet und kommentiert von Renate Wiggershaus. 1985. 8. Tsd. 1988. 358 S. DM 18,– (it 824) *[3-458-32524-7]*

Michelangelo: Zeichnungen und Dichtungen. Ausgewählt und kommentiert von Harald Keller. Übertragung der Dichtungen von Rainer Maria Rilke. Mit einem Essay von Thomas Mann. 1975. 22. Tsd. 1977. 162 S. DM 14,– (it 147) *[3-458-31847-X]*

Michelet, Jules: Die Frauen der Revolution. Herausgegeben und übersetzt von Gisela Etzel. Mit zahlreichen Abbildungen. 1984. 9. Tsd. 1989. 296 S. DM 14,– (it 726) *[3-458-32426-7]*

Minder, Robert: Dichter in der Gesellschaft. Erfahrungen mit deutscher und französischer Literatur. 1966. 8. Tsd. 1983. 402 S. Ln. DM 36,– *[3-458-15281-4]*

Die Minnesinger in Bildern der Manessischen Handschrift. Mit einem Nachwort von Elisabeth Karg-Gasterstädt. Mit 24 Bildtafeln. 1986. 471. Tsd. 1987. 43 S. DM 12,– (IB 450) *[3-458-08450-9]*

Minnesinger. Mit einem Anhang in Bildern der Manessischen Handschrift. Herausgegeben von Walter Koschorreck. 1974. 61. Tsd. 1988. 119 S. DM 12,– (it 88) *[3-458-31788-0]*
– siehe auch: Manesse

Mirabeau: Der gelüftete Vorhang oder Lauras Erziehung. Roman. Aus dem Französischen von Eva Moldenhauer. Mit einem Nachwort von Norbert Miller. 1973. 35. Tsd. 1989. 224 S. DM 12,– (it 32) *[3-458-31732-5]*
– »Der Redner der Revolution«. Reden. Briefe. Schriften. Herausgegeben und übersetzt von Horst Günther. 1989. ca. 250 S. Ln. ca. DM 34,– *[3-458-16047-7]*
– Preußische Monarchie und Französische Revolution. Briefe nach Deutschland und Kapitel aus der »Preußische Monarchie« in der Übersetzung von Jakob Mauvillon. Herausgegeben von Horst Günther. 1989. 429 S. DM 16,– (it 1118) *[3-458-32818-1]*

Miró, Joan: Farbige Lithographien. 22 Bildtafeln. 1959. DM 14,– (IB 682) *[3-458-08682-X]*

Mittelalter: Geschichten aus dem Mittelalter. Herausgegeben und übersetzt von Hermann Hesse. Mit Holzschnitten. 1976. 32. Tsd. 1987. 224 S. DM 10,– (it 161) *[3-458-31861-5]*

Mörike, Eduard: Alte, unnennbare Tage ... Herausgegeben und mit einem Vorwort von Hermann Hesse. Mit einem Essay von Wolf von Niebelschütz. Zeichnungen von Eduard Mörike. 1978. 14. Tsd. 1987. 220 S. DM 12,– (it 246) *[3-458-31946-8]*

– Die Historie von der schönen Lau. Mit Illustrationen von Moritz von Schwind und einem Nachwort von Traude Dienel. 1974. 33. Tsd. 1988. 96 S. DM 8,– (it 72) *[3-458-31772-4]*
– Maler Nolten. Novelle in zwei Teilen. Erste Fassung. 1979. 12. Tsd. 1989. 480 S. DM 16,– (it 404) *[3-458-32104-7]*
– Mozart auf der Reise nach Prag. Eine Novelle. Mit einem Nachwort von Traude Dienel und Illustrationen von Hugo Steiner-Prag. 1979. 20. Tsd. 1987. 122 S. DM 9,– (it 376) *[3-458-32076-8]*

Molière: Der eingebildete Kranke. Aus dem Französischen von Johanna Walser und Martin Walser. 1987. 84 S. DM 7,– (it 1014) *[3-458-32714-2]*
– Der Menschenfeind. Aus dem Französischen von Hans Magnus Enzensberger. 1979. 31. Tsd. 1987. 140 S. DM 9,– (it 401) *[3-458-32101-2]*

Mommaers, Paul: Was ist Mystik? Aus dem Niederländischen von Franz Theunis. 1979. 200 S. Kt. DM 26,– *[3-458-15581-3]*

Mommsen, Katharina: Goethe und die arabische Welt. 1988. 670 S. Ln. DM 68,– *[3-458-14624-5]*

Montaigne, Michel de: Essays. Herausgegeben von Ralph-Rainer Wuthenow. 1976. 25. Tsd. 1988. 309 S. DM 14,– (it 220) *[3-458-31920-4]*
– Tagebuch einer Reise durch Italien, die Schweiz und Deutschland in den Jahren 1580 und 1581. Herausgegeben und aus dem Französischen übertragen von Otto Flake. Mit Anmerkungen zum Text, einem Nachwort und Register. 1988. 366 S. DM 16,– (it 1074) *[3-458-32774-6]*

Montesquieu, Charles de: Perserbriefe. Aus dem Französischen von Jürgen von Stackelberg. Mit Anmerkungen zum Text und einem Nachwort. Insel-Bibliothek. 1988. 357 S. Ln. DM 34,– *[3-458-14337-8]*; Ld. DM 80,– *[3-458-14338-8]*
– – it 458. 1988. DM 16,– *[3-458-32158-6]*

Morante, Elsa: Lüge und Zauberei. Roman. Aus dem Italienischen von Hanneliese Hinderberger. Mit einem Nachwort von Dominique Fernandez. Neuauflage 1988. 920 S. Ln. DM 38,– *[3-458-15505-8]*

Mordillo, Guillermo: Crazy Cowboy. 1972. 30. Tsd. 1978. 32 S. Pp. DM 17,80 *[3-458-15727-1]*
– – it 2004. 1983. 28. Tsd. 1988. DM 10,– *[3-458-33704-0]*
– Crazy Crazy. Das Dschungelbuch. 1974. 28. Tsd. 1978. 32 S. Pp. DM 20,– *[3-458-15747-6]*
– – SA. 1979. DM 10,– *[3-458-14954-6]*
– – it 2009. 1984. 28. Tsd. 1988. DM 10,– *[3-458-33709-1]*

– Das Giraffenbuch. Cartoons. 1973. 174. Tsd. 1986. 91 S. DM 9,– (it 37) *[3-458-31737-6]*
– Das Giraffenbuch 2. Cartoons. 1974. 140. Tsd. 1986. 94 S. DM 10,– (it 71) *[3-458-31771-6]*
– Das Piratenschiff. 1971. 46. Tsd. 1976. 28 S. Pp. DM 14,– *[3-458-15721-2]*
– Mordillos Träumereien und andere wunderliche Geschichten. 1975. 140. Tsd. 1986. 112 S. DM 8,– (it 108) *[3-458-31808-9]*

Morgenländische Erzählungen. Aus der Sammlung Palmbätter. Herausgegeben von Hermann Hesse. 1979. 11. Tsd. 1980. 266 S. DM 10,– (it 409) *[3-458-32109-8]*

Morgenstern, Christian: Alle Galgenlieder. Mit Vignetten Morgensterns. 1972. 104. Tsd. 1989. 340 S. DM 12,– (it 6) *[3-458-31706-6]*
– Palmström. 1982. 96 S. DM 6,– (it 314) *[3-458-32014-3]*
– Schnauz und Miez. Mit Bildern von Anne Heseler. 1983. 10. Tsd. 1986. 38 S. DM 10,– (it 2006) *[3-458-33706-7]*

Moritz, Karl Philipp: Werke in drei Bänden. Insel-Moritz. Herausgegeben von Horst Günther. Jeder Band enthält Anmerkungen, Nachwort sowie ein Porträt, die Titelkupfer und sämtliche Illustrationen der Erstdrucke. 1981. 2250 S. Ln. DM 98,– *[3-458-14772-1]*
– Anton Reiser. Ein psychologischer Roman. Mit einem Nachwort von Max von Brück. 1979. 40. Tsd. 1988. 440 S. DM 16,– (it 433) *[3-458-32133-0]*
– – Ln. 1984. 448 S. DM 36,– *[3-458-14210-6];*
Ld. DM 78,– *[3-458-14210-X]*
– Neues ABC-Buch, welches zugleich eine Anleitung zum Denken für Kinder enthält. Faksimile nach der Ausgabe von 1790 / Kinderlogik. Versuch einer kleinen praktischen Kinderlogik, welche auch zum Teil für Lehrer und Denker geschrieben ist. Faksimile nach der Ausgabe von 1793. Herausgegeben von Horst Günther. 1980. 2 Bde. im Schmuckschuber. DM 78,– *[3-458-14938-4]*

Morris, Ivan: Der Leuchtende Prinz. Höfisches Leben im alten Japan. Aus dem Amerikanischen von Ursula Gräfe. Mit Zeittafeln und genealogischen Tabellen. 1988. 450 S. Ln. 48,– *[3-458-14361-0]*
– Samurai oder Von der Würde des Scheiterns. Tragische Helden in der Geschichte Japans. Aus dem Amerikanischen von Ursula Gräfe und Gunther Ludwig. Mit zahlreichen Abbildungen. 1989. ca. 600 S. Ln. ca. DM 78,– *[3-458-16053-1]* Okt. 89

Morselli, Guido: Liebe einer Tochter. Roman. Aus dem Italienischen von Arianna Giachi. 1984. 300 S. Geb. DM 34,– *[3-458-14135-9]*
– Rom ohne Papst. Römische Berichte vom Ende des zwanzigsten Jahrhunderts. Aus dem Italienischen von Arianna Giachi. 1976. 3. Tsd. 1977. 208 S. Gebunden. DM 28,– *[3-458-15010-2]*

Morus, Thomas: Utopia. Mit einem Nachwort von Norbert Elias. 1989. ca. 180 S. ca. DM 10,– (it 1206) *[3-458-32906-4]* Okt. 89

Moskau. Von der Siedlung im Wald zur Kapitale einer Weltmacht. Von Heddy Pross-Weerth. 1980. 13. Tsd. 1989. 334 S. DM 16,– (it 467) *[3-458-32167-5]*

Moy, Johannes: Das Kugelspiel. Erzählungen. Mit einem Vorwort von Peter Handke. 1988. 154 S. Ln. DM 24,– *[3-458-14356-4]*

Mozart, Wolfgang Amadeus: Don Giovanni. Libretto von Lorenzo da Ponte. Zweisprachige Ausgabe. Bearbeitet von Hermann Levi mit den Zeichnungen von Max Slevogt und dem Essay von Sören Kierkegaard »Die unmittelbaren erotischen Stadien oder Das Musikalisch-Erotische«. Herausgegeben von Horst Günther. 1989. 383 S. DM 18,– (it 1009) *[3-458-32709-6]*

Mozart-Briefe. Ausgewählt, eingeleitet und kommentiert von Wolfgang Hildesheimer. Mit zeitgenössischen Porträts. 1975. 31. Tsd. 1985. 173 S. DM 8,– (it 128) *[3-458-31828-3]*

Mühlbauer, Rita: Das Eß- und Kochbuch für Kinder und eingeladen sind auch andre Leut'. Mit Geschichten, Versen und Rezepten. 1975. 40 S. Pp. DM 16,– *[3-458-15708-5]*

Mühsam, Erich/Hans Heinz Ewers: Billys Erdengang. Eine Elefantengeschichte für artige Kinder. Mit Illustrationen von Paul Haase. Neudruck der Ausgabe von 1904. 1982. 40 S. Pp. DM 32,– *[3-458-14021-2]*

Müller, Wilhelm: Die Winterreise und andere Gedichte. Herausgegeben von Hans-Rüdiger Schwab. 1986. 189 S. DM 10,– (it 901) *[3-458-32601-4]*

Müller-Staats, Dagmar: Klagen über Dienstboten. Eine Untersuchung über Dienstboten und ihre Herrschaften. Mit zahlreichen Abbildungen. 1987. 280 S. DM 16,– (it 683) *[3-458-32383-X]*

München. Ein Lesebuch. Herausgegeben von Reinhold Bauer und Ernst Piper. 1985. 16. Tsd. 1987. 350 S. DM 16,– (it 827) *[3-458-32527-1]*

Briefe des Sebastian Münster. 1526–1550. Lateinisch und deutsch. Herausgegeben und übersetzt von Karl Heinz Burmeister. 1964. 216 S. mit 5 Abbildungen. Einmalige Auflage in 500 Exemplaren. DM 98,– *[3-458-15287-3]*

Murasaki: Die Geschichte vom Prinzen Genji, wie sie geschrieben wurde um das Jahr Eintausend unserer Zeitrechnung von Murasaki, genannt Shikibu, Hofdame der Kaiserin von Japan. Nach der englischen Übertragung von Arthur Waley. Deutsch von Herberth E. Herlitschka. Zwei Bände. 1987. 1195 S. DM 28,– (it 1003) *[3-458-32703-7]*

Musäus, Johann Karl August: Rübezahl. Für die Jugend von Christian Morgenstern. Mit Illustrationen von Max Slevogt. 1974. 20. Tsd. 1986. 112 S. DM 8,– (it 73) *[3-458-31773-2]*

– Volksmärchen der Deutschen. Mit Holzschnitten von Ludwig Richter. 1988. 775 S. DM 20,– (it 1034) *[3-458-32734-7]*

Musik vor allen Dingen. Ein Insel-Buch. Ausgewählt von Angela Martini-Wonde. 1988. 336 S. Ln. DM 28,– *[3-458-14613-X]*

Mutter Gans oder Die alten Ammenreime. Mit Bildern von Kate Greenaway. Übersetzt von Elisabeth Borchers. 1973. 33. Tsd. 1979. 60 S. DM 7,– (it 28) *[3-458-31728-7]*

Liebe Mutter. Eine Sammlung von Elisabeth Borchers. Mit zahlreichen Abbildungen. 1976. 44. Tsd. 1987. 313 S. DM 10,– (it 230) *[3-458-31930-1]*

– siehe auch ›Lieber Vater‹ (it 231) *[3-458-31931-X]*
it 230/231 in Kassette. DM 16,– *[3-458-09304-4]*

Nachtfalter: siehe Das Kleine Buch der Nachtfalter

Nachtigall, Helmut/Alicia Sancha: Willi der Bücherhamster. Eine Geschichte von Helmut Nachtigall. Mit Bildern von Alicia Sancha. 1986. Geb. DM 18,80 *[3-458-14525-7]*

– – it 2029. 1990. ca. 32 S. ca. DM 10,– *[3-458-33729-6]* Jan. 90

Nachtwachen von Bonaventura. Von A. Klingemann. Herausgegeben von Jost Schillemeit. Mit einem Essay zum Autor des Buches und mit Anmerkungen versehen. Mit Illustrationen von Lovis Corinth. 1974. 20. Tsd. 1985. 250 S. DM 10,– (it 89) *[3-458-31789-9]*

Neruda, Pablo: Liebesbriefe. Zusammengestellt, eingeführt und mit Anmerkungen von Sergio Fernandez Larrain. Aus dem Spanischen von Curt Meyer-Clason. Mit Fotos und Faksimiles. 1975. 8. Tsd. 1976. 280 S. Ln. DM 34,– *[3-458-15867-7]*

Nestroy, Johann: Geschenkausgabe in 6 Bänden. Herausgegeben und mit einer Einführung von Franz H. Mautner. 1979. 11. Tsd. 1981. 1896 S. Ppbde. mit Dekorüberzug in Kass. *[3-458-14905-8▸]*

– Komödien. Herausgegeben von Franz H. Mautner. 1987. 3 Bände. 1833 S. DM 38,– (it 526) *[3-458-32226-4]*

– Nestroy-Brevier. Worte, Lieder, Szenen. Ausgewählt und mit einem Nachwort herausgegeben von Franz H. Mautner. 1981. 4. Tsd. 1984. 92 S. DM 12,– (IB 1012) *[3-458-19012-3]*

– Nestroy für Minuten. ›Das ist klassisch‹. Herausgegeben und mit einer Vorrede von Egon Friedell. Mit acht Rollenbildern. 1985. 11. Tsd. 1987. 93 S. DM 8,– (it 818) *[3-458-32518-2]*

Die Nibelungen. In der Wiedergabe von Franz Keim. Mit Jugendstil-Illustrationen von Carl Otto Czeschka. Vor- und Nachwort von H. Brackert. 1972. 48. Tsd. 1987. 72 S. DM 16,– (it 14) *[3-458-31714-7]*

Niebergall, Ernst: Datterich. Lokalposse in sechs Bildern in der Mundart der Darmstädter. Mit Lithographien von Emil Preetorius, einem Nachwort und Wort- und Sacherklärungen. 1984. 45. Tsd. 1984. 100 S. Pp. DM 14,– (IB 137) *[3-458-08137-2]*

Nietzsche, Friedrich: Also sprach Zarathustra. Ein Buch für alle und keinen. Mit einem Essay von Thomas Mann. 1976. 101. Tsd. 1989. 368 S. DM 14,– (it 145) *[3-458-31845-3]*

– – Insel-Bibliothek. 1982. 384 S. Ln. DM 32,– *[3-458-14055-7]*; Ld. DM 78,– *[3-458-14056-5]*

– Der Antichrist. Versuch einer Kritik des Christentums. 1986. 13. Tsd. 1987. 126 S. DM 8,– (it 947) *[3-458-32647-2]*

– Der Fall Wagner. Schriften und Aufzeichnungen über Richard Wagner. Herausgegeben und mit einem Nachwort von Dieter Borchmeyer. 1983. 642 S. (it 686) *[3-458-32386-4▶]*

– Die fröhliche Wissenschaft. Mit einem Nachwort von Ralph-Rainer Wuthenow. 1982. 12. Tsd. 1988. 320 S. DM 14,– (it 635) *[3-458-32335-X]*

– Die Geburt der Tragödie aus dem Geiste der Musik. Mit einem Nachwort von Peter Sloterdijk. 1987. 219 S. DM 10,– (it 1012) *[3-458-32712-6]*

– Ecce Homo. Wie man wird, was man ist. 1977. 26. Tsd. 1988. 300 S. DM 9,– (it 290) *[3-458-31990-5]*

– Götzen-Dämmerung oder Wie man mit dem Hammer philosophiert. Herausgegeben von Karl Schlechta. 1985. 9. Tsd. 1988. 123 S. DM 8,– (it 822) *[3-458-32522-0]*

– Jenseits von Gut und Böse. Mit der Streitschrift ›Zur Genealogie der Moral‹ und einem Nachwort von Ralph-Rainer Wuthenow. 1984. 11. Tsd. 1989. 386 S. DM 16,– (it 762) *[3-458-32462-3]*

– Menschliches, Allzumenschliches. Ein Buch für freie Geister. Mit einem Nachwort von Ralph-Rainer Wuthenow. 1981. 16. Tsd. 1989. 612 S. DM 18,– (it 614) *[3-458-32314-7]*

– Morgenröte. Gedanken über die moralischen Vorurteile. Mit einem Nachwort von Ralph-Rainer Wuthenow. 1983. 10. Tsd. 1989. 320 S. DM 14,– (it 678) *[3-458-32378-3]*

– Unzeitgemäße Betrachtungen. Mit einem Nachwort von Ralph-Rainer Wuthenow. 1981. 388 S. DM 10,– (it 509) *[3-458-32209-4]*

– Vom Nutzen und Nachteil der Historie für das Leben. 1990. ca. 140 S. ca. DM 12,– (it 1236) *[3-458-32936-6]* März 90
– Wie man wird, was man ist. Ermutigungen zum kritischen Denken. Herausgegeben von Ursula Michels-Wenz. 1988. 15. Tsd. 1989. 309 S. DM 14,– (it 1096) *[3-458-32796-7]*

Nievo, Ippolito: Pisana oder Die Bekenntnisse eines Achtzigjährigen. Roman. Aus dem Italienischen von Charlotte Birnbaum. 1985. 3. Tsd. 1987. 972 S. Ln. DM 48,– *[3-458-14306-8]*
– – it 880. 1985. 10. Tsd. 1987. DM 24,– *[3-458-32580-8]*

Nijinsky, Romola: Nijinsky. Der Gott des Tanzes. Biographie. Übersetzt von Hans Bütow. Mit einem Vorwort von Paul Claudel. Mit zahlreichen Photographien. 1981. 23. Tsd. 1988. 400 S. DM 18,– (it 566) *[3-458-32266-3]*

Nishitani, Keiji: Was ist Religion? Vom Verfasser autorisierte deutsche Übertragung von Dora Fischer-Barnicol. 1982. 8. Tsd. 1987. 420 S. Ln. DM 78,– *[3-458-14032-8]*
– – Sonderausgabe. 1987. DM 39,80 *[3-458-09740-6]*

Der Nister (Pinkas Kahanowitsch): Unterm Zaun. Jiddische Erzählungen. Ausgewählt und mit einem Nachwort versehen von Daniela Mantovan-Kromer. Aus dem Jiddischen übersetzt von Martina Eicheldinger, Sigrid Gaffal, Esther Kolar, Andreas Krause, Armin Schlechter. 1988. 212 S. Geb. DM 28,– *[3-458-14619-9]*

Nō-Spiele. Die geheime Überlieferung des Nō. Aufgezeichnet von Meister Seami. Aus dem Japanischen übertragen und erläutert von Oscar Benl. Neuauflage. 1986. 5. Tsd. 1986. 171 S. Ln. DM 28,– *[3-458-15290-3]*
– Vierundzwanzig Nō-Spiele. Ausgewählt und aus dem Japanischen übertragen von Peter Weber-Schäfer. Neuauflage. 1986. 6. Tsd. 1986. 222 S. Ln. DM 28,– *[3-458-15289-X]*

Norman, Friedrich Gustav: Die Thurmuhr – eine Rechenfibel für kleine Kinder. Neudruck der 1841 erschienenen ersten Auflage. Nachwort von Heiner Vogel. 1977. 70 S. Pp. DM 12,– *[3-458-15041-2]*

Nossack, Hans Erich/Arturo Heras: Der König geht ins Kino. Eine Geschichte von Hans Nossack mit Bildern von Arturo Heras. 1974. 32 S. DM 16,– *[3-458-15748-4]*
– – it 599. 1982. 48 S. DM 8,– *[3-458-32299-X]*

Nostitz, Helene von: Aus dem alten Europa. Menschen und Städte. Neue erweiterte Ausgabe. Herausgegeben von Oswalt von Nostitz. Mit einem Vorwort von Karl Krolow. 1978. 6. Tsd. 1982. 240 S. Ln. DM 32,– *[3-458-15846-4]*

Novalis: Gedichte. Die Lehrlinge zu Sais – Dialogen und Monolog. Mit einem Nachwort von Jochen Hörisch. 1989. 179 S. Ln. DM 24,– *[3-458-16024-8]*; Ld. DM 68,– *[3-458-16025-6]*
– – it 1010. 1987. 179 S. DM 10,– *[3-458-32710-X]*
– Heinrich von Ofterdingen. Herausgegeben von Jochen Hörisch. Mit zeitgenössischen Abbildungen. 1982. 14. Tsd. 1987. 244 S. DM 10,– (it 596) *[3-458-32296-5]*

Novalis. Dokumente seines Lebens und Sterbens. Herausgegeben von Hermann Hesse und Karl Isenberg. 1976. 17. Tsd. 1988. 220 S. DM 12,– (it 178) *[3-458-31878-X]*

Obelisken und ihre Geschichte in Rom. Von Ernst Batta. Mit zahlreichen farbigen Abbildungen. 1984. 206 S. DM 24,– (it 765) *[3-458-32465-8]*

Odojewski, Wladimir: Russische Nächte. Herausgegeben von Eckhard Thiele. 1990. ca. 350 S. ca. DM 16,– (it 1239) *[3-458-32939-0]* März 90

Ōgai, Mori: Gesammelte Erzählungen. Ausgewählt, aus dem Japanischen übertragen und erläutert von Wolfgang Schamoni. 1989. 228 S. Ln. DM 32,– *[3-458-16015-9]*

Okakura, Kakuzo: Das Buch vom Tee. 1979. 38. Tsd. 1989. 76 S. DM 10,– (it 412) *[3-458-32112-8]*

Neuester Orbis Pictus oder die Welt in Bildern für fromme Kinder. Nach der Ausgabe von 1838. Mit einer Vorbemerkung von Friedrich C. Heller und zwei Aufsätzen von Walter Benjamin. 1972. 24. Tsd. 1984. 70 S. DM 9,– (it 9) *[3-458-31709-0]*

Ordish, George: Geschichte eines Gartens. Vom 16. Jahrhundert bis zur Gegenwart. Aus dem Englischen von Matthias Müller. Mit Zeichnungen von Alison Claire Darke. 1989. 285 S. DM 14,– (it 1143) *[3-458-32843-2]*

Orieux, Jean: Das Leben des Voltaire. Aus dem Französischen von Julia Kirchner. 1978. 992 S. Geb. DM 48,– *[3-458-15954-1]*
– – it 874. 1985. 1030 S. DM 24,– *[3-458-32574-3]*

Ortiz, Fernando: Tabak und Zucker. Ein kubanischer Disput. Mit zahlreichen Abbildungen nach alten Stichen. Aus dem kubanischen Spanisch von Maralde Meyer-Minnemann. 1987. 160 S. Ln. DM 28,– *[3-458-14550-8]*

Ortstermine. Historische Denkspiele von Dieter Vogt. 1987. 17. Tsd. 1988. 125 S. DM 10,– (it 1021) *[3-458-32721-5]*

Neue Ortstermine. Historische Denkspiele. Von Dieter Vogt. 1990. ca. 130 S. ca. DM 10,– (it 1235) *[3-458-32935-8]* Febr. 90

Orzeszkowa, Eliza: Blumenhochzeit. Ein Märchen. Mit Zeichnungen von Rebecca Berlinger. Herausgegeben von Karl Dedecius. 1988. 83 S. P. DM 16,– (IB 1077) *[3-458-19077-5]*

Oski: Oski's Buch der klugen Kinder. Mit deutschen Versen von Maria Dessauer. Vierfarbendruck. 1976. 24 S. Pp. DM 14,– *[3-458-15829-4]*

Ovid: Liebeskunst. Mit Abbildungen nach etruskischen Wandmalereien. 1976. 24. Tsd. 1988. 128 S. DM 8,– (it 164) *[3-458-31864-X]*
– Metamorphosen. In der Übertragung von Johann Heinrich Voß. Mit den Radierungen von Pablo Picasso und einem Nachwort von Bernhard Kytzler. 1990. ca. 400 S. ca. DM 18,– (it 1237) *[3-458-32937-4]* März 90

Oz, Amos: Black Box. Roman. Aus dem Hebräischen von Ruth Achlama. 1989. 342 S. Geb. DM 38,– *[3-458-16038-8]*
– Der perfekte Frieden. Roman. Aus dem Hebräischen von Ruth Achlama. 1987. 21. Tsd. 1987. 480 S. Ln. DM 39,80 *[3-458-14549-4]*

Pahl, Johann Gottfried: Ulrich Höllriegel. Kurzweilige und lehrreiche Geschichte eines Württembergischen Magisters aus dem Jahre 1802. Herausgegeben, eingeleitet und kommentiert von Johannes Weber. 1989. 254 S. Ln. DM 36,– *[3-458-16013-2]*

Panikkar, Raimundo: Rückkehr zum Mythos. Aus dem Englischen von Bettina Bäumer. 1985. 251 S. Ln. DM 36,– *[3-458-14241-X]*

Das Papageienbuch. Tuti-Nameh. Eine Sammlung orientalischer Erzählungen. Übersetzt von Georg Rosen. 1979. 10. Tsd. 1984. 440 S. DM 12,– (it 424) *[3-458-32124-1]*

Vom Paradies. Ausgewählt von Ralf Borchers. 1987. 8. Tsd. 1988. 350 S. Ln. DM 29,80 *[3-458-14577-X]*

Paris. Deutsche Republikaner reisen. Herausgegeben von Karsten Witte. 1980. 15. Tsd. 1986. 424 S. DM 18,– (it 389) *[3-458-32089-X]*

Pariser Kochbuch: Das allerneueste Pariser Kochbuch. Neudruck der 1752 bei Amand König in Straßburg erschienenen Ausgabe. Herausgegeben von Manfred Lemmer. Mit einem Nachwort von Anneliese

Schmitt, 1 Titelkupfer und 4 Tafeln. 1981. 465 S. Pp. im Schuber. DM 78,– *[3-458-14826-4]*

Pascal, Blaise: Größe und Elend des Menschen. Aus den Pensées. Auswahl, Übersetzung und Nachwort von Wilhelm Weischedel. 1979. 14. Tsd. 1988. 120 S. DM 8,– (it 441) *[3-458-32141-1]*

– Über die Religion und über einige andere Gegenstände. Aus dem Französischen übertragen und mit einem Nachwort herausgegeben von Ewald Wasmuth. Mit einem Verzeichnis der Merksätze und Begriffe. 1987. 588 S. DM 20,– (it 1008) *[3-458-32708-8]*

Pasternak: siehe Efron

Penzoldt, Ernst: Der dankbare Patient. Mit Zeichnungen des Autors. 1990. Großdruck. ca. 160 S. ca. DM 12,– (it 2310) *[3-458-34010-6]* Jan. 90

– Die Reise ins Bücherland und andere Märchen. Erzählt und illustriert von Ernst Penzoldt. 1988. 121 S. DM 10,– (it 2026) *[3-458-33726-1]*

– Spiel mit der Schere. Scherenschnitte. Herausgegeben von Ulla Penzoldt und Jürgen Sandweg. 1988. 109 S. Pp. DM 16,– (IB 1103) *[3-458-19103-8]*

Ernst Penzoldt – Leben und Werk in Texten und Bildern. Herausgegeben von Ulla Penzoldt und Volker Michels. 1988. 252 S. DM 18,– (it 547) *[3-458-32247-7]*

Pepys, Samuel: Das geheime Tagebuch. Herausgegeben von Anselm Schlösser und übertragen von Jutta Schlösser. 1982. 12. Tsd. 1989. 720 S. DM 24,– (it 637) *[3-458-32337-6]*

Perez, Isaak Leib: Der Prozeß mit dem Wind. Jiddische Geschichten und Skizzen. Auswahl Übertragung und Nachwort von Armin Eidherr. 1987. 4. Tsd. 1988. 250 S. Geb. DM 34,– *[3-458-14584-2]*

Petrarca: Dichtungen, Briefe, Schriften. Auswahl und Einleitung von Hanns W. Eppelsheimer. 1980. 13. Tsd. 1988. 218 S. DM 12,– (it 486) *[3-458-32186-1]*

Petronius: Satiricon oder Das Gastmahl des Trimalcion. In der Übertragung von Wilhelm Heinse. Mit Illustrationen von Marcus Behmer. 1980. 11. Tsd. 1986. 291 S. DM 10,– (it 169) *[3-458-31869-0]*

– – Ln. 1983. DM 32,– *[3-458-14534-6]*; Ld. DM 78,– *[3-458-14535-4]*

Philostratos: Des älteren Philostratos erotische Briefe nebst den Hetärenbriefen des Alkiphron. Herausgegeben von Paul Hansmann. 1989. 171 S. DM 12,– (it 1165) *[3-458-32865-3]*

Edith Piaf. Die Geschichte der Piaf. Ihr Leben in Texten und Bildern. Von Monique Lange. Aus dem Französischen von Hugo Beyer. Mit einer Discographie. 1985. 14. Tsd. 1986. 230 S. DM 12,– (it 516) *[3-458-32216-3]*

Picasso, Pablo: Der Minotauros. 30 graph. Blätter. 1963. 54 S. DM 12,– (IB 789) *[3-458-08789-3]*
– Traum und Lüge Francos. Mit einem Nachwort von Werner Spies. 1969. 19 Abb. 40 S. DM 12,– (IB 880) *[3-458-08880-6]*

Picasso, Pablo/Luis des Góngora y Argote: 40 Radierungen und Aquatinten von Picasso. 20 Sonette von Góngora. Übertragen von Fritz Vogelgsang. Vorwort von John Russell. 1985. 175 S. Ln. im Schuber. Deutsche Erstausgabe in 1000 Exemplaren. DM 180,– *[3-458-14304-1]*

Picassos Guernica. Von Max Imdahl. Eine Kunstmonographie. Mit Abbildungen. 1985. 12. Tsd. 1987. 98 S. DM 12,– (it 806) *[3-458-32506-9]*

Picasso, Pablo/Paul Eluard: Le visage de la paix. Das Antlitz des Friedens. Herausgegeben und mit einem Nachwort von Sebastian Goeppert und Herma Goeppert-Frank. 1988. 75 S. Pp. DM 16,– (IB 1102) *[3-458-19102-X]*
– siehe Rojas

Pieck, Anton: siehe Steiner

Pieyre de Mandiargues, André: Schwelende Glut. Sieben Erzählungen. Aus dem Französischen von Ernst Sander. 148 S. Ln. *[3-458-15278-▸]*

Der neue Pitaval. Eine Sammlung der interessantesten Kriminalgeschichten. Herausgegeben von Julius Eduard Hitzig und Wilhelm Häring. 1986. 374 S. DM 14,– (it 819) *[3-458-32519-0]*

Pivonas, Viktoras: Das Ende der Suche nach dem verlorenen Samowar. Roman. 1976. 304 S. Gebunden. DM 32,– *[3-458-15008-0]*
– Der Himmel des Humoristen. Roman. 1984. 520 S. Geb. DM 34,– *[3-458-14177-4]*
– Verbesserung des Klimas. Roman. 1979. 308 S. Geb. DM 32,– *[3-458-14977-5]*

Platon: Das Trinkgelage oder Über den Eros. Übertragen und herausgegeben von Ute Schmidt-Berger. Mit einer Wirkungsgeschichte von Jochen Schmidt und griechischen Vasenbildern. 1985. 9. Tsd. 1989. 225 S. DM 12,– (it 681) *[3-458-32381-3]*
– Theaitet. In der Übersetzung und mit den Erläuterungen Friedrich Schleiermachers. Revision und Nachwort von Reinhart Thurow. 1979. 160 S. DM 6,– (it 289) *[3-458-31989-8]*

– Phaidon. Deutsch von Rudolf Kassner. Mit einem Nachwort von Karl Hielscher. 1979. 12. Tsd. 1987. 156 S. DM 10,– (it 379) *[3-458-32079-2]*

Plessner, Monika: Onkel Tom verbrennt seine Hütte. Die literarische Revolution der schwarzen Amerikaner. 1973. 284 S. Gebunden. DM 32,– *[3-458-15785-9]*

Poe, Edgar Allan: Das Geheimnis der Marie Rogêt und andere Erzählungen. Aus dem Amerikanischen von Werner Beyer, Felix Friedrich u.a. 1984. 10. Tsd. 1988. 288 S. DM 12,– (it 783) *[3-458-32483-6]*

– Der entwendete Brief und andere Erzählungen. Aus dem Amerikanischen von Werner Beyer u.a. Mit Holzschnitten von Fritz Eichenberg. 1990. Großdruck. ca. 120 S. ca. DM 12,– (it 2309) *[3-458-34009-2]* Jan. 90

– Der Rabe/The Raven. In der Übertragung von Hans Wollschläger. Zweisprachig. Mit dem Essay ›Die Methode der Komposition‹ von Edgar Allan Poe. Mit einem Nachwort von E. Y. Meyer. Holzschnitte von d'Aragues. 1982. 7. Tsd. 1989. 96 S. DM 12,– (IB 1006) *[3-458-19006-6]*

– Grube und Pendel und andere Erzählungen. Aus dem Amerikanischen von Günther Steinig und Elisabeth Seidel. Mit einem Nachwort von Franz Rottensteiner und Illustrationen von Harry Clarke. 1979. 50. Tsd. 1989. 297 S. DM 12,– (it 362) *[3-458-32062-8]*

Das Poesiealbum: Verse zum Auf- und Abschreiben. Mit Bildern und Vignetten. Ausgewählt und zusammengestellt von Elisabeth Borchers. 1979. 32. Tsd. 1987. 138 S. DM 8,– (it 414) *[3-458-32114-4]*

Poetische Grabschriften. Herausgegeben von Wulf Segebrecht. Mit Radierungen von Christoph Meckel. 1987. 157 S. DM 10,– (it 951) *[3-458-32651-0]*

Polnische Liebesgedichte. Ausgewählt, übertragen und mit einem Nachwort versehen von Karl Dedecius. Mit Zeichnungen von Pablo Picasso. 1980. 10. Tsd. 1988. 64 S. DM 12,– (IB 1008) *[3-458-19008-2]*

Polnische Volkskunst: Aus der Kunst des polnischen Volkes. Stücke der Sammlung Ludwig Zimmerer in Warschau. Herausgegeben von Willy Fleckhaus. 1979. 12. Tsd. 1980. 200 S. DM 10,– (it 448) *[3-458-32148-9]*

Pontoppidan, Henrik: Hans im Glück. Aus dem Dänischen von Mathilde Mann. Mit einem Nachwort von Winfried Menninghaus. 1981. 900 S. 2 Bde. DM 28,– (it 569) *[3-458-32269-8]*

Pope, Alexander: Der Lockenraub. Ein komisches Heldengedicht. Übertragen und mit einem Nachwort versehen von Rudolf Alexander Schröder. Mit Zeichnungen von Aubrey Beardsley. Neuauflage. 39. Tsd. 1988. Pp. DM 14,– (IB 879) *[3–458–08879–2]*

Potocki, Jan: Die Handschrift von Saragossa. Herausgegeben von Roger Caillois. Aus dem Französischen von Louise Eisler-Fischer, aus dem Polnischen von Maryla Reifenberg. Mit Bildern von Francisco Goya. Insel-Bibliothek. 1980. 2 Bde. 876 S. Ln. DM 88,– *[3–458–14847–7]*

– – it 139. 1975. 21. Tsd. 1989. 2 Bde. DM 32,– *[3–458–31839–9]*

Pozzi, Catherine: Agnes. Aus dem Französischen von Georg Cramer. 1989. 48 S. DM 14,– (IB 1108) *[3–458–19108–9]*

Präciosa's Orakelsprüche. In sechsunddreißig Rätselbildern. Mit einem Nachwort von Karl Riha. 1987. 64 S. DM 14,– (IB 1033) *[3–458–19033–3]*

Prag. Ein Lesebuch. Herausgegeben und mit einem Nachwort versehen von Jana Halamičková. Mit sehr vielen Fotografien und Illustrationen. 1988. 386 S. DM 18,– (it 994) *[3–458–32694–4]*

Pressmar, Emma: Indische Ringe. Mit 55 teils farbigen Abbildungen. 1982. 100 S. Geb. DM 28,– *[3–458–14031–X]*

Prévert, Jacques/Elsa Henriquez: Weihnachtsgäste. Ein Spiel zum Nachspielen. Eine Geschichte von Jacques Prévert mit Bildern von Elsa Henriquez. 1981. 64 S. DM 10,– (it 577) *[3–458–32277–9]*

– siehe Grimault

Prévost, Abbé: Manon Lescaut. Geschichte des Ritters Des Grieux und der Manon Lescaut. Mit einem Nachwort von Josef Heinzelmann. Illustrationen von Franz von Bayros. 1980. 11. Tsd. 1987. 258 S. DM 10,– (it 518) *[3–458–32218–3]*

Price, Reynolds: Siegerehrung für Verlierer. Erzählungen. Aus dem Amerikanischen von Christa Monks. 192 S. Ln. *[3–458–15157–3 ▸]*

Proust, Marcel: Bezüge und Strukturen. Studien zu »Les plaisiers et les jours«. Fünfte Publikation der Marcel Proust Gesellschaft. Herausgegeben von Luzius Keller unter Mitarbeit von André Oeschger. Übersetzung der Proust-Texte von Luzius Keller. 1987. 204 S. Geb. DM 38,– *[3–458–14610–5]*; Ld. DM 140,– *[3–458–14611–3]*

– Hommage à Marcel Proust. Frühe Zeugnisse und Erinnerungen. Sechste Publikation der Marcel Proust Gesellschaft. Übertragen von Bernd Schwibs. 1989. ca. 220 S. Brosch. ca. DM 38,– *[3–458–16063–9]* Dez. 89

– Lesen und Schreiben. Zweite Publikation der Marcel Proust Gesellschaft. Herausgegeben von Edgar Mass und Volker Roloff. 1983. 200 S. Brosch. DM 36,– *[3–458–14119–7]*; Ld. (numeriert 1–100) DM 140,– *[3–458–14122–7]*

– Motiv und Verfahren. Vierte Publikation der Marcel Proust Gesellschaft. Herausgegeben von Edgar Mass. 1986. 148 S. Brosch. *[3-458-14332-7▸]*; Ld. DM 140,– *[3-458-14326-2]*
– Werk und Lektüre. Zur Literaturästhetik von Marcel Proust. Von Volker Roloff. Dritte Publikation der Marcel Proust Gesellschaft. 1984. 280 S. Brosch. DM 36,– *[3-458-14155-3]*;
Ld. DM 140,– *[3-458-14164-2]*
– Werk und Wirkung. Erste Publikation der Marcel Proust Gesellschaft. Herausgegeben von Reiner Speck. 1982. 256 S. Brosch. *[3-458-14064-6▸]*

Proustiana. Mitteilungsblatt der Marcel Proust Gesellschaft.
I: 1984. 32 S. DM 10,– *[3-458-14126-X]*
II/III: 1985. 64 S. DM 18,– *[3-458-14305-X]*
IV/V: 1987. 67 S. DM 20,– *[3-458-14342-4]*
VI/VII: 1988. 62 S. DM 22,– *[3-458-14386-6]*

Proust, Marcel/Eugène Atget: Ein Bild von Paris. Mit zahlreichen Photographien. 1987. 208 S. DM 16,– (it 669) *[3-458-32369-4]*

Pückler-Muskau: Andeutungen über Landschaftsgärtnerei. Herausgegeben von Günter J. Vaupel. Mit zahlreichen Abbildungen. 1988. 377 S. DM 20,– (it 1024) *[3-458-32724-X]*
– Briefe eines Verstorbenen. Ein fragmentarisches Tagebuch. Herausgegeben von Günter J. Vaupel. Mit zahlreichen Abbildungen. 1989. 2 Bde. ca. 1200 S. ca. DM 38,– (it 1219) *[3-458-32919-6]* Nov. 89

Puschkin, Alexander: Gesammelte Werke in sechs Bänden. Herausgegeben von Harald Raab. Inhalt: Band 1 Gedichte, Band 2 Poeme und Märchen, Band 3 Eugen Onegin/Dramen, Band 4 Romane und Novellen, Band 5 Aufsätze und Tagebücher, Band 6 Briefe. 1973. 3000 S. Ln. DM 160,– *[3-458-15791-3]*
– Die Erzählungen des verstorbenen Iwan Petrowitsch Belkin. Pique Dame. Aus dem Russischen von Michael Pfeiffer und Gisela Drohla. 1988. 165 S. Ln. DM 24,– *[3-458-14630-X]*
– siehe Bilibin

Qian Zhongshu: Die umzingelte Festung. Ein chinesischer Gesellschaftsroman. Aus dem Chinesischen übertragen von Monika Motsch und J. Shih. Mit einem Nachwort und Erläuterungen versehen von Monika Motsch. 1988. 449 S. Ln. DM 48,– *[3-458-14359-9]*

Qin. Die klassische chinesische Griffbrettzither und ihre Musik in Geschichte, Geschichten und Gedichten. Zusammengestellt und aus dem Chinesischen übertragen von Manfred Dahmer. 1985. 118 S. DM 16,– (IB 1024) *[3-458-19024-4]*

Quevedo, Francísco de: Die Träume. Die Fortuna mit Hirn oder die Stunde aller. Herausgegeben und übersetzt von Wilhelm Muster. Mit einem Vorwort von Luis Borges. 1966. 5. Tsd. 1980. 380 S. Ln. DM 36,– *[3-458-15297-0]*

Raabe, Wilhelm: Die Chronik der Sperlingsgasse. Herausgegeben und mit Anmerkungen von Hans-Werner Peter. Mit Zeichnungen Wilhelm Raabes. 1979. 13. Tsd. 1988. 232 S. DM 10,– (it 370) *[3-458-32070-9]*

– Werke in zehn Bänden. Ausgewählt von Hans-Jürgen Schrader. 1985. 2893 S. it 881–890. DM 78,– *[3-458-09687-6]*
it 881: Stuttgarter Erzählungen. 340 S. DM 10,– *[3-458-32581-6]*
it 882: Krähenfelder Geschichten. 341 S. DM 9,– *[3-458-32582-4]*
it 883: Horacker. 182 S. DM 7,– *[3-458-32583-2]*
it 884: Pfisters Mühle. 194 S. DM 7,– *[3-458-32584-0]*
it 885: Im alten Eisen. 195 S. DM 7,– *[3-458-32585-0]*
it 886: Das Odfeld. 227 S. DM 8,– *[3-458-32586-7]*
it 887: Stopfkuchen. 227 S. 8. Tsd. 1987. DM 10,– *[3-458-32587-5]*
it 888: Die Akten des Vogelsangs. 221 S. DM 7,– *[3-458-32588-3]*
it 889: Hastenbeck. 217 S. DM 7,– *[3-458-32589-1]*
it 890: Altershausen. Mit einem Nachwort von Hans-Jürgen Schrader. 276 S. DM 8,– *[3-458-32590-5]*

Rabelais, François: Gargantua und Pantagruel. Mit Illustrationen von Gustave Doré. 1974. 28. Tsd. 1987. 2 Bde. 896 S. DM 28,– (it 77) *[3-458-31777-5]*

Die Rache des jungen Meh oder Das Wunder der zweiten Pflaumenblüte. Aus dem Chinesischen von Franz Kuhn. 1978. 11. Tsd. 1985. 272 S. DM 10,– (it 353) *[3-458-32053-9]*

Die Räuber vom Liang Schan Moor. Ein altchinesischer Roman. Übersetzung von Franz Kuhn. Mit 60 Holzschnitten. 1975. 24. Tsd. 1987. 2 Bde. 867 S. DM 28,– (it 191) *[3-458-31891-7]*

Ranke, Leopold von: Die römischen Päpste in den letzten vier Jahrhunderten. Vollständige Ausgabe in zwei Bänden. Mit einem Vorwort von Walther Peter Fuchs. 1986. 1472 S. DM 28,– (it 960)

Rationalität und Mystik. Herausgegeben von Hans Dieter Zimmermann. 1981. 382 S. Gebunden. DM 48,– *[3-458-14903-1]* *[3-458-32660-X]*

Reichert, Klaus: Alice und der große rote Löwe. Bilder von Erna de Vries. 1972. 24 S. Pp. DM 14,– *[3-458-15729-8]*

Reimarus, Hermann Samuel: Apologie oder Schutzschrift für die vernünftigen Verehrer Gottes. Herausgegeben im Auftrag der Joachim-Jungius-Gesellschaft der Wissenschaften Hamburg von Gerhard Alexander. 1972. 2 Bände. 1700 S. Ln. im Schuber. DM 120,– *[3-458-15584-8]*

Reimlexikon: Allgemeines deutsches Reimlexikon. Herausgegeben von Peregrinus Syntax. Mit einer Gebrauchsanleitung von Hans Magnus Enzensberger. 1983. 8. Tsd. 1986. 2 Bde. 830 S. DM 36,– (it 674) *[3-458-32374-0]*

Das Reisebuch des Ritters John Mandeville. Ins Neuhochdeutsche übertragen und eingeleitet von Gerhard E. Sollbach. Mit acht farbigen Bildtafeln. 1989. 269 S. DM 36,– *[3-458-16010-8]*

Reisen als schöne Kunst betrachtet. Essays von Günter Metken. Mit Photographien von Sigrid Metken. 1983. 326 S. DM 12,– (it 639) *[3-458-32339-2]*

Reisner, Erwin: Der Dämon und sein Bild. Mit einer Vorbemerkung zur Neuausgabe von Peter Orban. 1986. 328 S. Geb. Neuausgabe. DM 38,– *[3-458-14515-X]*

Renoir: siehe Meier-Graefe

Das Revolutionsspiel von 1791. Ein Beispiel für die Medienpolitik und Selbstdarstellung der Französischen Revolution. Mit einer Spielanleitung. Neu herausgegeben und erläutert von Rolf Reichhardt. Kartoniertes Spielfeld mit Beiheft von 40 S. 1989. DM 39,80 *[3-458-16014-0]*

Der Rhein. Seine poetische Geschichte in Texten und Bildern. Herausgegeben von Helmut J. Schneider. 1983. 448 S. DM 14,– (it 624) *[3-458-32324-4]*

Richter, Regina: Rilkes Landschaft. In Bildern von Regina Richter zu Gedichten von Rainer Maria Rilke. 1981. 58. Tsd. 1988. 86 S. DM 14,– (it 588) *[3-458-32288-4]*

RILKE IM INSEL VERLAG

Rilke, Rainer Maria: Sämtliche Werke. Herausgegeben vom Rilke-Archiv. In Verbindung mit Ruth Sieber-Rilke besorgt durch Ernst Zinn. Ausgabe in 6 Bänden. Band I: Erste Gedichte. Die frühen Gedichte. Die weiße Fürstin. Die Weise von Liebe und Tod des Cornets Christoph Rilke. Das Stunden-Buch. Das Buch der Bilder. Neue Gedichte. Der Neuen Gedichte anderer Teil. Requiem. Das Marien-Leben. Duineser Elegien. Die Sonette an Orpheus. Band II: Verstreute und nachgelassene Gedichte aus den Jahren 1906–1926. Gedichte in französischer Sprache. Band III: Leben und Lieder (1894). Christus-Visionen (1896). Dir zur Feier (1898). Frühwerke in ursprünglicher Gestalt. Jugendgedichte aus dem Nachlaß (bis 1905). Band IV: Frühe Erzählungen und Dramen (1893–1902). Band V: Worpswede. Rodin. Besprechungen, Aufsätze und Betrachtungen (1893–1905). Band VI: Malte Laurids Brigge, Kleine Schriften (1906–1926), ›Gedichte in Prosa‹ und Verwandtes. 1955–1966. 5060 S.
Ln. DM 480,– *[3-458-15315-3]*; Ld. DM 840,– *[3-458-15316-0]*
Einzelbände: Je Band Ln. DM 80,–, Ld. DM 140,–,
Band 1: Ln. *[3-458-15303-9]*; Ld. *[3-458-15309-8]*
1955. 17. Tsd. 1982
Band 2: Ln. *[3-458-15304-7]*; Ld. *[3-458-15310-1]*
1957. 15. Tsd. 1984
Band 3: Ln. *[3-458-15305-5]*; Ld. *[3-458-15311-X]*
1959. 14. Tsd. 1983
Band 4: Ln. *[3-458-15306-3]*; Ld. *[3-458-15312-8]*
1961. 14. Tsd. 1986
Band 5: Ln. *[3-458-15307-1]*; Ld. *[3-458-15313-6]*
1965. 13. Tsd. 1976
Band 6: Ln. *[3-458-15308-X]*; Ld. *[3-458-15314-4]* 1966

– insel taschenbuch-Ausgabe in 6 Bänden. 1987. DM 120,–
[3-458-09748-1]
Einzelbände: je Band DM 20,–
Band 1: it 1101 *[3-458-32801-7]*
Band 2: it 1102 *[3-458-32802-5]*
Band 3: it 1103 *[3-458-32803-3]*
Band 4: it 1104 *[3-458-32804-1]*
Band 5: it 1105 *[3-458-32805-X]*
Band 6: it 1106 *[3-458-32806-8]*

– Geschenkausgabe in 6 Bänden. Einleitung von Beda Allemann. Pp. mit Dekorüberzug im Schmuckschuber. 1980. 96. Tsd. 1986. 1702 S. DM 48,– *[3-458-14857-4]*

Einzelausgaben:

- Am Leben hin. Frühe Erzählungen. 1985. 140 S. DM 7,– (it 863) *[3-458-32563-8]*
- Auguste Rodin. Mit 96 Abbildungen. 1984. 21. Tsd. 1989. 246 S. DM 14,– (it 766) *[3-458-32466-6]*
- Aus dem Nachlaß des Grafen C. W. Ein Gedichtkreis. 1950. 42 S. Geb. DM 20,– *[3-458-15324-1]*
- Ausgesetzt auf den Bergen des Herzens. Gedichte aus den Jahren 1906–1926. 1975. 41. Tsd. 1986. 206 S. DM 9,– (it 98) *[3-458-31798-8]*
- Briefe. Herausgegeben vom Rilke-Archiv in Weimar in Verbindung mit Ruth Sieber-Rilke. Besorgt durch Karl Altheim. 1987. 1060 S. 3 Bde. in Kassette. DM 32,– (it 867) *[3-458-32567-0]*
- Briefe an eine junge Frau. 1930. 282. Tsd. 1988. 50 S. DM 12,– (IB 409) *[3-458-08409-6]*
- Briefe an einen jungen Dichter. 1929. 461. Tsd. 1989. 52 S. DM 12,– (IB 406) *[3-458-08406-1]*
- Die Briefe an Karl und Elisabeth von der Heydt 1905–1922. Herausgegeben von Ingeborg Schnack und Renate Scharffenberg. 1986. 459 S. Ln. DM 78,– *[3-458-14325-4]*
- Briefe an Axel Juncker. Herausgegeben von Renate Scharffenberg. 1979. 350 S. Ln. DM 44,– *[3-458-14972-4]*
- Briefe an Gräfin Sizzo 1921–1926. Herausgegeben von Ingeborg Schnack. 1950. 2. Tsd. 1977. 155 S. Ln. DM 32,– *[3-458-15029-3]*
- – it 868. 1985. 155 S. DM 10,– *[3-458-32568-9]*
- Briefe an Sidonie Nádherný von Borutin. Herausgegeben von Bernhard Blume. 1973. 400 S. Ln. DM 44,– *[3-458-15608-9]*
- Briefe an Nanny Wunderly-Volkart 1919 bis 1926. Im Auftrag der Schweizerischen Landesbibliothek unter Mitarbeit von Nikolaus Bigler, besorgt durch Rätus Luck. 1977. 2 Bde. 900 S. Ln. DM 96,– *[3-458-15982-7]*
- Briefe in einem Band. Herausgegeben vom Rilke-Archiv. In Verbindung mit Ruth Sieber-Rilke besorgt durch Karl Altheim. 2. Auflage mit revidiertem Register. Vollständige Neuausgabe der früher zweibändigen Ausgabe. 1950. 1064 S. (D). Ln. DM 78,– *[3-458-15326-8]*
- Briefe über Cezanne. Herausgegeben von Clara Rilke und mit einem Nachwort von H. W. Petzet. Bibliophile Ausgabe mit 16 farbigen Bildtafeln in limitierter Auflage. 1977. 80 S. Im Schmuckschuber. Ln. DM 98,– *[3-458-15052-8]*
- – it 672. 1983. 15. Tsd. 1986. 140 S. DM 14,– *[3-458-32372-4]*
- Briefwechsel in Gedichten mit Erika Mitterer. 1950. 64 S. Gebunden. *[3-458-15325-X▶]*

– Briefwechsel mit Lou Andreas-Salomé. Herausgegeben von Ernst Pfeiffer. 1975. 5. Tsd. 1979. 300 S. Ln. DM 42,– *[3-458-15985-1]*
– – it 1217. 1989. ca. 700 S. ca. DM 24,– *[3-458-32917-X]* Nov. 89
– Briefwechsel mit Anita Forrer 1920–1926. Herausgegeben und erläutert von Magda Kerényi. 1982. 3. Tsd. 1982. 180 S. Ln. DM 32,– *[3-458-14888-4]*
– Briefwechsel mit Hugo von Hofmannsthal. Herausgegeben und erläutert von Rudolf Hirsch und Ingeborg Schnack. Mit Faksimiles der Handschriften und einem Namensregister. 1978. 280 S. Ln. DM 34,– *[3-458-15986-X]*
– Briefwechsel mit Inga Junghanns. Herausgegeben von Wolfgang Herwig. Mit einem Nachwort des Herausgebers, ausführlichen Anmerkungen, Personenregister. 1959. 292 S. Ln. DM 32,– *[3-458-15329-2]*
– Briefwechsel mit Katharina Kippenberg. 1954. 728 S. Ln. DM 54,– *[3-458-15328-4]*
– Briefwechsel mit Helene von Nostitz. Herausgegeben von Oswalt von Nostitz. 1976. 220 S. Ln. DM 32,– *[3-458-15983-5]*
– Briefwechsel mit Marie von Thurn und Taxis. 1985. 2 Bde. 1034 S. Ln. DM 98,– *[3-458-14296-7]*
– Briefwechsel mit den Brüdern Reinhart. Herausgegeben und mit einer Einleitung versehen von Rätus Luck unter Mitarbeit von Hugo Sarbach. 1988. 650 S. Ln. DM 78,– *[3-458-14368-8]*
– Briefwechsel mit Regina Ullmann und Ellen Delp. Herausgegeben von Walter Simon. 1987. 477 S. Ln. DM 48,– *[3-458-14595-8]*
– Briefwechsel mit Stefan Zweig. Herausgegeben von Donald Prater. 1987. 250 S. Ln. DM 32,– *[3-458-14290-8]*
– Briefwechsel mit Marina Zwetajewa und Boris Pasternak. Herausgegeben von Jewgenij Pasternak, Jelena Pasternak und Konstantin M. Asadowskij. Aus dem Russischen von Heddy Pross-Weerth. 1983. 4. Tsd. 1988. 316 S. Ln. DM 44,– *[3-458-14071-9]*
– Das Buch der Bilder. 1973. 66. Tsd. 1988. 116 S. DM 8,– (it 26) *[3-458-31726-0]*
– Das Marien-Leben. 1913. 164. Tsd. 1986. 26 S. DM 10,– (IB 43) *[3-458-08043-0]*
– Das Stunden-Buch. Gedichte. 1905. 235. Tsd. 1987. 116 S. Halbln. DM 24,– *[3-458-15323-3]*
– – Mit einer Titelzeichnung von W. Tiemann. 1972. 102. Tsd. 1988. 120 S. DM 9,– (it 2) *[3-458-31702-3]*
– Das Tagebuch Goethes und Rilkes Sieben Gedichte. Erläutert von Siegfried Unseld. 1978. 46. Tsd. 1978. 218 S. DM 14,–* (IB 1000) *[3-458-19000-7]*
– Das Testament. Faksimile der Handschrift. 1974. 164 S. Ln. DM 48,– *[3-458-15899-5]*

- Der ausgewählten Gedichte erster Teil. 1927. 445. Tsd. 1986. 80 S. DM 12,– (IB 400) *[3-458-08400-2]*
- Der ausgewählten Gedichte anderer Teil. 1935. 235. Tsd. 1989. 80 S. DM 12,– (IB 480) *[3-458-08480-0]*
- Die Aufzeichnungen des Malte Laurids Brigge. 1982. 59. Tsd. 1988. 227 S. DM 12,– (it 630) *[3-458-32330-9]*
- – 1987. Neuauflage. 86. Tsd. 1987. Ln. DM 24,– *[3-458-15321-7]*
- Die Dame mit dem Einhorn. Herausgegeben und mit einem Nachwort von Egon Olessak. Mit zwölf farbigen Abbildungen. 1978. 18. Tsd. 1988. 60 S. DM 12,– (IB 1001) *[3-458-19001-5]*
- Die drei Liebenden. Die Liebe der Magdalena. Portugiesische Briefe – Die Briefe der Marianna Alcoforado – Die vierundzwanzig Sonette der Louïze Labé. 1979. 18. Tsd. 1987. 200 S. DM 9,– (it 355) *[3-458-32055-5]*
- Die Gedichte in einem Band. 1986. 50. Tsd. 1987. 1136 S. Geb. DM 25,– *[3-458-14324-6]*
- Die Letzten. Im Gespräch. Der Liebende. 1986. 11. Tsd. 1987. 76 S. DM 8,– (it 935) *[3-458-32635-9]*
- Die Sonette der Louïze Labé. Lyoneserin 1555. Aus dem Französischen übertragen von Rainer Maria Rilke. 1917. 68. Tsd. 1963. 52 S. DM 10,– (IB 222) *[3-458-08222-0]*
- Die Weise von Liebe und Tod des Cornets Christoph Rilke. 1912. 1.125. Tsd. 1986. 58 S. DM 12,– (IB 1) *[3-458-08001-5]*
- Die Weise von Liebe und Tod des Cornets Christoph Rilke. Reprint des ersten Insel-Bücherei-Bandes von 1912. 1987. 31. Tsd. 1989. 33 S. DM 10,– (IB 1) *[3-458-09418-0]*
- Duineser Elegien. 1923. 68. Tsd. 1989. 48 S. Gebunden. DM 18,– *[3-458-15322-5]*
- Duineser Elegien. Sonette an Orpheus. 1974. 68. Tsd. 1988. 89 S. DM 8,– (it 80) *[3-458-31780-5]*
- Erste Gedichte. 1988. 176 S. DM 10,– (it 1090) *[3-458-32790-8]*
- Ewald Tragy. Mit einem Nachwort von Richard von Mises. 1989. 82 S. DM 10,– (it 1142) *[3-458-32842-4]*
- Frühe Gedichte. 1985. 12. Tsd. 1986. 120 S. DM 8,– (it 878) *[3-458-32578-6]*
- Gedichte. Aus den Jahren 1902 bis 1917. Mit Illustrationen von Max Slevogt. 1983. 24. Tsd. 1989. 260 S. DM 14,– (it 701) *[3-458-32401-1]*
- Geschichten vom lieben Gott. 1904. 79. Tsd. 1970. 188 S. Gebunden. DM 24,– *[3-458-15614-3]*
- – it 43. 1973. 60. Tsd. 1987. 140 S. DM 8,– *[3-458-31743-0]*
- Lektüre für Minuten. Gedanken aus seinen Büchern und Briefen. Herausgegeben von Ursula und Volker Michels. 1988. 32. Tsd. 1989. 191 S. Pp. DM 14,– *[3-458-14377-7]*

- Neue Gedichte und Der neuen Gedichte anderer Teil. 1974. 82. Tsd. 1988. 174 S. DM 10,– (it 49) *[3-458-31749-X]*
- Poèmes français. Herausgegeben im Auftrag des Rilke-Archivs von Ernst Zinn und Karin Wais. Mit einem Nachwort von Karl Krolow. 1988. 273 S. Ln. DM 36,– *[3-458-15053-6]*
- Schweizer Vortragsreise 1919. Herausgegeben von Rätus Luck. 1986. 323 S. Ln. DM 40,– *[3-458-14516-8]*
- Späte Gedichte. 1989. ca. 250 S. ca. DM 12,– (it 1178) *[3-458-32878-7]* Dez. 89
- Tagebücher aus der Frühzeit. 1942. 3. Tsd. 1973. 400 S. Ln. DM 38,– *[3-458-15788-3]*
- Über den jungen Dichter und andere kleine Schriften aus den Jahren 1906 bis 1926 in zeitlicher Folge. 1978. 160 S. DM 6,– (it 340) *[3-458-32040-7]*
- Übertragungen. Herausgegeben von Ernst Zinn und Karin Wais. 1975. 344 S. Ln. DM 38,– *[3-458-15353-5]*
- Vom Alleinsein. Gedichte und Briefe. 1989. ca. 120 S. ca. DM 10,– (it 1216) *[3-458-32916-1]* Nov. 89
- Wladimir, der Wolkenmaler und andere Erzählungen, Skizzen und Betrachtungen aus den Jahren 1893–1904. Ausgewählt und zusammengestellt von Volker Michels. 1974. 40. Tsd. 1987. 198 S. DM 9,– (it 68) *[3-458-31768-6]*
- Worpswede. Fritz Mackensen. Otto Modersohn. Fritz Overbeck. Hans am Ende. Heinrich Vogeler. Mit zahlreichen Abbildungen und Farbtafeln im Text. 1987. 23. Tsd. 1987. 236 S. DM 18,– (it 1011) *[3-458-32711-8]*
- Zwei Prager Geschichten. Herausgegeben von Josef Mühlberger. Mit Illustrationen von Emil Orlik. 1976. 25. Tsd. 1986. 170 S. DM 8,– (it 235) *[3-458-31935-2]*

Rilke und Rußland. Briefe, Erinnerungen, Gedichte. Herausgegeben von Konstantin Asadowski. Aus dem Russischen von Ulrike Hirschberg. 1986. 660 S. Ln. DM 48,– *[3-458-15900-2]*

Chronik von Rilkes Leben und Werk. Von Ingeborg Schnack. 1975. 2 Bde. 1100 S. Ln. DM 96,– *[3-458-15354-3]*

Rilkes Leben und Werk im Bild. Von Ingeborg Schnack. Mit einem biographischen Essay von J. R. von Salis. 1956. 10. Tsd. 1966. 296 S. mit 387 Abb. Ln. DM 56,– *[3-458-15470-1]*

– – it 35. 1973. 33. Tsd. 1985. 250 S. DM 12,– *[3-458-31735-X]*

Katalog der Rilke-Sammlung Richard von Mises. Bearbeitet und herausgegeben von Paul Obermüller und Herbert Steiner unter Mitarbeit von Ernst Zinn. 1966. 432 S. Ln. Einmalige limitierte Auflage von 600 Exemplaren. *[3-458-15330-6▸]*

– siehe Andreas-Salomé
– siehe Fuerst
– siehe Richter
– siehe Stephens
– siehe Thurn und Taxis
– siehe Unseld

Rimbaud, Arthur: Gedichte. Aus dem Französischen von K. L. Ammer. Mit einer Einleitung von Stefan Zweig. 1954. 22. Tsd. 1986. 70 S. DM 12,– (IB 592) *[3-458-08592-0]*

Rinaldi, Angelo: Das letzte Fest des Empire. Roman. Aus dem Französischen von Michael Bischoff. 1984. 278 S. Geb. DM 34,– *[3-458-14137-5]*
– Les Dames de France. Roman. Aus dem Französischen von Eva Rechel-Mertens. 1979. 350 S. Ln. DM 36,– *[3-458-15094-3]*

Rizal, José: Noli me tangere. Roman. Aus dem philippinischen Spanisch von Annemarie del Cueto-Mörth. 1987. 452 S. Geb. DM 48,– *[3-458-14585-0]*

Robinson Crusoe. Das Leben und die ganz ungemeinen Begebenheiten des weltberühmten Engelländers Robinson Crusoe. Mit einer Nachbemerkung von Friedrich C. Heller. 1980. Format 23 × 16,5 cm. 24 mehrfarbige Tafeln. Ln. DM 28,– *[3-458-14863-9]*
– Siehe auch Defoe

Rojas, Fernando de/Pablo Picasso: La Celestina oder Tragikomödie von Calisto und Melibea. Aus dem Spanischen und mit einem Nachwort von Fritz Vogelgsang. Mit 66 Radierungen und Aquatinten. 1988. 483 S. Limitierte Auflage. Ln. im Schuber. DM 168,– *[3-458-14620-2]*

Roloff, Volker: Werk und Lektüre. Zur Literarästhetik von Marcel Proust. 1984. 280 S. Brosch. DM 36,– *[3-458-14155-3]*; Ld. DM 140,– *[3-458-14164-2]*

Rom. Ein Städtelesebuch. Herausgegeben von Michael Worbs. 1988. 506 S. DM 20,– (it 921). *[3-458-32621-9]*

Rom im Gedicht. Herausgegeben von Pascal Morché. 1989. 144 S. DM 10,– (it 1176) *[3-458-32876-9]*

Romantische Sagen des Mittelalters. Bearbeitet von Friedrich Schlegel. Herausgegeben von Hermann Hesse. 1986. 360 S. DM 12,– (it 930) *[3-458-32630-8]*

Roth, Gerhard/Ida Szigethy: Herr Mantel und Herr Hemd. Text von Gerhard Roth, Bilder von Ida Szigethy. 1974. 24 S. Gebunden. DM 14,– *[3-458-15741-7]*

Rousseau, Jean-Jacques: Bekenntnisse. Aus dem Französischen von Ernst Hardt. Mit einer Einführung von Werner Krauss. 1985. 918 S. DM 20,– (it 823) *[3-458-32523-9]*
– Zehn Botanische Lehrbriefe für eine Freundin. Aus dem Französischen und herausgegeben von Ruth Schneebeli-Graf. Mit Illustrationen von P. J. Redouté. 1979. 10. Tsd. 1984. 162 S. (it 366) *[3-458-32066-0▸]*

Rückert, Friedrich: Ausgewählte Werke. Herausgegeben von Annemarie Schimmel. Insel-Bibliothek. 1987. 2 Bände in Kassette. 757 S. Ln. DM 78,– *[3-458-14601-6]*; Ld. DM 148,– *[3-458-14602-4]*
– – it 1022. 1988. 2 Bde. DM 38,– *[3-458-32722-3]*

Rumohr, Karl Friedrich von: Geist der Kochkunst. Vorwort von Wolfgang Koeppen. 1978. 246 S. DM 7,– (it 326) *[3-458-32026-1]*

Runge, Philipp Otto: Scherenschnitte. Herausgegeben von Werner Hofmann. 1977. 16. Tsd. 1987. DM 14,– (IB 986) *[3-458-08986-1]*

Runge, Philipp Otto/Clemens Brentano, Briefwechsel. Herausgegeben von K. Feilchenfeld. 1974. 4. Tsd. 1979. 120 S. DM 12,– (IB 994) *[3-458-08994-2]*

Runge, Philipp Otto/Uwe Johnson: Von dem Fischer un syner Fru. Ein Märchen nach Philipp Otto Runge mit sieben kolorierten Bildern von Marcus Behmer und einem Nachwort von Beate Jahn. Mit einer Nacherzählung und einem Nachwort von Uwe Johnson. 1987. 64 S. DM 14,– (IB 1075) *[3-458-19075-9]*

Runge, Philipp Otto/Wolfgang Koeppen: Von dem Machandelboom. Ein Märchen nach Philipp Otto Runge. Mit einer Nacherzählung und einem Nachwort von Wolfgang Koeppen. Mit zwei Bildern von Anita Albus. 1987. 53 S. DM 12,– (IB 1036) *[3-458-19036-8]*

Russische Volksmärchen. Von Alexander N. Afanassew. Übertragen von Werner von Grimm. Mit farbigen Illustrationen von Ivan Bilibin. 1989. 300 S. ca. DM 16,– (it 1058) *[3-458-32758-4]* Okt. 89

Sacher-Masoch, Leopold von: Venus im Pelz. Mit einem Nachwort von Gilles Deleuze. 1980. 17. Tsd. 1989. 288 S. DM 14,– (it 469) *[3-458-32169-1]*

Sachs, Hans/Karl Arnold: Das Schlaraffenland. Bilder von Karl Arnold zu Versen von Hans Sachs. Vierfarbendruck. 1976. 8. Tsd. 1977. 32 S. Pp. *[3-458-15827-8▸]*

Sachsenspiegel. Die Heidelberger Bilderhandschrift des Sachsenspiegels. Faksimile-Ausgabe des Cod. Pal. Germ. 164 der Universitätsbibliothek Heidelberg. Einmalige Auflage von 900 Exemplaren. Format 24 × 30,5 cm. 1970. 64 Seiten. Von Hand in Halbpergament gebunden. Mit einem Kommentarband von Walter Koschorreck. 192 S. Beide Bände in überzogener Kassette. *[3-458-15690-9+];* Ganzpergament. *[3-458-15684-4+]*
- Sachsenspiegel. Heidelberger Bilderhandschrift. Text und Übersetzung von Walter Koschorreck. Neu eingeleitet von Wilfried Werner. 1989. ca. 240 S. Format 23,5 x 30 cm. Vierfarbig. Ln. im Schuber ca. DM 268,– *[3-458-16044-2]* Nov. 89
- it 218. 1976. 32. Tsd. 1986. 140 S. DM 16,– *[3-458-31918-2]*

Sade, Marquis de: Schriften aus der Revolutionszeit 1788–1795. Herausgegeben von Georg Rudolf Lindt. 1988. 224 S. DM 12,– (it 1117) *[3-458-32817-3]*

Sagen der Juden: siehe bin Gorion

Sagen der Römer. Geschichte und Geschichten aus der Frühzeit Roms. Nacherzählt von Waldemar Fietz. 1980. 13. Tsd. 1988. 452 S. DM 16,– (it 466) *[3-458-32166-7]*

Sahagún, Bernardino de: Aus der Welt der Azteken. Die Chronik des Fray Bernardino de Sahagún. Mit einem Vorwort von Juan Rulfo. Übersetzungen von Leonhard Schulze Jena, Eduard Seler und Sabine Dedenbach-Salázar. Ausgewählt und mit einem Nachwort versehen von Claus Litterscheid. 1989. ca. 320 S. Ln. ca. DM 58,– *[3-458-16042-6]* Nov. 89

Saki: Der unsägliche Bassington. Roman. Aus dem Englischen von Adelheid Dormagen. 1986. 5. Tsd. 1986. 192 S. Geb. DM 32,– *[3-458-14317-3]*

Salis, Jean R. von: Grenzüberschreitungen. Ein Lebensbericht. 1975. 480 S. Ln. DM 48,– *[3-458-15870-7]*
- Grenzüberschreitungen. Ein Lebensbericht. Zweiter Teil. 1939 bis 1978. 1978. 556 S. Ln. DM 48,– *[3-458-15844-8]*

Sancha, Alicia: siehe Nachtigall

Sand, George: Das Teufelsmoor. Aus dem Französischen von Helene und Herbert Kühn. Mit Illustrationen von Tony Johannot. 1987. 150 S. DM 9,– (it 943) *[3-458-32643-X]*

– Geschichte meines Lebens. Auswahl aus ihrem autobiographischen Werk. Herausgegeben von Renate Wiggershaus. 1978. 56. Tsd. 1987. 254 S. DM 12,– (it 313) *[3-458-32013-X]*
– Indiana. Aus dem Französischen von A. Seubert. Mit einem Essay von Annegret Stopczyk. 1983. 20. Tsd. 1988. 321 S. DM 14,– (it 711) *[3-458-32411-9]*
– Lélia. Roman. 1984. 16. Tsd. 1989. 289 S. DM 14,– (it 737) *[3-458-32437-2]*
– Lucrezia Floriani. Roman. Aus dem Französischen von Anna Wheill. 1985. 200 S. DM 10,– (it 858) *[3-458-32558-1]*

George Sand – Leben und Werk in Texten und Bildern. Von Gisela Schlientz. 1987. 407 S. DM 20,– (it 565) *[3-458-32265-5]*

Sappho: Sappho. Muse des äolischen Eresos. Neu übertragen und kommentiert von Stefanie Preiswerk-zum Stein. Mit farbigen Abbildungen. 1990. ca. 180 S. ca. DM 16,– (it 1229) *[3-458-32929-3]* Jan. 90
– Strophen und Verse. Übersetzt und herausgegeben von Joachim Schickel. 1978. 21. Tsd. 1988. 100 S. DM 10,– (it 309) *[3-458-32009-1]*

Sarnelli, Pompeo: Die fünf Märchen vom Gastmahl in Neapel. Übersetzt, herausgegeben und mit einem Nachwort versehen von Johannes Pögl. Mit einem Vorwort von Felix Karlinger. 1988. 197 S. Ln. DM 24,– *[3-458-14357-2]*

Satta, Salvatore: Der Tag des Gerichts. Roman. Aus dem Italienischen von Joachim A. Frank. 1980. 4. Tsd. 1983. 303 S. Gebunden. DM 34,– *[3-458-14840-X]*

Savinio, Alberto: Neue Enzyklopädie. Aus dem Italienischen von Christine Wolter. 1983. 356 S. Gebunden. DM 38,– *[3-458-14089-1]*

Say, Allen: Dr. Schmidts Safari. Aus dem Amerikanischen von Jörg Drews. 1974. 32 S. DM 12,– *[3-458-15743-3]*

Vom Schachspiel. Eine Sammlung denkwürdiger Partien. Von Roswin Finkenzeller. 1988. 126 S. DM 12,– (it 1088) *[3-458-32788-6]*

Schadewaldt, Wolfgang: Homer, Ilias. Mit 12 Bildtafeln. 1975. 3. Tsd. 1977. Neuauflage 1988. 481 S. Ln. DM 48,– *[3-458-15875-8]*
– – it 153. 1975. 46. Tsd. 1988. 480 S. DM 16,– *[3-458-31853-4]*
– Sternsagen. Mit Illustrationen aus dem achtzehnten Jahrhundert. 1976. 25. Tsd. 1989. 191 S. DM 12,– (it 234) *[3-458-31934-4]*

Der Scharfrichter. Das Tagebuch des Charles-Henri Sanson aus der Zeit des Schreckens 1793–1794. Übersetzt und herausgegeben von Albert Gier und Chris E. Paschold. 1989. 280 S. Ln. DM 34,– *[3-458-16048-5]* Okt. 89

Die Schauspielerin. Zur Kulturgeschichte der weiblichen Bühnenkunst. Herausgegeben von Renate Möhrmann. 1989. 382 S. Ln. DM 48,– *[3-458-16008-6]*

Schicksalsbuch: Das Heidelberger Schicksalsbuch. Codex Palatinus Germanicus 832 der Universitätsbibliothek Heidelberg aus dem 15. Jahrhundert. Faksimile mit 408 farbigen Miniaturen. Weltauflage in 750 numerierten Exemplaren, davon 50 Vorzugsausgaben in Pergamenteinband, römisch numeriert. Mit Kommentarband. Herausgegeben und kommentiert von Bernhard D. Haage. 1981.
Lederausgabe DM 2400,– *[3-458-14822-1]*;
Vorzugsausgabe DM 4800,– *[3-458-14824-8]*
– Dokumentations-Mappe. 1981. DM 40,– *[3-458-14845-0]*

Schiller, Friedrich von: Der Geisterseher. Erzählungen, mit einer Einleitung von Emil Staiger und Erläuterungen zu den Erzählungen von Manfred Hoppe. 1976. 14. Tsd. 1989. 246 S. DM 12,– (it 212) *[3-458-31912-3]*
– Die Räuber. Bibliothek deutscher Erst- und Frühausgaben in originalgetreuen Wiedergaben. Herausgegeben von Bernhard Zeller. 1980. 236 S. Ld. DM 98,– *[3-458-14928-7]*
– Wallenstein. Ein dramatisches Gedicht. Herausgegeben von Herbert Kraft. Mit einem Nachwort von Oskar Seidlin. 1984. 8. Tsd. 1988. 325 S. DM 10,– (it 752) *[3-458-32452-6]*

Schiller – Goethe: Briefwechsel. Neu herausgegeben und mit einer Einleitung versehen von Emil Staiger. 1966. 1076 S. Ln. DM 64,– *[3-458-15344-6]*
– – it 250. 1977. 13. Tsd. 1987. Mit Illustrationen. 2 Bde. 1085 S. DM 28,– *[3-458-31950-6]*

Schiller – Leben und Werk in Daten und Bildern. Ausgewählt und erläutert von Bernhard Zeller und Walter Scheffler. 1977. 12. Tsd. 1987. 276 S. DM 14,– (it 226) *[3-458-31926-3]*

Schiller, Friedrich/Ludwig Ferdinand Huber: Avanturen des neuen Telemachs. Eine Geschichte in Bildern. Texte von Ludwig Ferdinand Huber. Mit einem Nachwort herausgegeben von Karl Riha. 1987. 60 S. DM 10,– (it 941) *[3-458-32641-3]*

Schivelbusch, Wolfgang: siehe Hessen-Bibliothek

Schläft ein Lied in allen Dingen. Das Gedicht als Spiegel des Dichters. Poetische Manifeste von Walther von der Vogelweide bis zur Gegenwart. Herausgegeben von Walter Hinck. 1985. 248 S. Ln.DM 32,– *[3-458-14281-9]*

Schlaffer, Hannelore: Die Scherenschnitte der Luise Duttenhofer. 1986. 99 S. DM 14,– (IB 1026) *[3-458-19026-0]*

Schlegel, Friedrich: Lucinde. Ein Roman. Mit Radierungen von M.E. Philipp und einem Nachwort von Wolfgang Paulsen. 1985. 172 S. DM 9,– (it 817) *[3-458-32517-4]*
– Romantische Sagen des Mittelalters. 1986. 330 S. DM 12,– (it 930) *[3-458-32630-8]*
– Theorie der Weiblichkeit. Herausgegeben und mit einem Nachwort von Winfried Menninghaus. 1983. 226 S. DM 10,– (it 679) *[3-458-32379-1]*

Schlemmer, Oskar: Die Fensterbilder. Herausgegeben und mit einer Einleitung versehen von Reinhold Hohl. 20 Farbtafeln und 19 Vorstudien. 1988. 126 S. Pp. DM 18,– (IB 1104) *[3-458-19104-6]*

Schlote, Wilhelm: Briefe an Sarah. Text von Elisabeth Borchers. Vierfarbendruck. 1977. 11. Tsd. 1980. 32 S. Pp. DM 16,– *[3-458-15067-6]*
– – it 568. 1981. DM 8,– *[3-458-32268-X]*
– Das Elefantenbuch. Bildergeschichten. 1974. 35. Tsd. 1984. 80 S. DM 8,– (it 78) *[3-458-31778-3]*
– Der Hund und sein Herr. 33 Kurzgeschichten in Bildern. Mit einem Nachwort von Wolfgang Nagel. 1979. 44 S. Kt. DM 36,– *[3-458-14958-9]*
– Die Zeichenstunde. Text von Elisabeth Borchers. Vierfarbendruck. 1977. 32 S. Pp. DM 20,– *[3-458-15039-0]*
– Heute wünsch ich mir ein Nilpferd. Text von Elisabeth Borchers. 1982. 24 S. DM 7,– (it 629) *[3-458-32329-5]*
– In Sarahs Schreibheft ist der Teufel los. Vierfarbendruck. 1982. 11. Tsd. 1985. 32 S. Pp. DM 20,– *[3-458-14050-9]*
– Paul und Sarah oder wenn zwei sich was wünschen. Text von Elisabeth Borchers. 1979. 32 S. Ppe. DM 18,– *[3-458-15848-0]*
– Sarah's Bleistift. Geschichte und Bilder von Wilhelm Schlote. 1987. 32 S. Pp. DM 18,– *[3-458-14606-7]*
– Wilhelm Adolf. Eine deutsche Nachkriegsgeschichte oder einfach: Jahrgang '46. Erzählt und gezeichnet von Wilhelm Schlote. 1987. DM 10,– (it 1016) *[3-458-32716-9]*

Das kleine Schmetterlingsbuch. Mit kolorierten Stichen von Jacob Hübner und einem Geleitwort von Friedrich Schnack. Neuauflage. 1984. 262. Tsd. der Gesamtauflage 1985. 50 S. DM 14,– (IB 213) *[3-458-08213-1]*

Schmögner, Walter – Luxusausgabe mit signierter Radierung (numeriert). Vierfarbendruck. 1973. 64 S. Format 30 × 30 cm *[3-458-15759-X▶]*
Normale Ausgabe. 1973. DM 50,– *[3-458-15787-5]*
– Das Drachenbuch. Bilder und Texte von Walter Schmögner. Im Vierfarbendruck. 1969. 33. Tsd. 1982. 72 S. DM 18,– *[3-458-15700-X]*

– – it 10. 1972. 115. Tsd. 1987. DM 9,– *[3-458-31710-4]*
– Das neue Drachenbuch. Text und Bilder von Walter Schmögner. 1981. 10. Tsd. 1981. 24 S. Vierfarbendruck. Pp. DM 18,– *[3-458-14762-4]*
– – it 2013. 1983. DM 10,– *[3-458-33713-X]*
– Das Etikettenbuch für Kinder. 1972. 20 S. Pp. DM 14,– *[3-458-15724-7]*
– Das Guten Tag Buch. Geschichte und Bilder von Walter Schmögner. 1974. 6. Tsd. 1977. 32 S. Ln. DM 18,– *[3-458-15746-8]*
– – it 496. 1980. DM 8,– *[3-458-32196-9]*
– Das unendliche Buch. Vierfarbendruck. 1973. 38. Tsd. 1983. 68 S. DM 8,– (it 40) *[3-458-31740-6]*
– Der Traum vom Rückenwind. Geschichten und Bilder. 23 Farbfotografien. 1980. 64 S. Pp. DM 40,– *[3-458-14939-2]*
– Die Stadt. Ein Märchen von Hermann Hesse. Ins Bild gebracht von Walter Schmögner. 1977. 53. Tsd. 1982. 68 S. DM 10,– (it 236) *[3-458-31936-0]*
– Ploppwu-u-umwhaaasch. Sechsfarbendruck. Broschur. 1970. 24 S. DM 20,– *[3-458-15703-4]*
– Traumbuch für Kinder. Texte von Friedrich C. Heller. Mit 16 Farbtafeln. 1977. SA. Kt. DM 8,80 *[3-458-15042-0]*
– – it 2014. 30 S. DM 7,– *[3-458-33714-8]*
– Zeit zum Aufbrechen. Bilder, Zeichnungen und Skulpturen 1973–1978. Herausgegeben von Claus J. Carlé. Gestaltet von Walter Schmögner. 1978. 143 Abb. 180 S. Vorzugsausgabe in Leinen mit einer Originalradierung. 150 numerierte und signierte Exemplare. 1978. *[3-458-14994-5 +]*

Schmögner, Walter/Robert Walser: Das Ende der Welt. Eine Geschichte von Robert Walser, ins Bild gesetzt von Walter Schmögner. Vierfarbendruck. 1980. 18 Blätter Leporello im Schuber. DM 16,– *[3-458-14858-2]*

Schmölders, Claudia: siehe Die Briefe von Liselotte von der Pfalz bis Rosa Luxemburg – Das Märchenbuch – Einladung zum Essen – Mit Goethe durch den Garten

Schnabel, Johann Gottfried: Die Insel Felsenburg. Mit einem Nachwort von Hans Mayer. 1988. 494 S. DM 18,– (it 953) *[3-458-32653-7]*

Schnack, Friedrich: Klick aus dem Spielzeugladen. Roman für das große und das kleine Volk. Mit farbigen Illustrationen von Rolf Köhler. 193 S. DM 12,– (it 2022) *[3-458-33722-9]*

Schneider, Axel: siehe Hessen-Bibliothek

Schneider, Reinhold: Gesammelte Werke in zehn Bänden. Hrsg. im Auftrag der Reinhold Schneider-Gesellschaft von Edwin Maria Landau. 1982. Ln. DM 480,– *[3-458-14022-4]*

Bd. 1: Camoes/Philipp II. Redaktion und Nachwort von Pirmin Meier. 1977. 3. Tsd. 1982. 400 S. Ln. DM 48,– *[3-458-15073-0]*

Bd. 2: Das Inselreich. Gesetz und Größe der britischen Macht. Herausgegeben von Peter Berglar. 1979. 430 S. Ln. DM 48,– *[3-458-15074-9]*

Bd. 3: Der große Verzicht. Erzählungen. Das Drama. Auswahl und Nachwort von Edwin Maria Landau. 1979. 2,5. Tsd. 1984. 400 S. Ln. DM 48,– *[3-458-15075-7]*

Bd. 4: Zeugen im Feuer. Erzählungen. 1979. 400 S. Ln. DM 48,– *[3-458-15076-5]*

Bd. 5: Lyrik. Auswahl und Nachwort von Christoph Perels. 1981. 444 S. Ln. DM 48,– *[3-458-15077-3]*

Bd. 6: Dem lebendigen Geist. Auswahl und Nachwort von Carsten Peter Thiede. 1980. 440 S. Ln. DM 48,– *[3-458-15078-1]*

Bd. 7: Geschichte und Landschaft. Auswahl und Nachwort von Hans Dieter Zimmermann. 1980. 464 S. Ln. DM 48,– *[3-458-15079-X]*

Bd. 8: Schwert und Friede. Essays. Auswahl und Nachwort von Rita Meile. 1977. 400 S. Ln. DM 48,– *[3-458-15080-3]*

Bd. 9: Das Unzerstörbare. Religiöse Schriften. Nachwort von Peter Meinhold. 1978. 400 S. Ln. DM 48,– *[3-458-15081-1]*

Bd. 10: Die Zeit in uns. Verhüllter Tag. Winter in Wien. Anmerkungen und Nachwort von Josef Rast. 1978. 3. Tsd. 1984. 400 S. Ln. DM 48,– *[3-458-15082-X]*

– Lektüre für Minuten. Gedanken aus seinen Büchern und Briefen. Auswahl und Nachwort von Pirmin Meier. 1980. 15. Tsd. 1980. 208 S. Gebunden. DM 12,– *[3-458-14918-X]*

– Tagebuch 1930–1935. Auswahl und Nachwort von Josef Rast. 1983. 700 S. Ln. DM 64,– *[3-458-14121-9]*

Reinhold Schneider – Leben und Werk im Bild. Von Edwin Maria Landau, Maria von Look und Bruno Stephan Scherer. 1977. 13. Tsd. 1989. 300 S. DM 16,– (it 318) *[3-458-32018-0]*

Schoenbaum, S.: William Shakespeare. Eine Dokumentation. Aus dem Englischen von Friedrich Polakovics. 1981. 480 S. Ln. *[3-458-14787-X▶]*

Scholem-Alejchem: Eine Hochzeit ohne Musikanten. 1961. 160 S. (IB 624) *[3-458-08624-2▶]*

Scholem, Gershom: Die Geheimnisse der Schöpfung. Ein Kapitel aus dem kabbalistischen Buche Sohar. Übertragung und Einleitung von Gershom Scholem. 1971. 4. Tsd. 1979. DM 10,– (IB 949) *[3-458-08949-7]*

Schopenhauer, Arthur: Sämtliche Werke. 5 Bände. Textkritisch bearbeitet von Wolfgang Freiherr von Löhneysen. Inhalt: Band I und II: Die Welt als Wille und Vorstellung. Band III: Kleinere Schriften. Band IV: Parerga und Paralipomena I. Band V: Parerga und Paralipomena II, Nachwort, Personen- und Sachregister zur Gesamtausgabe. (Gemeinschaftsausgabe Cotta-Insel) Ln. DM 280,– *[3-458-09581-0]*; Ld. DM 750,– *[3-458-09580-2]*, je Band Ln. DM 64,–, Ld. DM 160,–

Bd. I/II Ln. DM 128,– *[3-458-09579-9]*; Ld. DM 320,– *[3-458-09587-X]*
1960. 7. Tsd. 1988. Bd. I/II nur zusammen.
Bd. III Ln. *[3-458-09584-5]*; Ld. *[3-458-09590-X]*
1962. 6. Tsd. 1988.
Bd. IV Ln. *[3-458-09585-3]*; Ld. *[3-458-09591-8]*
1965. 6. Tsd. 1988.
Bd. V Ln. *[3-458-09586-1]*; Ld. *[3-458-09592-6]*
1976. 6. Tsd. 1988.

– Aphorismen zur Lebensweisheit. Vollständige Ausgabe mit Erläuterungen und Übersetzungen der fremdsprachigen Zitate. 1965. 272 S. DM 14,– (it 223) *[3-458-31923-9]*
– Die Welt als Wille und Vorstellung. Faksimiledruck der ersten Auflage von 1819. Mit einem Essay von Rudolf Malter. 1987. 740 S. Limitierte Auflage 1000 Exemplare. Interimsbroschur mit Beiheft im Schuber. DM 98,– *[3-458-14345-9]*; Vorzugsausgabe Hldr. mit Beiheft im Schuber. DM 198,– *[3-458-14592-3]*
– Kleines Schopenhauer-Brevier. Gedanken aus dem Handschriftlichen Nachlaß. Auswahl und Nachwort von Rudolf Malter. 1987. 17. Tsd. 1988. 285 S. Pp. DM 14,– *[3-458-14594-X]*
– Kopfverderber. Über die Universitätsphilosophie und ihre Professoren. Herausgegeben von Otto A. Böhmer. 1982. 8. Tsd. 1988. 128 S. DM 9,– (it 661) *[3-458-32361-9]*
– Kritzeleien. Herausgegeben von Alfred Estermann und Karl Riha. 1987. 136 S. mit 57 Abbildungen. Ln. im Schuber. Limitierte Auflage 1000 Exemplare. DM 120,– *[3-458-14593-1]*
– Philosophie in Briefen. Herausgegeben und kommentiert von Angelika Hübscher und Michael Fleiter. 1989. ca. 340 S. Ln. ca. DM 40,– *[3-458-16043-3]* Okt. 89

Arthur Schopenhauer. Ein Lebensbild in Briefen. Zusammengestellt und herausgegeben von Angelika Hübscher. 1987. 437 S. Ln. DM 44,– *[3-458-14591-5]*

Schubert, Franz: Goethe-Lieder. Für eine Singstimme mit Klavierbegleitung. Mit einem Nachwort von Peter Horst Neumann. Die Umschreibung in Tonarten für mittlere Stimme ist von Max Friedländer.

Das Nachwort erscheint erstmals in dieser Ausgabe. 1987. 41. Tsd. 1987. 81 S. DM 14,– (IB 284) *[3-458-08284-0]*

Schulz, Friedrich: Geschichte der großen Revolution in Frankreich. Herausgegeben und mit einem Nachwort versehen von Gerhard Kozielek. Mit zeitgenössischen Abbildungen. 1989. 353 S. DM 16,– (it 1116) *[3-458-32816-5]*

Schumann, Robert: Liederkreis. Zwölf Gesänge von Joseph von Eichendorff. Für eine Singstimme mit Begleitung des Pianoforte op. 39. Mit einem Nachwort von Theodor W. Adorno. 1960. 13. Tsd. 1988. DM 14,– (IB 710) *[3-458-08710-9]*

Schwab, Gustav: Sagen des klassischen Altertums. Mit Zeichnungen von John Flaxman und einem Nachwort von Manfred Lemmer. 1975. 54. Tsd. 1988. 1020 S. 3 Bde. in Kassette zus. DM 30,– (it 127) *[3-458-31827-5]*

Schwanenmärchen. Ausgewählt und mit einem Nachwort versehen von Klaus Bertisch. Mit Frontispiz und Vignetten von Walter Crane. 1987. 148 S. DM 16,– (IB 1038) *[3-458-19038-4]*

Das schwarze Gebetbuch. Codex 1856 der Österreichischen Nationalbibliothek in Wien. Vollfaksimile. 1982. 304 S. Lichtdruck in 13 Farben, 124 Miniaturen. Format 18,2 × 25,5 cm. Mit Kommentarband in Leinenkassette. Limitierte Weltauflage in 850 Exemplaren, Ausgabe in Maroquinleder. *[3-458-14012-3]*; Ausgabe in Veloursleder: DM 4.900,– *[3-458-14011-5]*;
Ungebundene Bibliotheksausgabe in 350 Exemplaren mit Kommentarband in Kassette: DM 3.450,– *[3-458-14063-8]*

Schweizer, Thomas: Ich bin das Nilpferd. Und wer bist du? Die hier eingesetzten Handschriften wurden von der Kalligraphin Christine Hartmann geschrieben. 1986. Geb. DM 18,80 *[3-458-14526-5]*

Schwestern berühmter Männer. Zwölf biographische Portraits. Herausgegeben von Luise F. Pusch. 1986. 38. Tsd. 1988. 558 S. DM 18,– (it 796) *[3-458-32496-8]*
– siehe Töchter berühmter Männer

Scott, Walter: Im Auftrag des Königs. Die gefährlichen Abenteuer des Quentin Durward. Mit einem Nachwort von Traude Dienel und Illustrationen. 1976. 17. Tsd. 1986. 610 S. DM 18,– (it 188) *[3-458-31888-3]*
– Ivanhoe. Roman. Deutsch von L. Tafel. Textrevision und Nachwort von Paul Ernst. 1984. 9. Tsd. 1985. 618 S. DM 18,– (it 751) *[3-458-32451-8]*

Sealsfield, Charles: Das Kajütenbuch oder Nationale Charakteristiken. Herausgegeben von Alexander Ritter. 1989. 460 S. DM 18,– (it 1163) *[3-458-32863-7]*

Seeliger, Ewald Gerhard: Handbuch des Schwindels. Mit einem Vorwort von Jürgen Lodemann und einem Nachwort von Max Heigl. 1986. 312 S. DM 12,– (it 919) *[3-458-32619-7]*

Segalen, Victor: Die Unvordenklichen. Roman. Aus dem Französischen übertragen von Erika Tophoven-Schöningh. 1986. 312 S. Geb. DM 42,– *[3-458-14508-7]*

Sei Shonagon: Das Kopfkissenbuch der Dame. Auswahl und Nachwort von Helmut Bode. Illustrationen von J. Schaarschmidt-Richter. 1975. 14. Tsd. 1986. 116 S. DM 14,– (IB 998) *[3-458-08998-5]*

Seidel, Heinrich: Leberecht Hühnchen. Prosa-Idyllen. 1984. 9. Tsd. 1988. 300 S. DM 14,– (it 786) *[3-458-32486-0]*

Seidlein, Cornelia von: Kinderlieder aus aller Welt. Bilder zu 15 alten Kinderliedern. Durchsicht der Liedertexte von Konrad Balder Schäufelen. Mit einem Nachwort von Siegfried Unseld. Vierfarbendruck. 1978. 40 S. Pp. DM 12,– *[3-458-15978-9]*

Semprun, Jorge: Yves Montand: Das Leben geht weiter. Aus dem Französischen von Uli Aumüller. 1984. 6. Tsd. 1984. 360 S. Geb. DM 38,– *[3-458-14144-8]*

Senancour, Etienne Pivert de: Oberman. Roman in Briefen. Aus dem Französischen und mit einem Nachwort von Jürg Peter Walser. 1982. 412 S. Ln. DM 38,– *[3-458-14007-7]*

Seneca: Von der Seelenruhe. Philosophische Schriften und Briefe. Aus dem Lateinischen übertragen und herausgegeben von Heinz Berthold. 1984. 12. Tsd. 1987. 430 S. DM 16,– (it 743) *[3-458-32443-7]*

Sert, Misia: Pariser Erinnerungen. Aus dem Französischen von Hedwig Andertann. Mit einem Bildteil. 1989. 311 S. DM 18,– (it 1180) *[3-458-32880-7]*

Sévigné, Madame de: Briefe. Herausgegeben und übersetzt von Theodora von der Mühll. Mit zeitgenössischen Kupferstichen. 1979. 13. Tsd. 1986. 448 S. DM 16,– (it 395) *[3-458-32095-4]*

Shakespeare, William: Die großen Dramen, Tragödien, Historien und Komödien in zehn Bänden. Ausgewählt, nach den Erstdrucken neu übersetzt und erläutert von Rudolf Schaller. Geschenkausgabe mit Dekorüberzug. 1981. 2744 S. Ppe. DM 98,– *[3-458-14771-3]*

– Die Sonette des William Shakespeare. Englisch und Deutsch. Nachgedichtet von Karl Bernhard. Zweisprachige Ausgabe. 1989. 325 S. Ln. DM 38,– *[3-458-16006-X]*; Ldr. DM 98,– *[3-458-16019-1]*

– Hamlet. Prinz von Dänemark. Aus dem Englischen von A. W. von Schlegel. Herausgegeben und mit einem Essay von Norbert Kohl. Illustrationen von Eugène Delacroix. 1980. 11. Tsd. 1987. 270 S. DM 10,– (it 364) *[3-458-32064-4]*
– Richard III. Aus dem Englischen von Thomas Brasch. 1988. 173 S. DM 12,– (it 1109) *[3-458-32809-2]*
– Was ihr wollt. Aus dem Englischen von Thomas Brasch. 1989. ca. 120 S. ca. DM 9,– (it 1205) *[3-458-32905-6]* Okt. 89

Sharkey, John: Die keltische Welt. Religion und Gesellschaft. Mit 117 Abbildungen und 24 Farbtafeln. Aus dem Englischen von Friederun Meyer-Jürshof. 1982. 96 S. Geb. *[3-458-14024-7▶]*

Shaw-Brevier. Herausgegeben zum 25. Todestag des Dichters von Ursula Michels. 1976. 16. Tsd. 1977. 248 S. (it 159) *[3-458-31859-3▶]*

Shelley, Mary: Frankenstein oder Der moderne Prometheus. Aus dem Englischen von Karl Bruno Leder und Gerd Leetz. Mit einem Essay und einer Bibliographie von Norbert Kohl. 1988. 373 S. DM 16,– (it 1030) *[3-458-32730-4]*

Shen Congwen: Erzählungen aus China. Aus dem Chinesischen übersetzt und mit einem Nachwort von Ursula Richter. 1985. 278 S. Geb. DM 34,– *[3-458-14245-2]*

Die sieben Gärten der Liebe. Eine Sammlung alter indischer Geschichten von Treue und Leidenschaft, von Begehren und Verrat, von Zauber, Trug und Weiberlist, von Tugend und törichtem Wahn. Herausgegeben von Roland Beer. Mit fünfundzwanzig Reproduktionen nach indischen Miniaturen. 1987. 506 S. DM 34,80 *[3-458-14609-1]*

Das Silhouetten-Kabinett. Scherenschnitte und Schattenbilder aus zwei Jahrhunderten. Herausgegeben von Wilfried F. Schoeller. 1985. 4. Tsd. 1987. 160 S. DM 16,– (IB 1022) *[3-458-19022-6]*

Sincerius, Alexius: Der wolbestehende Becker. Herausgegeben von Manfred Lemmer. Mit einem Nachwort von Eva Beck. Faksimile der Nürnberger Ausgabe von 1713. 1982. 510 S. Pp. im Schuber. DM 78,– *[3-458-14020-4]*

Sindbad der Seefahrer und andere Geschichten aus 1001 Nacht. Aus dem Arabischen von Enno Littmann. Mit Illustrationen von Gustave Doré u. a. 1974. 20. Tsd. 1987. 280 S. DM 10,– (it 90) *[3-458-31790-2]*

Sinnsprüche Omars des Zeltmachers. Aus dem Persischen von Friedrich Rosen. 1929. 58. Tsd. 1983. 52 S. DM 12,– (IB 407) *[3-458-08407-X]*

Skaldensagas. Aus dem Altisländischen, eingeleitet und erläutert von Franz Seewald. 1981. 250 S. DM 8,– (it 576) *[3-458-32276-0]*

Sologub, Fjodor: Der kleine Dämon. Aus dem Russischen von Reinhold von Walter. 1989. ca. 300 S. Geb. ca. DM 36,– *[3-458-16039-6]* Okt. 89

Das Sommerbuch. Gedichte und Prosa. Herausgegeben von Hans Bender. 1985. 51. Tsd. 1988. 230 S. DM 10,– (it 847) *[3-458-32547-6]*
– siehe Jahreszeiten

Sophokles: Antigone. Herausgegeben und übertragen von Wolfgang Schadewaldt. Mit Illustrationen. 1974. 34. Tsd. 1987. 160 S. DM 9,– (it 70) *[3-458-31770-8]*
– Antigone. Übersetzt von Hölderlin. Bearbeitet von Martin Walser und Edgar Selge. 1989. 7. Tsd. 1989. 70 S. DM 8,– (it 1248) *[3-458-32948-X]*
– König Ödipus. Übertragen und herausgegeben von Wolfgang Schadewaldt. Mit einem Nachwort, drei Aufsätzen, Wirkungsgeschichte und Literaturnachweisen. 1973. 41. Tsd. 1988. 142 S. DM 8,– (it 15) *[3-458-31715-5]*

Sorescu, Marian: Noah, ich will dir was sagen. Gedichte. Aus dem Rumänischen von Oscar Pastior. 1975. 82 S. Pp. DM 24,– *[3-458-15964-9]*

Spence, Jonathan D.: Ich, Kaiser von China. Ein Selbstporträt des Kangxi-Kaisers. Aus dem Englischen von Stefan B. Polter. 1985. 300 S. Ln. DM 40,– *[3-458-14248-7]*

Spiegelberg, Frederic: Die lebenden Weltreligionen. Aus dem Amerikanischen von Dora Fischer-Barnicol. Mit einem Stichwortverzeichnis, einer Bibliographie und Abbildungen. 1977. 640 S. Gebunden. DM 42,– *[3-458-15055-2]*

Spielkarten: Gemalte Spielkarten. Ihre Geschichte an handgemalten Beispielen von Detlef Hoffmann. 1985. 120 S. DM 16,– (it 912) *[3-458-32612-X]*

Sprüche der Spartaner. Ausgewählt, übertragen und eingeleitet von Manfred Clauss. 1985. 88 S. DM 12,– (IB 1023) *[3-458-19023-6]*

Spuk- und Hexengeschichten aus dem ›Rheinischen Antiquarius‹. Herausgegeben von Hermann Hesse. 1986. 154 S. DM 9,– (it 908) *[3-458-32608-1]*

Staël, Madame de, Anne Germaine: Über Deutschland. Vollständige und neu durchgesehene Fassung der deutschen Erstausgabe von 1814 in der Gemeinschaftsübersetzung von Friedrich Buchholz, Samuel Heinrich Catel und Julius Eduard Hitzig. Herausgegeben und mit einem Nachwort von Monika Bosse. Mit einem Register, Anmerkungen und einer Bilddokumentation. 1985. 11. Tsd. 1986. 864 S. DM 20,– (it 623) *[3-458-32323-6]*

– – Ln. 1985. DM 48,– *[3-458-14264-9]*;
Ld. DM 98,– *[3-458-14265-7]*

Steig, William: Doktor De Soto. 1987. 36 S. DM 10,– (it 2021) *[3-458-33721-0]*

St. Brandans wundersame Seefahrt. Nach der Heidelberger Handschrift Cod. Pal. Germ. 60 herausgegeben, übertragen und erläutert von Gerhard E. Sollbach. Mit Originalillustrationen. 1987. 189 S. Ln. DM 38,– *[3-458-14586-9]*
– – IB 1032. Nachwort und übertragen aus dem Mittelhochdeutschen von Gerhard E. Sollbach. Mit farbigem Frontispiz. 1987. 86 S. DM 14,– *[3-458-19032-5]*

Steiner, Jörg/Anton Pieck: Antons Geheimnis. Eine Geschichte von Jörg Steiner zu Bildern von Anton Pieck. 1985. 32 S. Pp. DM 20,– *[3-458-14293-2]*

Stemmler, Theo: Vom Jeu de paume zum Tennis. Eine Kurzgeschichte des Tennisspiels. 1988. 97 S. mit zahlreichen Abbildungen. DM 16,– (IB 1076) *[3-458-19076-7]*

Stendhal: Die Kartause von Parma. Vollständige Ausgabe. Aus dem Französischen von Walter Widmer. Mit einem Nachwort von Uwe Japp. 1978. 31. Tsd. 1986. 662 S. (it 307) *[3-458-32007-5▸]*
– Die Kartause von Parma. Vollständige Ausgabe. Aus dem Französischen von Arthur Schurig. ca. 660 S. Ln. ca. DM 36,– *[3-458-16059-8]* Nov. 89;
Ld. ca. DM 78,– *[3-458-16060-4]* Nov. 89
– – it 1222. 1989. ca. DM 18,– *[3-458-32922-6]* Dez. 89
– Rom, Neapel und Florenz im Jahre 1817. Aus dem Französischen von Katharina Scheinfuß und Bernhard Frank. Mit Anmerkungen zum Text und einem Nachwort. 1988. 299 S. DM 16,– (it 1073) *[3-458-32773-8]*
– Rot und Schwarz. Vollständige Ausgabe. Übersetzt von Walter Widmer. Mit einem Nachwort von Uwe Japp. 1976. 40. Tsd. 1987. 635 S. (it 213) *[3-458-31913-1▸]*
– Rot und Schwarz. Aus dem Französischen von Arthur Schurig. Mit einem Nachwort von Uwe Japp. 1989. 633 S. Ln. DM 36,– *[3-458-16030-2]*; Ld. DM 98,– *[3-458-16031-0]*
– – it 1210. 1989. DM 20,– *[3-458-32910-2]*
– Über die Liebe. Aus dem Französischen und mit einer Einführung von Walter Hoyer. 1975. 27. Tsd. 1987. 432 S. DM 16,– (it 124) *[3-458-31824-0]*

Stephens, Anthony: Nacht, Mensch und Engel. Rainer Maria Rilkes Gedichte an die Nacht. 1978. 220 S. Ln. DM 32,– *[3-458-15963-0]*

Sternberger, Dolf: Schriften Band 1. Über den Tod. 1977. 266 S. Leinen. DM 38,– *[3-458-15054-4]*
– Schriften II. Drei Wurzeln der Politik. 1978. 2 Bände. 580 S. Ln. DM 58,– *[3-458-15885-5]*
– Schriften III. Herrschaft und Vereinbarung. 1980. 320 S. Ln. DM 44,– *[3-458-14932-5]*
– Schriften IV. Staatsfreundschaft. 1980. 320 S. Ln. DM 44,– *[3-458-14832-9]*
– Schriften V. Panorama oder Ansichten vom 19. Jahrhundert. 1981. 280 S. Ln. DM 38,– *[3-458-14785-3]*
– Schriften VI. Vexierbilder des Menschen. 1981. 280 S. Ln. DM 38,– *[3-458-14786-1]*
– Schriften VII: Grund und Abgrund der Macht. Über Legitimität von Regierungen. 1979. 1986. Neue, veränderte und vermehrte Ausgabe. 500 S. Ln. DM 68,– *[3-458-14323-8]*
– Schriften VIII: Gang zwischen Meistern. 1987. 467 S. Ln. DM 48,– *[3-458-14555-9]*
– Schriften IX: Gut und Böse. Moralische Essais aus drei Zeiten. 1988. 293 S. Ln. DM 42,– *[3-458-14637-7]*

Einzelausgaben:
– Gefühl der Fremde. 1958. 176 S. Ln. DM 24,– *[3-458-15374-8]*
– Staatsfreundschaft. Rede zur Hundertjahrfeier der Sozialdemokratischen Partei Deutschlands. 1963. 32 S. Kt. DM 10,– *[3-458-15378-0]*
– Über Jugendstil. Mit farbigen Abbildungen. 1977. 20. Tsd. 1986. 122 S. DM 10,– (it 274) *[3-458-31974-3]*

Sterne, Laurence: Das Leben und die Meinungen des Tristram Shandy. Herausgegeben und mit einem Nachwort von Norbert Kohl. Mit Illustrationen von George Cruikshank. 1982. 15. Tsd. 1989. 735 S. DM 22,– (it 621) *[3-458-32321-X]*
– Yoricks Reise des Herzens durch Frankreich und Italien. Aus dem Englischen und mit einem Nachwort von Helmut Findeisen. Mit zwölf Holzschnitten von Tony Johannot. 1977. 13. Tsd. 1988. 199 S. DM 10,– (it 277) *[3-458-31977-8]*

Stevenson, Robert Louis: Das Flaschenteufelchen. Aus dem Englischen von Li Wegner. Mit Holzschnitten von Hans Alexander Müller. 1982. 72 S. (it 595) *[3-458-32295-7▸]*
– Der seltsame Fall von Dr. Jekyll und Mr. Hyde. Aus dem Englischen von Grete Rambach. Mit Illustrationen von S. G. Hulme Beaman. 1981. 10. Tsd. 1987. 146 S. DM 8,– (it 572) *[3-458-32272-8]*

- Die Abenteuer des David Balfour. Aus dem Englischen von Michael Walter. Mit einem Vorwort von E.Y. Meyer und den Illustrationen der Erstausgabe. 1986. 12. Tsd. 1986. 280 S. DM 12,– (it 321) *[3-458-21021-0]*
- Die Schatzinsel. Aus dem Englischen von Karl Lerbs. Mit Illustrationen von Georges Roux. 1974. 29. Tsd. 1989. 299 S. DM 14,– (it 65) *[3-458-31765-1]*

Stieglitz, Charlotte: Gedichte und Briefe. Herausgegeben von Franz Josef Görtz. 1987. 164 S. DM 12,– (it 986) *[3-458-32686-3]*

Stifter, Adalbert: Insel-Stifter in 4 Bänden. Herausgegeben von Joachim Piechotta und Uwe Japp. 1978. 2200 S. Ln. DM 98,– *[3-458-14997-X]*
Band 1: Erzählungen erster Band
Band 2: Erzählungen zweiter Band
Band 3: Nachsommer
Band 4: Kleine Schriften, Briefe, Nachworte und Erläuterungen
- Aus dem alten Wien. Zwölf Studien. Herausgegeben von Otto Erich Deutsch. Mit zahlreichen Abbildungen. 1986. 290 S. DM 16,– (it 959) *[3-458-32659-6]*
- Bergkristall und andere Erzählungen. 1980. 14. Tsd. 1987. 326 S. DM 14,– (it 438) *[3-458-32138-1]*
- Birgitta. Eine Erzählung. 1920. 207. Tsd. 1964. 62 S. (IB 278) *[3-458-08278-8▶]*
- Der Heilige Abend. Mit farbigen Illustrationen von Monika Wurmdobler. 1986. 76 S. DM 10,– (it 699) *[3-458-32399-6]*
- Der Hochwald. 1989. ca. 120 S. ca. DM 9,– (it 1197) *[3-458-32897-1]* Nov. 89
- Der Nachsommer. Mit einem Essay von Hugo von Hofmannsthal. 1982. 10. Tsd. 1988. 816 S. DM 20,– (it 653) *[3-458-32353-8]*
- Die Mappe meines Urgroßvaters. Erzählung. Mit einer Einleitung von Peter Suhrkamp und einem Nachwort von Wolfgang Frühwald. 1989. 456 S. DM 20,– (it 1108) *[3-458-32808-4]*
- Studien. Herausgegeben von Max Stefl. Mit einem Nachwort von Wolfgang Frühwald. 1989. 2 Bde. 1393 S. DM 48,– (it 915) *[3-458-32615-4]*

Adalbert Stifters Leben und Werk in Briefen und Dokumenten. Auswahl und Vorwort von K. G. Fischer. 1962. 728 S. Ld. *[3-458-15473-6▶]*

Stoker, Bram: Dracula. Aus dem Englischen von Karl Bruno Leder. 1988. 541 S. DM 18,– (it 1086) *[3-458-32786-X]*

Storm, Theodor: Werke in 2 Bänden. Insel-Storm. Mit einem Essay von Thomas Mann. Herausgegeben von Gottfried Honnefelder. 1975. 14. Tsd. 1980. 980 S. Ln. DM 64,– *[3-458-15974-6]*

– Werke in 6 Bänden. Mit einem Essay von Thomas Mann. Ausgewählt und eingeleitet von Gottfried Honnefelder. 1975. it 731–736 in Kassette. 1983. 8. Tsd. 1988. DM 40,– *[3-458-09938-7]*
it 731: Gedichte. 15. Tsd. 1988. 233 S. DM 8,– *[3-458-32431-3]*
it 732: Immensee und andere Novellen. 14. Tsd. 1988. 189 S. DM 8,– *[3-458-32432-1]*
it 733: Pole Poppenspäler und andere Novellen. 17. Tsd. 1988. 187 S. DM 8,– *[3-458-32433-X]*
it 734: Carsten Curator und andere Novellen. 11. Tsd. 1988. 195 S. DM 8,– *[3-458-32434-8]*
it 735: Hans und Heinz Kirch und andere Erzählungen. 16. Tsd. 1988. 202 S. DM 8,– *[3-458-32435-6]*
it 736: Der Schimmelreiter. 25. Tsd. 1988. 145 S. DM 8,– *[3-458-32436-4]*

– Am Kamin und andere unheimliche Geschichten. Illustriert von Roswitha Quadflieg, mit einem Nachwort von Gottfried Honnefelder. 1976. 35. Tsd. 1988. 176 S. DM 9,– (it 143) *[3-458-31843-7]*

– Unter dem Tannenbaum. Mit Illustrationen der Erstausgabe von Otto Speckter und Ludwig Pietsch. Herausgegeben von Gottfried Honnefelder. 1987. 13. Tsd. 1988. 164 S. DM 9,– (it 1042) *[3-458-32742-8]*

Theodor Storm – Eine Biographie von Georg Bollenbeck. Mit 19 Abbildungen. 1988. 383 S. Ln. DM 38,– *[3-458-14621-0]*

Storm, Theodor/Anne Heseler: Der kleine Häwelmann. Ein Märchen von Theodor Storm mit Bildern von Anne Heseler. 1988. Ein Insel-Bilderbuch. 28 S. Pp. DM 18,– *[3-458-14643-1]*

Streichholzspiele. Gesucht und erfunden von Dieter Vogt. 1985. 13. Tsd. 1987. 88 S. DM 10,– (it 797) *[3-458-32497-6]*

Strindberg, August: Werke in zeitlicher Folge. Frankfurter Ausgabe im Insel Verlag in zwölf Bänden. Herausgegeben von Angelika Gundlach in Zusammenarbeit mit Lars Dahlbäck, Olof Lagercrantz und Klaus von See.
Band IV: 1886. Der Sohn der Magd I–IV. Die Kameraden (mit Variationen aus Marodeure). Herausgegeben von Horst Brandl und Jörg Scherzer. Übersetzt von Hans Joachim Maass und Jörg Scherzer. Mit Nachwort, Kommentar und Anmerkungen. 1984. 896 S.
Ln. DM 98,–, Subskr.Pr. DM 78,– *[3-458-14196-0]*;
Ld. DM 160,– *[3-458-14220-7]*
Band V: 1887-1888. Der Vater. Vivisektionen (I). Die Hemsöer. Das Plädoyer eines Irren. Das Leben der Schärenleute. Fräulein Julie.

Herausgegeben von Wolfgang Butt. Übersetzt von Alken Bruns, Wolfgang Butt, Angelika Gundlach, Hans Joachim Maass und Verena Reichel. Mit Nachwort, Kommentar und Anmerkungen. 1984. 899 S. Ln. DM 98,–, Subskr.Pr. DM 78,– *[3-458-14197-9]*; Ld. DM 160,– *[3-458-14221-5]*
Band X: 1903 - 1905. Einsam. Die Gotischen Zimmer. Schwarze Fahnen. Herausgegeben von Walter Baumgartner. Übersetzt von Alken Bruns, Angelika Gundlach, Verena Reichel und Jörg Scherzer. 1987. 878 S. Ln. DM 98,–, Subskr. Pr. DM 78,– *[3-458-14202-9]*; Ld. DM 160,– *[3-458-14226-6]*

– Ein Puppenheim und andere Erzählungen. Aus dem Schwedischen von Klaus Möllmann. Mit einem Nachwort von Leopold Magon und Illustrationen von Barbara Gutjahr. 1978. 18. Tsd. 1988. 380 S. DM 14,– (it 282) *[3-458-31982-4]*

Der andere Strindberg. Materialien zu Malerei, Photographie und Theaterpraxis. Mit Texten von Göran Söderström, Ture Rangström und Wolfgang Pasche. Herausgegeben von Angelika Gundlach unter Mitwirkung von Jörg Scherzer. 1981. 342 S. DM 16,– (it 229) *[3-458-31929-8]*

– siehe Lagercrantz

Studentenleben. Das Lesebuch vom Studium. Herausgegeben von Vera Pagin. Zusammengestellt von Sabine Baumann, Stefan Burk, Rolf Faust und Susanne Haertel. 1989. ca. 380 S. ca. DM 16,– (it 1214) *[3-458-32914-5]* Okt. 89

Das Stundenbuch Ludwigs von Orléans. Faksimile des Codex Lat. O.V.I.N. 126. Aus der Handschriftenabteilung der Saltykow-Schtschedrin-Bibliothek Leningrad. Illuminierte Handschrift aus dem 15. Jahrhundert. 91 Miniaturen in bis zu zehnfarbigem Lichtdruck. Format 14,7 × 21,4 cm, 240 Seiten. Gebunden in Ganzleder. Kommentarband im Format des Faksimiles, gebunden in Halbleder, 240 Seiten. Verfaßt und herausgegeben von Andrej B. Sterligow. 1980. *[3-458-14862-0 +]*

Suë, Eugène: Die Geheimnisse von Paris. Aus dem Französischen von Helmut Kossodo. Mit zeitgenössischen Illustrationen. Vollständige Ausgabe. 1988. 1994 S. 3 Bde. in Kassette. DM 38,– (it 1080) *[3-458-32780-0]*

Swift, Jonathan: Ausgewählte Werke. 3 Bände. Herausgegeben von Anselm Schlösser. Mit einem Essay von Martin Walser. 1. Band: Satiren und Zeitkommentare. 2. Band: Politische Schriften. 3. Band: Gullivers Reisen. 1982. 1760 S. DM 32,– (it 654) *[3-458-32354-6]*

– Gullivers Reisen. Mit einem Vorwort von Hermann Hesse. Illustrationen von Grandville. Insel-Bibliothek. 1981. 465 S. Ln. DM 36,– *[3-458-14796-9]*
– – it 58. 1974. 49. Tsd. 1987. DM 14,– *[3-458-31758-9]*
– Satiren. Mit einem Essay von Martin Walser. 1975. 17. Tsd. 1985. 166 S. DM 8,– (it 131) *[3-458-31831-3]*

Szabó, Magda: Die andere Esther. Roman. Aus dem Ungarischen von Mirza von Schüching. 256 S. Ln. *[3-458-15382-4▸]*
– Die Danaide. Roman. Aus dem Ungarischen von Mirza von Schüching. 416 S. Ln. *[3-458-15383-3▸]*
– Das Fresko. Roman. Aus dem Ungarischen von Mirza von Schüching. 240 S. Ln. *[3-458-15384-5▸]*
– Lauf der Schlafenden. Erzählungen. Aus dem Ungarischen von Henriette Schade. 240 S. Ln. *[3-458-15385-6▸]*
– 1. Moses 22. Roman. Aus dem Ungarischen von Henriette Schade und Géza Engl. 224 S. Ln. *[3-458-15386-X▸]*

Szczepanski, Jan Józef: Der polnische Herbst. Roman. Aus dem Polnischen von Klaus Staemmler. 1983. 3. Tsd. 1984. 368 S. Gebunden. DM 38,– *[3-458-14086-7]*
– Die Insel. Roman. Aus dem Polnischen von Klaus Staemmler. 1980. 324 S. Gebunden. DM 36,– *[3-458-14839-6]*
– Ikarus. Aus dem Polnischen von Klaus Staemmler. 1980. 238 S. Gebunden. DM 32,– *[3-458-14921-X]*

Szigethy, Ida: siehe Roth

Tacitus: Germania. Zweisprachig. Aus dem Lateinischen übertragen und erläutert von Arno Mauersberger. 1980. 12. Tsd. 1987. 135 S. DM 9,– (it 471) *[3-458-32171-3]*

Tageszeiten. Gedichte. Herausgegeben von Norbert Schachtsiek-Freitag. 1989. 204 S. DM 12,– (it 1196) *[3-458-32896-3]*

Talmud: siehe bin Gorion

Die Erzählungen aus den Tausendundein Nächten. Aus dem arabischen Urtext übersetzt von Enno Littmann. Eingeleitet von Hugo von Hofmannsthal. 6 Bände. Im Anhang: ›Zur Entstehung und Geschichte von Tausendundeiner Nacht‹, Bibliographie, Namenverzeichnis und alphabetisches Verzeichnis sämtlicher Geschichten der 6 Bände in Kassette. 1928. 26. Tsd. 1988. 4870 S. (D). Ln. DM 280,– *[3-458-15394-2]*; Ld. DM 640,– *[3-458-15395-0]*

– it 224. 1976. 44,5. Tsd. 1984. 12 Bde. Mit farbigen Miniaturen und in farbiger Schmuckkassette. DM 98,– *[3-458-31924-7]*
– Die Erzählungen aus den Tausendundein Nächten. Ergänzungsausgabe in zwei Bänden. 1984. 1016 S. Ln. *[3-458-14127-8▶]*
– Erzählungen aus den Tausendundein Nächten. Die in anderen Versionen von 1001 Nacht nicht enthaltenen Geschichten der Wortley-Montague-Handschrift der Oxforder Bodleian Library. Aus dem arabischen Urtext vollständig übertragen und erläutert von Felix Tauer. 1989. 2 Bde. ca. 1016 S. ca. DM 36,– (it 1209) *[3-458-32909-9]* Okt. 89
– Erotische Geschichten aus den Tausendundein Nächten. Aus dem arabischen Urtext und herausgegeben von Felix Tauer. 1983. 16. Tsd. 1987. 324 S. DM 14,– (it 704) *[3-458-32404-6]*
– Erzählungen aus Tausendundein Tag. Vermehrt um andere Morgenländische Geschichten. Herausgegeben von Paul Ernst. Übersetzt von Felix Paul Greve. 1987. 2 Bde. 1505 S. DM 28,– (it 1001) *[3-458-32701-0]*
– Geschichten der Liebe aus den Tausendundein Nächten. Aus dem arabischen Urtext von Enno Littmann. Mit 8 farbigen Miniaturen. 1973. 52. Tsd. 1987. 496 S. DM 16,– (it 38) *[3-458-31738-4]*

Teresa von Avila: Von der Liebe Gottes. Über etliche Wort des Hohenlieds Salomonis. Nach der deutschen Erstübersetzung von 1649 bearbeitet von Barbara Könneker. Herausgegeben und mit einem Nachwort versehen von André Stoll. Mit zahlreichen Abbildungen. 1984. 177 S. DM 9,– (it 741) *[3-458-32441-0]*

Thackeray, William Makepeace: Das Buch der Snobs. Aus dem Englischen von H. Conrad. Herausgegeben von Norbert Kohl. 1979. 12. Tsd. 1988. 276 S. DM 12,– (it 372) *[3-458-32072-5]*
– Jahrmarkt der Eitelkeit. Ein Roman ohne Held. 1980. 8. Tsd. 1984. 2 Bde. 1200 S. DM 28,– (it 485) *[3-458-32185-3]*

Theokrit: Sämtliche Dichtungen. Aus dem Griechischen übertragen und herausgegeben von Dietrich Ebener. 1989. 258 S. DM 14,– (it 1158) *[3-458-32858-0]*

Thurn und Taxis, Marie von: Erinnerungen an Rainer Maria Rilke. 1966. 10. Tsd. 1988. 121 S. DM 12,– (IB 888) *[3-458-08888-1]*

Tibetische Lieder. Gesammelt, übertragen und erläutert von Margret Causemann. Mit Zeichnungen von Wangdjal. 1987. 115 S. DM 14,– (IB 1039) *[3-458-19039-2]*

Tieck, Ludwig: Der gestiefelte Kater. Ein Kindermärchen in drei Akten mit Zwischenspielen, einem Prologe und einem Epiloge. Mit 12 Radierungen von Otto Speckter. 1986. 135 S. DM 10,– (it 940) *[3-458-32640-5]*

- Der Hexen-Sabbat. Mit einem Nachwort von Achim Hölter. 1988. 277 S. DM 14,– (it 1084) *[3-458-32784-3]*
- Märchen und Novellen. Ausgewählt und mit einem Nachwort versehen von Hermann Hesse. 1988. 286 S. DM 14,– (it 1061) *[3-458-32761-4]*

Till Eulenspiegel: siehe Bote

Timmermans, Felix: Romane. Jubiläumsausgabe in vier Bänden. Mit Zeichnungen des Dichters. Band 1: Pallieter. Band 2: Pieter Bruegel. Band 3: Das Jesuskind in Flandern · Das Triptychon von den Heiligen Drei Königen. Band 4: Der Heilige der kleinen Dinge und andere Erzählungen. 1986. 1064 S. Geb. DM 48,– *[3-458-14509-5]*

- Dämmerungen des Todes. Aus dem Niederländischen von Rein A. Zondergeld. Mit einem Nachwort von Jörg Krichbaum. 1978. 120 S. DM 10,– (it 297) *[3-458-31997-2]*
- Das Jesuskind in Flandern. 1919. 113. Tsd. 1986. 209 S. Ln. DM 28,– *[3-458-15779-4]*
- – it 937. 1986. 20. Tsd. 1987. 189 S. DM 10,– *[3-458-32637-5]*
- Das Triptychon von den Heiligen Drei Königen. 1924. 290. Tsd. 1986. 48 S. DM 10,– (IB 362) *[3-458-08362-6]*
- Franziskus. Roman. Mit Zeichnungen des Autors. 1983. 8. Tsd. 1987. 288 S. DM 12,– (it 753) *[3-458-32453-4]*
- Minneke Pus oder Die Schönen Tage im Kempenland. Aus dem Flämischen von Karl Jakobs. Mit Vignetten des Autors. 1978. 102 S. *[3-458-08982-9▸]*
- Pieter Bruegel. Aus dem Flämischen von Peter Mertens. Mit Zeichnungen des Dichters. 1928. 64. Tsd. 1977. 296 S. Gebunden. DM 32,– *[3-458-15036-6]*
- Sankt Nikolaus in Not. Aus dem Flämischen von Anna Valeton-Hoos. Mit Zeichnungen des Dichters. 1931. 347. Tsd. 1987. 56 S. DM 12,– (IB 420) *[3-458-08420-7]*
- Tiergeschichten. Mit Illustrationen des Autors. 1989. 144 S. DM 10,– (it 1153) *[3-458-32853-X]*

Timmermans, Felix/Else Wenz-Viëtor: St. Nikolaus in Not. Eine Geschichte von Felix Timmermans mit Illustrationen von Else Wenz-Viëtor. 1987. 16. Tsd. 1989. 35 S. DM 9,– (it 2023) *[3-458-33723-7]*

Der tanzende Tod. Mittelalterliche Totentänze. Herausgegeben, übersetzt und kommentiert von Gert Kaiser. 1982. 10. Tsd. 1989. 350 S. DM 22,– (it 647) *[3-458-32347-3]*

Vom Tod. Ein Lesebuch für Jedermann. Herausgegeben von Werner Koch. 1987. 281 S. DM 12,– (it 1037) *[3-458-32737-1]*

Töchter berühmter Männer. Neun biographische Portraits. Herausgegeben von Luise F. Pusch. 1988. 19. Tsd. 1989. 468 S. DM 16,– (it 979) *[3-458-32679-0]*

Tognola, Jerko V./Adelki: Das Eselchen und der Wolf. Sechs Fabeln. Aus dem Italienischen von Martin Roda Becher. 1982. 96 S. DM 10,– (it 2001) *[3-458-33701-6]*

Tolstoj, Leo N.: Die Romane. Geschenkausgabe in zehn Bänden. In der Übertragung von Gisela Drohla, Hermann Röhl und Adolf Hess. 1984. 4000 S. DM 98,– *[3-458-14189-8]*
– Sämtliche Erzählungen. Geschenkausgabe in 8 Bänden. Herausgegeben, übersetzt und mit Anmerkungen von Gisela Drohla. 1980. 21. Tsd. 1982. 2300 S. 8 Pappbände mit Dekorüberzug in Schmuckkassette. DM 78,– *[3-458-14940-6]*
– Anna Karenina. Roman. Nach der Moskauer Akademie-Ausgabe aus dem Russischen von Gisela Drohla. 1978. 20. Tsd. 1989. 2 Bde. 1208 S. DM 28,– (it 308) *[3-458-32008-3]*
– Auferstehung. Roman. Aus dem Russischen von Adolf Hess. Mit Illustrationen von Theodor Eberle. 1984. 8. Tsd. 1987. 628 S. DM 20,– (it 791) *[3-458-32491-7]*
– Der Morgen eines Gutsbesitzers. Aus dem Russischen von Gisela Drohla. Mit Illustrationen von Theodor Eberle. 1987. 105 S. DM 9,– (it 1056) *[3-458-32756-8]*
– Der Tod des Iwan Iljitsch. Aus dem Russischen von Gisela Drohla. Mit Illustrationen von Theodor Eberle. 1985. 10. Tsd. 1988. 114 S. DM 8,– (it 864) *[3-458-32564-6]*
– Der Tod des Iwan Iljitsch. Erzählungen. Aus dem Russischen von R. Kassner und A. Eliasberg. 1988. 176 S. 176 S. Ln. DM 24,– *[3-458-14633-4]*
– Der Überfall und andere Erzählungen aus dem Kaukasus. Aus dem Russischen von Gisela Drohla. Illustrationen von Theodor Eberle. 1979. 12. Tsd. 1986. 316 S. DM 10,– (it 367) *[3-458-32067-9]*
– Die großen Erzählungen. Mit einem Nachwort von Thomas Mann. Aus dem Russischen von Arthur Luther und Rudolf Kassner. 1973. 74. Tsd. 1988. 323 S. DM 12,– (it 18) *[3-458-31718-X]*
– Die Kreutzersonate. Erzählung. Aus dem Russischen von Arthur Luther. Mit Illustrationen von Hugo Steiner-Prag. 1984. 18. Tsd. 1988. 176 S. DM 8,– (it 763) *[3-458-32463-1]*
– – it 2303. 1989. Großdruck. 192 S. DM 12,– *[3-458-34003-3]*
– Familienglück. Mit Illustrationen von Theodor Eberle. 1986. 159 S. DM 7,– (it 902) *[3-458-32602-2]*
– Kindheit, Knabenalter, Jünglingsjahre. Herausgegeben von Gisela Drohla. Aus dem Russischen von Hermann Röhl. 1963. 440 S. Ld. DM 120,– *[3-458-15412-4]*
– – it 203. 1976. 19. Tsd. 1987. DM 14,– *[3-458-31903-4]*

- Krieg und Frieden. Aus dem Russischen von Hermann Röhl. Mit Illustrationen von Theodor Eberle. 1982. 21. Tsd. 1989. 4 Bde. 2114 S. DM 38,– (it 590) *[3-458-32290-6]*
- Nach vierzig Jahren. Volkserzählung. Aus dem Russischen von Rahel bin Gorion. Mit einem Nachwort von Emanuel bin Gorion und Illustrationen von Günter Knuhr. 1984. 95 S. DM 6,– (it 691) *[3-458-32391-0]*
- Rede gegen den Krieg. Politische Flugschriften. Herausgegeben von Peter Urban. 1983. 10. Tsd. 1985. 204 S. DM 9,– (it 703) *[3-458-32403-8]*
- Vater Sergius. Aus dem Russischen von Arthur Luther. Mit Illustrationen von Theodor Eberle. 1988. 81 S. DM 8,– (it 1159) *[3-458-32859-9]*
- Wieviel Erde braucht der Mensch? Aus dem Russischen von Alexander Eliasberg und Arthur Luther. 1989. 160 S. DM 9,– (it 1198) *[3-458-32898-X]*

Tolstojs letzte Jahre. 38 Fotos. Texte, ausgewählt und übersetzt von Gisela Drohla. 1972. 96 S. Ln. *[3-458-15580-5▸]*
– – it 1040. 1988. 143 S. DM 12,– *[3-458-32740-1]*

Toni und Moni verlassen die Stadt. Bilder von Sylvie Selig. Text von Fay Maschler. Aus dem Englischen von Johanna Bergauer. Vierfarbendruck. 1977. 32 S. DM 10,– *[3-458-15066-8]*

Toskana. Ein literarisches Landschaftsbild. Herausgegeben von Andreas Beyer. Mit Photographien von Loretto Buti. 1986. 24. Tsd. 1988. 265 S. DM 16,– (it 926) *[3-458-32626-X]*

Tosōn, Shimazaki: Ausgestoßen. Roman. Aus dem Japanischen übersetzt und mit einem Nachwort versehen von Jürgen Berndt. 1989. 307 S. Ln. DM 38,– *[3-458-16016-7]*

Trakl, Georg: Die Dichtungen. 1989. 198 S. DM 12,– (it 1156) *[3-458-32856-4]*

Traum der roten Kammer. Ein Roman aus der frühen Tsing-Zeit. Aus dem Chinesischen von Franz Kuhn. Mit 34 Bildern nach alten chinesischen Holzschnitten und einem Begleitwort des Herausgebers. 1977. 20. Tsd. 1989. 2 Bände. 840 S. DM 28,– (it 292) *[3-458-31992-1]*

Traxler, Hans: Es war einmal ein Mann. Vierfarbendruck. 1979. 27. Tsd. 1989. 60 S. DM 10,– (it 454) *[3-458-32154-3]*
- Es war einmal ein Schwein. 1984. 23. Tsd. 1988. 72 S. DM 10,– (it 780) *[3-458-32480-1]*
- Fünf Hunde erben eine Million. Text und Bilder von Hans Traxler. Vierfarbendruck. 1978. 11. Tsd. 1979. 32 S. Pp. DM 16,– *[3-458-15839-1]*

– – it 562. 1981. DM 8,– *[3-458-32262-0]*

Tristan und Isolde. Roman von Joseph Bédier. Deutsch von Rudolf G. Binding. Mit Holzschnitten von 1484. 1979. 13. Tsd. 1983. 192 S. DM 10,– (it 387) *[3-458-32087-3]*

Trocchi, Alexander: Kains Buch. Aus dem Amerikanischen von Wulf Teichmann. 1967. 230 S. Ln. *[3-458-15416-6▸]*

Tschechow, Anton: Das Duell. Aus dem Russischen von Waldemar Jollos. Mit Illustrationen von Gabriele Kuhnke. 1982. 198 S. DM 7,– (it 597) *[3-458-32297-3]*
– Der Fehltritt und andere Erzählungen. Ausgewählt und mit einem Nachwort von Werner Berthel. Mit Zeichnungen von Lutz Siebert. 1979. 12. Tsd. 1988. 350 S. DM 10,– (it 396) *[3-458-32096-2]*
– Die Dame mit dem Hündchen und andere Erzählungen. Mit Zeichnungen von András Karakas. Ausgewählt und mit einem Nachwort von Werner Berthel. 1976. 27. Tsd. 1988. 416 S. DM 14,– (it 174) *[3-458-31874-7]*

Tschuang-Tse: Reden und Gleichnisse des Tschuang-Tse. Ausgewählt und mit einem Nachwort von Martin Buber. 104 S. (it 205) *[3-458-31905-0▸]*
– Dichtung und Weisheit. Aus dem chinesischen Urtext übersetzt und mit einem Nachwort versehen von Hans O. Stange. 1989. 77 S. DM 16,– (IB 499) *[3-458-08499-1]*

Turgenjew, Iwan: Aufzeichnungen eines Jägers. Aus dem Russischen von Hermann Wotte. 1989. 483 S. DM 20,– (it 1179) *[3-458-32879-3]*
– Erste Liebe und andere Novellen. Aus dem Russischen von Ena von Baer und Ekkehard Jäkel. Mit einem Nachwort von Friedrich Schwarz. 1977. 24. Tsd. 1985. 343 S. DM 14,– (it 257) *[3-458-31957-3]*
– Erste Liebe. Novellen. Aus dem Russischen von Ena von Baer. 1988. 190 S. Ln. DM 24,– *[3-458-14634-2]*
– Gedichte in Prosa. Die Übertragung von Theodor Commichan wurde durchgesehen und durch den von Wolfgang Kasack übersetzten Text »Die Schwelle« ergänzt. Mit Doppeltiteln und Leisten von Heinrich Vogeler nach der Ausgabe von 1903 im Insel-Verlag. Neuauflage. 1987. 110 S. DM 14,– (IB 259) *[3-458-08259-X]*
– Väter und Söhne. 1974. 39. Tsd. 1987. 292 S. DM 12,– (it 64) *[3-458-31764-3]*
– – Ln. 1984. 304 S. DM 32,– *[3-458-14211-8]*; Ld. DM 78,– *[3-458-14212-6]*

Twain, Mark: Gesammelte Werke in 10 Bänden. Ausgewählt und zusammengestellt von Norbert Kohl. 1985. 3776 S. DM 98,– *[3-458-09948-4]*

Band 1: Durch dick und dünn. Deutsch von Hans J. Schütz. Mit Illustrationen von Klaus Ensikat. 582 S. DM 16,– (it 831) *[3-458-32531-X]*
Band 2: Tom Sawyers Abenteuer. Bearbeitet von Karl Heinz Berger. Mit Illustrationen der Erstausgabe von True W. Williams. 1986. 16. Tsd. 1988. 279 S. DM 10,– (it 832) *[3-458-32532-8]*
Band 3: Tom Sawyer im Ausland. Tom Sawyer, der Detektiv. 214 S. DM 8,– (it 833) *[3-458-32533-6]*
Band 4: Bummel durch Europa. Deutsch von Gustav Adolf Himmel. Mit Illustrationen der Erstausgabe von W. Fr. Brown, True W. Williams, B. Day u.a. 1986. 20. Tsd. 1988. 560 S. DM 18,– (it 834) *[3-458-32534-4]*
Band 5: Prinz und Bettelknabe. Deutsch von Walter Scherf. Mit Illustrationen der Erstausgabe von Frank T. Merrill, John J. Harley und L.S. Ipsen. 1986. 294 S. DM 10,– (it 835) *[3-458-32535-2]*
Band 6: Leben auf dem Mississippi. Deutsch von Helene Ritzerfeld. Mit Illustrationen von Klaus Ensikat. 1986. 13. Tsd. 1988. 282 S. DM 12,– (it 836) *[3-458-32536-0]*
Band 7: Huckleberry Finns Abenteuer. Deutsch von Barbara Cramer-Nauhaus. Mit Illustrationen der Erstausgabe von Edward W. Kemble. 1986. 18. Tsd. 1986. 412 S. DM 10,– (it 837) *[3-458-32537-9]*
Band 8: Ein Yankee am Hofe des Königs Artus. Deutsch von Maja Ueberle. Mit Illustrationen der Erstausgabe von Daniel C. Beard. 1986. 15. Tsd. 1986. 468 S. DM 16,– (it 838) *[3-458-32538-7]*
Band 9: Der berühmte Springfrosch der Provinz Calaveras und andere Erzählungen. 314 S. DM 12,– (it 839) *[3-458-32539-5]*
Band 10: Der geheimnisvolle Fremde und andere Erzählungen. Deutsch von Walter Hasenclever u.a. Mit Illustrationen der Erstausgabe von Lucius Hitchcock, W.T. Smedley und N.C. Wyeth. 371 S. DM 12,– (it 840) *[3-458-32540-9]*

– Der gestohlene weiße Elefant und andere Erzählungen. Mit zahlreichen Illustrationen. 1989. Großdruck. ca. 150 S. ca. DM 12,– (it 2308) *[3-458-34008-4]* Nov. 89
– siehe Clemens

Über die Liebe. Gedichte und Interpretationen aus der Frankfurter Anthologie. Herausgegeben von Marcel Reich-Ranicki. 1985. 346 S. DM 10,– (it 794) *[3-458-32494-1]*

Ueding, Gert: Wilhelm Busch. Das 19. Jahrhundert en miniature. Mit zahlreichen Abbildungen. 1977. 440 S. Pp. DM 32,– *[3-458-15047-1]*

Uhland, Ludwig: Werke in zwei Bänden. Insel-Uhland. Ausgewählt, kommentiert und mit einem Nachwort von Hans-Rüdiger Schwab. 1983. 800 S. Ln. DM 64,– *[3-458-14038-7]*
– Gedichte. Herausgegeben von Hans-Rüdiger Schwab. 1987. 388 S. DM 16,– (it 928) *[3-458-32628-6]*

Und Buddha lacht. Anekdoten aus dem alten China. Erzählt von Franz Kuhn. 1987. 94 S. DM 7,– (it 1027) *[3-458-32727-4]*

Unseld, Siegfried: ›Das Tagebuch‹ Goethes und Rilkes ›Sieben Gedichte‹. 1978. 46. Tsd. 1978. 218 S. DM 14,– (IB 1000) *[3-458-19000-7]*
– Hermann Hesse – Werk und Wirkungsgeschichte. 1987. 416 S. DM 18,– (it 1112) *[3-458-32812-2]*

Urgroßmutters Kochbuch. Aus dem Kochbuch der Frau Rath Schlosser. Herausgegeben von Alexander von Bernus. Mit einem Nachwort von Elmar Mittler. 1980. 214 S. DM 8,– (it 457) *[3-458-32157-8]*

Valéry, Paul: Werke. Frankfurter Ausgabe in sieben Bänden. Herausgegeben von Jürgen Schmidt-Radefeldt.
Band 3: Zur Literatur. 1989. ca. 400 S. Ln. ca. DM 64,– *[3-458-14370-4]*; Ld. ca. 164,– *[3-458-14383-1]* Nov. 89
Band 4: Zur Philosophie und Wissenschaft. 1989. ca. 350 S. Ln. ca. DM 42,– *[3-458-14374-2]*; Ld. ca. DM 142,– *[3-458-14384-X]* Nov. 89
– Briefe. Aus dem Französischen und mit einem Nachwort von Wolfgang A. Peters. 1954. 260 S. Halbln. DM 34,– *[3-458-15417-5]*

Varnhagen, Rahel: Briefe und Aufzeichnungen. Herausgegeben von Dieter Bähtz. 1986. 424 S. Ln. DM 48,– *[3-458-14308-4]*

Varvasovszky, László: Circus der Clowns. Geschichten und Bilder. Vierfarbendruck. 1984. 32 S. Pp. DM 18,– *[3-458-14161-8]*
– Das Schneebärenbuch. Mit einer Geschichte und schwarzweißen und vierfarbigen Bildern. 1978. 72 S. DM 7,– (it 381) *[3-458-32081-4]*
– Der große Zauberer und der kleine Hase. Eine Bildergeschichte ohne Worte. 1988. 72 S. DM 10,– (it 2027) *[3-458-33727-X]*
– Die Bremer Stadtmusikanten. Ein Märchen der Brüder Grimm, illustriert und für ein Schattentheater eingerichtet. 1982. 48 S. DM 9,– (it 658) *[3-458-32358-9]*
– Honki im Schattenland. Geschichte und Bilder. Vierfarbendruck. 1980. 32 S. Pp. DM 19,80 *[3-458-14861-2]*
– – Sonderausgabe. 1983. Brosch. DM 12,– *[3-458-14118-9]*
– siehe Geburtstagsbuch für Kinder

Lieber Vater. Eine Sammlung von Gottfried Honnefelder. Mit zahlreichen Abbildungen. 1976. 35. Tsd. 1987. 319 S. DM 12,– (it 231) *[3-458-31931-X]*
Siehe auch ›Liebe Mutter‹. it 230 *[3-458-31930-1]*
– it 230/231 in Kassette. DM 16,– *[3-458-09304-4]*

Venedig. Herausgegeben von Doris Maurer und Arnold E. Maurer. Mit zahlreichen Abbildungen. 1983. 17. Tsd. 1988. 347 S. DM 16,– (it 626) *[3-458-32326-0]*

Venedig im Gedicht. Herausgegeben von Pascal Morché. 1986. 10. Tsd. 1988. 154 S. DM 10,– (it 920) *[3-458-32620-0]*

Vergil: Bucolica. Hirtengedichte. Lateinisch und in deutscher Übersetzung von Rudolf Alexander Schröder. Mit Holzschnitten von Aristide Maillol. 1978. 118 S. DM 12,– (IB 1003) *[3-458-19003-1]*

Verlaine, Paul: Galante Feste. Zweisprachige Ausgabe. Aus dem Französischen von Hans-Joachim Weitz. Mit Zeichnungen von Robert Pudlich. 1986. 77 S. DM 9,– (it 938) *[3-458-32638-3]*

Der versiegelte Engel. Erzählungen zu Ikonen. Herausgegeben und mit einem Nachwort versehen von Angela Martini-Wonde. 1988. 155 S. mit farbigen Abbildungen. DM 12,– (it 1132) *[3-458-32832-7]*

Villon, François: Sämtliche Dichtungen. Zweisprachige Ausgabe. Aus dem Französischen von Walther Küchler. Bearbeitet von Marie Luise Bulst. Mit einer Einführung von Hans Rheinfelder und zahlreichen Abbildungen. 1988. 307 S. DM 16,– (it 1039) *[3-458-32739-8]*

Vischer, Friedrich Theodor: Auch einer. Eine Reisebekanntschaft. Mit einem Nachwort von Otto Borst. 1987. 623 S. DM 24,– (it 1063) *[3-458-32763-0]*

Das kleine Buch der Vögel und Nester. Mit 32 illuminierten Kupfern und einem Geleitwort von Heinz Graupner. 1983. 88. Tsd. 1986. 52 S. Pp. DM 14,– (IB 100) *[3-458-08100-3]*

Vogeler, Heinrich: Dir. Gedichte. Mit Zeichnungen des Autors. Mit einem Nachwort von Heinrich Wiegand Petzet. Dieser Reprint folgt einem handkolorierten Exemplar der Ausgabe von 1899. 1987. 79 S. DM 14,– (IB 1072) *[3-458-19072-4]*

Voltaire: Aus dem philosophischen Wörterbuch. Herausgegeben und eingeleitet von Karlheinz Stierle. 1985. 272 S. DM 10,– (it 855) *[3-458-32555-7]*
– Candide. Mit einem Nachwort von Jean Orieux. Mit 26 Federzeichnungen von Paul Klee. 1972. 65. Tsd. 1988. 208 S. DM 10,– (it 11) *[3-458-31711-2]*

- Sämtliche Romane und Erzählungen. Mit einer Einleitung von Victor Klemperer und Illustrationen von Moreau le jeune. 1976. 30. Tsd. 1988. 998 S. DM 24,– *[3-458-09929-8]*
- Über den König von Preußen. Memoiren. Herausgegeben und übersetzt von Anneliese Botond. 1989. DM 14,– (IB 892) *[3-458-08892-X]*
- Zadig oder das Schicksal. Aus dem Französischen von Ilse Lehmann. Mit vierzig Radierungen von Marcus Behmer. 1975. 17. Tsd. 1985. 135 S. DM 8,– (it 121) *[3-458-31821-6]*
- siehe Orieux

Vulpius, Christian August: Rinaldo Rinaldini, der Räuberhauptmann. Romantische Geschichte. Herausgegeben und mit einem Nachwort von Karl Riha. 1980. 400 S. (it 426) *[3-458-32126-8▸]*

Waggerl, Karl Heinrich: Das Jahr des Herrn. Roman. 1974. 8. Tsd. 1980. 290 S. Gebunden. *[3-458-15924-X▸]*
- Das Wiesenbuch. 1932. 346. Tsd. 1986. 80 S. DM 12,– (IB 426) *[3-458-08426-6]*
- Du und Angela. Fünf Erzählungen. 1933. 130. Tsd. 1986. 80 S. DM 12,– (IB 204) *[3-458-08204-2]*
- Kalendergeschichten. 1937. 274. Tsd. 1986. 56 S. DM 12,– (IB 522) *[3-458-08522-X]*
- Wagrainer Tagebuch und andere Aufzeichnungen. 1974. 6. Tsd. 1980. 212 S. Gebunden. DM 25,– *[3-458-15360-8]*

Wagner, Richard: Dichtungen und Schriften. Jubiläumsausgabe in zehn Bänden. Herausgegeben von Dieter Borchmeyer. 1983. 3400 S. DM 98,– *[3-458-14048-4]*
- Ausgewählte Schriften. Herausgegeben von Dietrich Mack. Mit einem Essay von Ernst Bloch. 1974. 282 S. DM 7,– (it 66) *[3-458-31766-X]*
- siehe auch: Liszt

Wagner-Parodien. Parodien auf Richard Wagner. Ausgewählt und mit einem Nachwort versehen von Dieter Borchmeyer und Stephan Kohler. 1983. 318 S. DM 10,– (it 687) *[3-458-32387-2]*

Richard Wagner – Leben und Werk in Daten und Bildern. Herausgegeben von Dietrich Mack und Egon Voss. 1978. 11. Tsd. 1983. 272 S. DM 14,– (it 334) *[3-458-32034-2]*

Walpole, Horace: Die Burg von Otranto. Aus dem Englischen von Joachim Uhlmann. Mit farbigen Illustrationen der Ausgabe von 1796, einem Aufsatz von Walter Scott, einem Essay und einer Bibliographie von Norbert Kohl. 1988. 248 S. DM 12,– (it 1087) *[3-458-32787-8]*

Walser, Martin/André Ficus: Die Amerikareise. 1990. ca. 100 S. ca. DM 12,– (it 1243) *[3-458-32943-9]* April 90
– Heimatlob. Ein Bodenseebuch. 1982. 33. Tsd. 1987. 112 S. DM 12,– (it 645) *[3-458-32345-7]*

Walser, Robert: Der Spaziergang. Mit Illustrationen von Rita Berger. 1989. 93 S. DM 16,– (IB 1106) *[3-458-19106-2]*
– Dichteten diese Dichter richtig? Eine poetische Literaturgeschichte. Herausgegeben von Bernhard Echte. 1990. ca. 400 S. ca. DM 18,– (it 1228) *[3-458-32928-5]* Jan. 90
– Fritz Kochers Aufsätze. Mit Illustrationen von Karl Walser. Nachwort Jochen Greven. 1974. 20. Tsd. 1985. 155 S. DM 8,– (it 63) *[3-458-31763-5]*
– Gedichte. Mit Radierungen von Karl Walser und einem Nachwort von Carl Seelig. 1984. 107 S. DM 8,– (it 761) *[3-458-32461-5]*
– Liebesgeschichten. Zusammengestellt und mit einem Nachwort von Volker Michels. 1978. 34. Tsd. 1989. 297 S. DM 12,– (it 263) *[3-458-31963-8]*

Robert Walser – Leben und Werk in Daten und Bildern. Herausgegeben von Elio Fröhlich und Peter Hamm. 1980. 250 S. DM 16,– (it 264) *[3-458-31964-3]*
– siehe Schmögner

Walther von der Vogelweide: Gedichte. Mittelhochdeutscher Text mit der Übertragung von Karl Simrock aus dem Jahre 1833. Zweisprachige Ausgabe. 1987. 361 S. DM 14,– (it 1004) *[3-458-32704-5]*

Was also ist die Zeit? Eine Sammlung von Gottfried Honnefelder. 1989. ca. 320 S. Ln. ca. DM 28,– *[3-458-16001-9]* Okt. 89

»Was ist denn eigentlich die Jugend?« Eine literarische Spurensuche von Gottfried Honnefelder. 1989. 331 S. DM 14,– (it 1129) *[3-458-32829-7]*

Was wir gespielt haben. Erinnerungen an die Kinderzeit. Herausgegeben von Ingeborg Weber-Kellermann und Regine Falkenberg. 1981. 362 S. Ln. DM 36,– *[3-458-14909-0]*

Wasson, R. Gordon / Albert Hofmann / Carl A.P. Ruck: Der Weg nach Eleusis. Das Geheimnis der Mysterien. Aus dem Amerikanischen von Adrian Linder. 1984. 184 S. Ln. DM 28,– *[3-458-14138-3]*

Webb, Beatrice: Meine Lehrjahre. Eine Autobiographie. Aus dem Englischen von Christa Krüger. Mit einer Einführung von Wolf Lepenies. 1988. 492 S. Geb. DM 44,– *[3-458-14625-3]*

Weber-Kellermann, Ingeborg: Die Familie. Geschichte, Geschichten und Bilder. 300, zum Teil farbige Abbildungen. 1976. 11. Tsd. 1984. 350 S. Ln. DM 64,– *[3-458-15020-X]*

– – Sonderausgabe. 1989. 350 S. Geb. ca. DM 39,80 *[3-458-09777-5]* Nov. 89

– Die Kindheit. Eine Kultur- und Sozialgeschichte über Kleidung und Wohnen, Arbeit und Spiel. Mit Abbildungen. 1979. 320 S. Ln. DM 64,– *[3-458-15095-1]*

– – Sonderausgabe. 1989. 268 S. Geb. ca. DM 39,80 *[3-458-09778-3]* Nov. 89

Wedekind, Frank: Ich hab meine Tante geschlachtet. Lautenlieder und Gedichte. Herausgegeben und eingeleitet von Manfred Hahn. 1982. 260 S. DM 12,– (it 655) *[3-458-32355-4]*

Weihnachten. Erzählungen aus alter und neuer Zeit. Ausgewählt von Gottfried Natalis. 1980. 464 S. Gebunden. DM 28,– *[3-458-14837-X]*

– – it 946. 1986. 30. Tsd. 1987. 463 S. DM 12,– *[3-458-32646-4]*

Weihnachten. Erzählungen, Lieder und Bilder aus alter und neuer Zeit. Ausgewählt von Gottfried Natalis. Mit Noten und 16 vierfarbigen Abbildungen. 1982. 448 S. Geb. DM 28,– *[3-458-14052-2]*

Weihnachten: Es kommt ein Schiff. Gedichte und Bilder zu Weihnachten. Ausgewählt von Gottfried Natalis. 1987. 96 S. Pp. DM 14,– (IB 1041) *[3-458-19041-4]*

Das Weihnachtsbuch. Mit alten und neuen Gedichten und Liedern. Mit vielen Illustrationen. Ausgewählt von Elisabeth Borchers. 1973. 330. Tsd. 1988. 297 S. DM 10,– (it 46) *[3-458-31746-5]*

Das Weihnachtsbuch für Kinder. Mit Geschichten, Versen und Bildern. Ausgewählt von Elisabeth Borchers. 1975. 220. Tsd. 1986. 291 S. DM 9,– (it 156) *[3-458-31856-9]*

Das Weihnachtsbuch der Lieder. Ausgewählt und zusammengestellt von Gottfried Natalis. Mit einem Nachwort von Ernst Klusen. 1975. 191. Tsd. 1986. 206 S. DM 9,– (it 157) *[3-458-31857-7]*

Die Insel-Weihnachtsbücher it 46/156/157 in einer Geschenk-Kassette. DM 24,– *[3-458-09299-4]*

Weisheit aus der Wüste. Worte der frühen Christen. Herausgegeben von Gerd Heinz-Mohr. Mit farbigen Abbildungen. 1989. 147 S. DM 10,– (it 1187) *[3-458-32887-4]*

Weiß, Ernst: Der Verführer. Roman. 1980. 414 S. Gebunden. DM 38,– *[3-458-14917-1]*

Wen Kang: Die schwarze Reiterin. Roman aus der Tsing-Zeit. Aus dem Chinesischen von Franz Kuhn. Mit zeitgenössischen Illustrationen. 1980. 9. Tsd. 1986. 710 S. DM 18,– (it 474) *[3-458-32174-8]*

Wezel, J.C.: Belphegor oder ›Die wahrscheinlichste Geschichte unter der Sonne‹. Herausgegeben und mit einem Nachwort von Hubert Gersch. 1984. 7. Tsd. 1986. 344 S. DM 14,– (it 776) *[3-458-32476-3]*

Wie ein Mann ein fromm Weib soll machen. Mittelalterliche Lehren über Ehe + Haushalt. Herausgegeben von Michael Dallapiazza. Mit zeitgenössischen Holzschnitten. 1984. 10. Tsd. 1988. 124 S. DM 9,– (it 745) *[3-458-32445-3]*

Wieland, Christoph Martin: Aristipp und einige seiner Zeitgenossen. Herausgegeben von H. Pröhle. 1984. 904 S. DM 18,– (it 718) *[3-458-32418-6]*
– Das Wieland-Lesebuch. Herausgegeben von Heinrich Bock. 1983. 8. Tsd. 1986. 200 S. DM 14,– (it 729) *[3-458-32429-1]*
– Mit fliegender Feder. Ausgewählte Briefe. Herausgegeben von Heinrich Bock. 1990. ca. 350 S. ca. DM 16,– (it 1227) *[3-458-32927-7]* Jan. 90

Wiener Adressen. Ein kulturhistorischer Wegweiser von Dietmar Grieser. 1989. ca. 217 S. DM 12,– (it 1203) *[3-458-32903-X]*

Alt-Wiener Geschichten. Gesammelt von Joseph Peter Strelka. Mit zahlreichen Illustrationen. 1984. 300 S. DM 14,– (it 784) *[3-458-32484-4]*

Wiener Genesis. Faksimile des Codex theol. Gr. 31 aus der Österreichischen Nationalbibliothek Wien. Illuminierte Purpurhandschrift aus dem 6. Jahrhundert. 48 Tafeln in bis zu zehnfarbigem Lichtdruck. Format 28 × 34,5 cm. Kommentarband im Format der Faksimile-Ausgabe. 120 Seiten. Verfaßt und herausgegeben von Otto Mazal. Die Faksimile-Ausgabe und der Kommentarband erscheinen in 900 numerierten Exemplaren, davon die ersten 150 Exemplare in Ganzpergament gebunden und 750 Exemplare in Leder gebunden. 1980. Lederausgabe DM 3600,– *[3-458-14910-4]*;
Ganzpergamentausgabe DM 4800,– *[3-458-14908-2]*
– – Kommentarband DM 480,– *[3-458-14875-2]*
– – Dokumentation mit zwei Original-Faksimile-Seiten. DM 80,– *[3-458-14833-7]*

Wiese, Benno von: Ich erzähle mein Leben. Erinnerungen. 1982. 4. Tsd. 1982. 376 S. Ln. DM 38,– *[3-458-14006-9]*

Wilde, Oscar: Gesammelte Werke in zehn Bänden. Herausgegeben von Norbert Kohl. 1982. 3300 S. DM 98,– (it 582) *[3-458-32282-5]*
– Aphorismen. Herausgegeben von Frank Thissen. 1987. 169 S. DM 10,– (it 1020) *[3-458-32720-7]*

– Das Bildnis des Dorian Gray. Deutsch von Hedwig Lachmann und Gustav Landauer. Mit einem Essay, einer Auswahlbibliographie und einer Zeittafel herausgegeben von Norbert Kohl. 1985. 22. Tsd. 1988. 32 S. DM 12,– (it 843) *[3-458-32543-3]*
– Das Gespenst von Canterville. Aus dem Englischen von Franz Blei. Mit Illustrationen von Oski. 1979. 32. Tsd. 1988. 96 S. DM 7,– (it 344) *[3-458-32044-X]*
– Der Glückliche Prinz. Bilder von Alfred von Meysenbug. 1972. 28 S. Pp. *[3-458-15722-0▸]*
– Die Erzählungen und Märchen. Übersetzt von Felix Paul Greve und Franz Blei. Mit Zeichnungen von Heinrich Vogeler. Insel-Bibliothek. 1980. 3. Tsd. 1986. 256 S. Ln. DM 28,– *[3-458-14848-5]*; Ld. DM 78,– *[3-458-14853-1]*
– – it 5. 1972. 180. Tsd. 1987. DM 12,– *[3-458-31705-8]*
– Lord Arthur Saviles Verbrechen und andere Geschichten. Aus dem Englischen von Christine Hoeppener. Mit Illustrationen von Michael Schröder. 1988. 135 S. DM 10,– (it 1151) *[3-458-32851-3]*
– Salome. Mit Illustrationen von Aubrey Beardsley. 1919. 85. Tsd. 1986. 64 S. DM 12,– (IB 247) *[3-458-08247-6]*
– Salome. Dramen, Schriften, Aphorismen und die »Ballade vom Zuchthaus zu Reading«. Mit Illustrationen von Marcus Behmer. 1975. 40. Tsd. 1989. 250 S. DM 12,– (it 107) *[3-458-31807-0]*

Oscar Wilde – Leben und Werk in Daten und Bildern. Herausgegeben von Norbert Kohl. 1976. 17. Tsd. 1986. 272 S. DM 16,– (it 158) *[3-458-31858-5]*

Wilhelm, Richard: Die Seele Chinas. Mit einem Vorwort von Wolfgang Bauer. 17 Abb. 1980. 446 S. Gebunden. DM 48,– *[3-458-14843-4]*

Wilhelmine von Bayreuth: Eine preußische Königstochter. Glanz und Elend am Hof des Soldatenkönigs in den Memoiren der Markgräfin Wilhelmine von Bayreuth. Aus dem Französischen übersetzt und 1910 herausgegeben von Annette Kolb. Neu herausgegeben von Ingeborg Weber-Kellermann. Mit Illustrationen von Adolph Menzel. 1988. Neuauflage. 500 S. Geb. DM 48,– *[3-458-14876-0]*

Willemer, Marianne von/Hermann Grimm. Briefwechsel. Im Namen Goethes. Herausgegeben und eingeleitet von Hans Joachim Mey. 1988. 293 S. Ln. DM 36,– *[3-458-14628-8]*

Das Winterbuch. Gedichte und Prosa. Herausgegeben von Hans Bender und Hans Georg Schwark. 1983. 90. Tsd. 1989. 240 S. DM 10,– (it 728) *[3-458-32428-3]*
– siehe Jahreszeiten

Wittkop-Ménardeau, Gabrielle: Unsere Kleidung. Mit zahlreichen Abbildungen. 1985. 266 S. DM 12,– (it 774) *[3-458-32474-7]*

Woeller, Waltraud: Illustrierte Geschichte der Kriminalliteratur. 1984. 210 S. Ln. DM 40,– *[3-458-14171-5]*

Wolkonskaja, Fürstin Maria: Erinnerungen. Übersetzung, Nachwort und Anmerkungen von Liselotte Remané. Nachdichtungen von Martin Remané. 1979. 4. Tsd. 1982. 168 S. Pp. *[3-458-15425-6▸]*
– – IB 1107. 1989. 111 S. DM 18,– *[3-458-19107-0]*

Woolf, Virginia – Leben und Werk in Texten und Bildern. Herausgegeben von Renate Wiggershaus. 1987. 208 S. DM 16,– (it 932) *[3-458-32632-4]*
– siehe auch Bell

Wuthenow, Ralph-Rainer: Die erfahrene Welt. Europäische Reiseliteratur im Zeitalter der Aufklärung. Mit Illustrationen. 1980. 320 S. Ln. DM 56,– *[3-458-14926-0]*

Zeichen der Liebe: siehe Heinrich Zimmer

Das Zeichenbuch: Welches alle Arten von Zeichen enthält, wie sie gebraucht worden sind in den frühesten Zeiten, bei den Völkern des Altertums, im frühen Christentum und im Mittelalter. Mit Hilfe von Freunden gesammelt, gezeichnet und erläutert von Rudolf Koch. Mit einem Nachwort von Christian Scheffler. 1984. 5. Tsd. 1985. 128 S. Pp. DM 14,– (IB 1021) *[3-458-19021-X]*

ZEIT-Museum der 100 Bilder. Herausgegeben von Fritz J. Raddatz. Mit farbigen Abbildungen. 1989. ca. 420 S. ca. DM 36,– (it 1213) *[3-458-32913-7]* Okt. 89

Zeller, Reimar: Automobil. Das magische Objekt in der Kunst. Mit zahlreichen Abbildungen. 1985. 146 S. Ln. DM 78,– *[3-458-14289-4]*

Zelter, Karl Friedrich: siehe Goethe

Zen. Aussprüche und Verse der Zen-Meister. Gesammelt von P. Weber-Schäfer. 1964. 20. Tsd. 1986. 54 S. DM 12,– (IB 798) *[3-458-08798-2]*

Zimmer, Heinrich: Maya. Der indische Mythos. Herausgegeben und eingeleitet von Friedrich Wilhelm. Mit 12 Illustrationen. 1978. 500 S. Geb. DM 48,– *[3-458-15881-2]*
– Die indische Weltenmutter. Herausgegeben von Friedrich Wilhelm. 1980. 300 S. Gebunden. DM 36,– *[3-458-14967-8]*
– Yoga und Buddhismus. Indische Sphären. Mit 13 Tafeln. 1974. 20. Tsd. 1982. 300 S. (it 45) *[3-458-31745-7▸]*

– Zeichen der Liebe. 1975. 9. Tsd. 1987. 118 S. DM 12,– (IB 935) *[3-458-08935-7]*

Zola, Emile: Germinal. Aus dem Französischen von Armin Schwarz. Mit Illustrationen von Renate Sendler-Peters. 1983. 16. Tsd. 1988. 586 S. DM 20,– (it 720) *[3-458-32420-8]*

– Nana. Aus dem Französischen und mit einem Nachwort von Erich Marx. Mit Illustrationen von Renate Sendler-Peters. 1979. 36. Tsd. 1987. 533 S. DM 18,– (it 398) *[3-458-32098-9]*

– Thérèse Raquin. Aus dem Französischen übertragen von Ernst Hardt. 1989. 274 S. DM 14,– (it 1146) *[3-458-32846-7]*

Zu dir hin. Über mystische Lebenserfahrung. Von Meister Eckart bis Paul Celan. Herausgegeben von Wolfgang Böhme. 1987. 332 S. Ln. DM 38,– *[3-458-14551-6]*

Zweig, Stefan: Die Augen des ewigen Bruders. 1922. 370. Tsd. 1988. 64 S. DM 12,– (IB 349) *[3-458-08349-9]*

– Sternstunden der Menschheit. 1927. 699. Tsd. 1988. 80 S. DM 12,– (IB 165) *[3-458-08165-8]*

Stefan Zweig – Leben und Werk im Bild. Herausgegeben und eingeleitet von Donald Prater. Mit einem Essay von Volker Michels. 1981. 11. Tsd. 1989. 350 S. DM 20,– (it 532) *[3-458-32232-9]*

Umschlagmotiv:
Bambus. Foto von Eberhard Grames/Bilderberg